東京右半分

都築響一

筑摩書房

GRAB YOUR
VIEWER
Tension

はじめに

古き良き下町情緒なんかに興味はない。
老舗の居酒屋も、鉢植えの並ぶ路地も、どうでもいい。
気になるのは50年前じゃなく、いま生まれつつあるものだ。

都心に隣接しながら、東京の右半分は家賃も物価も、
ひと昔前の野暮ったいイメージのまま、
左半分に比べて、ずいぶん安く抑えられている。
そして建築家のオモチャみたいなブランドビルにも、
ユニクロやGAPのようなメガ・チェーンにも、
まだストリートを占領されていない。

獣が居心地のいい巣を求めるように、
カネのない、でもおもしろいことをやりたい人間は、
本能的にそういう場所を見つけ出す。
ニューヨークのソーホーも、ロンドンのイーストエンドも、
パリのバスティーユも、ようやって生まれた。

現在進行形の東京は、
六本木ヒルズにも表参道にも銀座にもありはしない。
この都市のクリエイティブなパワー・バランスが、
いま確実に東、つまり右半分に移動しつつあることを、
君はもう知っているか。

北区

①ハリウッド赤羽店 p.428

荒川区

②タンマガーイ寺院東京別院 p.338
③タカ・ダンスファッション西日暮里店 p.140
④ダンシングプラザ・クロサワ p.146
⑤フリーバーズ p.362
⑥三味線かとう p.120
⑦南千住 p.226

文京区

⑧ATELIER 山雲海月 p.116
⑨MUSIC BAR 道 p.65
⑩プチシャンソンパブ セ・ラ・ヴィ p.68
⑪手話ラウンジ きみのて p.444
⑫若衆 bar 化粧男子 p.450

新宿区

⑬風俗資料館 p.530

足立区

⑭ラーメン・ロッジ p.130
⑮nakamura p.164
⑯コズミックソウル p.54
⑰萠蔵 p.60
⑱わかば堂 p.61
⑲あさり食堂 p.62
⑳南蛮渡来 p.63
㉑でんでら亭 p.64
㉒東京ノーザンソウル p.33
㉓ハリウッド北千住店 p.428
㉔マツダ映画社と『蛙の会』 p.478
㉕ロデオブロス p.384
㉖スナックエルザ p.45
㉗デザイン・アンダーグラウンド p.493
㉘JWP 女子プロレス p.354

葛飾区

㉙古代の湯 p.470
㉚たかどの装舎 p.199
㉛東京都立水元公園 p.282

江戸川区

㉜ディワリフェスタ p.276
㉝木の実 p.415
㉞江戸川競艇場 p.314
㉟小岩 BUSH BASH p.26
㊱音曲堂 p.78
㊲喫茶 白鳥 p.421
㊳珈琲 らむぷ p.423
㊴珈琲紅茶 モルダウ p.426
㊵湯宴ランド p.464

江東区

㊶天盛堂 p.74
㊷民謡酒場 斉太郎 p.104
㊸新木場ファーストリング p.366
㊹岡大介 p.189
㊺東京臨海広域防災公園 p.290

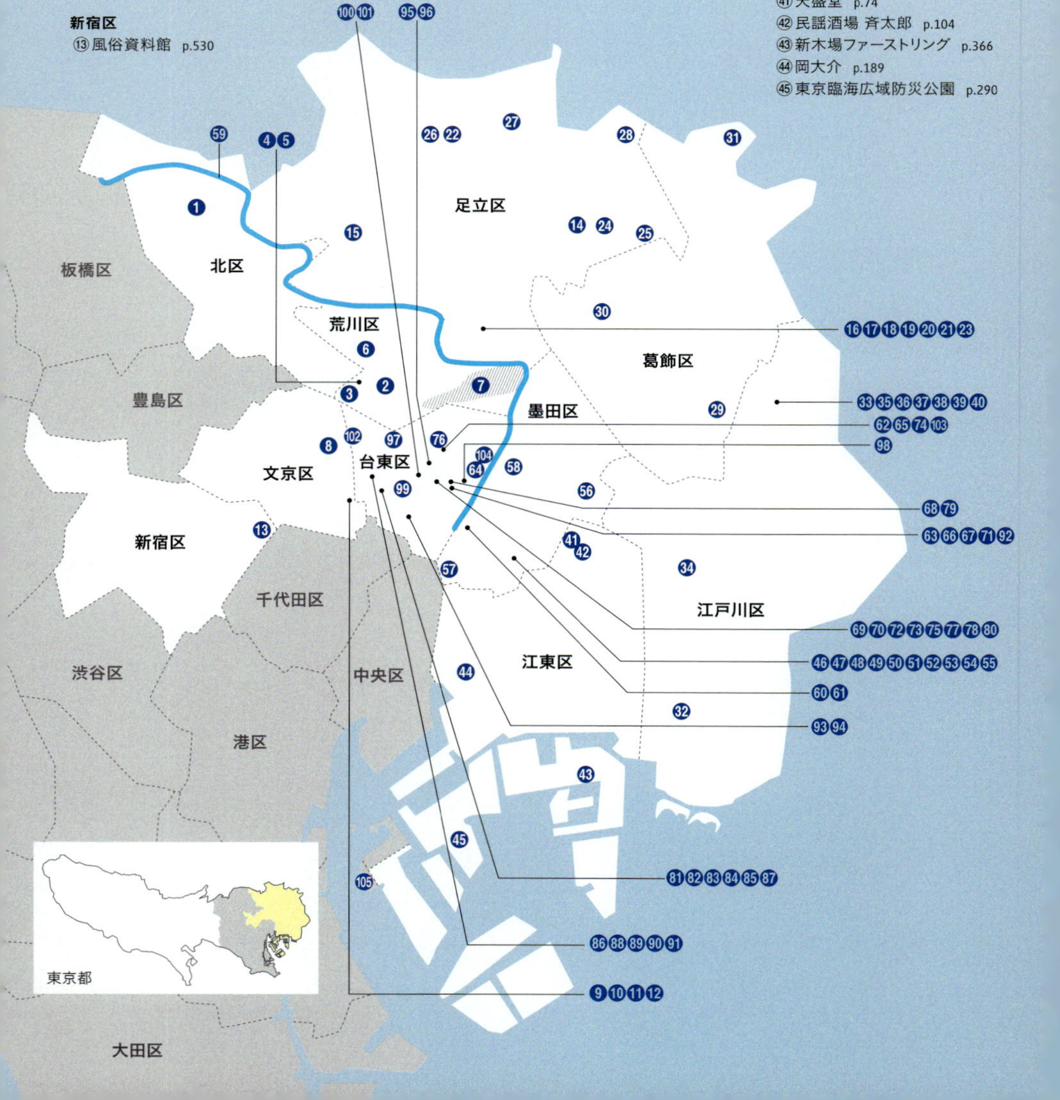

東京右半分

ワイルドサイドを歩け

1

浅草褌スナック潜入記

【台東区・浅草】

大麻好きにアムステルダムがあるように、レイブ好きにイビサがあるように、褌《フンドシ》好きには浅草がある。浅草は日本褌界の聖地であるのだ。

浅草と褌といえば、もちろん三社祭が頭に浮かぶ。最終日には150万人がくりだすという日本最大級のお祭りである三社祭は、褌好きと、褌を締めた男が好きという男（と女？）が日本中から集まる場でもある。朝っぱらから自慢の褌一丁キリリと締めて、歩き回っても酔っぱらっても、だれもなにも言わないどころかリスペクトされたりする。褌好きに言わせれば、「三社祭は褌の野外フェス」なのだ。褌界のフジロックとか、サマソニみたいな……。

東京のゲイタウンとなると、まずは新宿2丁目ということになろうが、実は浅草・上野一帯もまた、新宿とはひと味ちがったゲイ・スポットが集中するエリアとして、その道の人々にはよく知られている。新宿と、どうひと味ちがうのかといえば、浅草・上野エリアのゲイ・スポットは、年配中心ということ。年齢層が、ぐっと高めなのだ。

新宿2丁目とはちがって、浅草のゲイバー／スナックは一個所に固まるのではなく、ふつうのスナックが並ぶ中に、一見それとわからぬように営業しているのが特徴でもある。ドアには「会員制」と札が下がっているが、「ゲイの店」なんてもちろん記されていない。知ってる人だけがひっそりドアを開け、迎え入れられる、そういう遊びの場所だ。

浅草のゲイバー／スナックには褌で飲める店がある、というウワサを以前から聞いていた。聞いてはいたが、当然ながらノンケは入店お断りなので、「じゃあちょっと覗いてみるか」というわけにもいかない。ちょっと気になったまま忘れかけていたが、今回はこの連載のためにカラダを張って！　潜入取材してみました（涙）。

「都築さん、これから行く店はけっこう厳しくて、ノンケってばれると追い出されちゃいますから、気をつけてくださいね！」。出陣前、近所の居酒屋で早めの夕食をとりながら、ガイドを務めてくれる事情通の友人が真顔で言う。そうか、そんなに敷居が高いんだ、褌スナックって……疑似ゲイを演じる自分に、ちょっとだけ自責の念を覚えつつ、その晩最初に訪れた店は、言われなければぜったいにそうとはわからない、ふつうのスナックに見えた。表のドアを開けると靴箱があって、そこで靴を脱いでから内扉を開き、いよいよ入店。それほど広くない店内にはコの字形のカウンターがある。店主は作務衣姿。しかしお客さんはみんな褌一丁のハダカンボだ。

店の一角にはカーテンで仕切られた脱衣場があり、そこで服を脱いで銭湯みたいなカゴに入れ、持参のマイ褌を締め込む。褌にも越中とかもっことか黒猫とかいろいろ種類があるが、こういう場所での主流はあくまで六尺。僕は事前にデパートの下着売り場に行ったのだが、あいにく越中しか売ってなくて、しかたなく買っていったら、「えーっ、六尺なんてみんな生地買って、切って使うんだから」と笑われてしまった。それすらめんどくさいひとは、祭り用品店に行けば簡単に手に入るそうで、その点でも浅草はベスト・ロケーション。仕事帰りとか、マイ褌を持ってこられなかったお客さんのために、店内でも何種類か販売している。

ハダカの尻で、ビニールレザーのスツールに座る。微妙な感触にとまどうが、さすがに店内は暖房ばっちりで汗ばむほどなので、酒は進む。ハダカのゲイ・スナックといってもハプニングバーじゃないから、お客さん同士でとてつもない行為が展開するとかいうことはない。飲んで、いろいろお話ししているうちに、なんだか祭りの帰りに、そのへんの道端に座ってビール飲んでるみたいな気持ちになってきた。これ、けっこう楽しいかも。

調子に乗って一同、褌を締め込んだまま（もちろん上にズボン穿いてますが）、2軒目に移動。

こちらの店は2階建てで、1階がふつうのカウンター席。2階が褌専用ルームというつくりだった。

こんばんわー、とカウンター内のマスターに声をかけ、きょうは褌ナイトでしょ、と聞くと、「ちがうわよ、きょうはすっぽんぽんナイトだから！」。えーっっっ、すっぽんぽんですか……。この店、曜日によっていろんなテーマの「ナイト」を設定してるのでした。褌とか、すっぽんぽんとか、SMとか。

当惑する我々を見て、こころやさしいマスターは「じゃあ、いま来てるのは常連さんばっかりだから、褌に変更してもいいか聞いてあげる」と言って、2階に上がっていく。ほどなくして「オーケーよ！　褌締めるあいだ、ちょっと待ってて」と言われ、カウンターで1杯飲んでから、いよいよ褌ルームへ。そこは3畳ぐらいの和室で、両側にロッカー。真ん中のスペースに机を置いて、焼酎やウーロン茶が並んでいる。そのまわりにお客さんが車座になって飲むわけだが、なにせ狭いので、お隣さんとほとんど肌が触れあうほど。否が応でも和気あいあいムードに持っていかれる仕組みだ。

隣の初老紳士が、やけに凝った柄の六尺を締め込んでいるので、きれいですねえと話しかけてみれば、実は全部手作り、それも箪笥3棹ぶんも持っているというコレクターさんだった。地方のお宅から、月に一、二度のペースで遊びに出てくるという彼は、カバンの中に何本も自慢の褌を持っていて、僕らに見せてくれた。水玉模様のモダンな木綿、夏に快適な麻布、派手な和柄のシルク、そして「勝負褌は、やっぱり縮緬《チリメン》だな！」。気に入ったのある？　と聞かれたから、えーっ悪いですよ、そんなのと辞退したら、それじゃかわりにこれ、と言いながらタッパウェアを取り出した。自分で漬けた梅干しかなんかかと思いきや、フタを開けるとかわいらしいポプリが！　「ぜんぶ自分で作ったの、柄がちがうから、好きなの1個だけ取ってね」と言われて、ありがたくいただいたのが、いまでもバックパックの中に入ってます……ぜんぜん香りしないけど。

こんな褌バー／スナックが、いまは浅草に5、6軒、上野にも2、3軒あるという。ゲイじゃなくちゃ入れないし、ゲイでも年配（フケ）好きじゃなきゃ楽しくないだろうし。なかなかピンポイントの専門店だが、どこも入店してみればすごくフレンドリー、お客さんも紳士的で、おまけにいろんな営業努力があっておもしろい。褌ナイトはもちろん、すっぽんぽんナイト、褌だけどサランラップだけのラッ褌ナイト、ガーゼ（！）ナイト……。いい年したオトナたちが全裸にガーゼ巻いてキャーキャー言いながら飲んでる店、なんてのが都心に存在しているというだけで、行かないまでもちょっと楽しくありませんか。

しかしゲイの世界にはこういうのがあるのに、レズの世界にはどうも「全裸で飲める店」とか「下着ナイト」とかはないみたい。これって、どういうわけなんでしょう？　だれか教えてください。

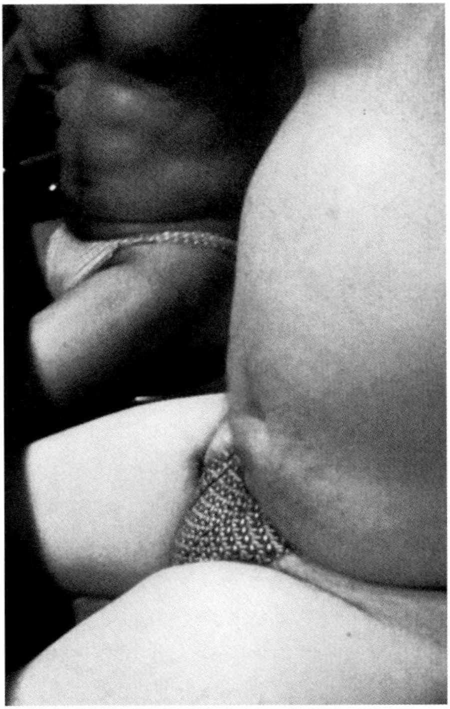

とてつもないロックンロール人生を歩んできた北華阿飛さん

梵字と珍酒と水タバコのロックンロール

【台東区・浅草】梵字バー

雷門から浅草寺を中心とする浅草観光の中心地を抜けて、言問《こととい》通りを渡った北側に広がる、通称「観音裏」と呼ばれる一帯。東の馬道通り、西の千束通りで区切られた一角だ。

もともと観音裏は「浅草花街」と呼ばれる、浅草芸者のホームグラウンドだった。いまでも残る見番を中心に、最盛期の大正末期には料理店49軒、待合茶屋250軒、芸妓1060名がひしめく、東京でも新橋や人形町と肩を並べる一大花街だったという。

もちろんそんな時代はとうの昔に過ぎ去り、いまでは観光客も足をのばさない、静かな住宅街。しかし夜ともなればそこかしこにポツポツと、居酒屋やスナックの灯りがともる。浅草ジモティのためのお店が集まるこのあたりには、自分たちの店が終わってから飲みに来る飲食店主、スタッフたちも多く、浅草の中でいちばん深夜営業の店、というか朝までやってるような居酒屋やスナック、バーが集まる、知る人ぞ知る隠れ遊び場（オトナの）でもある。

そんな観音裏で飲んだくれ、もう一軒とフラフラ歩くたびに気になっていたのがこのお店、『梵字バー』だ。見かけは単なる2階建ての木造家屋。しかし、なんて書いてあるかまるでわからない、梵字の看板。中がどうなってるかもまるでわからない、分厚いドアにはタトゥー屋のポスター……怪しすぎる。そして勇気をふるって入店してみれば、そこは向かって右側に居酒屋ふうのカウンター、左側の座敷エリアには大小さまざまの水タバコのパイプが林立する、「珍酒と水タバコと梵字と音楽の迷宮」だった。

梵字バーの主、北華阿飛《きたはなあふえい》さんは東京・浅草

水パイプが林立する店内

４人で一緒に楽しめる水パイプなども

水道管を使って手作りしたものも

生まれ。1965年というから、今年で46歳になる。

小さいころに父親の仕事の関係で札幌に移り住み、高校卒業後ライブハウスでバイトしながらロカビリー・バンドを結成。六本木の第1号店から、ロックンロール・ブームに乗って全国展開したケントスの札幌店で、箱バンとして活動するようになった。

その後、ススキノでロックンロール・バーを立ち上げるが、半年で立ち退き。めげずに新店舗を開店するも、その開店日に立ち退き！　さらに新規開店した店では、ふらっと入ってきた客が焼身自殺を図り、店に放火！　20歳そこそこにして、とてつもないロックンロール人生を歩んできた。

なんというか、カルマとガチンコ勝負するように、不屈の精神でまたも開店したロックンロール・バーに、ある日遊びに来たのがロカビリー・ブームの立役者として知られる山崎眞行さん。1968年、新宿に開いた『怪人二十面相』を皮切りに、原宿『クリームソーダ』、そして『ピンクドラゴン』にいたる「原宿ゴールドラッシュ」の主人公として、ご記憶の方も多いだろう。その出会いによって、もともと『シカゴドッグス』という名前だった北華さんの店は『二代目・怪人二十面相』と改名。北海道のロカビリー・キッズたちにとって、最高の溜まり場となった。

5年間にわたる店舗経営のあと、「僕、すぐ飽きちゃうんで（笑）」という北華さんは、北海道を出て世界各国を漫遊。ニューヨーク、ロンドン、デリー、香港、バンコク、台北、ソウル……とめぐり歩くうちに「アジア人」としてのアイデンティティに目覚め、帰国後は東京で『ピンクドラゴン』のOBたちと『BLUE HEAVEN POOLS』なるファッション・ブランドを立ち上げる。

水パイプの準備をする北華さん

「ロックンロールと日本の仏教のミクスチャーという感じ」だったそのテイストは、いまの「和柄」ブームを15年あまり先取りしたテイストだった。それから洋服以外にも印刷媒体、CDジャケットなど、広くグラフィック・デザインの世界を手がけるようになった北華さんは、その過程で漢字、さらに梵字への興味を深めていく。「文字が好きなんです、とくに梵字を含め、アジア文字がすごい好き。日本の漢字、カタカナ、ひらがな、全部」という彼のデザインは、「ロックンロール・テイストなんだけど、絶対その中に、漢字とかをブチ込む」、当時としてはかなり斬新なものだった。

そんな異端のグラフィック・デザイナーだった北華さんが、『梵字バー』を開いたのは2007年のこと。「性格が飽きやすいんで、いろいろこまごま、やっておくという（笑）。一個じゃなくて、たくさん。そうすると飽きないかな、と」いう理由だったそうだが、それまでベースにしていた原宿近辺から浅草に移ったのは、「こういう業種なんで家賃が安いのがすごく重要ですし、一軒家だったらおもしろいなと思ってたのと、あとは仏教テイストなんで、“寺”に関連した住所だったらいいなと……吉祥寺でも高円寺でもよかったんですが」というわけで、もともと居酒屋だったのが空いていた、いまの場所にオープンすることになった。

最初は水タバコよりも、むしろ「珍酒」を揃えるのがメインだったそうで、いまでも幻覚作用のあるペヨーテをテキーラに漬けたメキシコの酒とか、アブサンにニガヨモギを漬けて成分をパワーアップしたオリジナルとか、マタタビ酒、コカの葉酒、コブラを漬けた蛇酒“コブラ酒”なんてのまで、お洒落なバーではとうてい見ることのない珍酒中の珍酒が、無造作に並んでいる。

「最初は僕がインドで買ってきたのを１本置いてただけなんですよ」という水タバコに反応したのは、むしろお客さんだった。アジア、アラビアを旅行してきた水タバコ経験者が、「もっといろんなフレイバーがほしい」とかオネダリしているうちに、北華さんのほうが「煽られてハマっちゃいまして」、いまではご覧のとおり店内は水タバコ・パイプ林立状態。中国からベトナム、アフリカまで、さまざまな国のパイプに、「水道管を切ってつないだ自作のやつ」なんてのまである。水タバコにはいろいろなフレイバーを味わうという楽しみもあるが、日本ではなかなか手に入らないので、北華さんは「ドバイの知り合いを通して買ってます」。

初心者でもていねいに吸い方を教えてくれて、水タバコとお茶やワインを組み合わせたお得なセット料金もあって、しかももともとロックンローラーだから、店で流れる音楽はロカビリーにＲ＆Ｂにフォークソングに演歌まで、これでもかというくらいのバラエティ。「ラップとヘビメタ以外はなんでもありですから！」と力強く言い切るように、水タバコ＝エスニックとかチルアウト系のＢＧＭ、なんて単純な図式からかけ離れた、すごく楽しいミュージック・バーでもあり。

「うちは見かけ怪しいですけど、実はふつうになごめる店ですから」と北華さんが強調するように、入ってみればいろんな遊び方ができる『梵字バー』。浅草のど真ん中にあって、でもぜんぜん浅草っぽくなくて、でも浅草の地元民たちが夜な夜な遊びに来る、ここはそういう不思議な空間だった。

珍酒を揃えていることでも有名

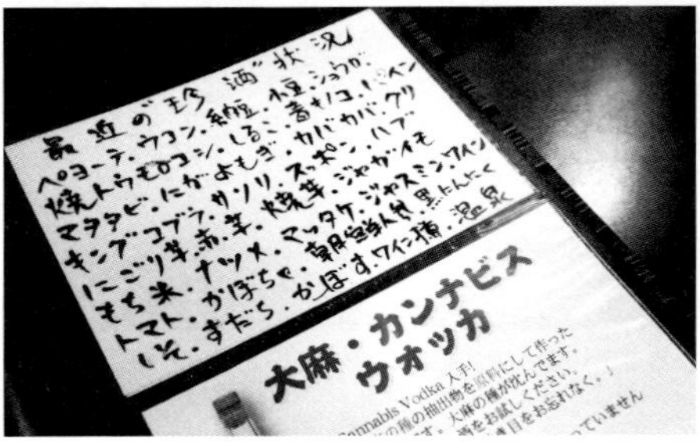

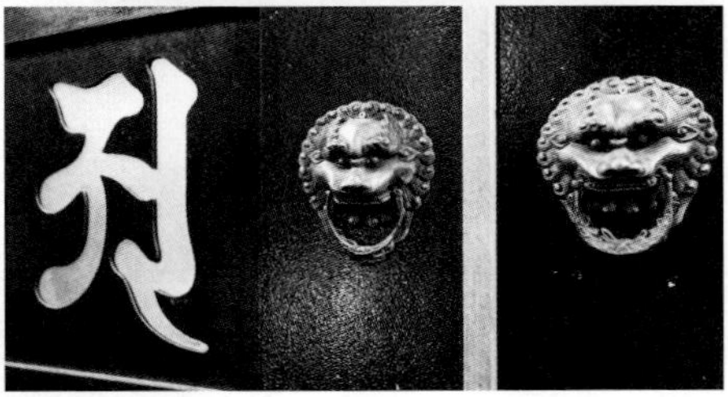

観音裏の一郭に、外観は大変あやしげな「梵字バー」
入口の扉を開くと……

⊙梵字バー
東京都台東区浅草3-36-4
http://www.bonjibar.com/
北華阿飛世界　http://www.mandalar.com/

各種フレイバーが揃っている

珍酒コレクションの、ほんの一部。左から、現在輸入禁止になっているイタリアの「COCA BUTON」。「時価」とあるのは、残りこの１本だけになったミントフレーバーの「COCA BUTON」。大麻の種をウォッカに漬けたチェコの酒、サソリ酒には朝鮮ニンジンも一緒に入っている。キングコブラ酒、ハブ酒

水タバコは、ニコチン・タールを抜いて、フレイバーをつけたもの。マウスピースをつけて、ぶくぶくっと吸い込み……ぷはあっと、吐くときは、なるほど、快感！

缶詰コーナーの上に iPad。「自分は iPhone DJ なんですよ」。ロックンロール、フォークからテレサ・テンまで、お客さんのリクエストには、９割かたこたえている

中近東、インド、中国、韓国……各国の水パイプが揃っている

店内は混沌としたアジアン・テイスト

平日はライブハウスである店内、訪れた日は女装バンドライブ状態になっていた

男の娘《こ》メイドバーで女装子《じよそこ》ライブに浸る夜

【台東区・雷門】**シービーズ**

深夜の浅草雷門通り。こちらの邪心のせいか、看板が妖しげに見えるマッサージ屋ばかり入った雑居ビル。おそるおそる4階まで上がってみると……「いらっしゃいませーぇ」と迎えてくれたのは、かわいらしくシロウトっぽい女装子さんたち。そして背後のステージではロックバンドがプレイ中。ここは女装クラブともメイドカフェともちがう、「男の娘メイドバー＆ライブハウス」なのだ。

もともとこの場所には2年ほど前からふつ

うの（！）ニューハーフがやってるバーがあり、店のオーナーは同じビルの８階に『APPLE』という、ビートルズのコピーバンドが出る店も持っていたそう。それが、「ニューハーフさんが辞めることになって、８階とここがガッチャンコしたんですよ」と話してくれたのが、シービーズのママ（？）、加賀野アイさん。2010年の夏ごろから新体制

シービーズは、土・日・月だけという変則営業。マッサージとか、リラクゼーションをうたう店の多く入る雑居ビルの中にある

がスタートして、平日はライブハウス、土・日・月が「男の娘メイドバー＆ライブハウス」として営業中である。

アイさんによれば、「ここは……なんていうんでしょう、男の娘メイドバーなんでしょうねえ。でも、基本的にはお客さんが主役なので、よくある『私たちを見て、見て』『メイドさんを見に来てね』っていうよりは、むしろみんなで女装もしながら、いろいろやりましょうみたいな、たまり場に近い感じです」。

なので、お客さんも音楽好き、女装好き、コスプレ好きなどなど、多種多様。ふつうに飲んでるひともいれば、店に備え付けのコスチュームに着替えて、スタッフさんにメイクしてもらって、女装して遊ぶひともいる。平日のライブハウスと間違えて入ってきて、「ここ、おもしろいね」ってそのまま飲んじゃうひともいれば、楽器を取り上げてセッションを始めちゃうひともいる。女装バンドのステージもあれば、「うちらスタッフもみんなで、『ＴＳけいおん！部』っていうんですけれど……トランスセクシュアルの「けいおん！」部っていう意味ですが、月にいちどはここで女装しながらセッションしてるんです」とアイさん。ちなみにスタッフは「私、アイと玲音《レイン》と、かずみ。あともうふたり、ま

りとユイカ、この5人。あとひとり、女性なんですけれど、男装してやってるシイっていう子もいます。このメンバーで回している形ですね」ということなので、立派にバンド組めますね。

人生いちどは女装してみたい、でもどうしていいかわからない、という男は意外に多いらしく、シービーズには「初めての女装」に挑むお客さんも、けっこういるらしい。「そのケのないひとにもとりあえず、“よかったらやってみる？”ってウィッグかぶせてみたり、ちょっと背中を押してあげて（笑）」。試してもらうと、だいたい楽しんでくれるそう。昔ながらの秘密めいた女装クラブでは、年齢層も高いし、超初心者が気軽にドアを開けるのは難しかったけれど、たしかにここならワイワイ騒いでるうちに、気がついたらウィッグとか、かぶってそうな気もする。

「女装バンドさんが来て、ミニライブみたいなものを何組もやる日もあれば、コスプレイベントで、アニメのキャラやテーマを決めて、スタッフもみんなそのかっこうして、みんなでDVD観たり、ご飯食べながら映画鑑賞しているみたいな（笑）。メニューも『マクロスF』だったら『娘娘飯店』のメニューにして、私たちも娘娘飯店のコスプレをして、映画を観るとか。だからけっこう自由です、その日によってぜんぜん違うし。けっこうお客さん多かったら、今日は鍋パーティにしようって鍋やることもあるし（笑）。あと、お酒飲まないお客さんも多いので、ジュースとお菓子でずーっと楽器やったり、盛り上がったり。営業はいちおう12時までなんですけど、そのあとみなさん帰らないで……マイ毛布持って来ちゃうひともいるぐらいですから」。

世間にはとうてい明かせない、恥ずかしい趣味としての女装。秘密を抱いたマニアだけが集まって、できるならば相手を探そうという、いままで僕らが知っていた淫靡な女装クラブ、女装世界とは、アイさんのお話を聞け

お客さんも、お着替えを済ませて、客席で聞いているかと思うと、かわるがわるステージに立って楽しんでいた

ビジュアル系で際立っていた常連さん

ば聞くほど、すでに時代が変わってしまっているのだと実感する。そのケがなくても、その場のノリで女装して遊んだり、バーなのに酒すら飲まずジュースで盛り上がったり……これって、ほとんど女子高の文化祭だ。

「昔は女装がほんとうにアングラの世界で、敷居が高いというか、あまり表に出るもんじゃなかったじゃないですか」とアイさんも言う。「いまはけっこうみなさん、ファッションみたいな形でやられてる方が多いですし、ちょっとアンテナ感度の高い人たちが、女装みたいなかたちで、『男の娘』っていうより、男を維持したまま『これも可愛いでしょ』っていう。あくまでも中身は男なんだけれど、男の私がこの格好しても、すごいでしょっていう方々がけっこう多いですね。ほんとに女の子になりたいっていう方よりは、そういったライトな感覚でふつうに来られている方が、けっこう多いんですよ」。

お店のウェブサイトには、こんなコピーが載っていた——

浅草メインストリートビル４Ｆ
美しい衣を着た男の子達
着替部屋あります。
お洒落なバーカウンター
初めてのコスプレも安心です
ご主人様としてＢＡＲのみで
ご利用お寛ぎ頂けるだけでも嬉しいです。
男女問わず歓迎です
お客様でのメイドさん滅茶苦茶
募集しています m9m

ということなので、ひそかに女装に憧れている男子諸君も、「あいつを女装させたらおもしろそう！」とか悪戯ごころに燃えてる女子諸君も、いちど覗いてみたらいかがかな。ふつうのライブハウスとしても、すごく居心地いいです！

⊙シービーズ
東京都台東区雷門1-16-9　気楽ビル4F
http://www.geocities.jp/ceabees/

当日のメイドさん勢ぞろい。左からカズミさん、玲音さん、まりさん、アイさん

仏壇の街のデスメタル・シーン

【台東区・東上野】ガレリア・デ・ムエルテ

会うたびに、体に刺青が増えていくデザイナーの友人が、「上野にブラックメタルの画廊ができたんですよー」と教えてくれたのが1年ちょっと前。上野と言っても美術館のある山の上じゃなくて、稲荷町は上野と浅草のちょうどあいだにある、ほとんどアートの匂いのしないエリアである。

地下鉄銀座線の稲荷町駅を降りて、地上に上がるとそこは仏壇、仏壇、位牌、位牌……東京最大の仏具商店街なのだった。こんな場所にギャラリー？　でもブラックメタルやデスメタル（ちがい、わかります？）なら、むしろぴったりのロケーションかも！

ギャラリー・オーナーの関根成年さんは、もともと東向島で育った生粋の東京右半分人間。上野の東京芸大油絵科に進学し、しかし学校に行くよりもバンド活動とミニコミ誌づくりに熱中、ついには在学中にメタル専門の通販レコード・ショップを開く。

卒業後は新宿のレコード店で働きつつ、家族でドッグ・カフェ（！）を営んでいたが、残念ながら閉店を余儀なくされ、やっぱり自分の好きなジャンルで生きていこうとギャラリー開設を決意。「上野駅を境にして、上野公園側とこっち側では、カルチャーが違うんですよ。芸大生だって来てくれないし。でも、このへんは家賃が安いのもありますが、上野駅近くと違ってヒヤカシのお客さんがほとんどいないでしょ。ウチに来るためだけに、わざわざ電車に乗ってきてくれる、そういうひとを大事にしたいんです」。

「死」のイメージがまとわりつくデスメタル、

ギャラリー・スペース全景　訪問時はスウェーデンのアーチストRagnar Perssonの展覧会を開催中だった

ブラックメタル、グラインドコアといったジャンルのCDやLP、それらのジャケットなどで知られるアーティストたちを中心とした作品展示、Tシャツなどのグッズ、それに通称「ジン＝ZINE」と呼ばれるアートや音楽系の同人誌が揃っているのも、ムエルテがふつうの商業画廊とテイストを異にするところ。
「印刷媒体って、世界的に厳しい状況でしょ。みんなインターネットに移っちゃって。でも、いまヨーロッパでは特に、こういう紙媒体のミニコミが復活してきてるんです。音源だってCDじゃなくて、アナログのLPでダブルジャケットなんてのが復活してますし。わざとチープなテイストの紙を探して、少部数刷ってみたり。そういうのが集まるジンのアートフェアもあって、感覚に合うのを仕入れてきたり、ウチでももう2冊、自費出版で出してます」。

全身黒革ずくめで、ロングヘアーでピアスや刺青だらけで……ハードなメタルのひとたちは、とかく怖そうなイメージがつきまとうけど、付き合ってみれば、これほど優しくてフレンドリーな人種もいない。メタルとパンクって、近いようでぜんぜんテイスト（というか人格）が違うのだ。

ムエルテのすぐそばには、ものすごくきれいで高そうな和竿の店とか、ものすごくきれいで高そうな自転車の店とか、ひと癖ありげな専門店がいくつもある。観光マップにはまず登場しないエリアだけど、浅草から歩いても10分かそこら。仏壇とデスメタルと釣り道具と自転車……実に奥深い街であります。

⊙ガレリア・デ・ムエルテ
東京都台東区東上野3-32-1-3F
http://www.galeriademuerte.com/

厳選されたTシャツ、“ジン”（ファンジン）と呼ばれるミニコミ誌、レコード、アクセサリーが並ぶ

ダークなモチーフのTシャツは、ここでしかゲットできないものも多数あり、要注意

音楽と不可分な作家、作品が選ばれる。音もインスタレーションの重要な要素だ

スケートボード・アートが飾られたコーナー

アメリカのメタルイラストレーターMatt Carrのイラストをフィーチャーしたアートブックなど、いままで2冊のアートブックを自費出版している

世界各地の「死」を想起させるグッズが、店内のそこここに

左／入口脇のTシャツ・ディスプレイラック
右／ビルの脇にある階段とエレベーターは、ぶらっと入る……というような雰囲気ではない

カウンター上のアートワークにも注目

小岩デスフェスト

【江戸川区・南小岩】**小岩BUSH BASH**

東京の右半分のうちでも、いちばん右側の端っこ。この先は江戸川を挟んで、もう千葉県という江戸川区の小岩である。

最近は北口のリトルコリアがアジア食通のあいだで評判になったり、統計によれば東京23区でいま中国人居住者数がいちばん多いのが江戸川区だったりと、なかなかインターナショナルな環境でありながら、しかし街並みからはまったくインターナショナルな空気が感じられない、超ドメスティックな居心地よさがただよう街なのだ。

その小岩の、もともとは音楽スタジオ兼ライブハウス〈eＭ７〉で、去年からは新たにオープンしたライブハウス兼カフェレストランの〈bush bash〉に舞台を移して、すでに10年目、2010年3月27日のライブでなんと42回目という、長い歴史を誇るイベントが『小岩デスフェスト』。その名のとおりデスメタル、グラインドコアに特化した、エクストリームなライブである。

2000年の第1回から、小岩デスフェストを主催しているのが木村さん。自身が1998年にスタートさせたブラッドバス・レコーズ（bloodbath records）のイベント企画として、このデスフェストは始まった。ちなみに第1回は、すでに紹介した東上野のブラックメタル、ゴス専門画廊兼レコードショップ〈ガレ

BUSH BASH店内のカウンター。料理には国産野菜が使われている。毎週水木金はランチ営業もしているとのこと。おすすめはカレーだそう

小岩BUSH BASH、入口

リア・デ・ムエルテ〉のオーナー、関根成年さんとの共同開催だった。2回目以降は小岩を木村さんが、上野浅草方面を関根さんが受け持って、シーンをなんとか東側に寄せようとがんばってきたのだという——

私は家が千葉の市川なんですが、関根くんなんかと飲んでるときに、「なんでみんな高円寺とか西荻窪とか、新宿までは行くけど、こっちには来ないんだ！」となりまして、それでこんなとこあるんだって小岩にライブできる場所を開拓したのが最初ですね。

木村さんは学生時代を京都で過ごし、1995年ぐらいから自身のレーベルを立ち上げ活動を始めていた。当時は「グラインドコア」というジャンル名すら認知されていなかったころ。関西ではバンドの数も限られていたので、知り合いのパンクバンドを呼んだり、イベントを企画してもバンドの頭数を揃えるのがまず大変だった。

それでもね、大阪でライブがあると、京都のひとも行くんですよ。でも京都でやっても、大阪のひとは来てくれない。それがいまの新宿と小岩の関係と、すごく似てるような気がしますね。当時、私も意固地になって京都で企画を続けてたんですが、そういうのが好きなんですかね、ハハハ。

ふだんは「ネクタイ締めたサラリーマン」やりながら、手弁当でもう10年間もイベントを続けている木村さん。「小岩デスフェストって名前つけちゃったから、もうここから動けないですよ」と笑う。「始めたころは小岩を千葉だと思ってたひとが多かったのが、ようやく東京だって認識されてきましたねえ」と、なかなかシーンを引き寄せるのも大変そうだが、考えてみれば高円寺や阿佐ヶ谷など、中央線沿線の街が若者で盛り上がったのだって、もとはといえば都心から近くて安い物件がたくさんあった、それだけのこと。2010年のいま、その条件をいちばん満たしているのが、隅田川と江戸川に挟まれた右半分の、もっとも右側の一帯なのかもしれない。

⊙ **Bloodbath Records**
http://www.icnet.ne.jp/~noise/home.html

⊙ **小岩 BUSH BASH**　東京都江戸川区南小岩7-28-11
ファーストセントラル 101　http://bushbash.org/

Bloodbath Recordsの木村さん（左）と
小岩BUSH BASHの柿沼さん（右）

全裸にネクタイで爆音を響かせるMANKOLOVER

野菜は嫌い。贅沢はしない。肉ミート・ザ・マムのライブは汗と脂が飛びまくる！　熱狂とともにズボンもずり落ちる

低温のデス声が響き渡る。「MORQUIDO」

OLD SCHOOL
GRINDCORE

肉ミート・ザ・マム、演奏前のパフォーマンス。
マスクには「おめ子」と文字が……

上／ファンお手製のぬいぐるみ。なぜ？カエル？？
下／この日はEVOLのCD「私だけのGRINDCORE」発売記念！ スーツで叫びまくる、ボーカルの宮本さん。なんと本職は北國新聞社の記者さんとのこと

BUSHBASH店内のCD販売スペース。数は少ないが、興味深い品ぞろえ

東京ノーザン・ソウル【足立区・竹ノ塚】

竹ノ塚の昼と夜

カーナビの目的地を竹ノ塚駅東口にセットして、仕事場から北に向かって走り出す。

都心のビジネス街を抜け、千駄木から日暮里あたりの下町エリアを抜けて、隅田川と荒川を越えて足立区に入ると、ランドスケープはとたんに表情を変える。というか、表情を失う。

ここはいわゆる下町でも、本来は商業地区を指すダウンタウンでもない。メガシティ東京の周縁、千葉や埼玉にかけてだらだらと広がる郊外の入口なのだ。シティ・カルチャーとサバービア・カルチャーがぶつかりあう、潮の目なのだ。そして海の潮の目がかならず豊かな漁場になるように、ここには東京都心にもない、谷根千みたいな下町にもない、独特のなにかがある。

竹ノ塚から花畑あたりには1960年代から建てられた都営、住宅公団の団地群が広がっている。こちらは都営保木間団地

401頁では竹ノ塚出身の女性ラッパーを紹介している。493頁に登場する古き良きラジカセを甦らせるデザイン・アンダーグラウンドも、実は竹ノ塚をベースに活動してきた。東京23区の最北端に位置し、下層社会の縮図と言われて久しい足立区竹ノ塚とは、いったいどんな街なのだろう。いま、いったいなにが起こっているのだろう。

区内総面積53.20平方キロ、東京23区の約9％を占め、大田区、世田谷区についで第3位の面積を有する足立区。総人口66万人あまり（23区内第5位）のうち、外国人登録者数が2万3000人あまり。そのうち3682人（平成21年度）にのぼるフィリピン人居住者数は、23区トップ。そして23区内の区民ひとりあたりの平均給与所得は23位。つまり最下位で、1位の港区の半分以下。犯罪発生件数（刑法犯認知件数）も23区でトップ。さらに経済的理由で就学が困難な児童に与えられる就学援助率は、千代田区の6.7％に較べて、足立区は47.2％！　児童のほぼ半分が援助を受けていることになり、これは全国の市区町村でもトップだ。

そういう足立区は、23区内でいちばん都営住宅の戸数が多い団地の町でもある。区内をほぼまっすぐに縦断する東武伊勢崎線、つくばエクスプレス、それに2008年に開業した日暮里・舎人《とねり》ライナーを除けば、バス以外にほとんど公共交通機関の存在しない土地。区内でもハブの機能を果たす竹ノ塚駅前ロータリーからは、各方面に向かうバスがひっき

竹ノ塚駅東口のロータリー。ここが近郊へ向かうバス・ターミナルになる

りなしに発着している。

昼間、駅前に立って眺める竹ノ塚は、単なる地方都市の駅前風景となんら変わらない。バスとタクシーが溜まるロータリー。チェーン居酒屋と銀行の支店。高層マンション。それが夜になると、とりわけ西口の駅裏一角が、いきなり東京有数のディープな歓楽スポットに変身する。

数ブロックの小さなエリアに、一説によればフィリピンパブが60軒あまり。そのほとんどが朝方まで店を開けているし、日本人の女の子を揃えたキャバクラもあれば、健康という看板があまりにしらじらしいマッサージ店もやたらに目立つ。新宿でもなければ、池袋でも錦糸町でもない。マスメディアからは下層社会の縮図、東京の底辺と呼ばれ、遊び人からはいまいちばんおもしろい遊び場として愛される、竹ノ塚という秘境。その隠された魅力のすべてを、事情通のおふたりに語っていただこう。出版社を経営する比嘉さん、編集プロダクションのオーナー赤木さん。どちらもこの近辺で育ち、いちどは町を離れたのが、最近になって遊びに戻ってきたツワモノ。知る人ぞ知る、夜の冒険家だ。

東口のすぐ裏手には飲食街。昼間はひとけもなく、ひっそりしたままだ。なかでもフィリピンパブの看板が目立つ

都築　きょうは足立区で生まれ育ったご両人に、東京のサウスブロンクスとも東京のイーストLAとも呼ばれる（笑）竹ノ塚の魅力をたっぷり語っていただこうと、ご足労願いました。

比嘉　俺が生まれたのは、竹ノ塚のちょっと手前の五反野ってところなんだけど、最寄りの駅ったって、五反野まで歩いて30分あるし、梅島までも30分（笑）。

赤木　あのエリアって、陸の孤島ですよね。

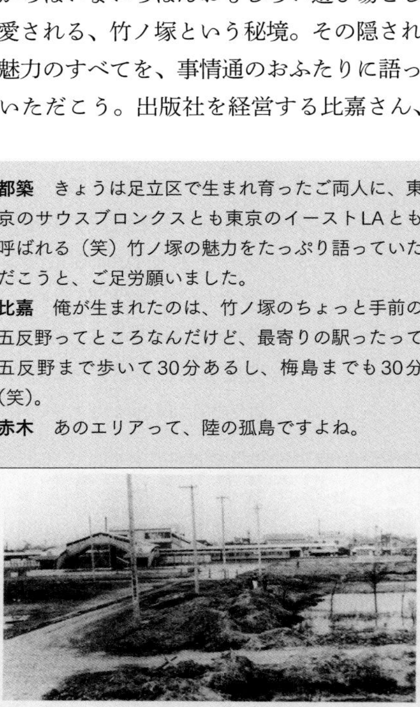

竹ノ塚駅（昭和39年4月）

菊地隆夫著『竹の塚今昔物語』トータルプランニングスズキ刊　より

比嘉　だから竹ノ塚は、チャリンコでよく遊びにきてた。ここってもともと人工的に作った町、モデルタウンなんだよね。

赤木　そうそう。東京オリンピックの時代に、足立区に都営住宅がたくさんできて、低所得者が集まったみたい。

比嘉　もともと北千住は宿場町で、西新井は西新井大師があったけど、それ以外の足立区って、とってつけたような……。

赤木　なんもないんですよ。僕は北区の十条で小学校2年まで過ごして、竹ノ塚に引っ越してきて。それはカルチャーショックでしたねえ。十条は下町っぽい活気があったのに、こっちに来たら田んぼと畑しかないんで。田んぼと畑と、都営住宅。

比嘉　ここらへんみんな、まわりは畑ばっかり。

赤木　比嘉さんなんて、雨になるとイカダで学校行ってたんでしょ（笑）。

都築　うそ！

比嘉　台風来ると床下浸水しちゃって、下水とかな

伊興地域の台風被害（昭和56年頃）

かったからさ。家の前がみんな川状態になって。雷魚の一本釣りとか、鯉とかも釣れる（笑）。亀とか、蛇も泳いできて。

赤木　雷魚のいる川が、この先にあるんですよ。毛《け》長川《なががわ》っていう。

比嘉　食ってたよね。

赤木　食ってました。

比嘉　ザリガニとかも食ってましたよ。

赤木　イナゴも、よくみんなで採りに行って、家で佃煮にしたり。東京なのに。

比嘉　駄菓子屋で売ってるスルメを餌にして、雷魚を釣るわけです。ザリガニもね、マッカチ。

赤木　そう、マッカチ！

都築　なんですか、それ？

比嘉　真っ赤っかなザリガニなの。「今日はマッカチか」とか言って。

赤木　いろんな種類があるんですよ。アメリカザリガニとか、マッカチとか。

比嘉　それは遊び兼オヤツ。焼いて食ったんです。考えてみれば、寄生虫だらけだよね。よくあんなの食ってたな。あと、蛇も平気でいたね。蛇がプールで泳ぎまくって、水泳大会中止とか（笑）。

赤木　肥だめもあったし。牧場とか牛の牛舎とか、最近までありましたから。

比嘉　東京オリンピックのときに、環七を通したわけですよね。それまでは足立区って、道路なんか目茶苦茶だったと思うんですよ。覚えてるのは環七が開通したときに、小学校の授業が休みになって、環七の沿道にずらーっと並ばされた。「いまから車が来るから」って、何時間も。でも来ないんだよね、車が。倒れるヤツが続出して（笑）。それでやっと車が通って、みんなで感動して……そのあとに、聖火ランナーが通るようになって、それから若干変わったと思うのね。それまでは、ほんとうに田舎ですよ。原生林！

赤木　僕が小、中学生ぐらいのときに、初めて高速が通ったんですね。荒川土手の（首都）高速が。そのときも区民が開通の前に、みんなで開通式でマラソン大会やって「足立区に高速道路ができた！」ってやってました。

比嘉　駅前の団地はずいぶん古くからあったけど、あとは『巨人の星』の飛雄馬が住んでるような、長屋の住宅がずうっとあったな。

赤木　駅裏のあたりは、ぜんぶそうでしたよ。田んぼと長屋。で、舗装されてないんです。

赤木　で、交通機関は日比谷線、東武線しかない。

比嘉　あとはバスとチャリンコ。

赤木　駅までバスで40分とかいうエリアありますからね、花畑《はなはた》とか。しかもバス停まで歩いて20分とか。そんだけ歩いて、バスに乗って40分ゆられて、そこから電車乗って都会に行くという。

都築　その当時の小学校とか、中学校とか、どういう感じでしたか。やっぱり荒れてた？

比嘉　荒れてたっていうか、まず読み書きできない奴が、ふつうにいたね（笑）。自分の名前さえ言えないような奴とか。よく覚えてるのは、特殊学級みたいのがあるんですよ。花畑のほうに養護学校があって。で、ある日突然、なんとか君がいなくなっちゃうんだよね。そうすると、あぁやっぱり養護学校に行かされたんだなぁって。

赤木　クラスに5人くらいはいましたから、そういう子が。だから、もうちょっとであっち行かなくちゃなんないからって、みんなで応援してあげたり。

比嘉　俺もぜんぜん勉強しなかったから、次はもしかしたら俺かなって心配したことあるの。それで子供ごころに危機感というか、ちゃんと勉強しないとヤバいのかな、と思って。頭にずうっとチューインガムくっつけてるヤツがいたし（笑）。そいつ、3年間くらいずうっとチューインガムつけてたんですよ！

都築　そういう環境がほかとちょっと違うというのは、いつごろ気づいたんですか。

比嘉　完璧にカルチャーショックを受けたのは、高校行ったとき。高校受験の前に、体育館に集められたんです。それで先生に「おまえらは頭が悪いんだぞ」って言われるわけ。「点数とれないからな、おまえらは」って。希望の学校に行きたくても、まず点数はとれないから、内申書をすごく上乗せしてやってるんだから、よく覚えておけと。だから高校に入ったら、自分がバカだって痛感するぞって（笑）。

そんなこと言われてもさ、わからないじゃん？　言われたことないし、足立区しか知らないんだから。せいぜい北千住ぐらいしか行ったことないでしょ。で、やっぱ高校入って痛感したのは、まずみんな頭いいんです。びっくりするんですよ、ホントに。高校に受かると、入試が何点で入ったのかって教えてくれるんだけど、俺は3教科で300点満点の150点か160点くらいだったの。台東区とか中央区とか、千代田区の奴とかも来てるのね。そういう奴らは300点満点で、250点くらいで入ってきてる。じゃあ、なんでおれたち入れたのかって考えたときに、先生の言ってた内申書ってのがホントだったんだなってわかった。内申書がなかったら変な話……学校、行かれないですよ。

都築　だって比嘉さんは、クラスの中で特に成績悪かったわけじゃないでしょ。

比嘉　けっこうよかったです。俺、めちゃくちゃ勉強したんですよ、中学3年生のときに。なんでかっつったら、進学か就職かって選択があったの。それで、うちの近くに渡辺紙工場っていう、でかい紙工場があった。それとお菓子屋さんの工場。そこに就職するしかないだろう、お前は、みたいなこと言われるわけ。先生にも、両親にも。俺、イヤだなあ——と思ったね。子供心に、人生これで終わっちゃうのかなあって。中3にして。で、もがいたわけです。一生懸命勉強して、なんとか高校に入れたんだけど、入ってから痛感したのは、全然教育レベルがちがう。数学にしろ物理にしろ、英語にしろ、奴らが学んでいることを、俺たちはまだ学んでなくて。奴らの中1が、俺らの中3。それくらい学力が低いんです。まあ、あとになってわかったんだけど、結局足立区って教えるほうも、意欲のある先生がなかなか来たがらないんだね。

東口と西口を結ぶ通称「大踏切」は、開かずの踏切として有名。2005年に2名が死亡する事故が起こるまでは、遮断機も手動操作だった

赤木　それ、みんな言いますね。

比嘉　低所得者多いし、交通の便も悪いし。だから先生も、落ちこぼれになっちゃうんだよね。

赤木　僕の時代はそこまで学力差はなかったかもしれないけど。でも通った小学校が、超奥地だったんです。ここからバスで30分くらいの。小学校2年でそこに行って、まず足立区ってヤバいなって思った。十条は下町なりのカルチャーも、コミュニティもある。こっちはもう団地しかなくて、すごい乾いてるんです、町が。さらに、そのころ学校の8割くらいが生活保護家庭で。給食費はなくなるし。小学校の時代から、クラスの中で盗む、盗まないが始まるんすよ。それでヤバいなと思って、中学校は駅の近くの中学に行ったんですね。そこで、足立区内でも格差があるのに気がついた。駅の近くのエリアと、歩いて30分のエリアと。小学校でふつうだったことが、駅前の中学で通用しない。ジャージのブランドとかにしても、駅前の学校はみんなアディダスとかナイキとか。でも駅離れの学校だと、お母さんにヨーカドーで買ってもらったジャージとかで（笑）。

比嘉　文化的なものは、まったくなかったですね。マンガ本一冊買うにも、俺んとこには本屋がなくて、北千住まで電車で行かなくちゃいけない。北千住まで電車で行くったって、五反野から1時間以上かかるから。駅まで歩いて30分、そっから電車でしょ。北千住の駅前にある本屋さんまで行かないと、本も買えない。ビートたけしがよく漫才で『誠商会』って言ってたんだけど、あれが足立区の奴には琴線に触れるわけです。誠商会ってレコード屋さんなのね、北千住の。その誠商会まで行かないと、レコードが買えない。いくら足立区が低所得だからっていっても、テレビくらいあるわけじゃない、だれかの家に。それにラジオはあるでしょ。で、たとえばベンチャーズが流行ったときとか、GSとか、レコードが欲しくなったときに、わざわざ北千住まで行って買う。そうすると北千住には、イトーヨーカドーみたいなスーパーがいっぱいあるわけ。屋上にスマートボールとかあって、それやってると、地元の悪い奴が来て、ヤラれるのね。北千住の奴にボコボコにされたりして。そこまで決死の覚悟で行かないと、レコードも買えない。要は戦場をくぐりぬけるみたいに行くわけです。ただ、貸し本屋さんは近くにあったのね。俺はマンガが好きだったんで、水木しげるとか。それでマンガをすごく読んでたのが、のちのちの俺

フィリピンパブの入口には国際電話カードや「ARUBAITO」の貼り紙が、お約束のように貼ってある。〈Cabalen〉は地元フィリピーナに愛される食べ放題ピノイフード＝フィリピン料理レストラン

の人生を決めたというか、紙工場やお菓子屋に行かなくて済んだという（笑）。

赤木　僕のまわりも、みんなそうです。僕以外、みんな紙工場。地元の友達はみんな、トラックの運ちゃんか、製本屋とか段ボール屋とか。

比嘉　ベニヤ板工場とかさあ。そんなんばっかりなんですよ。それって、子供でもね、夢がないって思うじゃないですか。

都築　そういう環境から抜け出そうというひとは、比嘉さんや赤木さんみたいにたくさんいたんですか。

赤木　ほとんどいないんじゃないですか。

比嘉　でも俺の場合は、出たくなかったんだよね。やっぱり愛着あるじゃない。ただ、俺が住んでた都営住宅という名前のずらーっとした長屋が、再開発に伴う建て替えでぜんぶ潰されちゃったんです。環七と国道四号との交差点の、いまドン・キホーテになってるとこ。で、新しい団地にするので、そのあいだ一時的にどっか移れって言われて、うちは早稲田に。要するに都営住宅から都営住宅に移れ、と。それで早稲田に引っ越してきたのが、15歳か16歳なんですけど、前の晩はね、俺、泣いたんですよ。出たくないの。だって友達もいるし、愛着はあるし……なんだかんだ言ったってさ、居心地いいっちゃ、いいんだよね（笑）。まわりから見ると、えーっとか思われるかもしれないけれど、そこは住めば、ね。

都築　どこらへんが特に、居心地のよさを感じるんですか。

赤木　がんばんないでいいっていうか、だらしない。

比嘉　だらしないよね（笑）、すっげー。

赤木　すべての未来が見えるんですよ。自分と同じような成績だったおっちゃんは、近所の工場で段ボールゆわえてる、と。きっと月に28万くらいもらって、好き勝手やってると。それくらい人生見えてくるんで、なんか安心なんですね。ほかにがんばる必要ないし、背広着てる人もいないし。で、飲み屋はぜんぶ安い。女遊びしたかったらキャバクラも安いし、ピンクも安いし。抜けられないんですよね、そのゆるさから。

比嘉　僕は（早稲田に）いやいや移ったでしょ。で、1日目で、もう足立区に戻りたくないって思った（笑）。こんなに違うんだっていう驚き。（足立区は）ガキの不良が多いじゃないですか。喧嘩も多いし。一歩出たら、やんなきゃならないみたいな雰囲気って、あったよね？

赤木　ガンをつけるとかつけないとか、目が合ったらまずいとか。合った瞬間に動くんで。

比嘉　いつもドキドキしてた。それが早稲田に引っ越したら、なんと平和な（笑）。ガラがいいんだね。あと本屋さんもあるし、駅も近いし。

都築　あの涙はいったい……（笑）。

赤木　僕は逆に、足立区がイヤだったんですよ。十条で育ったんで、都会の下町ってわかるんだけど、足立区ってあまりにも団地が多くて乾いているんで。町の雰囲気もないし、優しいオトナもいない。みんなぎすぎすしているんです。団地だから、つきあいもない。だから僕は18歳のときにすぐひとり暮らしを始めて、20歳くらいで町を出ちゃいました。北区に行って、それから代官山（笑）。あと、親に刷りこまれた部分もありましたね。十条からこっちへ移ってきたときに、親としては都落ちだと思ってたらしくて。都営住宅に入ったんです、事業に失敗して。だから足立区の悪口ばっかり言ってましたよ、「こんな田舎に来ちゃって、俺たち」みたいな。それをずーっと聞かされてたんで。ま、親はけっきょくこっちに家買っちゃって、いまだに住んでるんですけどね（笑）。

都築　足立区の中でも竹ノ塚っていうのは、特別なところがあるんですか。

赤木　竹ノ塚は、足立区ではターミナル駅のひとつなんですよ。ロータリーがあるじゃないですか。バスが、東京駅からいろいろ各地に出るみたいなもんで。要するにこのロータリーが、ぜんぶ駅なんです。ここから各地に散らばっていく。花畑や八潮のほうに行ったり。だから繁華街なんです。ここで飲んで、バスで帰る、そういう世界。東口からは（埼玉県の）西川口とか鳩ヶ谷まで、バスが出てますし。

比嘉　そういう意味では便利だけど、でも東京の中心部へは行きにくい。ここから新宿ったら、えらいことだし。

赤木　だから荒川を越えるのに、みんな精神的なハードルを抱えてるんです。荒川って、すごい壁なんですよ。自転車で行っても坂だし。電車に乗っても荒川までの道のりって、けっこうあるし。東京に入って行くんだな、という感じで。東京に行くための服を僕ら、わざわざ買いましたよ！

比嘉　ああ、そうそう。わざわざアメ横に行くための服を買った。

赤木　足立区のひとって、荒川を越えるときは服が違うんです（笑）。

比嘉　（自分たちが）どんくさいって、わかってるんだよね。

都築　逆にいえば、それが居心地がいいってことなのかな。

比嘉　楽なんですよ。出世したひとって、あんま見たことないし。スーちゃん（田中好子）ぐらい？（笑）

赤木　キャンディーズのスーちゃんは、足立区のヒーローですから。荒川のこっち側で、釣り具店をやってたんですね。スーちゃんの家って、足立区民はみんな知ってるんですよ。日光街道を通るときにかならず親が言いますから、「ここがスーちゃんの家だ」って。近所のおじさんとかも教えてくれる、ここがそうだよって。

比嘉　あとはビートたけしが、自分は梅島出身で足立区、足立区って言うようになって、足立区民としてはちょっとうれしかった。

赤木　けっして、よくは言ってないんだけどね。

比嘉　でも、たけしは足立区の中では裕福ですよ。足立高校っていう進学校を出て、明大まで行ってるしさ。

都築　そうすると最近、佐野眞一さんをはじめ、マスメディアで足立区の悲惨さ、みたいなのがけっこう報道されてるでしょ。この土地で育った人間としては、あれはけっこうリアルな感じでしたか。

比嘉　そうかもね。でも俺としては、悲惨って言えば悲惨だけど、そうじゃない側面もあると思ってるからさ。足立区にいる奴って、みんな足立区を出たがっているかというと、そうじゃないし。

赤木　だって、僕の同級生たちだって、みんな足立区から出ないですもん。

比嘉　正直言って、足立区の悪口をね、足立区民どうしでやるんならいいけど、たとえば中央区の奴らに言われたら、オマエふざけんじゃねえ、となる。それはあります（笑）。

都築　ネガティブにとらえればきりがないけど、安いから、いい加減だからこその居心地よさもあるしね。

比嘉　だから竹ノ塚あたりのフィリピンパブでぐだぐだしているオヤジたちは、別に竹ノ塚を出たいともなんとも思ってないと思うのよ。

都築　そういうひとたちが、足立区のよさを実はいちばんわかってるのかもしれない。

赤木　足立区ってとりあえず、なんでも揃っちゃう。洋服も家具も、巨大なショッピングセンターみたいなのがあって。だから出る必要ないんですよね。日常生活でも、みんな荒川を越えないですから。休みの日も、北千住どまり。北千住行って買い物して、御飯食べて帰ると。

都築　そうすると、北千住だけが別格なんでしょうか。

比嘉　そうですよ。だから北千住のヤツは、足立区って言わない。俺ら、北千住って（笑）。

都築　そうなんだ（笑）。

比嘉　言われる俺たちも悔しいけどね。

赤木　だいたい荒川越えてますから。あそこはもう、足立区じゃないんですよ。

比嘉　そういえば、足立区は銭湯が多いんだよね。前にうちの雑誌に、廃墟に住む女子高生っていう投書があったんです。潰れた焼肉屋の上に私たちは住んでいるから、取材に来てくれと。カメラマンの奴が、東京都内にそんな格差あるわけないって言うから、じゃあ取材に行こうってなって。それは綾瀬なんだけど、ほんとに潰れた焼肉屋。その上に住んじゃっているの、勝手にそいつらが。3人くらいかな。スケボーやったり、ふつうの女の子が楽しそうに暮

2008年に日暮里舎人ライナーができるまで、竹ノ塚駅は東京23区内最北端の駅だった

らしてるんだよね、で、写真撮って取材して、「君たち、将来の夢ってなあに？」って聞いたら、「うん、お風呂のある家に住みたい！」って……（笑)。それって、たった10年くらい前の話ですよ。だから俺が住んでたころの足立区像と、あんまりズレてないんだね。全部が全部そうじゃないけれど、やっぱり貧しい部分はけっこう残ってる。

都築　そういう、子どもなのに毎日が戦闘モード、みたいなところで育って、それがイヤですっかり離れて、いま20年ぶり、30年ぶりに戻ってくる。それも住むんじゃなくて、遊ぶために戻ってきたというのも、なかなかオツな展開ですねえ。

比嘉　俺はフィリピンパブのおかげで戻ってきたわけですが（笑)。フィリピンパブといえば蒲田もメッカなんだけど、じゃあ蒲田行くかって言われたら、同じ労力使うならこっちに来ちゃう。それは、やっぱり（竹ノ塚が）DNAの中に入ってるということもあるんだろうし、なんといっても遠いでしょ、ここは。だからいいんですよ！

都築　そうなの？

比嘉　だって蒲田や小岩じゃ、行きやすいでしょ。ここに来るのは、ちょっとした小旅行気分だからね。旅行感がある！　これで温泉あったら、完全に地方都市ですから。

都築　いまじゃ都心から半蔵門線で一本なのにね、表参道や渋谷と直結してるし。

比嘉・赤木　えーっ、半蔵門線、乗り入れてるの！？　知らなかった……。

都築　おふたりとも、生まれ育ったこのあたりの「ぬるま湯感」みたいなのから逃れて、東京都心で現在の地位に上りつめたわけですが（笑)、竹ノ塚に舞い戻ったというか、遊びに来だしたのはいつごろなんですか。

比嘉　俺は最近なんですよ、実は。もともとフィリピンパブに、ドツボにハマってて。それで竹ノ塚がピンパブのメッカであるとは知ってたけど、なかなか来る機会がないじゃないですか、錦糸町とか上野とか、もっと近場にもメッカはいっぱいあるし、わざわざ竹ノ塚までは……。でも一回来てみたくてしょうがなかったの。で、たまたま2年前の12月30日。友人と「行こう！」って、意を決して来たわけ。俺にしてみれば、出てから一回も来てないわけですよ。約40年ぶりに竹ノ塚の駅に降り立って、フィリピンパブ探しに行くわけじゃないですか。あのときは中学生だった、それがまさか50歳過ぎて……（笑)。そしたらまあ、フィリピンパブだらけなのに感動したね！

都築　それも凱旋と言えるのかどうか。それまでは比嘉さん、錦糸町とか東京中の、というより日本各地のフィリピンパブを巡ってたわけでしょう。ピンパブ好きのあいだでも、竹ノ塚は有名なんですか。

比嘉　ああ、有名ですよ。足立区竹ノ塚っていえば、東京なら錦糸町か竹ノ塚っていうくらい。でも、ここまでとは思わなかったです。だってここはビルの1階に、けっこう大型店舗が入ってる。錦糸町でも、さすがに1階店舗ってないですよ。ビルの上のテナントとして、ひっそりあるくらい。でもここはビル全体がピンパブっていう「ピンビル」もあれば、1階に大型店舗が堂々と、ガツンとあって。そのことだけでも、東京ではおそらくここだけかな。それがやっぱ、ときめくっちゅうか（笑)。

都築　40年ぶりに降り立って、街の風景はどうでした。

比嘉　そりゃ変わってますよ。俺がいたときは、ぜんぶ畑だから。牛がいて。あと長屋ばっかり。すさんでたよね。

赤木　すさんでるっていうか、冷たい町っていう印象がすごく強かったですね。あんまり人情がない。僕も竹ノ塚を出てからずっと、実家にすら3、4年にいちどしか帰らない状態だったんです。それも親の顔見て、とんぼ返り。それが2年ほど前から、こっちでちょっと仕事ができて通うようになって。そしたら飲み屋は多いし、安いし、いいなーと思って。それまでは六本木とか、歌舞伎町とか、ひと晩で何十万とか使っていたんです。バブリーな時代もあったんで。でも、こっちは一日2、3万で豪遊できるじゃないですか。それに目覚めちゃった感じですねぇ。

都築　赤木さんもフィリピンパブなんですか。

赤木　僕はちがうんです、もともとキャバクラで。一時はキャバクラの雑誌つくるぐらいハマってたんです。

都築　六本木のキャバクラで遊んでたら、竹ノ塚とは2桁くらいちがうでしょう。

赤木　ちがいますね。70万とか、カードで払っちゃうときありましたもん。儲かってたころですが。いまはもう、とんでもないです。2桁どころじゃなくて、3桁くらい違うんじゃないですか（笑)。

都築　赤木さんも久しぶりに夜の竹ノ塚を見て、びっくりしました？

赤木　いや、僕が子どものころから、竹ノ塚は足立区の銀座って言われてたんですよ。このへんの通りにはフィリピンパブじゃなくて、むしろ高級クラブが多くて。

都築　え？

赤木　『ルパンの小屋』と『いつき』っていう名店があって。その2店が高級クラブとして、竹ノ塚のナイトシーンをずーっと、もう30年くらい引っ張ってるんです。

比嘉　でも、こないだ『ルパンの小屋』行ったら、すごいねーちゃん来たよ、俺んとこに。

赤木　あそこが竹ノ塚でいちばん有名なんです！　だから、昔もフィリピンパブはありましたけれど1、2軒で、あとはスナックが多かったですね。僕、中学くらいからスナックで飲んでましたから。

都築　そうなんだ（笑）。

赤木　足立区の不良は、だいたい中学からスナックで飲むんです。ダルマ……サントリー・オールドのボトル入れて、白いペンで『愛羅武勇』とか書いて（笑）。

都築　ほんと！？　いいですねー。じゃあ、こんなリトル・マニラみたいになったのは、比較的最近なんだ。

比嘉　まあ、遠いからそんなに頻繁じゃないけど、一カ月に何回かは必ず来るようになって。やっぱり興味あるから、なんでこんなに増えたのか、なんでこんなになっちゃったのって、ママさんに聞いたことあるのね。タマゴが先かニワトリが先かなんだけど、このへんに住んでる（フィリピンの）子って多いんですよ。家賃が安いから。竹ノ塚に住んで、上野で働いているとか、西川口で働いてるとか。だから、もともとあったんだね、コミュニティが。

赤木　竹ノ塚と上野を結ぶ沿線って、けっこうピンパブ多いんです。三ノ輪とかも。

比嘉　聞いた話だと、（フィリピンパブの）すごい古いママさんがいて、そのひとが最初に出した店がそこそこ当たって、そこに来てたハマり客が、これは儲かるんだと思って自分で店を出したのがまた当たって。ただでさえ、もともと住んでた子たちがいたんで、だんだん増えてきたという説が。あと、梅島っていう駅が隣にあって、そこに梅田教会っていう有名なカトリック教会があるんです。カトリックの教会があるところって、フィリピーナが多いんですね。赤羽もそうだし。だから土壌があったんです。たまたま出した店が当たったのと、あとは変な話、地元のやくざがフィリピンに寛容だったという。

赤木　ピンが好きだったんじゃない？　でも、けっ

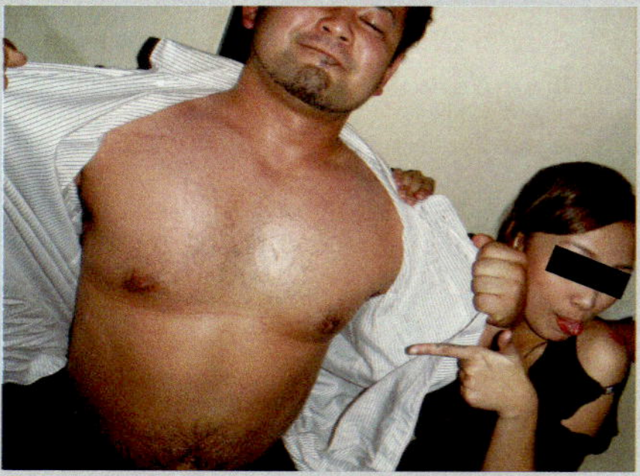

こう両極端で、このへんはお金持ちもいるんすよ。

比嘉　地主ね。

赤木　農家系で駐車場経営してる、アパート経営してる、みたいなの。そういう、ほんとうのハイローラーがいるんです、何百分の一とかの確率で。

比嘉　だいたい息子は、バカなんだよね（笑）。

赤木　そうは言ってもフトコロは竹ノ塚レベルですから、そんなに使わないけど。でも中学、高校のころを考えると、友達のお母さんがクラブのママとかホステスっていうの、多かったですもん。

都築　昔から、竹ノ塚は足立区の重要な遊び場だったってことですか。

赤木　古い人はみんな言いますよ、竹ノ塚は足立区の銀座だって。

都築　そうなんだ！　しかし比嘉さんもこれだけ仕事が忙しいのに通ってるのは、竹ノ塚が安いからってだけでもないんでしょ。

比嘉　安いのも、魅力ありますね。あと、錦糸町に行き飽きちゃったのもあるけど、竹ノ塚が意外にレベル高かったっていうのがあるんですよ。最初は

「竹ノ塚、田舎でしょ」みたいな先入観で、それもまた楽しいかもと思って来たら、ねーちゃんのレベルが意外に高かったという驚き。あと、いろんなバリエーションがあるよね。大箱の、かわいい子がいっぱいいるところもあれば、場末のスナックみたいなところもあって。けっきょくフィリピンパブって、ねーちゃんが可愛いから来るっていうだけでもないのね。だんだんマニアックになってくると、だらしない空間がいい、とかになってくる。

赤木　それはそうとう通なアレだと思いますよ。

比嘉　そうすると、ここはぜんぶ満たしてくれると。ねーちゃんのいいとこもあれば、場末もある、安いところもある。

都築　ほかと較べて、そんなに安いんですか。

比嘉　安いっすね。小岩もここと同じくらい安いけど、こっちのが数あるし。錦糸町なんて、なんだかんだいって高いから。

赤木　友達で、銀座で一晩に何百万使っちゃう編集者、いるんですね。いまどき珍しい勝ち組。そいつも、いまハマっているのが竹ノ塚なんです。キャバもピンパブも両方。とにかく女と飲める店はぜんぶ行く。銀座を遊びつくして、歌舞伎町を遊びつくして、たどり着いたのが竹ノ塚

都築　そうなんだ!?　でもおふたりとも、すごいお金持ちかどうかは知らないけど、一銭でも安いとこ探して飲みに行ってるわけじゃないでしょ。

赤木　上野のピンパブとかって、けっこう女の子のプライドが高いんです。僕からすると、上野で飲むこと自体がそうとう都落ちなんですけど、フィリピン嬢は上から目線をやめてくれない。でも、竹ノ塚って目線が対等なのね。そういう居心地の良さを感じますね。フィリピンの子も竹ノ塚まで来て、やっと同じ目線になってくれるというか。

都築　へえ〜。

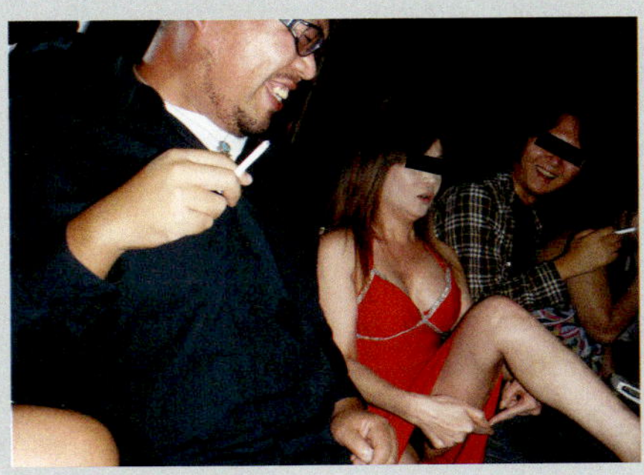

比嘉　最初に行ったとき、3軒ハシゴしたのね。でも(1か所)ひとり2000円くらいでしょ。だから3軒行って1万円行くか行かないか。これはすごいなって感動したんだけど。そういうときはまず「ここ、1時間セットでいくら?」って、最初に聞いちゃうの。フィリピンパブで絶対ボラれない方法は、1時間セットでいくらって、最初に決めちゃうんですよ。自動延長されちゃうところもあるから。で、1時間でって聞いたときに、その段階で地元の人間じゃないって読まれたのね。よそ者だと。俺たちはいろんな店に行きたいから1時間ずつハシゴするんだけど、地元の土着のオヤジたちは、そんなことしない。1時間で帰る客なんて、俺たちだけ。

赤木　だらだらですよねえ。

比嘉　でも、いくら1時間でワンセット2000円たって、3時間、4時間いれば、それなりになるじゃないですか。それで観察してるうちに判明したんだけど、地元価格ってあるのね。オヤジたちが通いつめて、なじみになるじゃない。そうすると1時間2000円じゃなくて、おそらく最後までいたって5000円で済んでる。そういう、暗黙の了解の料金体系があるんじゃないかと思うんです。

赤木　それ、ありますね。竹ノ塚は交渉次第で値段変わりますから。

都築　ほかのとこは、そうじゃないんだ。

赤木　初めてだったら交渉できますけど、2回目はない。でも竹ノ塚は何回行っても、交渉に応じてくれますから。きょうはいくらで飲ましてって(笑)。

比嘉　女の子がドリンクねだってこないしね、ここは。

赤木　竹ノ塚はいろんなとこに突っ込んでいくと、意外な掘り出し物があるんです。

都築　なんですか、掘り出し物って。

赤木　たとえば4時間で4000円(飲み放題)のス

ナックとかあるんです。そんな安くて、女の子いないのかと思うと、40歳過ぎのきれいな中年のババアがいたりして。それが色っぽいんです、妙に。それに若いフィリピン嬢もいて、ふつうのピンパブよりよっぽどよかったりする。カラオケもタダだし。行けば行くほど、いい店を発見できるんですね。

都築　ずうっと地元で、近いからとか、フィリピン嬢が好きだから来てるひともいれば、おふたりみたいにいろんな場所で遊びつくして、良さがわかってここにハマるひともいるわけですね。

赤木　でしょうねえ。あとちょっと、旅行気分がありますね、竹ノ塚は。田舎に出張で来てる感覚。

比嘉　場末の温泉街に来ると、ワンポイントくらいよけいに楽しくなる感じ、あるじゃないですか。それはありますよね。

都築　フィリピンパブ以外も行くんでしょ。

赤木　僕はキャバクラ。それもほかより安いし。

比嘉　竹ノ塚でいちばんっていうキャバクラに、前に連れてってもらったじゃない。そしたらマジ、ねーちゃんがすごかった。3人くらい子供抱えたまま、いきなり（ダンナに）放り出されて、再婚しようかどうしようか悩んでる……みたいな相談されて（笑）。

赤木　キャバ嬢の半分以上が、シングルマザーなんです。

都築　それはすごい。

赤木　キャバ嬢とか、クラブのホステスさんは80％くらい、そうじゃないですか。トラックの運ちゃんとかと結婚してたのが別れて、みんな女手ひとつで子ども子育てるためにキャバやってる。

都築　竹ノ塚は風俗も有名ですもんね。

赤木　ピンサロとか主婦売春とか、最近はテレクラも盛んだし。主婦の生活費稼ぎで。そういうビジネスやってるやつに聞いたんですが、開業するときに

リサーチしたんですって。職がなくて、即金ですぐにお金を欲しい奥さんとか、援助交際やってる女の子が多くて、性に乱れた町はどこかと。その結果、蒲田と竹ノ塚が残ったと。そういう町が（無店舗風俗に）適してるんですって。で、こりゃもう竹ノ塚しかないだろうと（笑）。

都築　実話誌とか、よく特集してますもんねえ。

赤木　そうですね、ホテル代払うんだったら、わたしに上乗せして、みたいな感じで、自分のアパートでコトを済ませたり。料金、4桁ですから。2000円、3000円とか、ほんとにあるっていいます。

都築　それは現代日本の値段じゃないですね……。

赤木　彼女たちにとっては1000円、2000円の差が大きいんですよ。ホテル代だって休憩で3000円くらいしちゃうから。

都築　なるほど。旅行気分っておっしゃいましたが、都心で仕事していて、きょうは竹ノ塚行くぞ！　という場合、何時ごろ出陣するんですか。

比嘉　最初来たときは、7時くらいから飲んでたのね。ただ、いっぱい店は見つかるけど、ぜんぜん電気がついてない。「もしかしたら摘発されちゃったんじゃないの？」とか言ってたのね。それで飲んでから10時ぐらいに出てみたら、すごかったんです、呼び込みがばあっといて。そこで初めて、竹ノ塚は遅い時間から盛り上がるんだってわかった。それで店に入って知ったんだけど、ふつうは午前2時までとかじゃないですか。それがここは、朝の4時とか5時までやってるって言うんだよね。ねーちゃんも夜の10時、11時から出勤するのがけっこういるし。

都築　なんでそんなに遅いんでしょう。

比嘉　条例では基本的に、だいたい2時とかでアウトなんですよ。錦糸町にしろ上野にしろ。下手すると1時でアウト。名古屋は別格で、朝10時までやってるところもあるけど、それはしょせん地方じゃないですか。東京でそんな遅くまでやってる場所って、ほかにないですから。まあ客のほうも、朝までやってるってわかれば、当然のことながらそんな早くからフルエンジンかけないのと、あとは何軒もはしごするような金を持ってないじゃない、客が。女の子に話を聞くと、最初は客もあっち行ったりこっち行ったりするんだって。でも、この店がいいって気に入ると、もう動かない。馴染みの店を見つけて、スナック状態。オヤジにとっては、そこが安住の地。飯食ったりしてるもんね。フィリピン料理とか出してくれるし。飯食って、慣れたねーちゃんがいて、

何時間か現実逃避をして。

都築　始まりがそんなに遅いってことは、お店の子たちはもうひとつ職業を持ってるんですか。

赤木　持ってますよ、みんな持ってます。

比嘉　竹ノ塚だけじゃなくて、他のフィリピンパブもみんなそうだね。

赤木　弁当屋が多いですね。

比嘉　あと、ホテルのベッドメイク、このふたつが基本。

都築　へえ〜。

比嘉　ほんと、24時間働いてんじゃないかってくらい、働き者ですよ。

赤木　時給どれくらいなんですか、彼女たち？

比嘉　1000円くらいじゃない。安いけど、それを送金したら、それなりになるでしょ。そこだけは感心する。生きてくために、ほんとに一生懸命働いてる。なんのために働いてるのか、なんて悩まない。悩めないと思うんだよね。

都築　いまはフィリピーナも第2世代になってるでしょ。

比嘉　ジャピーノね、ここは多いっすよ。

赤木　美少女多いですよ。若くてかわいい子が。

都築　彼女たちは国に送金とかはしてないですよね。

比嘉　いやいや。ジャピーノって、お父さんいないんです、基本的に。

都築　日本人の父親に、ばっくれられたケースだ。

比嘉　で、母親があとで結婚して、新しいオヤジができたケースが多いわけです。日本のフィリピンパブで出会った男と再婚してという。それでも国元に送金するってことがないと、生きてる価値がないくらいになっちゃう。結局、田舎におじいちゃん、おばあちゃん含めて一族郎党、残してきてるわけだから。だから俺なんか、まずいフィリピーナの見分け方ってあるんだよね。兄弟に男しかいないっていうのは、付き合わないほうがいいですね！

都築　そうなんだ！　深いですねー（笑）。

比嘉　なぜならば、男って働けないじゃないですか。フィリピンでは男の仕事、まずないでしょ。女の子はまだゴーゴーバーとか、カラオケとか売春とかいろんな手段があるけど。あとは日本にも、おねーちゃんは来れるでしょ。そうすると、フィリピンパブで3姉妹働いたら、これは俺たちより年収稼げますよ。それを送金したら、むこうに御殿。マニラにすごい豪邸建ててるわけですよ、3姉妹、4姉妹だと。男の兄弟ばっかりで、女の子がひとりでここで働いてるとかだと、そうとうバックアップしなくちゃいけないことになっちゃう。

都築　横についた子に、さりげなく家族関係を聞き出すわけ？

比嘉　聞きますよ。お姉さんが何人も日本に居る子だったら、もうお付き合い！

都築　やですねー、上級すぎ（笑）。

赤木　マニアですね、もう。

比嘉　竹ノ塚だけが居心地いいわけじゃないけど、ここがもっと都心寄りだったら、人生狂ってたくらいヤバいかもしれない（笑）。会社からもっと近かったら、職場放棄してるかも。

赤木　そりゃそうだと思いますよ。月に10万くらい飲み代使えれば、そうとう豪華に遊べるし、女の子にもモテるし。

都築　10万で！　そんなとこ、地方にだってなかなかないよね。

赤木　10万小遣いあれば、アフターとかのお金も含めて大丈夫。

都築　アフターって、どこ行くんですか、竹ノ塚から。

赤木・比嘉　西川口！　タクシーで。

比嘉　西川口か、錦糸町。

赤木　ディスコなんですよ、フィリピンディスコ。朝までやってるんです、10時くらいまで。

都築　朝10時……。

比嘉　アフターは正直、辛いよな、次の日ぜんぶ潰れちゃうもんなぁ。

赤木　辛いっす。無茶苦茶になりますよ。（店が混む）ピークが朝5時くらいから8時くらいですから。

都築　たとえば湯島だったら、2時くらいまでフィリピンの子と飲んで、そのあとそのへんの寿司屋でも行って、みたいな感じになるでしょ。

赤木　ここは寿司屋とかないですからねえ。でもフィリピンディスコ、つまんないっすよねぇ。

比嘉　俺、おもしろいけどね。

赤木　上級者ですねえ。要するに、音楽もロックだし。生バンドなんですよ。生バンドで踊るって、難しいっすよ。

都築　比嘉さんは、どのへんがおもしろいんですか。

比嘉　ウォッチングしているのがおもしろいし。くっだらないんですよね、とにかく。リンボーダンス大会とかやったり（笑）。急にカラオケになったり、要するにディスコったって、バンドがいて、あんちゃんがウェイターでいて。そいつら、ホストがわりなんですよね。ホストったって、日本のホストみたいにびしっとしてるわけじゃなくて、Gパンに汚い格好してでしょ。それが接客してくれて。

都築　それってジャピーノ？

比嘉　ジャピーノもいれば、純粋のフィリピン人もいて。ビザ取って来てるのもいれば、いろいろいるんだけど。でも、日本の女の子意外にいるんですよ。

都築　へえ、そう？

比嘉　錦糸町はフィリピンディスコ、いっぱいあるんです。最初行ったときに、明らかに日本人の女の子の集団がいたの。5、6人くらい。「あの子たち日本人だよね、なんでいるの？」って聞いたら、男（目当て）なんですよ。俺らの逆バージョン。

赤木　そうとう美形の子が多いですから。ジャニーズみたいなのばっかなんで。

都築　そりゃハマるよね。日本のホストみたいにお金かからないでしょうし。

赤木　で、優しいし。

都築　逆に、（店が始まる前の）同伴とか、竹ノ塚だとどこ行くんですか。

比嘉　フィリピーナは昼間は子供の世話しているか、弁当屋さんで働いてるじゃない。そうすると夕方5時とか6時に待ちあわせるでしょ。店にはふつう8時に入んなくちゃならないから、近場しか行かない。

近場の寿司屋かしゃぶしゃぶ、焼き鳥。だいだいそのパターン。

都築　そうなんだ。

比嘉　フィリピーナは飯うるさいこと言わないからいいよね。いちど、こじゃれたところに連れてったんですよ。そしたら、食わない。素材のわからないものは、手を出さない。俺、それをすごく感じた。鶏なら鶏、肉なら肉、魚なら魚。それをアレンジして、見かけでわかんない料理になっちゃうと、彼女たちは食わない。保守的だよね、食にかんしては。日本人くらいじゃないですか、こんなに異常なのは。

赤木　でも竹ノ塚だと同伴、なさそうな気がしますね。

比嘉　食べ放題のフィリピンレストランが一軒あるけど（笑）。

赤木　いや、同伴という考えがないと思うなあ、オヤジの側に。アフターはよく聞くけど。

都築　同伴代がもったいないんだ。でも、おふたりとも同時期に竹ノ塚を再発見したでしょ。それから僕みたいに、竹ノ塚を知らない人間を連れて来るでしょう。反応はどうなんですか。

比嘉　いや、みんな喜びますよ（笑）。

赤木　喜びますねえ（笑）。否定するひと、いないです！

比嘉　だって、東京でまず見られない光景を見られるうえに、安いから。

赤木　安いって、ほんとにすごいことですね。

比嘉　俺の場合はもう、フィリピンパブしか興味ないから、連れてくるやつもそうなる。で、いつも錦糸町で遊んでるやつとか、小岩組とか、新宿組とか、みんな竹ノ塚に連れてくるじゃないですか。そうすると、これだけ数あるし、呼び込みがぜんぶフィリピン人だったり。これはフィリピンパブ・フリークにしてみれば、まさに天国。マニラに来たみたいな気分。

赤木　足立区の繁華街というと、北千住だけ別格に栄えてるわけですが、フィリピンパブは2軒しかないんです。あとは梅島と西新井に、小さいのが1軒ずつあるくらいで。竹ノ塚だけが、異様な「夜のマニラ」状態なんですね。

都築　そうか、都心から見ると荒川を渡った先は小菅、五反野から竹ノ塚までいっしょのイメージですが……。

比嘉・赤木　ぜんぜんちがうんです！

（竹ノ塚駅前・日本海庄やにて収録）

スナック エルザ

東京をひとつの国と考えれば、足立区は最北端のノース・カントリー。そして足立区でいちばん北の端、竹ノ塚はそのランズ・エンドだ。

こんなにたくさん団地があって、こんなにたくさんひとが住んでいて、こんなに都心から近いのに、ほとんど知られていない、知ろうともされていない町。メトロ東京の秘境とも言うべき竹ノ塚の駅前にスナックを構えること37年間。この町の移り変わりをカウンターから眺め続けてきた小宮行雄さんに、竹ノ塚の今昔をお聞きする。奥様とともに店を守りながら、「マジックバー」などという言葉が流行するはるか以前から、マジックのプロとしても活躍してきた異色のマスターだ。

上／スナック「エルザ」エントランス
下／店の小さな窓からは、竹ノ塚駅のホームが見える

●**小宮行雄さんのお話**

僕が生まれたのはこのすぐそばの舎人というところです。昭和23年だから、戦後すぐですね。そのころはこのへんもまるで田舎でした。とにかく一面の田畑。トマト、キュウリ、葉生姜、イチゴ、梨の木も桃の木も梅の木もあって、桑の実もあって……食べ物は不自由しなかったですねえ。盗めばいいんですから、畑から（笑）。

このあたりは東京でいちばん言葉の悪い地域だったそうです。女のひとたちが自分のことを「オレ」って言ってましたから。僕らが小学校低学年のころなんて、おばあちゃんは着物に腰巻ですよ。それで、田んぼの畦で立ち小便という時代でしたから。

で、子どもは川でよく遊んでて。豚屋さんっていって、豚を飼ってる農家が多かったんですが、ワラとか豚の死骸が流れてる川で泳ぐんです。そうするとアイスキャンディ屋さんが来て、割り箸にアイスキャンディをつけたのを、川の中に投げてくれる。それを拾って食べるんです。

うちの親父は勤め人なんですが、手先が器用で、なんでも自分で作っちゃってました。僕もその血筋を引いてるようで、マジックの道具を自作するのが、けっこうストレス解消になってます。もともとお祖父ちゃんが事業をやっていたのが、だれかの保証人になって潰れちゃったんですね。それで、倉庫みたいな六畳一間の家を、親父が古材を買ってきて修理して住めるようにしたところに、家族で暮らしてました。小さいころは、瀬戸物屋で買ってきた大きなカメを庭に穴掘って埋めたのをトイレにして、溜まったら汲み出して畑に撒いてたのを覚えてます。イチゴなんかそのまま食べたりすると、回虫が出てきちゃったりしてね（笑）。

そういえば、美声だなんて言ってくれましたけど、小学校のころに扁桃腺手術したんですよ。そしたら近所のお兄ちゃんが紫色のツタ、つるみたいなのですが、それを切って枯らしたヤツをいっぱい持ってたんです。扁桃腺切ってルゴール塗っているのに、お兄ちゃんがそのツタを、煙草みたいにして僕に吸わせたんですよ。それがまた、辛いの！　この低音は明らかにそれが原因ですね。煙草の真似ごとみたいな、子どもの遊びでしたが。

高校生のときから喫茶店でアルバイトしてまして、先輩からいろんなこと教えてもらいまして。やっぱり女性にも興味あるし、夜の世界はおもしろいなと思ったんです。それで服部の栄養専門学校行きながら、夜はアルバイトしてました。

で、学校を卒業して、栄養士ですから病院関係にでも勤めようと思ったんですが、やっぱり自分で店を、レストランとか始めたくなって。でも資本がかかるでしょ。いちばん安くできるのはスナックですから。暗くしてあるし、自分でペンキ塗っちゃえばいいんだし。それでトラックの運転手を昼夜ぶっつづけでやってお金を貯めて、この店を開いたんです。昭和49年の10月。だからもう36年になります。

マジックの修業のお蔭か、背筋がのびて、立ち居振る舞いの美しいマスター。マジシャンとしての名前は、「Mr.J」

当時はまだ竹ノ塚に飲食店、スナックが10軒あるかどうかというころでした。いまは800軒、900軒ですけれども。そのころからのひとで、いまも現役でカウンターに入っているのはもう、僕くらいしかいないです。ついこの間、うちより1年前からやっていた居酒屋さんのマスターが亡くなっちゃって。そこの隣のマスターもほぼ同世代で、割烹居酒屋だったんですが、いま入院されちゃってます。世代交代の時期なんでしょうね。

昔は竹ノ塚も、けっこう高級店があったんです。この店を開くときに、大工さんなんかと飲み歩いてると、1万円じゃ水割り1杯くらいしか飲めないクラブがありました。40年前の1万円ですよ。足立区の銀座というか、銀座以上に高い時期もあったんです。

そういう高級店がだんだん減っていって、かわりに安い店が増えてきたころ、僕の店もオープンしました。キャバレー、ノーパン喫茶から、ホストクラブ……この町もいろんな変遷がありましたね。

店を始めたころは、竹ノ塚に流しが3人いまして。渥美二郎さんのお父さんのやっていた、渥美芸能社の流しでした。カラオケのない時代ですから、僕はここでエレクトーンを弾いて、お客さんの伴奏をやってたんです。そのころは生演奏の店なんて竹ノ塚にはほとんどありませんから、すごく受けましたね。手前味噌ですけど、20代でこのへんじゃ「水商売の神様」なんて呼ばれた時期がありました（笑）。

そのうちにカラオケが入ってきまして、そうなるとお客さまも、やっぱりエレクトーンよりフルオーケストラで歌ったほうがいいと。それで生演奏を辞めちゃったんです。それから次に、似顔絵描きをずうっとやってました。ハレー彗星がきたころだから……昭和61年ぐらいですね。

僕はもともとしゃべるのが苦手で、料理とか絵を描くとか、黙ってひとりでやるほうが好きだったんで。それで大きなサイズの油絵を描いてみたり、浮世絵の模写をして売ってた時期もありました。あとは秩父とかの渓流を回って描いて、安い額に入れて値段つけておくと、けっこう買ってくれたり。マスターの絵、ほしいとか言ってくれるお客さんがいて。絵のほうでは、いい思いをさせていただいたんです。

まあでも、お客さんもだいたい常連さんになっちゃうじゃないですか。だから似顔絵も、ひとり2枚くらい描くと終わっちゃう。知り合いが「コピー印刷だったら、100部かそのくらいならすぐ作ってあげるよ」って言ってくれたんで、似顔絵集を自費出版したこともありました。

マジック以前は、似顔絵を売り物にもした。お客さんが作ってくれた作品集。鉛筆画でかなりリアルに描いてある

似顔絵からマジックに移ったのは、もう28年ほど前になります。店を始めて10年ぐらいたってからですね。

きっかけというのは、いつも店の帰りに乗る個人タクシーの運転手さんが、マジックの名手だったんです。それで、ちょうどそのときに僕も独学でマジックをやり始めてたんで、「じゃあ店に集まって、一杯やりながらやりましょうよ」ってことからスタートしたんですね。エレクトーンも似顔絵も終わって、常連のお客さんたちにやってあげられることがなくなって……ちょうどMr.マリックさんが出始めのころだったかな。デパートのオモチャ屋さんにもマジックの道具が並んでて。

当時はマジックバーなんてありませんから、けっこう受けましたよ。まだ初心者でしょ。そうすると失敗するんですが、それをお客さんは喜ぶんです。「あ、マスター、タネ見えたよ」とか言いながら飲むのが、よかったんですね。それがだんだんうまくなって、真面目にきちっとやっちゃうと、今度はお客がつまらなくなる。僕のほうが優位に立っちゃうんでしょう。だって彼女なんか連れてきたら、そんなの見せてほしくないわけです。こちらにカッコイイことされちゃったら、困っちゃう（笑）。キレイに決められちゃったら。

だから同伴で来たときは、男性が「見せてやって」と言わないかぎり、やらないです。どっかのステージでやるとか、呼ばれてやるときには、きちっと見せなくちゃいけないけど。お客さんが「先生」とか「マジシャン」という意識で見てくれているときには、その立場で行ける。でもここでは、お客さんのほうが立場が上ですから。なのでマジックも「やりましょうか」じゃなくて、それとなく小道具を飾るくらいにしておいて、「見せて」とお願いされたらやるくらいにしてます。

歌でもそうですよね。僕も経験は長いですから、カラオケもうまく歌っちゃうことがあったんですよ。そうすると、お客さんは気分を害しちゃう。「自分がうまいと思ってやってんだろ」と思われちゃうんですね。けっきょくうちみたいな店はカラオケで発散するか、愚痴を言うか、お店はねてから女の子と来てお話しする、そういう場所ですから。

だってみんなが歌好きってわけでもないですよね。うちは同じ商売の女のお客さんがたくさん来ますし、外国の方も多いですから、個性強いでしょ。ひとりがロックを熱唱してると、「うるさい！」って帰っちゃうお客さんもいる。カラオケを置いてある以上、怒鳴って歌おうがなにしようが自由なはずなんですが。それで、すいません、声をもう少し抑えてってお願いすると、今度は歌ってるほうが気分悪くなるし、そのへんがね。そーっと後ろから行って、声の大きいひとはボリュームを下げる、小さいひとには上げてあげる、なんてことするんです。そういう、カラオケに対する配慮ってのも必要ですね。

まあ、昔といまでは、竹ノ塚もずいぶん変わりました。僕がやり始めたころは、その筋のひとも多かったし、ビール瓶割って血だらけの喧嘩なんて、しょっちゅうでした。おにぎり屋さんで、ひとりがなんか文句言ってたと思ったら、言われたほうの男がビール瓶割って、大男の目を刺しちゃった、なんてのも見ましたね。僕らも売り掛けを取りに行くのに、ラッパズボン穿いてアフロパーマかけてましたから（笑）。

それに較べたら、いまは平和なもんですよ。ふつうのお姉さんが、どっかの店でバイトして、小銭が貯まったらママさんになって、ぼんぼん店を出す。で、これだけ増えちゃいましたよね。

フィリピンのひとが増えたのは20年、25年ぐらい前からです。店にいるんだけど、終わったあとはお付き合いしてくれるような女の子たちでしたから、鼻の下を伸ばした男たちで、にぎわって。

そうは言っても昔は日本人の店のほうがずっと多かったんですが、世代交代というのか、いまは韓国、ロシア、ベトナム、モンゴル、フィリピン……日本人の店を探すほうが難しいよね（笑）。

けっきょく老舗のクラブでも、ママさんが年齢いかれると……どうしても個人の魅力っていうのは長い年月もちません。お客さんの見る目が肥えてきますから。どんなにきれいなひとでも飽きられますから。ふつうの楽しい会話なんて、そんな、何十年も続かないですよ。ですからどうしても、色気を主体にしたほうに……だってフィリピンや韓国の女の子たちは上手ですからね～～～。（カラオケが）うまくなくったって、「うまいよ～～～っ！」て盛り上げてくれるしね。また歌いたくなっちゃうじゃないですか、そういうとこ行けば（笑）。日本人にできないエンターテインメント性があって。それでお客さんを立てるのがうまいですから。

夜がお店で、昼間がマジックでしょ。いろんなとこに呼ばれたり、教室もやったりで、一時は寝る間もないくらいでしたが、いまはそんな無理もできないので。60歳過ぎちゃうと体調がね、キツくなってきましたんで、いまは（マジ

入口横の壁にも、Mr.Jの舞台写真

現在はママと二人で経営。「二人で並んで撮るなんてことないから、どういう顔をしていいか……」と照れつつ

上／マジック関係のアイキャッチが随所にあるエルザのカウンター。つまみメニューも多い
右上／「マスターの弟子」を自認するお客さんが、カードマジックを実演　右下／奥の一郭には、深紅のビロードのシート席も

ックの仕事を）減らしてます。まあ、焼酎が流行ってきたんで、まだよかったですが。だって昔はウイスキーしかなかったでしょ。ひと組につき1杯、10組に10杯つきあってたら、ボトル半分ですからね。毎日はとても……。

ママとはオープン当初からいっしょにやってきまして、それから子育てに入ったので、18年間は僕がひとりで基本的にはやってきて、またママが出てくるようになって13、4年ですか。24時間いっしょなのが辛いところですかね（笑）。自分の時間というのは必要でしょ、おたがいストレス溜まっちゃいますから。だからマジックやっててよかったなと思うのは、教室に行くときは、ひとりで車で行って、ぶらっとしてくるわけじゃないですか。帰りは車の中でたばこ吸おうが歌おうが、自由な時間があるわけで。それがいちばん貴重ですねえ、いまは（笑）。

⊙スナックエルザ
東京都足立区西竹ノ塚2-2-1　大鈴ビル3F
http://blog.livedoor.jp/yukiokomiya/

健康
マッサージ
縁
3F
リラクゼーション
りんご
2F 喫茶 まちぼうけ
麻雀倶楽部 友遊 3F
ジャックと豆の木
麻雀倶楽部 友遊 3F
まんが喫茶
麻雀倶楽部 友遊 3F
ジャックと豆の木
麻雀倶楽部 3F
2F 喫茶 まちぼうけ
2F 喫茶 まちぼうけ

僕の歌は君の歌

2

北千住ハイファイ・クルーズ【足立区・千住】

コズミックソウル

江戸時代には大江戸八百八町の北端として、また日光街道、奥州街道の第一宿として栄えた千住。現代では立ち飲み屋に居酒屋、はたまたキャバレーに風俗と、ワーキングクラス・オヤジの聖地として、特に北千住はその名を馳せてきた。ちなみに「北千住」という地名は存在せず、足立区の北千住駅周辺を指して言われる通称で、隣接する南千住は荒川区。ちょっとややこしい。

そんなオヤジ天国も、最近では私鉄、地下鉄の乗り入れで便利になり、マルイや東急ハンズやゴールドジムまでできたり、東京芸大の千住キャンパスや東京未来大学の進出、さらにふたつの大学が間もなく開校ということで、ずいぶん雰囲気が変わってきている。おしゃれなカフェや無国籍料理店、ギャラリーにエスニック雑貨店にオーガニック・マーケットなどなど。立ち飲み中年とは縁遠い、クラブ・キッズや森ガールに似合いそうなスポットが、北千住を訪れるたびに増えていて、でもそういう若者向けの店が、昔からのオヤジ天国のなかにうまくミックスしていて、違和感を感じさせない。そのへんが、いまの北千住の魅力なのだろう。

北千住駅西口を出て左側の、巨大な飲食街のただなかで、いま6軒の飲食店舗を展開する若い兄弟がいる。兄の島川一樹さんと、弟のシマカワコウヂさん。生まれ育った長崎から中学時代に北千住に引っ越してきた。

兄弟ふたりで最初に作った店が、1997年開店の『コズミックソウル』。名前はニューエイジふうだが、中身はショット売りのカクテルバー。ソウル・ミュージックを流しながら、ひたすら酒のうまさを追求する、渋いオトナのテイストだった。

開店から1年半ほどで、兄の一樹さんは他店舗の経営に乗り出し、コズミックソウルは弟のコウヂさんに任されることになる。そのときコウヂさんは20歳。「最年少のバーのマスターと言われたりしてましたから、とにかく5年間は、脇目もふらずにお酒の勉強に没頭してました」。

お客さんが描いた作品と、コウヂさんのアクセサリー

そんな若きマスター・バーテンダーに転機が訪れるのは、2001年のこと。「その年の6月30日からです。息子が生まれる直前だったので、よく覚えてるんですが、突然、僕の中で音楽のスイッチが入ってしまったんですね」。それまで楽器など触ったこともなかったコウヂさんだが、いきなりギターを始めて、50日ほど練習したあと、初めて人前で歌ったら、「歌はともかく選曲がいい！」とみんなに誉められて、「でも自分では、“いい”という言葉しか頭に残らなくて、ほめられた〜〜〜！って思っちゃって、それから勘違いして、どんどん音の世界に入っちゃったんです」。ちなみにそのときの選曲はマリー・ローランサンの原詩を堀口大學が訳したものに

高田渡が曲をつけて歌った『鎮静剤』、中島みゆきの『蕎麦屋』、そして頭脳警察の『さようなら世界夫人よ』という、やけに凝った取り合わせだった。

　音に目覚めたコウヂさんのもとには、いつしかさまざまな民族楽器や演奏家が集まるようになり、おしゃれなカクテルバーは、どんどん「音神社」化していった。モンゴルのホーミーを練習するようになって、店も「倍音カフェ＆バー　コズミックソウル」に改名。お兄さんも呆れるペースで、エキセントリックかつ濃密な「音と酒の空間」に変身する。

　ハングドラム（円盤型のスイスの打楽器）、デジュリドゥ、ジャンベ、オルガン、太棹三味線、馬頭琴、スペインのホセ・ラミレスのギター、ネパールのシャーマンの太鼓、ブータンの龍頭琴、三角の弦楽器プサルタリー（ギリシアの、バイオリンの原型といわれる楽器）、口琴、石琴（サヌカイト石）、鉄製の打楽器「波紋音《はもん》」（鉄の彫刻家・斎藤鉄平作）、須磨琴（舟板でつくった一弦琴）……。カウンターの奥に広がる「音神社」エリアには、見たこともない楽器がずらりと並び、いまやバーというより民族楽器ミュージアムといった雰囲気。ここでホーミーやブルースからエクスペリメンタル系まで、ありとあらゆるタイプの音楽のライブが開かれて、コアなお客さんを集めている。

　コズミックソウルの、もうひとつの自慢は、渋谷区笹塚のラボから手作りの真空管アンプを世に出している、小松音響研究所（http://blog.komatsuonkyo.com/）による、特注サウンドシステムだ。サウンド・アーティストの友人に紹介されて、その暖かくリアルな音にひと目（耳）ぼれ。本来は、特注でシステムを組んでもらうお金の余裕はとうていなかったけれど、熱意で小松さんを動かし、店にちょうどいいシステムを作ってもらった。

　いまではコズミックソウルから、小松音響研究所製の真空管アンプは、兄弟が手がける他の店舗にも広がっている。立ち飲み屋『南蛮渡来』でレゲエを聴きながら、まず一杯。『わかば堂』でジャズとピッツァとワイン。『あさり食堂』で釜焚きのご飯や『でんでら亭』でお総菜をつまみながら、スタンダードに酔う。こんな「真空管アンプ・ツアー」が北千住の、それも歩いて2、3分圏内で、できてしまうのだ。表参道でもなく、代官山でも中目黒でも下北沢でも吉祥寺でもなく、「オヤジの町でしょ」と言われつづけてきた北千住で。

　最初にそのベースキャンプであるコズミックソウルを、それからほかの「真空管アンプの店」を訪れてみる。まずはそのドライビングフォースたる、シマカワコウヂさんの熱いトークからどうぞ！

ハングドラムを演奏するコウヂさん

上／店内全景。奥がライブスペースになっている　**下**／店の奥に広がる「音神社」コーナー

鉄の彫刻家・斎藤鉄平さん製作の鉄の楽器「波紋音（はもん）」

モンゴルから運ばれてきた馬頭琴

各国製の口琴がストックされている。日本の鍛冶屋さんに造ってもらったものが、やはりいちばん口になじむとか

ウィチョール（メキシコの先住民族）の毛糸絵の技法で、「宇宙魂」＝コズミックソウルをトンパ文字で描いたプレート

カウンター背後にセットされた、小松音響製のサウンドシステム。ライブ時にはDATで録音が可能だ

2001年ごろ、音楽のスイッチが入ってしまって、ギターと歌を始めたんです。そこから勘違いして、もう自分は自由に弾けると思って。バイオリンとギターで熱唱（笑）。バーをやってると、いろんな人と出会うでしょ。バイブレーションの合う人間が、そういう音楽が好きだということで、違う世代の歌も自分の中に入ってきたんです。

そのころ、息子が生まれる直前ですが、お店をスタッフに任せてしまって、ヨーロッパに50日間、旅に行っちゃったんですね。それでスペインの、シェリーで有名な町に行ったときなんですが、音に触れるときって、自分のなかで、お酒と同じ懐かしさと興奮を覚えるということに気がついたんです。それで、箱（店）を構えることの意味合いが見つかったんですね。酒と音楽。自分のために、いかに生きるかということ！

人間は孤独であるということを、深く理解しなければと思ったんです。それまでは、バランスをとることに120％力を注いでいた。でも息子ができて、それまで肉体の連鎖のいちばん末端に自分がいたのに、そのあとに息子ができて、最後から二番目になった。そう考えたら、すごく楽になったんです。

それからモンゴルのホーミーと出会うんです。岡林立哉さんという、ホーミーと馬頭琴の有名な奏者がいるんですが、彼からとつぜん電話がかかってきて、店でホーミーのライブをやらせてもらえないかと。「ホーミーってなんですか？」と聞いたら、電話の向こうで「ウィ～」とかやってくれたんですけど、ぜんっぜん、わからない。10人くらいなら集められるといわれたので、貸し切り企画じゃなくてふつうに営業をしながら、ギャラは投げ銭で……ということで、やってもらったら、「スゲーッ！」。いきなり、自分もハマっちゃって。その岡林さんから馬頭琴をもらって、自分でもホーミーをやるようになりました。

この倍音に目覚めてからというものは、ドミノ倒しで、さまざまなことに出会うようになるんです。青山の「月見ル君想フ」というライブハウスで、アダムスキー型の円盤型の打楽器（ハングドラム）と出会ったり。やっぱりいきなり電話があって、トリスタン・ホイジンガーという、

ハングドラムとサヌカイトで、店のスタッフとにわかセッション

世界で初めてチェロでインプロビゼーション・ジャズをやったアーティストと、渋さ知らズの人とのセッションをやることになったり。

ライブって、最初は半年にいちどとかだったんですよ。それで、いろんなミュージシャンと半年にいっぺん出会って、「この場所、いいよ！」とか言われると、「また、ほめられた〜〜〜！」とか思っちゃって。「人の意識が集中しやすい場所」とか、自分の好きな表現で言われちゃうとね。それで1カ月に1回が、2週間に1回になって、いまは月4回ぐらい、ライブ入れてます。

小松音響さんとの出会いも、そんな感じだったんですよ。大阪のサウンド・アーティストの友達から、小松音響のシステムがすごいから、いちど試聴会をやろうよと誘われて。5、6人で集まったんですが、そのとき持っていったのが、おおたか静流とリッキー・リー・ジョーンズ。小松さんたちが機材をセッティングして、2時間ぐらいかけて「はーい、真空管あったまってきましたよ〜〜」なんて言いながら、CDをかけはじめたら、その音環境で再生された音のすばらしさに、「なんて裕福な音なんだ！」って、もうびっくりして。人間の会話の、邪魔をしないんですね。

それで、自分は貧乏だけれど、真空管サウンドのよさをみんなに知らせたい、と思ったんです。まずはアンプですけど、材料費も手間も工賃もかかるのはわかってますから、「手があいたときに、ぜひぜひ」とお願いしたら、「いいよ」って造ってくれて、うちに来たんですよ、ついに。

で、まずは4時間かけてセッティング。空間がなったとき、涙、涙……。「で、で、でた〜〜〜〜！」って感じでしたねえ。

僕らはここのほかにも店をやってますけど、目に見えているものや、食べて体に入っていくものだけじゃなくて、空気感みたいなものも、重要だと思うんですよ。でも、音はけっこう、ぞんざいにされてるでしょ。だから、音のソースはデジタルであっても、再生時に真空管を通すと、音は温かくなりますから。「はっきりしたものより、柔和なもの。とがったものより、まるいもの」。そういうあたたかさを、店全体として、どう表現するか。そう考えているうちに、他の店の音響も小松さんに頼むようになったんです。

これからコズミックソウルは、どんどん音神社になっていきますから！　予算もかかりますけど、それは自分でパワーストーンを買って、アクセサリーを作って、それを売ってお金を貯めて、それをそのまんま小松さんに渡す。それで、システムをグレードアップしてもらうんです。

実を言うとねえ、店のお客さんは減るいっぽうです（笑）。でも、効率よく飲食物を提供するのとは、ちがう店ですから。出したお金のぶんサービスを求める、というようなひとは、ひとりも来ませんしね。だから餓死するまで、そういうことをやってもいいかな、とか思って。自分のこと以外に、いっさい興味を持てないんですよ。自分がそんなだから、店の子にも、だれのためにも動くなと言ってるんです。自分のために動け、と。こういう町にいるんだから、あえて、きれいごとを追求しようよ、ってね。

⊙コズミックソウル　東京都足立区千住 1-22-9
http://twitter.com/#!/cosmicsoulstaff

シマカワコウヂさんの自作自演CDも店内で販売中。すでに12枚目がリリースされている

アンプのディテール

「保証金とかはこっちのが安いですけど、月家賃だったら、いまは都心より北千住のほうが高くなっちゃってるぐらいなんです」と、わかば堂のカウンターから出てきた島川一樹さんは言った。昔からの中高年客に加えて、若い客層がこのところぐっと増えてきた北千住は、業界の見方によれば「都心よりも確実に集客が見込める街」なのだそう。

『コズミックソウル』を皮切りに、『わかば堂』、『萠蔵』、『あさり食堂』、『南蛮渡来』、『でんでら亭』と、いまや6軒の飲食店舗を展開する島川さんにとっても、「もう、これ以上店を出したくっても、物件が見つからない。どっか空き店舗が出ても、すぐ借りられちゃうんです」という状態。それくらい、北千住はいま、活気があるってことだ。

「倍音バー」という肩書き（？）がつくほどの“音神社”になってしまった『コズミックソウル』を頂点に、島川さんの店のほとんどには小松音響製の真空管アンプが導入され、暖かい音を鳴らしている。音のヴォリュームはけっこう出ていても、耳に障らない――そういう音を求めていたときに出会った真空管の音に魅せられて、各店にあったサイズのシステムが、じょじょに組まれていった。古くて新しい北千住の飲み屋街をハシゴする「真空管ツアー」、最後は『コズミックソウル』で締めるとして、君ならどの店からスタートして、どんなふうにクルーズするだろうか。

⊙萠蔵　東京都足立区千住1-34-10

⊙わかば堂　東京都足立区千住1-31-8

⊙あさり食堂
東京都足立区千住1-34-8

⊙南蛮渡来
東京都足立区千住1-32-2

⊙でんでら亭
東京都足立区千住1-28

わかば堂

『わかば堂』は2005年、当時の北千住には珍しいカフェとしてスタートした。おばあさんがひとりで暮らしていたという古民家を改造して、アンティークのソファや椅子を置いて、真空管アンプに年代物のスピーカーをつないで、スタンダード・ナンバーを流す。カフェだから、お茶だけ飲みによってもいいし、ワインにイタリアン・テイストの食事をきちんと取ってもいい。営業は昼の12時から夜中の1時まで、ノンストップだ。最近、全面的にリニューアルされて、前よりシンプルで大人っぽいインテリアになったので、男性客も入りやすいだろう。

左／店に立つ島川一樹さん。昼から夜中までノンストップだが、お客さんが絶え間なく入ってくる
上／店内風景。北千住の外から来るお客さんが多いとか
下／わかば堂も、ふつうの民家を改築してつくったカフェ。クリスマスモードの電飾が

あさり食堂

『あさり食堂』は2002年開業の「町の食堂」的存在。お昼も夜も、大きな“かまど”で炊いた、ツヤツヤご飯が食べられて、グルメ・ブログなどでも頻繁に取り上げられる有名店だ。飲み屋街の奥、細〜い路地を入っていくのは、ちょっと京都あたりの雰囲気に似ているが、こちらは超庶民的。そしてこの路地に面して『南蛮渡来』、『わかば堂』、『あさり食堂』、さらに隠れ家居酒屋としてファンの多い『萠蔵』と、島川さんの店が4軒も並んでいる。おしゃれなカフェも、町家食堂も、ほんとの民家にラブホテルも、全部いっしょにあって、全部が溶けあってる感じが、すごくなごもしい。

上／あさり食堂は古民家風で、インテリアも和のテイスト
下／食事はリーズナブルな値段設定。日本酒、焼酎の銘柄も豊富だ
右上／窓際をあたたかな色の照明が彩る
右下／あさり食堂自慢の釜。お焦げの香りも香ばしいつやつやご飯が炊ける

南蛮渡来

『南蛮渡来』は2006年オープンの、小さな立ち飲みバー。しかし壁際にお尻を乗っける出っ張りがあるので、「立ち飲みはつらいです……」という、足腰が弱くなった僕みたいな中高年でも安心だ。南蛮、というよりはどことなく昭和浪漫っぽいたたずまいではあるが、流れている音はレゲエ。ママさん（と呼んでいいのでしょうか）の趣味らしく、そのために真空管アンプのシステムにウーファーを追加。低音を強化して、お客さんの下腹部をくすぐっている。

上／レゲエに合うよう、低音を強化したシステム
左／ステンドグラスが多い
下／南蛮渡来のカウンター。立ち飲み屋だが、お尻を乗っける出っ張りがありがたい。店内奥に設置されている絵は渡辺俊明氏による南蛮渡来の図

でんでら亭

『でんでら亭』は2007年にひらいた、島川さんのいちばん新しい店。ランチタイム、午後の甘味タイム、夜の洋食タイムと、昼11時半から夜10時までノンストップ。使い勝手のいい、商店街の食堂である。京都の三条か木屋町あたりにありそうな、民家を改造した和風の外観、そしてインテリアだが、食事は洋食。このマッチングがおもしろい。そしてカウンターに立つのは、島川さん兄弟のお母さんだ。旧日光街道の商店街に面して、『コズミックソウル』のお向かい。ここで食べて、コズミックで飲むってコースもいいですね。

町の商店街になじむでんでら亭のエントランス。コズミックソウルのまんまえにある

中／でんでら亭のカウンター。ここも古民家風だが、町の洋食屋さん
下左／でんでら亭内部。民家を改造した町屋の雰囲気
下右／でんでら亭にも小松音響の真空管音響システムが入っている

女性１人でも気軽に入れる居心地のよい店内。レコードの数はなんと1000枚！

欲望の街のミュージック・シェルター 【文京区・湯島】

押切伸一さん（左）と大久保裕文さん（右）

MUSIC BAR 道

昼間はアメ横から流れてきた観光客がパラパラいるだけの、しかし陽が落ちるといきなり居酒屋や飲み屋のライトがきらめき、風俗店の客引きがあらわれ、「マサージいかがですか?」と小姐がすり寄って、歌舞伎町顔負けの欲望全開タウンに様変わりする湯島界隈。いまのところ、東京でいちばん元気のいいナイト・タウンかもしれない。

たいして広くもない飲み屋街に、いったい何軒ぐらいの水商売店がしのぎを削っているのか見当もつかないが、それだけあるなかで不思議となかったのがロック・バー。地下鉄湯島駅を出てすぐのビル３階にある〈MUSIC BAR 道〉は、湯島のカオスも好きだけど、渋い音楽を聴きながらじっくり飲む酒も好き、というワガママなオトナにとって、貴重な一軒だ。

2009年の４月にオープンしたばかりの店を仕切るのはライター、放送作家として知られる押切伸一さん。すごい売れっ子なのに、バーのマスターとして毎晩カウンターに立っているのだから、たいしたものだ。きょうは押切マスターと、共同経営者であるデザイナーの大久保裕文さんにお話をうかがった。

押切　僕はもともと、大学を留年したあたりでライター業に入ったんですね。すごくなりたくてなったわけじゃなくて、えのきどいちろうさんと出会って、事務所に誘われたのが始まりなんですが、それもえのきどさんのお母さんがやってらした喫茶店の常連だったからで……（笑）。

当時はネットどころか、バイク便もFAXもない時代でしたから、原稿運びのお使いとかから始まったんですが、ミニコミやフリーペーパーがブームだったころで、いきなりCBSソニーのフリーペーパーを、編集長として作ることになっちゃったんです！　音楽は好きだったけど、文章を書いた経験なんてぜんぜんないドシロウトに任せるなんて、いま考えれば乱暴な話ですよねえ。

とにかくなんにも知らない状態でしたから、カメラマンにフィルム買ってこいって言われて、写真屋さんでファミリーパックみたいなネガフィルムを買っていって「バカヤロー」ってどなられたり。プロ用のポジフィルムなんて、存在すら知らなかったぐらいですから。なに書いていいかもわからないから、たとえばレベッカのNOKKO（ノッコ）のこと書くのに、僕は出身が山形なんですが、「うちの田舎ではノッコとは蝉の幼虫のことで……」なんて書いて、怒られると思ったら逆におもしろがられたり。

そのフリーペーパーを『Hot-Dog PRESS』の編集者が目に留めてくれて、大学を卒業する前ぐらいから働くようになりました。いとうせいこうさんが編集部に入って1年目ぐらいのころです。それと同じくらいに、『週刊プレイボーイ』でも働きはじめたんですが、これは取材じゃなくて、いきなりアンカーマン。取材データを原稿にまとめる役でしょ。まわりは業界のベテランばっかりなのに、なんで僕がここに？　って感じでしたが。

でも、いまから考えると、そのころの経験って大きいなと思います。ジャンルとか関係なく、なんでもやらなくちゃならなかったし。そうしているうちに、30代に入ったころから放送の仕事にシフトしていったんです。10年近く出版にたずさわってきて、なんとなくつまらなくなってきたのもあったし、当時よく言われたんですが、記者やライターから小説家になる道みたいなのが、自分にはどうしても向いていると思えなくて。どっちかというと、共同作業のほうが好きだったんですね。

それでテレビの仕事を、情報番組から始まってバラエティ、格闘技とジャンルを広げながらやるようになりました。ただ、僕はちょっと先天的な病気があって、20代の後半ぐらいに気づいたんですが、その病気のことを調べていくうちに身体そのものに興味がシフトしていったんです。格闘技もそうですが、健康とか、からだ全体のことに。そうやってテレビや、ウェブの仕事をやっているうちに、大久保さんと出会って、トントン拍子に話が決まって、この店を開店することになっちゃいました。

大久保　僕はもともと下町の生まれ育ちで、実は母がこのビルの大家なんです。それで、30歳で独立して自分のデザイン事務所を開くんですが、この雑居ビルの３階がちょうど空いてたんで、家賃を家族割引で安くしてもらって、事務所として使いはじめたんです。ちょうど２０年ぐらい前かな。

湯島って交通の便はすごくいいし、事務所にぴったりと思ったけど、デザインってやっぱり青山でしょ（笑）。デザイナー仲間からは、さんざん言われましたねー。田舎だの、「湯島ってどこ？」みたいに。それで「オレは文京区一のデザイナーになる！」とか思ったんですが、すでに御大で文京区民の方がいたりして（笑）。そうしているうちに、やっぱり事務所を青山に移すことになって、それから１年ほど現代美術のギャラリーを友人と開いたりもしたんですが、けっきょく空いちゃったのを、友人たちの仕事場に安く貸したりしてたんです。

押切　僕たちふたりは、たまたま同じバーが大好きで、中目黒のバードソング・カフェというロック・バーなんですが、こんな店ができたらいいなって話してたんですよね。

大久保　それで、僕も千駄木あたりの仲良しの店に、勝手にレコード持ち込んで遊んだりしてたんですが、それがある事情でできなくなりまして……（笑）。それでちょうど、ある会社をリストラされたウェブデザイナーから、店をやらないかって相談されたんです。彼は前に店で働いてた経験もあるからって。それでここを使って、自分がオーナーになって始めようかと思ったんですが、彼のほうがフリーになったらいきなり仕事が殺到して、忙しくて店どころじゃなくなっちゃって、それで押切くんに「やってみない？」って誘いをかけたのね。そしたら瞬時に「オレ、やろうかなー」とか言うんで、真剣に考えてないんじゃないかと思ったんですが（笑）、それからバードソング・カフェにお願いして３カ月ぐらい、カウンターに入って修業までしてるんで、これは本気かと。

押切　大久保さんも僕も、水商売の経験なんてゼロですからねえ。仕事の難しさより、ある人からは「バーはもてなしの空間なのに、君みたいな仏頂面でもてなせるの？」なんて資質面を問題にされましたが（笑）。まあでも、そんなに迷いはなかったですね。誘ってもらって、「天啓だ！」みたいな感じでしたから。

　そうやって、水商売経験ゼロの中年男ふたりが開いたミュージックバー道。壁には大久保さんが中学時代から買い集めたLPが、（家に置いとくと娘たちに煙たがられるようになって）ずらりと並んでいる。LP棚の下には酒瓶。ドリンクを用意しながら、次のLPやCDを押切マスターが選んでいるあいだに、キッチンでは若いスタッフが、ささっとおいしい料理を作ってくれる。一歩外に出ればカオス状態の街で、ここだけがすばらしく異空間だ。

押切　僕はずーっと東京の西側、東横線沿線にいましたから、こっち側にはまったく縁がなくて。湯島と言われても、上野のそばだな、ぐらいの認識しかなかったんです。でも、恵比寿から東横線の先のほうが、やっぱりこころのなかでつまらないと思ってたんでしょうね。こっちに来て、目が覚める感じでした。

　たとえば世田谷のほうだと、ターミナル駅行かないとなにも始まらないところがありますよね。下北沢とかをのぞけば。渋谷に行かないと動けないとか。それがひとの距離感を作ってるみたいなところがあるなあって。ここはもう、チャリンコさえあればもう、いろんなところに行けるし、歩いてもいろんな駅に行けるし。その近さっていうのが、この年になって言うのもなんですけれど、新鮮っていうか。ほんとの都会ってこっちだろ、みたいな。東北人って上野に降りたって東京の右半分に住むことが多いんですけど、でも背伸びしちゃって（笑）。なんか業界人だからあっち（西）みたいな。

大久保　湯島はもともと老舗の名店と風俗街ってイメージでしょ。最近はずいぶん変わってきてますよねえ。特に国際化というか（笑）。昔から韓国は多かったけど、いまは中国、タイ、フィリピン、インド、ロシア……。湯島の飲み屋街の真ん中に仲町通りってあるでしょ。あそこに朝方までやってる寿司屋があるんですが、そこなんて午前４時、５時で大盛況ですから。ときどき満席で断られたりして。日本人のオッサンと、アフターでいろんな国の女の子が食べに来てるんです。

押切　こないだも店終わったあとにカレーを食いたくなって、ドン・キホーテの裏にあるパキスタン人の店に行ったんですね、夜中に。そしたら僕らの後ろの席で、インド人がフィリピーナを口説いてるんですよ。口説いているんだけど、インド人は（日本に）来たばっかりで、英語しかできないから英語で会話してるんですけど。フィリピンのおねえちゃんはほんとに商売でつきあってるだけだから、こっちを振り返って「こいつバカ」って日本語で言うのね。

　外人同士が日本語で怒鳴りあいの喧嘩してますし、「日本人のマジシャンがマスターで、あとフィリピーナのニューハーフが６人でショーをやってくれる」なんて店もありました。潰れちゃいましたが（笑）。こないだ飲みに行ったガールズバーでついてくれたのはイラン人のハーフだったんですが、宗教と映画の話で盛り上がったりね。湯島って、そういう街ですよ。

　そういう湯島のまっただなかで、〈道〉は今夜もマイペースで良質の音楽と酒を用意して、みんなを待っている。『安齋肇の自画像を描こうワークショップ』とか、憂歌団の内田勘太郎をはじめとする、さまざまなジャンルのアーティストのライブとか、まるで湯島らしくない？　多彩なイベントが毎週のように開かれるのも、〈道〉のチャームポイントだ。スケジュールはオフィシャルサイトに随時発表されるけれど、入場できる人数が限られるので、たいていすぐに満席になってしまう。こまめなチェックを強くおすすめしておきたい。

⊙バー道
東京都文京区湯島3-35-6 3F
http://www.miti4.com/

マダムの美声でしっとりシャンソンに酔う

猥雑な界隈で異色を放つ入口部分

プチシャンソンパブ セ・ラ・ヴィ

スナックに行くと、売れない演歌歌手のキャンペーンに遭遇することがある。夜の商店街で、フォークの弾き語りを聞くこともあれば、小さなライブハウスでアマチュア・ロックバンドの演奏を見ることだってある。でもクラシックだけは、至近距離で体験することが、ほとんどない。僕らが見聞きするクラシックは、CDやテレビ・ラジオやリサイタルや、ようするに一流のプロによる、一流の演奏ばかりだ。それか、ホテルのラウンジやパーティでのピアノ弾き語りのような、聞くためではなくBGM＝背景音楽としてのイージーリスニング。

風俗と居酒屋とスナックが渾然一体となった、湯島のドン・キホーテ裏の一角。〈プチシャンソンパブ　セ・ラ・ヴィ〉というその

店は、名前のとおりシャンソニエ、つまり生でシャンソンを聴きながら、お酒を飲める空間である。

もともと銀座でナンバー・ワンを張っていたという、シャンソン歌手のマダム順子が、この店のオーナー。もう30年ほど前に開店した当初は、マダムと外語大の学生たちがアルバイトで入ってシャンソンを聴かせていたが、いつのころからか、湯島にほど近い上野・東京芸大の音校生（音楽部の学生）たちが働くようになった。

ピアノ、バイオリン、声楽……日本最高の音楽大学で学ぶ彼らは、いずれもプロを目指す本気のアーティストたち。そんな芸大生が代々、店のスタッフを引き継ぐようになって、様子は一変した。いまでもマダムはシャンソンを歌うのだが、学生たちが演奏するのはもちろんクラシックがメイン。10人近いライ

外扉を開けた先にはレッドカーペットの長い廊下が

今宵の演奏者ラインナップが外壁に貼りだされる

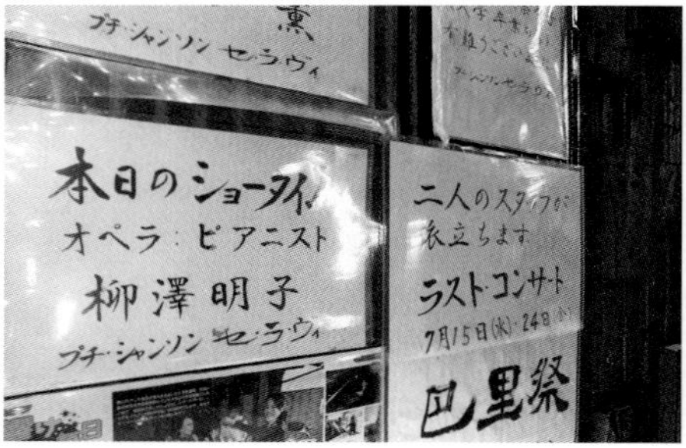

お酒やつまみの用意から演奏まで、スタッフは忙しい

ンナップが、2人か3人ずつ日替わりで入っていて、夜7時半から11時半という短い営業時間に、3回もショータイムを設定している。働く側にしてみても、ちゃんと電車で帰れる時間に終わるし、お客さんにお酒は作ってあげるけれど、自分が飲む必要なし。同伴もアフターもないし、もちろん営業電話も必要なし。音楽家をほんとうに大事にしてくれるママの方針のおかげで、働いてお金を稼ぎながら舞台度胸のトレーニングにもなる、最高の職場なのだ。

道に面したドアを開け、喫煙コーナーを兼ねた異常に長い廊下を抜けて（プロの卵たちのために、店内は禁煙なのだ）、三方をぐるりとソファが囲む店内に入る。ふつうにボトルを頼むところまではごく一般的なスナックの流れなのだが、時間が来ると「それでは、これからショータイムを始めさせていただきます」という上品な挨拶とともに、ピアノに座った女の子が「それではまず、ショパンの『雨だれ』から」とか、それまでカウンターでグラスを洗っていた男の子が、目の前に立って「『オンブラ・マイ・フ』を歌わせていただきます」とか言って、いきなりリサイタル開始。こちらはそれを、ふかふかのソファに沈み込んで、ウイスキーの水割りをすすったり、チーズの皮を剥いたりしながら、堪能する。なんだか遠い昔の、大作曲家のパトロンだった貴族のサロンに迷い込んだみたいで、すごく豊かな気持ちになる。でも外は、マッサージ嬢の勧誘や客引きの兄ちゃんがたむろする湯島。不思議だ、とっても。

CDやテレビでいつも見聴ききしている一流演奏家とはちがうけれど、彼らはいずれもプロの卵。技術はたしかだし、なによりこれほどの至近距離で音楽に浸れるという体験は、なにものにもかえがたい。

「リクエストはいかがですか」と言われて、

演奏者ラインナップが模造紙に書かれて一目瞭然

喫茶店のメニューみたいなレーザーディスク・リスト

ピアノの上には演奏者たちのポートレートが飾られていた

ちばてつや先生もお見えになったそう

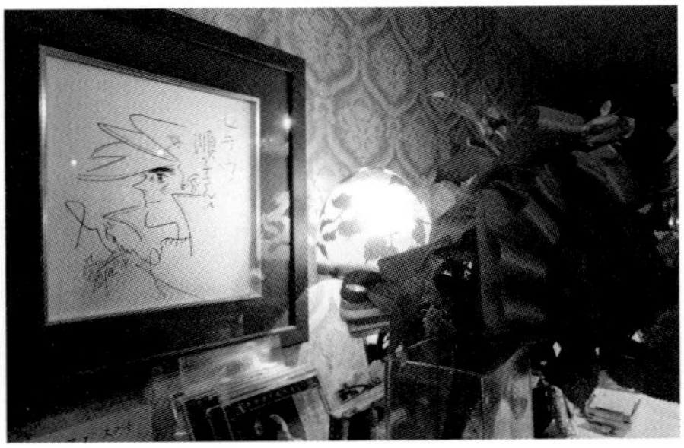

「クラシック以外の曲でもいいの？」とあるとき聞いたら、「はい、演歌をリクエストする方もいらっしゃいます」と微笑むので、ぜひにとお願いしたら、カウンターテノールの若きオペラ・シンガーが、オペラっぽい発声で石川さゆりの『天城越え』を歌ってくれたこともあった。

それに、セ・ラ・ヴィにはカラオケ設備もある。それも通信カラオケではなくて、昔懐かしいレーザーディスク！「あったまるまで時間がかかるし（真空管じゃないのに）、ときどき調子が悪くなるんですが、そういうときはヒーターを近づけてあっためてやると、けっこう動きます（笑）」というので、曲集（リモコンじゃないのが、すでに懐かしい！）を見せてもらうと、古き良き歌謡曲がけっこう揃ってる。

番号の横に「L」と書かれた曲がいくつかあって、「これはなに？」と聞いたら、「アダルト・ヴァージョンなんです」だって。つまらない映像ばっかりになってしまった通信カラオケとちがって、レーザーディスクの時代には、オトナの歌に合わせて、セミヌードが登場するお色気映像が、けっこうあったのだ。

ふだんなら逢うどころか、すれちがうチャンスすらない、良家の子女ぞろいの演奏家の卵たちにお世話されて、額がくっつきそうな距離で杯を交わしながら、とびきりの室内楽に酔ってみたり、お色気映像付きのカラオケでキャーキャー言い合ってみたり。いままでいろんな店に行ってきたけれど、こういう場所は、まずないです。ほんとは、教えたくないんですけどねえ……。

⊙プチシャンソンパブ　セ・ラ・ヴィ
東京都文京区湯島3-37-13 TS第7ビル1F
http://www.freepe.com/i.cgi?celavi

通信カラオケではめったにお目にかかれないセクシー映像に大喜び

シャンソンパブらしくパリの風景が飾られた壁面

上／道路に面したエントランスを抜けた先に店が待っている　下／お手洗いの中はギャラリー状態

下町レコ屋できょうも猟盤

音曲堂●店内

店頭キャンペーンのいま

【江東区・亀戸／墨田区・江東橋／江戸川区・南小岩】

東京のJ-POPをつくってきたのは渋谷で、ヒップホップをつくってきたのは裏原宿なのかもしれないけれど、東京の演歌や歌謡曲をつくり、支えてきたのは右半分の音楽ファンであり、レコード屋だ。

いま演歌が見直されているとか言うけれど、タワーレコードやHMVに行ったって、TSUTAYAの邦楽レンタルCDコーナーを探したって、ほんのおざなりなコレクションしか見つからない。そのいっぽうで台東区、墨田区や江東区、北区の商店街で店を開く「街のレコード屋さん」は、マスコミが押しつける“トレンド”じゃなくて、みんながほんとに聴きたい歌を、黙ってずーっとサポートしつづけてきた。

これを書いているいま、AppleのiTunes Storeでダウンロードの1位になっているのは、坂本冬美の『また君に恋してる』だ。こういう時代になって、いままで「ジジババの演歌」を完全無視してきたオシャレCDショップが、あわてて歌謡曲を仕入れようったって、そうはいかない。クラブDJたちが通うレコ屋はいまでも渋谷や、このところかつての勢いをなくしてしまった西新宿なのだろうが、じっくり聴き込みたい日本語の歌を探したいなら、総武線や京浜東北線に飛び乗るべきだ。そんな演歌・歌謡曲ならここ！　というレコード屋さんたちを紹介しよう。

天盛堂●キャンペーンのときの写真がびっしりと張られている

まずは亀戸、錦糸町、小岩の駅前に店を開く3軒から。昔はあたりまえに行われていた演歌歌手の「店頭キャンペーン」も、いまほとんど絶滅状態で、東京で日常的にキャンペーンが見られる店は、ほんの5、6軒しかない。ここに紹介する3軒は、有名無名の歌手をいままで何百人も受け入れ、店頭や店の一角を提供して応援をつづけてきた。この3軒にあとは浅草のヨーロー堂、赤羽の美声堂と、東十条のMSダンを加えれば、それで東京の店頭キャンペーン受け入れ店リストは、ほとんど完成してしまう。タワレコやHMVのインストア・ライブが、演歌や歌謡曲を受け入れる日が、いつか来るのだろうか。

亀戸駅前・天盛堂

亀戸駅北口からまっすぐに伸びる十三間通り商店街に面した天盛堂。いま二代目の三本木康祐さんが営むこの店は、お父さんが戦前に深川でレコード屋を開業、亀戸に店を開いたのが昭和23年というから、創業60年を超えた老舗である。

店主の三本木さん。お客さんの好みを考えて、曲をアドヴァイスしたりもする

うちはもともとSPの時代からです。それに、昔のレコード屋はみんなそうですが、楽器屋も兼ねてましてね。うちも10年ぐらい前までは、ギターを40本ぐらい吊るして売ってましたよ。昭和30、40年代のフォーク全盛時代は、一日何本という売れ方をしてましたからね。あとはピアニカやハーモニカが、学校需要でまとまった数出たり。いまはカラオケ・グッズとしてタンバリンやマラカス置いてあるぐらいですが。

もともと演歌ばっかりやってたわけじゃないんですよ。J-POPで食べてたころもあったの。それで新しく駅ビルができたときに入居しようと思ってたら、新星堂が入っちゃったのね。それで、あっちと同じものを置いても……と思って演歌に特化していったんですね。うちはここの商店街でもいちばん古いレコード屋だし、J-POPの店がいきなり演歌やろうったって、わからないでしょ。こっちはずっと聴いてきたからね。

演歌のお客さんはね、いまでもカセットが多いんですよ。うちも店売りで4：6でカセットが多いぐらい。CDの機械はうちにあっても、ボタン操作がわからないとか、息子が触らせてくれないとか（笑）。亀戸天神に来て、ここに寄って「あ、カセットある！」って買っていくお客さん、けっこう多いんです。演歌を聴く年代、特有ですよね。他の地区はもう、圧倒的にCDなんでしょうが。

店頭キャンペーンってのは、最初は歌手の挨拶回りだったんですよ。それで人寄せしてたんだけど、こんなに来るんなら唄おうかっていうので始まった。もう、ずいぶん前のことですねえ。それこそ、みかん箱の上に乗ってというスタイルで。いまでも店の前でやれば人は集まるんだけど、人がたかるだけで、売る段になると引いちゃう。だから現在は店内でキャンペーンやってます。買ってくださる方を優先的に入れて。買わない、見るだけの人は5分前に入れて、立ち見。

CDが売れなくなってるのはほんとだけど、キャンペーンに来たいっていう歌手は、逆に増えてるんですよ。3月なんて、ひと月で十何回だから、一日おきぐらいの間隔で。だって、けっこうビッグネームの歌手がキャンペーンやってても、通りすがりのひとは「あ、新人さんね」なんて、名前を知らなかったりする。それだけテレビでもラジオでも、演歌を聴く機会が減ってるってことなんでしょう。そうなると歌手が宣伝する場所がなくなって、うちみたいなところに来るようになるんでしょうねえ。

うちの店内キャンペーンだと、多いときで90人ぐらいは入ります。なかには若くてかわいい演歌歌手狙いのおじさんたちもいる。写真を撮ってはコレクションしてるんですね。そういうひとたちは写真撮影NGの歌手とか、男性歌手だと帰っちゃう。歌手も大変ですよ（笑）。

⊙**天盛堂**　東京都江東区亀戸5-15-5
http://www.kame13.com/shop/tenseido.htm

亀戸駅北口から徒歩数分。天盛堂は街のレコード屋さん

上／圧巻の、演歌の品ぞろえ　**下左**／CDより、カセットのほうが、天盛堂では売れる　**下中**／天盛堂のカウンター。氷川きよしはやはり強い。「新曲出たときには大変ですよ。売れることも売れるけど、うちのかみさんがお客さんの話をみんな聞かなくちゃならない」。下町のお客さんは、黙って買っていくお客さんじゃないんですね　**下右**／キャンペーンの予定

ヒットチャート一覧は、
手書き

錦糸町駅前・セキネ楽器店

錦糸町駅の南口を降りて、徒歩10秒！　ロータリーの一角、有名な魚屋さんのとなりに、小さな店を構えるのがセキネ楽器だ。もとは大通りを挟んで駅の向かい側に、関根正己社長のお父さんが60年ほど前に店を出したのが始まり。15年ぐらい前に、いまの場所に移転してきた。多いときには一日に2回、別の歌手のキャンペーンが入ったりするほど、「キャンペーンのメッカ」でもあるセキネ楽器のキャンペーンは、店の隣にあるスーツ屋さんの店頭を借りて行っている。きれいな店内にスーツがずらっと並んでる、いまどきの安売りスーツ屋さんの前に、特設ステージ。外壁にポスターがびっしり貼られて、歌手が登場するやいなや、数十人の熟年ファンがわっとステージを取り囲み、歓声を上げる。なかなか異様な光景だ。

店主の関根正己さん

うちはね、初めての歌手が来るとびっくりするんですよ、小さいから（笑）。それにカセットテープがずらっと並んでるし。ここが業界で有名な店かって。

前は隣がスーツ屋さんじゃなくて銀行だったんだけど、そのころからちゃんと交渉して、店頭を借りてキャンペーンをやらせてもらってます。多いときだと、月に25回とかありますからねえ、うちは。

昔とちがって、いまは店の前でキャンペーンできるところも減ってるでしょ。うるさいとか、交通の邪魔だとかね。うちはずっと外でやってます。きょうなんかまだ少ないほうだけど、多いときは駅のほうまで人垣が広がっちゃうから大変。吉幾三がやったときは、500人は集まりましたから。目の前に交番はあるし、もう気が気じゃなかった（笑）。

うちもね、昔はいろんなジャンルの音楽を置いてたんですよ。J-POPもね。それが携帯電話が出てきたときに、電話局のひとと飲んでたら、これから携帯は音がものすごくよくなるよ、って話を聞いて、若いひとは携帯配信に流れるだろうと思ったんです。それなら若いのはいらないから、演歌に特化しようと。それが20年ほど前ですねえ。わたし自身が、昔から演歌好きだったし、演歌のほうが長生きするだろうという思いもずっとあって。

いま潰れている店は、ぜんぶ若い子向けの曲ばかり置いてるところです。だってレコード屋って、CDは買取なんですから。在庫が、びっくりするような資産評価になっちゃう。だから仕入れのセンスが問われるし、知らなきゃどうにもならない。店員に聞いてもわからなかったら、もうその店には行かないでしょ。うちは「ここに来れば見つかる」と思って来店してくれる、演歌好きのお客さんが多いですからね。

⊙セキネ楽器店　東京都墨田区江東橋3-13-1
http://music-shop-sekine.seesaa.net/

錦糸町駅南口ロータリー内に、セキネ楽器店はある

上／この日は、キングレコードの音羽しのぶさんのキャンペーン
下左／熟年ファンが歌手を囲む　下右／歌のあとは、握手＋サイン会

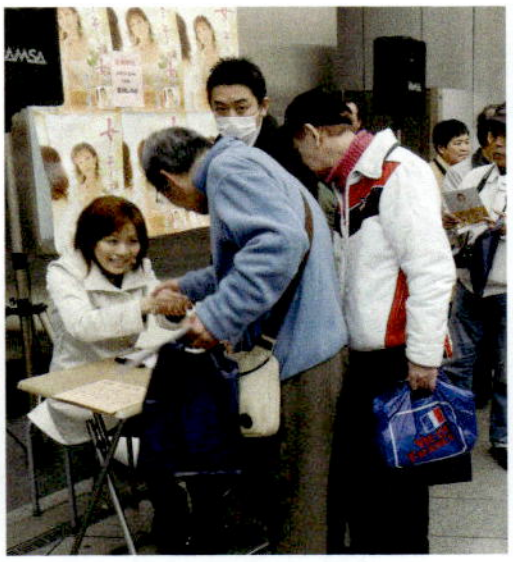

上／壁に隙間なく置いてあるのは、やはりカセット
右上／うなぎの寝床のような店内には演歌のラインナップがびっしりと
右下／錦糸町名物河内音頭の音源も揃っている

小岩駅前・音曲堂

小岩駅南口駅前の商店街、フラワーロードを入ってすぐにある音曲堂は、5階建ての立派なビル。1階がCDやDVD、2階が演歌専用のCDとカセットを置いたフロア、そして3階にコンサートができる多目的レンタルホール、4、5階が音楽教室という、小岩における音楽の殿堂だ。

昭和6年創業で、今年が78年目。現在の社長である小西茂さんは、初代のお父さん、二代目のお兄さんを継いで、三代目である。

三代目社長の小西茂さん。昨年亡くなった、先代社長である兄が復刻したという、古い雑誌を、嬉しそうに見せてくれた

昔はどこのレコード屋でも楽器を扱ってたでしょ。うちは小岩でいちばん古い楽器とレコードの店です、というかうちしかなかったから。SPの時代が長くて、レコード屋が増えたのは戦後ですからね。うちは昭和42年にビルにしたんですが、そのころは2階が楽器とオーディオでした。前社長（お兄さん）がオーディオ好きで、蓄音機をずいぶん集めていて、このビルの裏に『音の博物館』というのを開いてたぐらいですから。景気が悪くなって、10年近く前にそれは閉めちゃいましたが。

それで2階を改装して、演歌専門コーナーにしたんですね。20年ぐらい前のことです。イカ天ブームとかが去って、楽器も売れなくなったころでした。1階にはいまもJ-POPやDVDも置いてありますが、このへんのひとはやっぱり演歌好きが多い。でも、うちはある意味、広すぎるんですよ（笑）。それで、いろいろ置いておかないと、店のスペースがいかせない。スタッフもそのぶん必要だし、難しいですよね。

キャンペーンというのは、なにもレコード屋が率先してやるものじゃなくて、メーカーとタレントと小売りの、思惑が一致してやるものでしょ。よそのお店は外でやるケースが多いんですが、うちはビルを建てるときに3階をホールにして、そこでやるようになったんです。当時は音楽教室をずいぶんやってたので、その発表会とか、ミニコンサートに使えるということで。特にキャンペーンを意識してつくったわけじゃないんですが、いまはキャンペーンが二日にいちどは入ってますから、無料のライブハウスみたいなもんですね（笑）。

だから、ホールのお客さんはほとんど常連さんばっかりです。歌手というより、ここのファン。でもホールなので広いし、座って聴いてもらえるし、PAもちゃんとあるから、歌いやすいでしょ。歌手は喜んでくれます。とくに新人にとっては、ちゃんと聴衆がいるところで歌える機会が少ないですからね。

⊙**音曲堂**　東京都江戸川区南小岩7-22-5
http://www.onkyokudo.com/

上／1階は、J-POPも置いているCD・DVDフロア。2階が演歌専門フロア　**右上**／カウンターの奥には、楽器店だったころの名残がある　**右中**／2階を演歌専門フロアにするときに作った、「演歌横丁」の提灯ディスプレイ　**右下**／音曲堂のミニライブは、CD購入者に入場券を配り、優先入場してもらっている

「キャンペーン自体も、いまはレコード店から地方のショッピングセンターとかに移りつつありますね。演歌は根強い人気があるけれど、特に僕みたいなムード歌謡は大変です、いま。昔みたいにキャバレー回りができないからね。けっきょく、お店がないんだから、こうやって自主的にライブをプロデュースしていくしかないんです。待ってても仕事は来ないから、自分たちで仕掛けていかなきゃならない。インディーズのバンドの子たちが、ふつうに路上ライブから始めるのといっしょですよ。ああいうふうになっていかないと、プロとして生き残れない時代になってきてるんじゃないでしょうか」と、なか・えいじさん

ここは珍しく、インディーズ系の歌手のCD・カセットも置いている。「商売にはなんないけど、歌手にとって、やっぱりレコード屋に置いてあると商品価値が違うでしょ。あんまり長く置かれても困るけど（笑）」と、社長

浅草は演歌のシブヤなのか【台東区・浅草】

ヨーロー堂

ヨーロー堂正面。雷門の並びの絶好のロケーションにある

雷門前を通りすぎてすぐ、観光客と、観光客狙いの人力車引きでごったがえす雷門通りに店を構える『ヨーロー堂』。いまの店主・松永好司さんで四代目、創業が大正元年という、とびきりの老舗だ。街のレコード屋さんには珍しい、超充実の公式ウェブサイトを見てみると、こんな「店主のプロフィール」が載っている――

1968年9月15日生まれ。浅草ヨーロー堂三代目の父と、横浜は伊勢崎町のレコード店美音堂の四女との間に生まれる。しかも両祖父とも全国レコード店組合長ということもあり、すでに将来は逃げ道のない選択肢を迫られる。浅草寺幼稚園、浅草小学校と地元で過ごす。お花祭りの時こっそり舐めた甘茶が甘くなかったのが一番の思い出。中高は新宿フジテレビ横の成城中高校。「夕焼けニャンニャン」全盛期のため電車内にて数々のおニャンコたちと遭遇。都営新宿線の満員電車で（故意に）新田ちゃんやジョウノウチの隣になったのが一番の思い出。先日、城之内早苗さんと（あくまで私でなく友人の話として）その話をさせて頂きました。「そういえばそういう高校生多かったわね！」の一人です。美味しいものが食べたい一心で明治大学農学部へ進学。ゼミ合宿の時、まだ品種改良中の農林332号という米が妙に美味かったのが一番の思い出。現在のミルキークイーンの原型のようです。在学中は勉強はまったくせず劇団木馬座で役者してました。当時の私を知る皆様、色々とご迷惑をおかけしました（笑）。その後、大手漁業会社を経て、ヨーロー堂に半ば強制的に入社。店長として現在に至る。

店長さんの楽しいキャラがうかがえる自作プロフィールそのままに、ヨーロー堂は浅草にどっしり根を張りながら、街のレコード屋さんの範疇をずいぶんはみ出した、バラエティ豊かなセレクションと、2階に設けた専用イベントスペースがウリ。ここの品揃えからは、いままで僕も個人的にずいぶん教えてもらってます。

さすが大正元年創業。昔の写真が歴史を語ってます

左／俗曲のうめ吉さんのポスターが大きく掲げられているのは浅草ならでは
右／古い自転車、蓄音器というレトロなディスプレイ。ショウケースには、楽器店だった頃の名残も

うちは大正元年に、わたしの祖父の兄が墨田区石原町で開業しまして。二代目が祖父、三代目が父で、わたしが四代目というわけです。もともと初代が岐阜県養老郡出身だったので、ヨーロー堂という名前にしたそうです。もともとはレコードと、蓄音機を売ってたみたいですね。

祖父の代に石原町から浅草に移ってきたんですが、祖父はこのへんにまだビルといえば葵丸進（浅草の老舗天ぷら屋）さんしかないころにビルを建てたり、商工組合の会長をして、業界では知らぬもののないようなひとでした。その祖父によれば、昔はレコード屋といえば、お金持ちの商売だったみたいです。高級品だし、趣味性が高い。地方だと、土地持ちで、時計屋とか宝石屋とかしている家の副業として、駅前のいい場所でやるというスタイルが多かったみたいで。

母方の祖父もレコード屋をやっていましたから、まあブレようのない環境でしたね。当時は『流行歌』と言っていましたでしょ。『演歌』という言葉はなかった。『演歌』というのは、ちょっと偏ったカテゴライズで、その名前だけで若い人が寄ってこなくなってしまうんですよ。ジャンル分けされて、よかったのか、悪かったのかって思います。

わたしが店を受け継いだのが20年前。それからこういうスタイルにしました。以前はオールジャンルの、ふつうのレコード屋だったんですけど、時代の流れで駅前に大型チェーン店や、外資系レコード屋ができる、そうなると売り上げは下がる。とはいえ売り場面積の広さ、在庫量、ポイントサービスとかでは、そういう店には勝てないでしょ。だから、生き残るためにはジャンルを特化するしかない。それでこうなったんです。

もともと、個人的にはGSマニアだったんで。わたしの年代でGS好

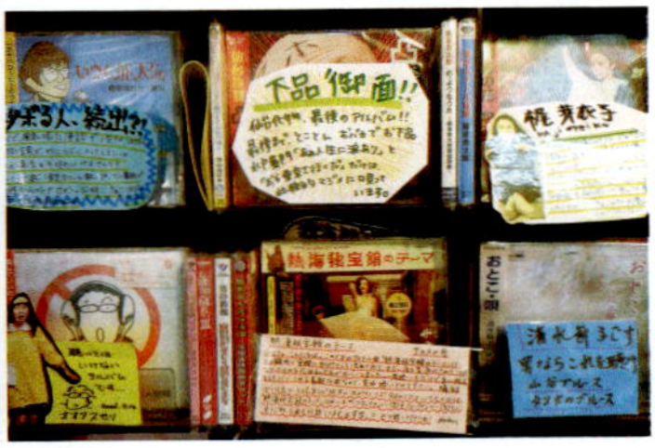

左／歌謡曲黄金期のPOPSコーナー。なつかしのアイドルポスターとともに
中／「やさぐれ歌謡」「お色気歌謡」！　なんというステキなカテゴライズ！
右／コミックソングやお笑い系の音源も充実

きというのが、そもそも懐古趣味ですよね。それで昔のもの、昔の曲という方向に行きながら、ふと気がついたのは、浅草には歴史がある。だから、あえて最先端のものを求めずに、昔を追い求めるためにはこの土地柄って、けっこう向いているのではないかと。その、追い求める昔のひとつが演歌であり、歌謡曲だったということですね。

だからうちは、大手の演歌や歌謡曲だけじゃなくて、インディーズや珍しいものも積極的に置くようにしてます。こういうの、大好きな人もけっこういるでしょ。年寄りのあいだで昭和歌謡がブームになってくると、若い人たちも寄ってくるから。クレイジーケンバンドあたりから昭和歌謡が流行りはじめて、バンドを組む若いひとが増えてきて、店に来るようになって。それで、こういうのも置くようになったんです。だって、若いひとの入りにくい店には、したくないじゃないですか。

わたしが店を継いだのが20代のころでしたけれど、そのときにすでに危機感がありましたから。自分は演歌が好きだけれど、これからもう演歌はなくなってしまうんじゃないかって。若いひとには演歌はダサイと言われていた時代だったし、ダメダメな中での出発でした。どうしたら若いひとたちに演歌のよさをわかってもらえるかと考えて、情報発信できる店にしたいと思ったんです。でも氷川きよし君が出てきて、状況はガラッと変わっちゃいましたけどね。だから個性的でありつつ、ゼネラルでありたいと思ってるんです。あまりにもマニアックで入りにくいんじゃなくて、個性的だけれども入ってみたいと思わせるような。普遍と個性の両立というか。

2階のイベントスペースですけど、もとは物置だったんですよ（笑）。昔は楽器屋も兼ねていたんで、2階が楽器売り場だったんです。先代の父親が楽器を扱うのをやめて以来、物置になっていたんですが、もったいないなあと思ってたので。つまりレコード屋というのは、基本的に受け身なんですよ。テレビとか媒体で見て、その商品を買いに来ると。それじゃあ逆に、こっちから発信してやれという意図で、10年前にこのスペースを作りました。『浅草演歌定席』って名前をつけて。でもベリーダンスのライブとか、落語だと快楽亭ブラック師匠の会とか、お笑いではオオタスセリさんのライブとか、ぜんぜん演歌っぽくないのもけっこうやってます（笑）。

むかし演歌のキャンペーンは店頭でミカン箱に乗って、だったでしょ。祖父の時代にはうちの店でも、そういうキャンペーンをやっていました。写真が残っていますけどピーターとか、オックスとか、ちあきなおみとか、キャンペーンでうちに来てたんです。でも、わたしが作ったこの2階はクローズドのスペース。ちゃんと見てほしいという思いから椅子席にしたんですが、なかなか業界に認知されなくて。最初のうちはぜんぜん予定が埋まらなかったし、お客さんも来てくれなかったんですが、そんなときに島倉千代子さんがふらっと来てくれたんです。島倉

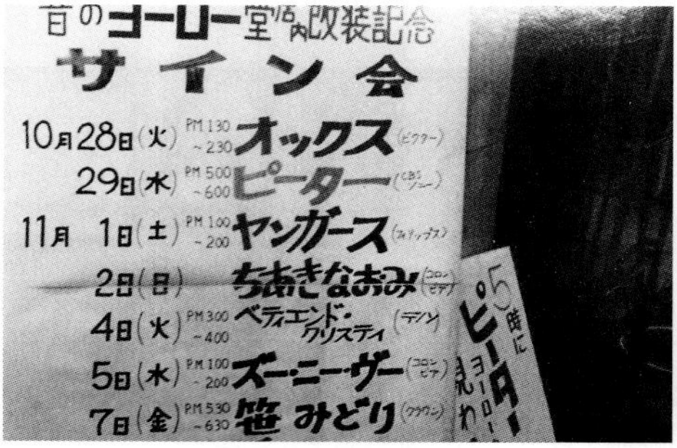

左／昔、ヨーロー堂が改装したときの記念のサイン会ラインナップ。すごいスターたちが、キャンペーンに来ていたんですね！
右／こんな音源が面出しされるのも、ここならでは

2階の『浅草演歌定席』。この日のキャンペーンは日本クラウン所属の山口かおるさん。お客さんは、ヨーロー堂の常連さんと、歌手のファンの方が半分ずつ。富士山の書き割りをバックに、新曲『ジェラシー』を披露

さんは祖父の代から、わたしまで三代でお世話になっているひとなんですが、このスペースの話をしたら、「それならわたしが握手会やろっか」と、握手会をやってくれたんです。それが新聞や演歌雑誌に取り上げられて認知されて、それからお客さんもイベントも増えました。いまは月の半分は、なんか入っていますね。

お客さんにとっては、坐って聴けるのは貴重でしょ。こちらにとっても、歌手に対する（ギャラの）支払いが生じなくて、うたってくれて、CDが売れる。なんてありがたい、大感謝ですよ。お客さんだって、ミニライブをCD買うだけで聞けますし、店頭じゃないですから雨で中止ということもないし。

お客さんはCDを買ってくれた人に限定しています。買ってくれる人相手ですから、歌手のほうだって、真剣勝負になりますよ、お金払ってくれるんですからね。うちの常連さんと、歌手のかたのファンと、お客さんには両方ありますが、キャンペーンはどんな歌手だろうと皆勤、なんて常連さんもいらっしゃいますよ。

だからこの舞台でうたって、いわば一緒に育ってきた子たちがNHKや、ほかのテレビに出ているのを見たりすると、すごくうれしいんです。10年間くらい彼ら、彼女らを見てきてるから、ほんとに「一緒に育ってきた」っていう感じなんですよねー。氷川きよし、水森かおり、田川寿美、北山たけし、イケメンスリー（北川大介、竹島宏、山内恵介）とか……。とにかくうちに来てない歌手、いないですから！

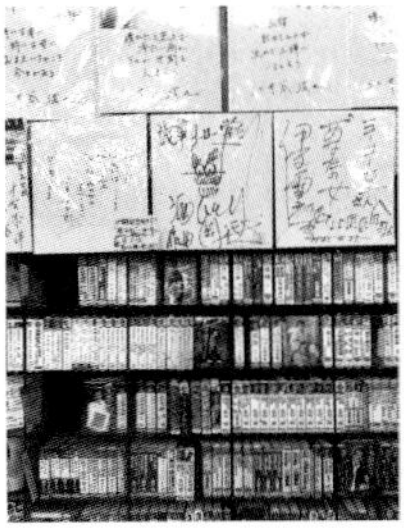

「うちに来てない歌手はいない！」サインの数々

⊙ヨーロー堂　東京都台東区浅草1-3-6
http://asakusa.cc/dex2.html

イサミ堂

浅草の中心部から少し離れた、言問橋近くに小さな店を構えるイサミ堂。一見、ほんとにふつうの街のレコード屋さん。入口にも浜崎あゆみのポスターとか貼ってあって、どうってことない感じなのだが、実は！　このイサミ堂こそ全国各地の浪曲師や落語家、愛好家、その他もろもろの昔の録音マニアのあいだでは知らぬもののない、音源聖地なのであります。

店内のおもて半分に並ぶ、ふつうのCDやカセット（それでも浪曲や落語の充実ぶりはただものではないが）が並ぶエリアを抜けて、店の奥に踏み込むと、そこは天井近くまで設えられた棚に、整然と収められたSP、LP音源のコレクション・ルーム。その真ん中に陣取って「なんか聴きたいものあったら、言ってくださいね、なんでもかけるから」と柔和な笑顔を向けてくれるのが、店主の梅若裕司さんだ。その足元にあるボックスセットは……「あ、これね、徳川夢声の『宮本武蔵』、LP100枚セット」なんて、こともなげに教えてくれる。なんなんですか、この店！

言問橋たもとにある、イサミ堂

左上／「これは越路吹雪が内緒で作っちゃったSP」……内緒って？　**左中**／「これは点字のSP。説明が点字で打たれてるでしょ」　**左下**／松岡洋右が、ジュネーブで国連脱退したあとの演説を入れたSP　**右上**／「犬養毅の演説のSP」　**右中**／「東郷平八郎元帥の演説が入ってるSP。写真つきですよ」　**右下**／東郷平八郎が、三笠艦保存記念式典で祝辞を述べたものが入っているSP

昔の音の話をしだしたら止まらない、店主の梅若裕司さん

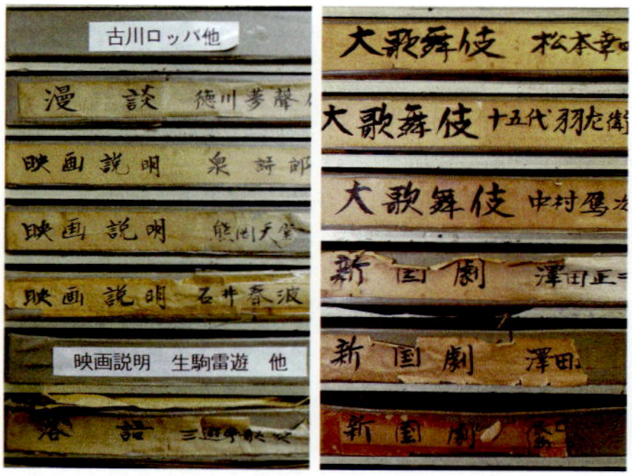

浪曲のみならず、音曲や演説、活弁などのSPも！
歌舞伎や新国劇のSPも！

イサミ堂の圧巻のSPコーナー

うちは昭和9年に、わたしの親父が始めたんです。始めた当初の2、3年は千住大橋んところにあったらしいんですが、ここへ移ってきて。ここは親父の生まれたところです。親父は奉公に出たり養子に行ったりしたんですが、ここに戻りたくて、戻ってきちゃったらしい。

親父はそういうことは話さないひとでしたが、兄弟の話を聞くと、親父の親父は露天商だったらしいんですね。それでここに戻ってきたんだけど、（昭和20年）3月10日の東京大空襲で焼けちゃった。空襲のあと2年くらい浦和、十条に疎開して、昭和22年にまた戻ってきました。

もともと親父はレコードが好きで、浪曲がとくに好みだったんです。流行歌じゃなくて。ただ、民謡は好きじゃないんだね。あとは、琵琶や、歌舞伎かな。都電……当時の市電ですが、芝浦に車庫があって、整備の仕事をしていました。

むかしね、出張レコード屋というのがあったんです。職員販売みたいなかたちで売りに行く。とにかくレコード好きで、給料をあらかたレコードにつぎ込んじゃってた父親が、そういう出張で売りに来てたレコード屋に、そんなに好きなら自分でレコード屋をやったらと言われて、レコード屋になったんです。車庫の整備の仕事のかたわら、レコード屋を始めたんです、店は母親に任せて。SPの時代ですよ。戦後は疎開していた十条から浅草に戻ってきて、会社を休んでレコード針や、蓄音機に使うゼンマイを売って、すごく儲けたらしいです。ところが、自転車で仕入れに走ってたのを市電の同僚に見つかっちゃって、クビ（笑）。

それでクビになったあと、レコードの卸を始めたんです。それを10年間。セールスマンがいて、いろんなところへ行ってお得意さんを捕まえてきて。そうしてるうちに、親父が集めたレコードはいちど空襲で焼けちゃっているから、中古を集めはじめて。それで中古レコード屋をやるようになった。

で、中古レコード屋なんだけど、ほんとに好きなレコードは売らないで取っておいたのね、売りたくないから（笑）。昭和30年代後半から40年代前半にかけては、SPがうんと市場に出たんです。それがみんなうちに集まってきたの。だれかが道具屋にレコード売るでしょ。そうすると彼らが、うちに持ってくる。いろんなものが入っているんだけど、流行歌のレコードを集めちゃったら大変だし、それに流行歌の中古レコードは売れるから、売っちゃおう、それ以外のものはとっておこうと。2枚入ると、きれいなほうをとっておいて、状態のよくないほうを、売る（笑）。

だからわたしもね、親父の影響で小さいころから特殊なものを聞いていました。親父といっしょに品物買い付けに行って、いろいろ覚えちゃった。中古やってても、いちばん売れるのは流行歌ですよ。戦後に出たレコードは、昭和30年代や40年代には売れなかったんです。戦前のレコードのほうが売れていたもんですね。だいたい、20年寝かせると、価値が出て売れますね。だから昭和30年代だと、岡晴夫はOKだったけど、プレスリーはダメなんです。ただ、プレスリーは新譜が出れば売れるんですから。新しいものはいつでも売れていたんです。はい、中古だけでなく、新譜も一緒に売ってました。その後、時間が経って、戦後のレコードも売れるようになりましたけどね。

わたしは最初、1年間だけ横浜に小僧に出て、針の取り換えや蓄音機の修理を覚えて、帰ってきました。その後はずっと父親といっしょに店をやってましたが、親父が死んだのが昭和56年ごろですけれど、死ぬ10年くらい前からは店を任されていました。親父は木馬亭に行っちゃうんだから。木馬亭の浪曲の定席は、以前は月のうち15日間だったんですが、寄席が始まると、行っちゃうんです。行って、幕引きとかなんとか手伝いしていたらしい（笑）。店にお客さんが来ても、木馬亭の時間になると、お客を連れて行っちゃう。芝さん（芝清之。演芸研究家。不動産会社の社長だったが、家業を打ち捨てて浪曲研究に没頭、浪曲についての数々の貴重な著作を残し、またラジオの浪曲番組の解説者として活躍。木馬亭の主と言われた）も、最初は親父が引っ張ってったんだから。歌舞伎の音を探しに来てたんですよ。それが木馬亭の主になっちゃったんだから（笑）。

親父の生前から、コレクションを聞かせてくれって来てくれるお客さんが、増えてきてましたね。それでこの2階にお客さん集めて、お茶出して、古いレコードを聴くようになった。で、親父は勝手にNHK友の会とかなんとかいうのを

やはりメインは演芸。ここは落語コーナー

作っちゃって、NHKが浪曲名人会の切符をくれたりすると、友の会で誘いあって行くんです。そういう人たちがうちに、コレクション聴きに来るようになって、帰りに中古のSPを買ってくれるんです。

SPだけじゃなくて、LPでも浪曲はけっこう出てたんですが、うちにはいままで世に出た全部の浪曲LPの、半分くらいはあると思いますよ。浪曲のLPばっかり集めているのは、当時からうちだけでしたから。

いま、レコード業界がかんばしくないでしょう。昔の音源を復刻したりもするけれど、前と違って、たとえば500枚刷ったら、それでおしまいで、廃盤にしちゃうんです。だから、もう商品が入ってこないって聞くと、あるぶんを奥に仕舞っちゃう（笑）。だっていまは、サイクル早すぎですよね。浜崎あゆみ（の新譜）が明日出るけど、1週間もたないですよ。3日くらいでもう、売れなくなっちゃう。いちおう入れますよ。なるべく予約してくれってお客さんには言ってあるけれど。ほんとはね、浜崎とかそういうのはやめて、注文を受けるだけにして、浪曲、落語、イロモノだけにしたい、専門にしたいんです。でもいままでの在庫があるでしょ。品物は返せないんだからから、しょうがなくて置いてあるの。

まあ、うちのいちばんのコレクションはSPですが、SPの発掘はまだまだ足りないですよね。むかしはものすごい量、出てたんですから。CDの歴史は10年かそこらだけど、SPの歴史は50年くらいあるんですから。戦争前は、SPは1枚で6分（片面3分）だったでしょ。それで片面3分という長さが、流行歌の長さになったんですよね。落語は1枚だけで出ますね。講談もそう。桂春団治のような落語家で、せいぜい2枚組、12分。でも浪曲は、たとえば篠田実の『紺屋高尾』は最初2枚組で出て、そのあと4枚組が出て、5枚組、6枚組が出た。これが次々、出ても売れたんですって。当時のSP1枚の価値をいまの価値に換算すると、5000円くらいかもしれない。それが6枚と言ったら、3万円のセットですよ。浪曲がそれだけ売れたということですねえ。

だからうちにはいろいろ、もう手に入らない

日本浪曲協会から先代店主で梅若さんのお父さん・山中勇吉さんに送られた感謝の楯

小林繁がLP出してたんですか？「そうなんですよ。売れると思って仕入れたら、売れなかった（笑）」

SP音源がたくさんあるんですが、そういうのを売るわけにはいかない。売ったらもう、手に入らないんだから。そのかわり、ほしい人にはテープに録音して、そのテープをお渡ししたりすることもあります。もちろん、それは片手間で、商売じゃないですけど。

こんなのあった！　って、お客さんが喜んでくれたら、いちばんうれしいでしょ。それでテープにして持って帰ってもらったりもするんですが、将来的にはここを、そういう音源を聴く場所にしたいんですよね。親父がやってたみたいに、お茶飲みながらSP聴く店に。

⊙イサミ堂　東京都台東区浅草6-5-2
http://isamido.web.fc2.com/

演歌の隠れ聖地・アメ横リズム【台東区・上野】

アメ横リズム

アメ横ガード下にあるリズム、正面。店頭のスピーカーからは常に大音量でド演歌が流れている。店頭には大きく「HONEST辻」さんのパネルが。他の店には置いていない商品

昔ながらの米軍放出品屋に並行輸入衣料や化粧品を並べた店、食品店、さらにスポーツ用品店も次々オープンして、最近は全盛期に迫る人通りで賑わうアメ横。数年前の寂しい雰囲気は、いったいどこへいったのか。

アメ横のど真ん中、ガード下に店を構える〈アメ横リズム〉は、おそらく東京で1、2を争う小ささのマイクロ・ミュージック・スポットだ。道に面した売り場と、レジとストックを置いた奥のエリアをあわせても、たぶん3畳あるかどうか。外に向けてノンストップで、けっこうな音量で流している演歌の歌声がなければ、それと気がつかずに通り過ぎてしまうひとも多いのではないか。

大音量のド演歌と、やたらに貼りめぐらされたポスターや手書きのメッセージ、そして狭い入口。けっして入りやすいアプローチとは言えないこの店が、実は演歌の世界では知らぬもののない超有名店である。新人演歌歌手が挨拶回りや営業に来たりするのは当然だが、アメ横リズムには長山洋子、藤あや子、石川さゆりといった超大物までが店頭キャンペーンにやってきて、そのたびに店の前は通行止め、警察まで動員されて大騒ぎという状態なのだ。そして店主の小林和彦さんはCDやカセットを売るだけでなく、歌手デビューや楽曲のプロデュースまでてがける、マルチ演歌人でもある。

左／すきまが、ない。置かれているコピーは、「隅田川慕情」「心妻」の歌詞カード　**右**／入口右も辻さんのパネルのオンパレード

左／写真とポスターがびっしり貼りこまれた入口　**右**／天井から釣られているパネル。真中のツーショットは吉岡治と

左上／サブちゃん、岡千秋、宮路オサム……棚の上には、歌謡界の大御所たちとの写真が！　**右上**／天井には色紙が！
左下／外へ流すように編集された手作りカセットの数々。ハワイアンもあります　**右下**／演歌ではあるが、他店にはない、独特のラインナップが並ぶ。その他にも、歌謡界の大御所との交流を物語る写真たち

ぼくは漬物屋の息子なんです。父親がここで漬物屋をしてましたんで。たくあんや、いろんな漬物や、当時貴重だった生卵なんかを並べて売っていました。終戦直後ですから、進駐軍の米兵がいっぱいいてねえ。

父親は新潟県燕市の、村長の息子。11人兄弟の末っ子でした。三条中学を卒業して、樺太に行って商売を興したんです。新潟から米を送ってもらって、多⃝小林（まるたこばやし）という商店をやっていました。売り物は、やはり米中心でね。それでひと旗挙げて、近所の本田さんという印刷所の娘さんと、周囲の反対を押しきって結婚した。そして、やはり11人の子供が産まれまして、ぼくはその四男坊です。

商売をしていましたから、戦況の情報が入ったらしくて、このまま樺太にいたら帰れなくなるからと、急いで内地へ戻ったんです。ぼくら家族が乗った船の、その後ろの船はもう帰れなかったらしいですよ。それで内地へ入って、新潟には戻らずに東京の、北区昭和町、現在の尾久駅のそばに、終戦前に居を構えました。『東京食品』という社名で、国の仕事を請け負って、漬物やつくだ煮を扱ったんです。

――ここでお客さんに対応。古い歌謡曲を探している台湾からの旅行客。

懐メロを置いている店は、少なくなっちゃったよね。ここらにも3軒くらいあったけど、みんななくなっちゃって、うちだけ。だから、うちは廃盤になるぞっていう情報が入ると、まとめて在庫を買い取っちゃうの。そのかわり、まとめ買いするからディスカウントしてもらってね。

おもにつくだ煮でしたけど、ようするに軍の、兵隊さんの食べるものを作っていたんですよ。終戦前で食糧事情がどんどん悪化するころでしたが、うちには食べ物はある。もちろん国のもんだけれど、倉庫に行けば砂糖がなめられる（笑）。友達もよく来たねえ。だから、

毎年、ぶらりと現われては、店の様子を眺めていった吉岡治さん。来るたびに一枚ずつ書いてくれた色紙は、大事にとってある

食い物の苦労を知らないで育ちましたね。

――ここで再びお客さん。「克美しげる、ない？」しかしご主人、言下に「ないっ！」っと客を帰す。

克美しげるはいきさつ、全部知っているからねえ。ああいう生き方はきらいだから、うちには置かないの。そういう歌手が好きなひととも、気が合わないよ。

終戦のときは、旧制の小学生でした。滝野川第五小学校。戦争が終わってからも、父の仕事は成功して、商売がどんどん大きくなりました。当時は闇のものを売らないかぎり、金儲けはできない時代だったんですけど、父はそういうことができない人間だったですね。

で、仕事が大きくなって、ここ（アメ横リズムの場所）の店は閉じちゃって、物置にしてたんです。それで、ぼくが父の会社に勤めるようになって、10年ぐらい経ったころですが、親友に「親のすねばっかりかじってないで、自分でなにかやったらどうか」って、アドバイスされたんですね。おまえは、自分でなにかできるはずだからって。

その友人は上野まで足を運んで「ここで売るのに適切なものは」って考えてくれて、そうして出た答えが『ゴムボート』でした。昭和41年当時、海水浴用のゴムボートっていうのがあったんですよ。当時の価格でひとり乗り用が1万円。ふたり乗り用が2万円で、5人乗り用5万円のまであった。ところがそのボートの卸値が、ひとり乗り用のが100円（笑）！　ふたり乗り用が200円で、5人のが500円……もう、これは絶対に儲かるから、会社をつくって、その友人も仲間に入って、3年でビルを3つ建てようって勢いで話をしてたんですけど、その友人が白血病であっけなく死んでしまったんです。昭和44年にね。

そのときまだ、店はできてませんでした。でも、仲良かった友人だから、ショックでねえ。半年くらい、（交通）事故おこしちゃったり、こころここにあらずの状態でした。それで父に話をしまして、もう会社を辞めたいと、そしてこの場所を使わせてもらいたいって言ったんですが、父親は大反対です。なにをやりたいんだって聞かれて、こっちもとくに考えてなかったんですが……。

その父親が当時、クラリオン社長の瀧澤左内さんと仲良しだったんですね。そのころはクラリオンのカーステレオが、すごく売れはじめてた時代ですから。その瀧澤さんが、父親を説得してくれたんです。社長はお話が上手でねえ。お前さんは5匹の犬を飼ってるんだと。そのうちの1匹くらい、ひもを解いて、野原に放してごらんなさい、自分がその犬の面倒を見てあげるからって言ってくれて。ぼくが漬物を売るというのなら、父親

は賛成したんですよ。違うものを売るのが、許せなかったんですね。だいたい父親は、音楽が嫌いなひとだったんです。熱海の旅館で、アイヌかなんかの踊りを一回踊ったのを見たことがあるだけで、あとは一切、音楽に乗ることがなかったひとでしたねえ。でも自分は、小さいころから広沢虎造が好きで、小学校のときから唸っていたほうだから。

で、クラリオンでカーステレオが売り出し中だから、こっちはミュージックテープでいこうとなった。当時は8トラですよ。最初は、クラシックやジャズも置いていたんです。ビートルズやストーンズも扱いましたよ。ジャズも好きですし。

でも、ジャズもなんでもいいわけじゃないんです。頭の中に、余分な音が入ってこないものがいい。音がごちゃごちゃ、いっぱい入っているのはイヤなんです。モダンジャズはいいんだけど、オーケストラがバックに入ってガチャガチャやっているのはダメ。本物の歌手は、音ひとつあれば、充分でしょ。なのに、いろんな音を入れようとしているのはイヤなんです。だから、ジャンルは幅広いけれど、好みのものに限って売ってたんです、うちは。ナット・キング・コールだって、やかましい音の前では歌わなかったんですから。声が前に立って、その後ろに音はあるべきだから。サウンドばっかり立つのは、だめですよ。

それでまあ、クラリオンと取引をしてまして。だいたい、クラリオンがカラオケ始めたのは、私がきっかけですからね。ある日、クラリオンの瀧澤社長から電話で、会社に来てくれと言うんです。これからお金が貯まる財布をあげるからって。それから、明日偉いひとたちが会社に来て講義するから、それに加わってくれと。

深く考えずに請け負っちゃって、翌日クラリオンに行ったら、たしかにいい財布をくれたんですが、ぼくの前に講義しているひとが、松下幸之助さんじゃないですか。いや〜、すごいとこにまぎれこんじゃったな、と。まわりにいるのも、クラリオンの課長以上のひとたちばっかりなんですから。松下さんのあとに『アメ横リズム』として出ることになってる。自分は当時、店を始めたばかりで、なんにもないころ。カーステレオを売っているだけの話。だから歌の入っていない歌謡曲を、アダプターでホームステレオにつないでもらって、「話すことないんで、かわりに歌を一曲歌いますから！」と、歌って許してもらったんですね。そこでクラリオンのひとがヒントを得て、歌の入っていない歌謡曲のテープ、歌えるテープを出したら、売れるんじゃないの、となった。それがカラオケのきっかけです。

そんなことしてるうちに、8トラからカセットの時代になりまして。それで「レコードの時代は終わった」って店頭にでかでかと書いたら、レコード店組合の組合長に怒られたりしたこともありました。そのうち、今度はソニーに呼ばれたら「社長、針のいらないレコードができたよ」なんて言われて、CDを見せられたんですね。だからうちは8トラからカセット、そしてCDと、ずっと変遷を見てきました。いまじゃカセットも、だいぶ在庫が少なくなってきたから、面陳しているのはパネルがわりですが。

（左から）藤あや子、キム・ヨンジャ、三沢あけみ、あべ静江とのツーショット

店が演歌に特化していったのは、プレスリーが死んで、ナット・キング・コールが死んじゃって、自分も、自分の好きなことにもっとこだわっていいなあと思うようになったんです。それで、吉田誠というラジオで活躍していた放送作家が仲良しでいたんですが、伍代夏子のデビューのときに、吉岡治先生や市川昭介先生たちと一緒の会に彼もぼくも参加して、写真まで撮ったのに、その翌日（吉田が）突然死んじゃったんですよ。がっかりしてねえ。もう、おもしろくない、商売替えしちゃおうかなとか思ったりしたんだけれど、リズムの親父がしょげてるって聞いた吉岡治先生が、わざわざ訪ねて来てくれたんです。「誠のことばかり考えて、しょぼんとしててもしょうがない。誠のやり残したことを、小林さんなら、継いでいけるよ。誠が100のことをやり残したとすれば、そのうちのいくつかでも、小林さんが思ったことをやってみろ」と、そう言ってくれたんです。

それで、ラジオ局のほうに入っていったんですね、ぼくは。夏木ゆたかがやっていた『歌うヘッドライト』という番組中で、生放送で5分から10分、『演歌の小林』という、ぼくがこだわりの一曲をかけるというコーナーを、TBSが作ってくれたんです。もう20年近く前になりますが。それをきっかけに、お客さんに説明できない曲の在庫は置かずに、わかるものだけにしようと、商品を絞っていったんです。

入って右側は、8トラ用の棚を改造して作ったカセット面陳棚

だってホントは14歳のときに、演歌歌手になりたかったの（笑）。ただ、当時は藤山一郎とか、デビューしたばっかりの青木光一とか、声のいいひとたちばっかりの時代だったでしょ。先生についたんだけど「向いてない」って言われて、断られちゃって。『トラ』って言葉知ってる？　エキストラのトラなんだけど、キャバレーのバンドで、メンバーが足りなくなると、ギター持って弾いてるふりをする役がいるんですよ。そんなこともしたりね。

そのうちラジオのほうで人気が出てきちゃって。リスナーが「演歌の小林」ってだれだって、ラジオ局に聞いても教えてくれないから、いろいろ調べて店に来たりね。ぼくの声聞いて「あ､演歌の小林だ！」とか（笑）。

社長の小林さんご夫妻

番組は1年ちょっとやってました。でも（スタジオには）夜11時入りで、番組は3時から。出番は3時40分とかなんですよ。夜中の生放送でしょ。急に血圧があがっちゃって……。

そのあとはラジオ日本の、田島喜男の番組に入り込んで、ワンコーナー担当してました。12月になると『アメ横リズムの紅白歌合戦』というのをやって、60曲くらい流すんです。そうしたら翌朝、きのう流した曲ぜんぶくれ、なんていうお客さんが来たり。そう、シングル盤の時代ですよ。それを60本、買うんですから！

それくらいインパクトがあったし、ぼくもやりがいがあった。当時はダビングなんてこと、なかったですから。面倒くさいから買っちゃえ、と。いまはテレビ埼玉で、月曜日から金曜日まで『アメ横リズムの歌模様』という番組を持っていますが、テレビは自分の力じゃできません。電波料高いですから。

そのころ、22年前になりますが、演歌歌手の宮史郎の運転手をしていた男の子が、デビューさしてほしいって訪ねてきたんですね。で、声を聴いたら、これはいけると思いました。彼は1曲だけ、自分の歌を持っていたんです。『歌舞伎町裏通り』っていう。じゃあ、それでデビューさせてやると、売りこんだのがビクターです。（ビクター専属の）橋幸夫くんのスタジオで仮録音をしようということになったんですが、車に乗ったら、もう横でカメラを回している。スタジオに着いたら制作

部長、宣伝部長、営業部長と、トップ3人がそろっていて、やっぱりカメラが回ってる。照明も入っている。その状態で歌ってくれって言われたんですが、本人は緊張してしまって、歌えなかったんですね。ビクターとしては、デモテープを聞いて「イチオシ！」と思っていたらしいんですけど。ところが本人が歌えなかったもんだから、「カメラの前で歌えない子は……」って、断られちゃった。

それでこんどはテイチクに売り込んだら、やろうっていうことになった。ただ歌はいいんだけど、『歌舞伎町裏通り』だと新宿でしか売れない。だから『盛り場裏通り』とタイトルを替えて、売り出すことになりました。で、吹き込むのはいいけど、B面用にもう1曲ほしい、なにかないかと。そこでぼくが前に作ってあった歌を持っていったんですけど、不採用。それまでも作品づくりには興味があって、いくつかは作っていたんです。それが男同士の話をうたったものなんだけど、テイチクの久世というディレクターから、1週間以内に作ってくれ、ついては夫婦もんのあったかいのがいいって言われたんです。

それで3日間、寝ないで考えたんだけど、できないんだよね。考えあぐねて、夫婦で手をつないで、上野から吾妻橋まで歩いたんです。そういえば終戦直後に上野の山から浅草方面を眺めてたら、残ってた建物は国際劇場ぐらいだったなあ、なんてこと思い出しながら。ふたりで長いこと歩いたなあと感慨を覚えているうちに、「上野駅から隅田川まで、遠いね」といったら女房が、「あなた、『遠い道のり夫婦の旅は』って、どう？」。すらすらと詞が出てきたんですね。

そうしてできたのが『隅田川慕情』でした。佐伯亮さんというひとにアレンジしてもらって。その男の子、沢田二郎をプロダクションに預けなくちゃということで、川中美幸さんの事務所にお願いしたら、ふたつ返事でOKをもらったんです。ところが、店に置けば売れるんですが、キャンペーンだと売れないのね。『盛り場裏通り』、聴いてはくれるんだけど、売れないという1年が続きました。2年目になって名古屋のキャンペーンで、聴いてくれるけど売れないっていう、マネージャーからの愚痴の電話がかかってきたから、「じゃあ夜のキャンペーンでは『隅田川慕情』をやれば」って言ってみたんです。そしたら夜、マネージャーから電話がかかってきました。「社長、いま、店に何本ありますか？」って。『隅田川慕情』を歌ったら、200本以上売れたというんです。「ホントかよ！！」と驚いて、速達で名古屋

岡千秋さんと辻さんは特別の存在であることがわかる

店奥のカウンターの脇にも思い出の写真がいっぱい。たくさんの思い出であふれている

に送りました。平成元年ごろの話ですね。

ところがある日、その沢田くんが、事務所を辞めさせてくれって言ってきたんです。ファンのひとりがお金持ちで、お金をくれる、衣装も作ってくれる……女性ですね。それで彼は家にも帰らなくなったんです。歌いたい、売れたい気持ちはあっても、楽なほうに流れたんですね。それで、こりゃダメだとなって、うちとは縁が切れちゃったんです。でも最近はまた、出直してがんばってるみたいですが。

あのときは、がっくりきましたよ。売れるまでの3年間、500万から600万はお金使いましたし。しょんぼりしていたところに、(『隅田川慕情』を)島津亜矢のアルバムの中に入れようかと、あるディレクターが話を持ってきてくれたんです。それで島津亜矢が歌って、アルバムに入れてくれました。諸般の事情で、シングルカットにはならなかったですが。

それから『男のド演歌一本勝負』というオムニバス・アルバムをプロデュースしました。テイチクの久世ディレクターを口説いて作ってもらったんですが、それが飛ぶように売れて、第2弾、第3弾と出ました。『隅田川慕情』のほうは、歌川二三子のアルバムにも入りまして。

それでそのあともうひとり、デビューさせてくれって来た男がいたんですよ。それが嶋三喜夫です。三橋美智也のカバン持ちを20年やった男で、歌を聴いてやってくれ、よかったらデビューさしてやってくれという話で、歌を聴いたら、イケルと思ったのね。『夜汽車は走る』というオリジナルを持ってました。この曲を店でかけると、この曲も売れるし、なぜか三橋美智也の曲も売れる。三橋美智也は、死んでからぱったり売れなくなったんですが、嶋の歌をかけると売れる。この男は順調に売れて、ラジオで有名になったんですが、これもまた突然やめると言い出した。体力の限界だって。前立腺を悪くしたんですね。でも養生して、キングレコードは辞めたけど、いま違う名前でまた活動していますよ。

そしてここに、影山時則という作曲家が現れるんですね。当時、ラジオ日本で夜中にギターを弾きながら歌ってた作曲家で、会ってやってくれって言われて、会いました。流しもやっていたひとでね。20曲から30曲溜まっている歌があるから聴いてくれ、その中から選曲して、アルバムをつくってくれという制作依頼です。

でも彼のファン、リスナーはみんな放送時に録音を録っているはずだから、売れない。だからリスナーに買わせる方法として、未発表曲でいこうということになったんです。それで彼の未発表曲を聴いたんだけど、ぼくの『隅田川慕情』を超えるようなものがない。だから、『隅田川慕情』を入れれば売れるのではと、それを入れてアルバムを作りました。

で、その曲を(店で)かけてたときに、うちの前を通ったひとがいまして、アルバムを1枚買っていったんです。それが少し経ったらまた戻ってきて、「もう1枚ほしい」って言うんですね。ぼくはそういう客、イヤなんですよ(笑)。1本あればいいだろうと。でも理由を聞いたら、母親に聴かせたいって言う。そしたらその翌々日、今度は20本まとめてほしいって、買いに来たんです。『隅田川慕情』を、そのひとは影山時則の作品だと思っていたらしいんだけど。

それで、そのひとに食事に誘われたんです。その日は、あいにくこのへんの店がどこもいっぱいで、そしたらカラオケに誘われたんですね。イヤなんですよ、ぼくは。シロウトのカラオケに付き合うの。そのカラオケボックスには、そのひとの会社の常務がもう待ってるって言うから、よけいイヤで。で、彼が歌うって言い出して。そら始まったと……鶴岡雅義と東京ロマンチカの『君は心の妻だから』だったんですが、ワンコーラス聴いて、びっくり。この声、いただき！　と思いました。35年間耳にしたことのない声です。

それで売れるとにらんで、すぐに妻に頼んで、不倫の歌を書いてもらいました。影山にメロをつけてもらっ

たんですけど、彼はそのひとの声を聞いてないから、ド演歌のイメージで曲を書いてきて、ちょっと違うんですよ。ムード歌謡の声なんです。電話で何度も、影山とやりとりして直してもらって、できたのが『心妻』でした。

それで、さあ、カラオケだ！　ということで演歌ギターの大家、斉藤功さんにカラオケをつくってもらって。『心妻』／『隅田川慕情』というカップリングで、シングルをつくりました。レコード会社のディレクターには、インディーズじゃなくて一般発売できる形にしたらって言われたんですが、他の店が仕入れられないようにしたかったので、自主制作にして。

『心妻』をうたったそのひとが、HONEST辻さんです。何千枚売ったかなあ。この人、辻さんは年商150億以上という、その業界では日本一の会社の社長さんなんです。この出会いから、店頭でかける歌はいかに、ひとのこころを惹く歌でなくちゃいけないかということを学びましたね。それからは音を録っているひとがいたら、すみやかに替えると（笑）。店頭に流してるこの歌を、電車の音が入ってもお構いなしに録ってるひと、いるんですよ。

いまテレビ埼玉に帯番組を持てているのも、辻さんにスポンサーになってもらってるおかげです。HONEST辻という芸名は、私の命名ですが、それが辻さんの人柄そのものなんですね。辻さんはとにかく、「裏切られても裏切ってはいけない」というひとです。ぼくは教えられたね、ほんとに。愚痴を言ったら自分が苦しいだけだから、ひとを怨まないほうがいいよって。だから7年間、無料で教育受けたようなもんですよ。

『隅田川慕情』を作家に歌わせたいっていう気持ちが、ぼくにはあったんですね。まず、水森英夫先生に頼んで断られまして。弦哲也先生には頼む前にあきらめて。その弦哲也先生のコンサートのときに、吉岡（治）先生が『小樽運河』という曲を歌ったんです。それが、ものすごくうまかった！　あんなにうまいのならと、吉岡先生に頼んで、譜面を送ったんです。そしたらある日、奥さんから電話がかかってきて……あの人はぼくのことを『アナタ』と呼ぶんだ（笑）。「アナタ、毎日のようにうちで練習しているのよね、隅田川慕情。でも、私が聴いても上手に聞こえないの。それで、仕事がちっとも進まないのよ」って。それは申し訳なかったと、もらい下げにうかがいました。ご本人から「ごめんな」と言われまして。奥さんからは電話で「仕事のペースが戻りました」とお礼言われて（笑）。で、それなら岡千秋さんに頼もうと思ったんです。吉岡さんに「朝飯を食っているときに頼め」と言われていたんで、朝飯を一緒に食ったときに頼んだんです。そしたら箸を置いて「いいよ！」って即答していただいて。どうせ録音するなら、メジャー展開したほうがいいと岡千秋さんに言われて、それをビクターのディレクターがかぎつけて、そのうえ『隅田川慕情』が生まれるまでの物語を、ビクターが『隅田川慕情物語』という冊子に作ってくれたんです。

岡さんとの出会いは、『浪花恋しぐれ』でした。あれが売れる！　とにらんだのは、東京ではぼくだけだった。それを知って、岡さんが店に寄ってくれたんですね。だから、『隅田川慕情』を引き受けてくれたのは、『浪花恋しぐれ』のお礼という意味もあったんでしょう。それで『隅田川慕情』をつくって、岡さんのコンサートをプロデュースするようにもなったんですが、岡さんはすっごく忙しいひとでしょ。ある日、スケジュール帳を置いていったのを見たら、スケジュールが真っ黒なんですね。ぼくのプロデュースするコンサートのために、他の予定を断ってくれているのがわかってしまって。そんな忙しい人に、これ以上わがままを言ってはいけないと、岡さんに「もう、ぼくのほうのコンサート、協力してくれなくてもいいです」って言ったら、「なに言ってんだよ、そういう小林さんが好きだから歌っているんだから、ずっとやろうよ！」と言ってくれて……。

だから、ぼくはほんとにしあわせものです。まったく苦労知らずで、いま73歳。好きなことだけやって、ここまで来ちゃったから。なんだか長く話しちゃったけど、大丈夫ですか。ノド乾いてませんか。ぼくはぜんぜん大丈夫だけどね。

⊙アメ横リズム　東京都台東区上野6-4-12
TEL & FAX: 03 (3831) 5135

長野県安曇野市出身、山本泉さん唄う「牛深ハイヤ」に合わせて、女将もお客さんも踊る、踊る！　民謡酒場・追分

民謡酒場でコブシに酩酊

【台東区・浅草・西浅草／墨田区・向島／江東区・亀戸】

『民謡酒場という青春』という一冊の本が、旅の始まりだった。

山村基毅《もとき》さんというジャーナリストが書いたこの本は、昭和30年代からオイルショックまでの、高度経済成長期に東京の、それも吉原を中心に栄えた民謡酒場の盛衰を追った物語である。歌謡曲でも演歌でもなく、民謡を聴いて歌って飲んで踊れて、それも新宿でも渋谷でも池袋でもなく、かつて日本最大の遊郭であり、いまも日本最大のソープランド密集地である吉原に、よりによって何十軒もの民謡酒場があったとは、いったいどういうことなんだろう。

山村さんは北海道苫小牧に生まれた。同じ苫小牧出身で、民謡を現代的にアレンジして歌うことで知られる伊藤多喜雄の活動に興味を抱き、取材することから民謡の世界に入っていったという。

山村基毅『民謡酒場という青春
〜高度経済成長を支えた唄たち〜』
（ヤマハミュージックメディア）

高度経済成長期の人々の暮らしに関心を持ってきた山村さんは、成長期を下支えしていた出稼ぎ、集団就職で都会にやってきた若者たちの人生を追ううちに、彼らの「歌いたい、踊りたい、羽目を外したい」という欲求の場として、ふたつの空間が生まれたことに気づく。それが歌声喫茶と民謡酒場である。

左翼の活動に端を発した「うたごえ運動」と、地方からやって来た若者たちの「歌いたい」思いとが結びつく形で歌声喫茶は生まれ、全国的に広まっていった。昭和三十年代後半の最盛期には、全国で二百軒ほどの歌声喫茶があったと言われている。

> そこで歌われるのはロシア民謡が中心であり、さらには労働歌、反戦歌、童謡などもレパートリーに入っていた。……「歌いたい」思いのもう一つの発露の場が、民謡酒場だったのである。不思議なことに、ともに「民衆の唄」を標榜しながら、まったく異質な「歌う空間」が都会に生まれ、多くの若者たちが集まっていった。（p.286-287）

単調な労働が繰りかえされる毎日の中で、わずかな余暇の時間に、後に残してきた故郷の言葉と歌が流れる空間に身を置き、いっとき「祭礼の宴」気分を味わう場、あるいは装置としての民謡酒場。山村さんの調査によれば、東京で最初の民謡酒場は上野御徒町のガード下あたりに、すでに戦前に開いていた「よもぎ」という店だったそうで、これはもちろん、東北への玄関口だった上野駅のそばという立地条件からにちがいない。

売春防止法の完全施行によって、日本全国から遊女屋が姿を消したのは昭和33（1958）年4月1日のこと。法改正前に300もあったという吉原の遊女屋もまた、一夜にしてゼロになり、なったと思ったら今度はトルコ風呂、山村さんによれば「その転換期に、遊女屋を廃業したものたちが民謡酒場に転身していったんです」。

浅草の、すきやきの米久があるそばにあった民謡酒場「おばこ」（というからには秋田民謡中心だったのだろう）が連日盛況なのを見て、廃業した遊女屋の主人が「らんまん」という店を開いたのが昭和30（1955）年のこと。これが吉原の民謡酒場の最初だという。

浅草の隣町である吉原に「らんまん」ができて、2軒の店をはしごできるようになると、ますます民謡好きが集まるようになり、そうなればまた店も増えるという具合に、昭和30年代後半から40年代にかけて、最盛期には20軒以上の民謡酒場が吉原に店を開いていた。

「酔ってくずれて　民謡酒場　踊りゃこの胸　きゅっと痛む　せめて笑って　くださいますな　遠い昔の夢だもの」と歌ったのは、民謡界が産んだ最大のスター・三橋美智也だが（『民謡酒場』）、

> かつて、吉原遊郭で働く女性のほとんどは東北の出身であった。このことと、秋田、やがては津軽（青森県）を中心とした民謡を売り物にした店々が吉原に並んだこととは、まったく無関係ではないのかもしれない。（p.63）

と書いている山村さんの説に、唐突だがバンコク郊外にあるタイ東北民謡酒場のことを僕は思い出した。

言わずとしれた世界有数の風俗産業地域であるバンコクで働く売春婦たちの、多くはイサーンと呼ばれるタイ東北部出身者である。イサーン地方にはモーラムと呼ばれる伝統音楽があって、バンコクに出稼ぎに来ている売春婦や肉体労働者には、いまも愛唱されている。バンコクの道端で、郷土楽器をつま弾く流しの歌も、このモーラムであることが多い。

「イサーン・タワンディーン」というその場所は、酒場というにはあまりに広い、200〜300人は入れそうな巨大空間だ。ステージに次々登場するモーラムの歌い手やダンサーを観ながら、ひとびとはバンコクのよりずっとスパイシーなイサーン郷土料理を頬張り、ビールやウイスキーで酔っぱらって、テーブルの脇で踊り出す。そうやってひとときの解放を味わう姿は、もし僕が40年か50年前に吉原にいたら、きっと目にした光景と、そんなにちがわない気がする。

いま、2011年の東京で、民謡をカラオケで歌える酒場はいくらでもあるけれど、当時のスタイルを残す民謡酒場は、都内にも数えるほどしかない。浅草に1軒、吉原に1軒、向島に1軒、そして亀戸に1軒……。山村基毅さんの案内で、東京右半分にいまも看板を掲げる4軒の民謡酒場をハシゴしてみよう。

民謡酒場・浅草追分

浅草国際通りと言問通りの交差点から、入谷方面に歩いてすぐ、鶯色（と言うんだろうか？）の外壁がやけに目立つ〈追分〉は、酒場と言うより料亭のような押し出し。開業が昭和32年。東京に現存する、もっとも古い民謡酒場である。ちなみに同じ浅草の、観音温泉と同年の開業だ。そのころが、戦後の浅草の最盛期ということだろうか。

靴を脱いで上がる2階が、追分の大広間である。正面のステージに向かって、テーブルがずらりと並び、50〜60人は楽に入りそうな広さ。週末の夜7時、すでに8割方埋まっているお客さんを見てみると、いかにも民謡が好きそうな年配のグループから、外国人、さらにはスケートボードを持参の若者たちまで、老若男女入り乱れ。テーブルの上も刺身や鍋や、おいしそうな料理がいっぱい。飲むだけじゃなくて、民謡ショーを見ながらちゃんと食事ができる、和風グランドキャバレーみたいな雰囲気だ。

ひと晩に3回あるショータイムが始まると、それまでテーブルとキッチンを忙しく往復していたスタッフが、サッと襟を正し、楽器を抱えてステージに上がる。隠岐、熊本、岩手、青森……この晩も日本各地の民謡が歌われたが、ハイライトは4人の弾き手がずらりと並ぶ、津軽じょんがら節の曲弾きだ。〈追分〉は津軽三味線の日本一を何人も出している有名店で、吉田兄弟の兄・吉田良一郎さんもこの店で修業をしたひとりだそう。19歳から25歳までの若手、しかも全国大会で優勝、準優勝というメンバーが、弦が切れるんじゃないかとハラハラするほどエネルギッシュな撥《バチ》さばきを、目の前で披露してくれる。それをウーロンハイかなんかすすりながら堪能できるのは、かなり贅沢な体験だ。ここは弘前じゃなくて、浅草のはずれなのに。

〈追分〉にはつねに十数人のレギュラー出演者がいて、曜日がわりで登場する。店のサイトに載っているリストを見ると、出身地はさまざまだが、そのほとんどが1980年代生まれ。じいさんばあさん専用みたいに思われている民謡の、若い、新しい世代を知るには、たぶんこの店がベストだろう。

⊙民謡酒場　浅草追分
東京都台東区西浅草3-28-11
http://www.oiwake.info/

舞踊もある。ソーラン節を踊る若いスタッフたち

島根県隠岐島出身の石川旭山さん唄う「津軽おはら節」に酔う

追分名物のショウは、お店のオリジナル民謡「追分音頭」で華やかに始まる

追分名物、津軽三味線の曲弾き。ものすごい迫力！

民謡の店・みどり

最盛期には20軒以上を数えた吉原の民謡酒場だが、いまも営業しているのはこの〈みどり〉ただ一軒である。秋田出身の民謡歌手、佐々木貞勝さんと小松みどりさんが、吉原に〈みどり〉を開いたのが昭和38年のこと。3年後に花園通りを挟んだ浅草側に店を移し、現在まで店を続けている。

佐々木さんと小松さんは、もともと旅興行の一座の中で民謡を歌う歌手だった。それがあるとき興行師に入場料を持ち逃げされてしまい、やむなく伝手を頼って上京、吉原で最初の民謡酒場だった〈らんまん〉に、住み込みで働くようになった。そこから別の店を経て、自分たちの店を開いたのが現在の〈みどり〉だ。

ソープ街を外れればひっそり暗い住宅街に暖簾を掲げる〈みどり〉は、この場所になってからすでに45年目という老舗だが、いまは基本的に土日のみの営業。そのかわり、営業日には民謡通が集まってかなりの盛況になる。僕らが訪れた晩も、店はほぼ満員。店主・佐々木さんとみどりママがともに秋田出身なので、東京在住の秋田人もたくさんやってくる。

〈追分〉は基本的にスタッフが歌い、演奏するショーの店だが、〈みどり〉はママやスタッフの歌と同時に、お客さんたちが歌い、三味線や尺八まで演奏して楽しめる店。それもかなりの歌い手、弾き手が集まっていて、見ごたえ聴きごたえ充分。「そちらのお兄さんもどう？」とか言われても、とてもとても立てやしない。かといって常連さんだけが優遇されるということではなく、一見でもすぐに迎え入れてくれるアットホームな雰囲気なので、ご心配なく。みどりママやお客さんたちの美声に酔い、焼酎の杯を傾けていると、ここが浅草じゃなくて、冬の秋田のあったかい居酒屋みたいに思えてくる。

「めったに歌わない」はずの女将・小松みどりさんが「正調おぼない節」を！　聴きほれる山村基毅さん

店はとてもアットホームな雰囲気。ビクター専属のプロ歌手・須藤圭子さんも「津軽よされ節」でノドを披露

⊙民謡の店　みどり
東京都台東区浅草5-13-4
http://www.geocities.jp/asakusa_midori/index.html

営業日は、お客さんいっぱい。ここではお客さんが楽器を持ち、唄う

店員さんの内山久子さんは、平成22年の民謡民舞全国大会で内閣総理大臣賞を受賞。その彼女の「秋田船方節」

民謡の店・栄翠

かつては東京六花街という言葉があったが、いま芸者さんを呼んでお座敷遊びがまともにできるのは、東京では向島ぐらいになってしまった。そういう粋な街で、民謡好きが集まるのが〈栄翠〉である。

浅草から言問橋を渡り、水戸街道を上がってすぐ。外から見る〈栄翠〉は小ぶりな居酒屋だが、中はカウンター席と座敷が向き合い、華やかに飾られたステージが奥にしつらえてある。

ご主人の印南栄翠さんが尺八、女将の印南婦美子さんが歌、それに息子さんの三味線に、お嫁さんが調理という家族経営の〈栄翠〉は、「〈みどり〉が秋田で、〈追分〉は津軽三味線に力を入れているとすれば、〈栄翠〉は全国区でしょうねえ」と山村さんが教えてくれたとおり、あまり地方色の強くない民謡酒場。向島という土地柄からか、お座敷唄や木遣りくずし、相撲甚句などもよく歌われるという。「西もの」と呼ばれる、お座敷系の唄や関西の民謡が味わえる、民謡酒場の中でも他店と異なった味わいだ。

毎月第1金曜には〈栄翠友の会〉というイベントがあって、飲み放題で女性4000円、男性5000円の会費制。民謡ファンが集まって、交代で歌って楽しむ日だそうで、「うまいひとばっかりじゃつまらないでしょ、下手なひとでも生で（音を）つけてあげるから、けっこう歌えますよ」（ご主人）ということなので、歌のデビューにはいい機会かも。

女将の印南婦美子さんの「伊勢音頭」。三味線を弾くのは息子さん、調理場にはお嫁さんという家族経営

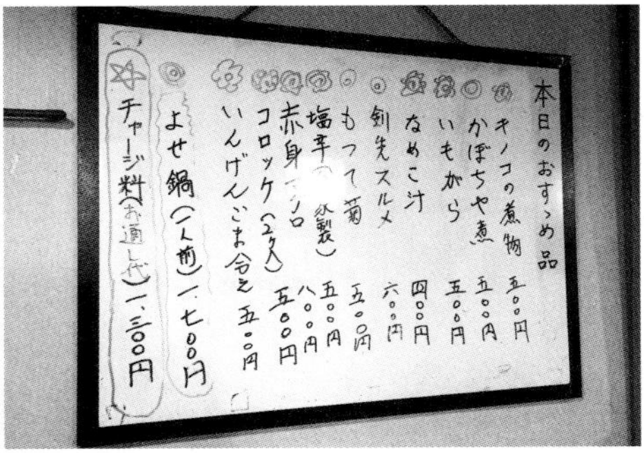

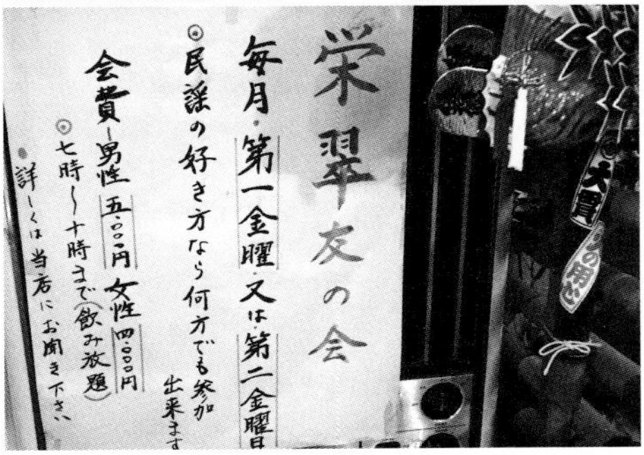

左上／お客さんが隠岐の島の民謡「しげさ節」を。胸のiPodがまぶしい
右上／民謡の店であると同時に、アットホームな飲み屋さんでもある

⊙民謡の店　向島　栄翠
東京都墨田区向島4-2-4
http://www.ne.jp/asahi/hooki/koko/syami/sake/shop/001_eisui.html

ご主人の印南栄翠さんが唄ってくれたのは「木遣りくずし」。三味線は細棹

民謡酒場・斉太郎

「エンヤートット、松島〜のっ」とやるのが斎太郎節。言わずとしれた宮城の民謡である。その宮城県出身の歌手・小島文子さんが女将を務めるのが亀戸駅裏の民謡酒場〈斉太郎〉。開業が昭和55年というから、ちょうど30周年を越したところだ。

宮城の農家の生まれだった小島さんは、もともと歌謡曲が好きで、歌を習いに行っていた先生のところで出会った甲谷桃《とう》笆《は》という尺八吹きに惚れてしまい、18歳で故郷を捨て上京。百畳敷きの大広間に300人からの客を収容できるという、「東洋一」と言われた巨大民謡酒場〈七五三〉にふたりで住み込み働きはじめる。〈七五三〉で長く働いたあと、夫の甲谷さんとふたりで開いたのが〈斉太郎〉だ。

ガラス戸を開けると、いきなり畳の広間。奥にステージ。テーブルを埋めるお客さんたちが次々に腰を上げ、店のスタッフの伴奏でお得意のノドを聞かせるのは、〈みどり〉や〈栄翠〉と同じスタイルだ。ご主人も女将も宮城出身のせいか、歌われるのは江差追分、秋田おばこ、秋田草刈り歌、十勝馬歌など、北の国の歌がやっぱり多い。岩手県から来ていたお客さんが「青森で『西もの』歌ったら殺される、土地土地の声というものがあるんですよ」と教えてくれたが、かつて民謡はそれだけ土地の精神を体現していたということなのだろう。罵り合戦や、ときに殺人事件にまで発展する、アメリカの東西ラッパー抗争みたいだ。

夕方の〈追分〉から、終電の時間を気にしながらの〈斉太郎〉まで、民謡酒場のハシゴ4軒。聴いた曲が全部で30曲！　最後を締める文子女将の、絶品の黒田節にうっとりしつつ、お店の名物・焼酎の青汁割りをすすって考えた。

山村さんによれば、一時あれほど栄えた民謡酒場が勢いを失っていったのは、昭和50年代なのだという。当時は高橋竹山が東京の若者たちに「発見」され、津軽三味線ブームが巻き起こるのだが、奇妙なことに「閉めてしまう店が相次ぐのが、ちょうどそのころなんですよ」。その原因のひとつは昭和50年代に一気に普及したカラオケの存在。そしてもうひとつが、生まれたときから民謡を聴いて育つ、そういう原体験が失われた世代が多数を占めるようになってきたことなのではない

左／毎月、のど自慢大会が開かれる　**中**／女将は唄ったり太鼓を叩いたり。最後は、女将の「黒田節」に酔う　**右**／店の名物、焼酎の青汁割り

かと、山村さんは分析する。

これだけ広い東京右半分で、ハシゴするべき民謡酒場がいまや4軒しか残っていないという事実が、民謡文化の衰退を如実にあらわしているのだろう。でも、今回訪れた店はどこもたくさんのお客さんでにぎわっていたし、年配客だけというわけでもなかったし、歌い手、弾き手には20代の若手に、親御さんに連れられてきた10代の少女までいた。

山村さんが民謡の世界に引きこまれたのも、異色のニューウェイブ民謡歌手である伊藤多喜雄がきっかけだったが、民謡が子守歌がわりではすでになかった、若い民謡歌手や三味線弾きが、これからどういう新しい音楽をつくっていくか、それが僕には気になる。

しかしこんなに良質な音楽を、こんなに間近で楽しめるライブハウスが、こんなに近くにあって、でもいままでまったく知らなかった情けなさ。次は慌ただしいハシゴ酒じゃなくて、一軒にじっくり腰を落ち着けて、ここが東京なのか秋田なのか津軽なのかわからなくなるくらい、音と酒に酩酊してみたい。

⊙**民謡酒場　斉太郎**
東京都江東区亀戸5-6-15

お客さんがかわりばんこに唄う。本日3クール目。三味線を弾いているのはお客さん。お婆ちゃんと一緒に来ました

下町に響け、ハワイアン　【台東区・松が谷・浅草／文京区・根津】

キワヤ商会

浅草といえばサンバでしょ、ということになっているが、9月第1週の浅草、商店街には海水浴場みたいなスチールギターのハワイアン・ミュージックが有線から流れていた。サンバでも、ボサノバでもなく。

銀座線稲荷町の駅を降りて、浅草通りを歩くこと10分ほど。ジョナサンやブックオフが並ぶ無個性なブロックを曲がると、小さなビルの1階に「KIWAYA」と書かれた店がある。ここが、長らく日本で唯一のウクレレ・メーカーだったキワヤ商会の本拠地だ。

1階が店舗兼ショールーム、2階が事務所、3階がウクレレ教室で、4階には「樂」と名づけられたウクレレ・ミュージアムがあり、「ハワイにもミュージアムはないですから、質量ともにおそらくここが世界最高峰でしょう」というマニア垂涎のコレクションが、ガラスケースに並んでいる。1台ずつ弦を張られて、静かに、触れられるのを待ちわびるかのごとく。

2009年が創業90年になるという老舗のキワヤ。その前身は1919（大正8）年に設立された「喜八屋蓄音機」。その名のとおり、蓄音機の販売・修理会社だった。創業の地は神田だったが、終戦直後の1947（昭和22）年、

現在もビルを構える台東区松が谷に移転。そのころ喜八屋はすでにレコードと楽器を売る店になっていた。

喜八屋が転機を迎えるのが1957（昭和32）年。14歳から楽器問屋で働いていた、現会長である岡本良二氏が入社する。終戦直後、楽器の修理を通じてウクレレの魅力にとりつかれていた岡本さんは、当時すでに音楽の流行がハワイアンからロカビリーに移りかけていたにもかかわらず、ウクレレにこだわって、「Famous」という自社ブランドを立ち上げる(1957年)。

ハワイアン・ブームの絶頂期には国内だけで30社近くあったというウクレレ・メーカーも、ブームの収束とともに完全撤退。まもなくキワヤ（1966年に喜八屋から改組）は、国内唯一のウクレレ製造販売メーカーになってしまった。「いつかは売れる！ って言ってたんですが、それがいつかはわからない。在庫が溜まるいっぽうで、社員からも『社長の道楽で、売れないものばかり作ってどうする』と言われてきました」と、岡本さんは雑誌のインタビューに答えているが、どんな逆風のなかでも、キワヤはウクレレへのこだわりを捨てなかった。

「こんなかわいい楽器を、日本からなくして

なるものか！」の一念で、40年間以上も冬の時代を耐え抜いてきたキワヤのウクレレ製造販売に、ようやく光がさしはじめたのは1990年代後半だった。高木ブーやサザンオールスターズの関口和之ら、ウクレレ愛好家の作品によって、ウクレレの音色がいまいちどテレビやラジオに乗るようになって、さらに2000年代に入ってからはハワイのウクレレ新世代であるジェイク・シマブクロなど、「早弾き系」のアーティストたちが人気を博し、ウクレレ人気が再燃。キワヤと岡本さんの半世紀近いこだわりが、ようやく実を結んだのだった。

いま、キワヤは岡本さんの長女である原京子社長のもと、それまで扱っていたギターなど他の楽器を廃し、ウクレレだけに専念。日本屈指のウクレレ・メーカーとして、ブランドも 4 つに拡大している。10年前から開いている教室では、20代から70代まで、幅広い層の生徒たちにウクレレの魅力を伝えてきた。同じころから始めた、2年にいちどのウクレレ・コンテストでは、前回優勝が「ウクレレとチェロのユニット」だったというから、ウクレレという楽器がもはやハワイアンにとどまらない、いかにポピュラーな存在になりつつあるのか、実感できる。

4階のミュージアムで1957年製、ファースト・シーズンのフェイマス・ウクレレや、1910年代のヴィンテージ・ハワイアン・ウクレレ、またギターで有名なマーティンの1927年モデルから始まる、マーティン本社よりも充実しているというコレクションを眺め歩いていると、その愛らしさと手仕事の美しさに、溜め息が出てくる。それでいて、ヴァイオリンやチェロのような、「これは簡単にさわれないぞ」といった敷居の高さ感が、まったくない。「どう、よかったら、さわって、音だしてみない？」と誘われているような、すごくオープンでリラックスした感覚が、かわいらしいボディから滲み出ている。こういうところに、ウクレレのよさがあるのだろう。

「中高年にいま、フラダンスもブームですけど、あれとはちょっとちがいますよね。フラは派手で目立つけど、ウクレレはもっと、自分で弾いて、癒される感覚なんです」と、原さんは言う。「うまくなったからといって、高い楽器を買わなきゃ、ということでもないし、レッスンで弾くのもハワイアンだけじゃなくて、ジャズやポップもあるし。もっとアロハな精神。ウクレレって、反体制派なんですよね」。

音楽だから、「学」じゃなくて「楽」。そういうおおらかなスピリットに、ウクレレはもしかしたら、いちばんあってるのかもしれない。そしてもしかしたら、浅草という土地柄にも。

⊙**キワヤ商会**　東京都台東区松が谷1-7-3-1F
http://www.kiwaya.com/

上／キワヤ商会の１階は、ウクレレ関連のものならなんでも揃うショップ　下／ミュージアムには素晴らしい仕上げのヴィンテージ・ウクレレがずらり。ほかにもウクレレ柄のハワイアン・キルトなど、楽しいコレクションが。写真中央が原京子社長

上／レッスン・ルームも兼ねた４階のミュージアム　**下**／ショーケースの中に並ぶのは、1900年代初期のKAMAKAから、ステンシルのモチーフが楽しいフィフティーズのモデルまで、ファンなら垂涎のコレクション

染の安坊

浅草雷門から浅草寺に向かう通り仲見世通りのひとすじ東側、浅草中央通りに店を構える〈染の安坊〉。観光客でごったがえす通りに開かれた店構えは、いかにも老舗の風格だが、実は安坊が開店したのは2004（平成16）年4月。まだ5年半の新しい店なのだ。「安坊」と書いて、「あんぼう」と読む。地安坊大権現という、苦難防除、子孫長久とともにケンカの神様としても知られる神様から取られたブランド・ネームなのだという。祭り半纏など、イキでイナセな気分を演出する紺屋＝染め物屋に、それはふさわしい名前なのかもしれない。

安坊の「女将」である北島恵さんは、もともと北海道でＴＢＳ系列のテレビ局アナウンサーだった。いわゆる女子アナである。番組の取材で知った北海道の染め職人に興味を持ち、ついにはアナウンサーを辞めて染め屋に弟子入り。3年間の修業生活ののち、「染め物のよさを、なるべくたくさんのひとにわかってもらいたい」と、出店を決意した。北海道で染め物？ と驚いたら、「染めどころは水が大切でしょ、北海道は水がいいから、けっこう多いんですよ」と教えられた。

店を開くならやはり京都か東京か、と思ったが、京都は絹の文化。自分が学んできたのが木綿の染めだったので、綿なら東京だろう、東京なら浅草だろう、となって当地に開店した。最初のうちは、いまのような手ぬぐい中心の店ではなく、半纏など幅広い商品を揃えたが、浅草にはすでに老舗の手ぬぐい屋さんなど先発組がたくさんあって、「ぜんぜん売り上げがあがらなくて、どうしようってなっちゃって、1ヶ月ぐらいで路線変更、手ぬぐいに特化することにしたんです」。

伝統の老舗、というのとはずいぶん雰囲気のちがう、広々と天井の高い店内には、昔ながらの手ぬぐい屋ではとても見られない、ポップでかわいらしい柄がたくさん並んでいる。「平日で6割、土日だと7〜8割がはじめてのお客さんです」という、通りがかりの観光客や買い物客が、そんな絵柄の手ぬぐいディスプレーにひかれて、次々と入ってくる。1枚1000円ちょっと。好きなデザインを選んで何枚も気軽に買える、楽しい買い物だ。

既成の柄に名前を入れたり、まるごと自分のデザインでオーダー手ぬぐいも作れる安坊は、手ぬぐいの柄でアロハシャツも作っている。既製品もあるが、「この手ぬぐいで、このサイズで」というフル・オーダーも可能。「手ぬぐいの良さのひとつって、乾きの早さにあると思うんです」と北島さん。「昔から、真夏の暑い日とか、背中に忍ばせておくと、吸水性がいいので汗を吸いとってくれる。で、帰ってきたら背中からシュッと抜けばいい。そういうのっていいなと思ったら、それなら手ぬぐいをシャツにしちゃえばいい！ と思ったんです」

手ぬぐいアロハといっても、「かまわぬ」みたいな伝統柄じゃない。安坊のアロハは、小紋のような渋い柄もあるけれど、黒地に白抜きの蜘蛛と蜘蛛の巣とか、けっこうドキッとするデザインがあったりする。和もの好きよりも、むしろハードコア・ファンが飛びつきそう。老舗じゃないからこそ、こういうのができるのかもしれない。できあいのシャツで8000円ちょっと。フルオーダーでも、手ぬぐい6～12本ぶんに、お仕立代が3500～4000円で作れてしまう。

ちなみに、前々から気になっていたのが、手ぬぐいの端っこ。なんでまつってなくて、切りっぱなしなんだろうと思っていたのだけれど、安坊のパンフレットに載っていた「豆知識」によると、昔は「端を糸でまつると、そこからバイ菌が入る」と考えられていたそう。それで端が切りっぱなしのほうが好まれていたそうで、怪我の手当などで手ぬぐいを切り裂くにも、そのほうが便利だったのが、そのまま伝統的に受け継がれてきたらしい。よく、手ぬぐいを洗濯機にかけると、端から糸が出て煩わしいけれど、生地のキメが細かければ、ほつれてきても飛び出した糸を切れば、それで大丈夫。どんどんほつれて、マルジェラの洋服みたいに（失礼）なっちゃうのは、生地が安物だってことなんですねえ。勉強になりました。

⊙**染の安坊**　東京都台東区浅草1-21-12
http://www.anbo.jp/

手ぬぐいで
ワンピースができます。
是非、トライしてみて
ください。

PARADISE COVE

もともと蔵前に店を開いていた〈パラダイス・コーヴ〉(いかにもハワイっぽい名前!)が、浅草に移ってきたのは4年前。オバサン用の衣料店や食堂が立ち並ぶ、浅草中心部のごちゃごちゃした商店街の一角に小さな、でもそこだけパッと明るく陽が差したような、カラフルな店を開いている。

「ヴィンテージは大好きですけど、コレクターなんて言えるほどじゃないですよ」と謙遜する店主は、もともと古着業界出身。自分の店を持つについては、「浅草から錦糸町ぐらいのあいだかな」ぐらいに漠然と考えて、上野のガード下あたりの物件もチェックしたが、あまりの家賃の高さに愕然。「浅草のほうがぜんぜん安くて、妥当な値段です!」ということで、最終的にここに落ちついた。

ヴィンテージ・アロハは筋金入りのコレクターや、老舗のショップがハワイにもけっこうあって、なかなかいいものを仕入れるのが大変。いまは「年に一度、シーズン前にハワイに、冬はハワイに行ってもしょうがないので、メインランドに行ってます」。

細長い店内の奥には、そんな苦労の末に探してきた、溜息の出るような風合いのヴィンテージが飾られているが、はっきり言って、貴重すぎてとても着られない。値段も高いし、「着てたら壊れちゃいますよ(笑)」。というわけで、パラダイス・コーヴの売れ筋は、ヴィンテージのデザインを復刻したレプリカもの。いかにも昔っぽい渋めの柄から、「百虎」と呼ばれる、虎が100頭、全面に暴れてる有名なデザインまで、現代的なシャツとはぜんぜんちがうテイストのアロハが、メンズで8000円前後という手頃な値段で揃っている。もちろん素材はシルク、ボタンはココナッツだ。

アロハシャツって、普通の人は「夏商品」だと思っているのだろうが、パラダイス・コーヴのように年間通して開いている店があるということは、つまり冬でもアロハを買うお客さんがいるってこと。いったいどんな人が来るのかと聞いてみたら、「ご近所の自営業の男性、勤め人じゃなくて、襟がついてるからスラックスにアロハ、というようなかっこができるひとですねえ」とのこと。あと、意外に多いのが「結婚式用に買っていくひと」だそう。結婚式? 「そうなんですよ、ハワイやグァムでの結婚式に参加するのに、現地じゃ買う時間もないし、いいものが探せるかわからないので、こっちで買って、持っていくひとが、けっこういるんですよ」。なるほど、そう言われれば、そのとおりでした。

⊙ **Paradise Cove** 東京都台東区浅草1-20-3
http://www.aloha-paradise-cove.com/

PRIMO

ATELIER 山雲海月

19世紀後半にハワイに移住した日本人たちが、大事に持っていった着物を仕立て直したのが、アロハ・シャツのルーツであることを知る人は多いだろう。根津神社入口の交差点近くに店を構える〈ATELIER 山雲海月〉は、もともとインターネット・ショップとして始めたものが、やはり現物を見たいというお客さんが増えてきて、2008年の12月に店舗オープンした、真新しいアトリエショップである。「山は山で、海は海で美しいが、山に雲がかかり、海に月が映えると、またあらたな美しさが生まれる」という言葉から店名を取ったという山雲海月は、ヴィンテージの着物をアロハに仕立て直して販売する、いわばアロハのルーツに返ったような店だ。

もともとサラリーマンをしていたが、骨董好きで、骨董市に通いつめるうち、「古い着物が、あまりにぞんざいな扱いをされているのが可哀想になって、アロハ・シャツにしてあげたら」と思ったのが、そもそものきっかけ。スーツやシャツを仕立ててもらっていたテイラーに相談して、自分用に作ってきているうち、友達がほしがるようになって、「サラリーマンしながら、インターネットで売るようになったんです」。

古い着物なら、なんでもいいわけじゃなくて、柄も状態もよくなくてはならないし、洋服用の布地に較べて、着物は幅がもともと30センチほどと狭いので、柄を合わせたりするのが難しい。布地に合わせて、糸の色も替える……といったディテールにこだわりたいから、仕立て直すといっても、なかなか大変。仕入れる着物のクオリティがよければ、原料の値段も上がるわけで、それに加工賃が加わって、けっこうなプライスをつけざるを得なくなってしまう。店に並んでいるシャツ

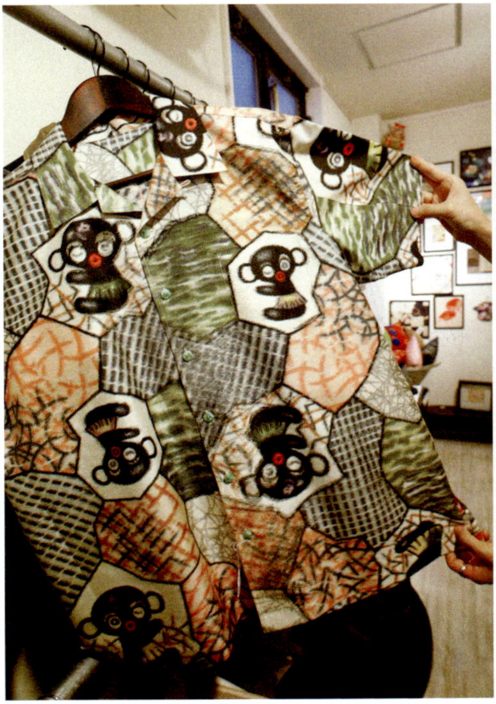

CLOUDY MOON

HORST PORTRAITS
years of style

を見ても、「ああ、すごい……」と溜息しか出ないようなデザインがたくさんあるのだが、お値段のほうも3万ぐらいから、高いものだと10万円近いものまであって、やっぱり溜息が出てしまう。

「私も、最初はそんなの売れるのかと半信半疑だったんですよ」と言う店主。それが、あるとき大阪のファッション・エリアである堀江を歩いていたら、すごくきれいなアロハを着ている人がいて、「よく見たら、それが私が売った商品だったんです！」。クオリティに自信はあるけれど、高額。でもそれが売れて、着てもらってるという事実を目の当たりにして、「これはちゃんとやらなきゃ、と思ったんですね」。

　サラリーマンと兼業しているうちに、転勤の話がでてきたので、これを機会に辞めようと上司に伝えたその日、吉本興業から「うちのタレントに着せたいから貸してほしい」とオファーが来て、ちょうど同じころ「曾祖父がマウイ島で移民相手の商売をしていたらしく、祖母がマウイ島生まれだったと判明したんです」と、いくつも背中を押されるきっかけがあって、ついに専業と店舗開店に踏み切った。「ちょうどハワイがアメリカ50番目の州になって50年で、自分も50歳になったところで、なんだかいろんなきっかけが重なったという感じでした」。

　山雲海月のウェブサイトを見てみると、着物をアロハに仕立て直すこだわりについて書かれている一節があった。アロハはおもに男性用だが、もともとの着物は女性用だ。それを店主の中村明彦さんは、こんなふうに説明している——

イロカニオトコチリヌルヲ

男が、かつて女性用だった着物を着ることによって醸し出される色香。それは何もアロハを纏う男から立ち昇るだけではなく、女性用だった着物が初めて異性に袖を通され、初めて男性の肉体に触れることによって感じる恥じらいや喜び。色香は、アロハとなった着物からも立ち昇ると、わたし達は考えています。わたし達が主に、女性用の着物でメンズ、男物の着物アロハシャツを仕立てているのは、こういった理由からです。…………女性の皆さん、かつてあなた方を虜にしたあの色の洪水、紋様の氾濫に、今度は男どもが散りゆくのを、どうかお許しください。

　女のものだった着物が、はじめて男の肌にふれて、布から色気が立ちのぼる……「ただ仕立て直すんじゃなくて、うちの仕事は着物にストーリーをつけることだと思ってるんです」という店主に探し出されて、きれいにされて、着物たちもさぞかし幸せなことだろう。

⊙ **ATELIER　山雲海月**
東京都文京区根津2-37-1F
http://www.kimonoalohashirts.com/

店主の加藤金治さん

荒川のエレクトリック三味線ランド

【荒川区・東尾久】**三味線かとう**

三味線屋って、商店街にあるのは見たことあっても、入ったことのあるひとはそう多くないでしょう。ましてここは荒川区東尾久。町屋駅から都電か、日暮里から日暮里舎人ライナーに乗って、駅を降りて住宅街を歩いた先にある「三味線かとう」を知ってるひとは、自分で三味線を弾くひとだけのはず。

1988年3月11日に開店というから、22年目になったばかり。三味線屋としてはけっして老舗とは言えない「かとう」は、実は三味線界ではかなり知られた存在だ。店主の加藤金治さんは、業界で初めて「エレクトリック三味線」を開発販売したアイデアマンであり、店の2階に「chito-shan」という三味線ライブハウスを開いてしまった情熱家であり、ユ

「サイレント三味線」という、練習のときに音がしないように作ってある三味線もある

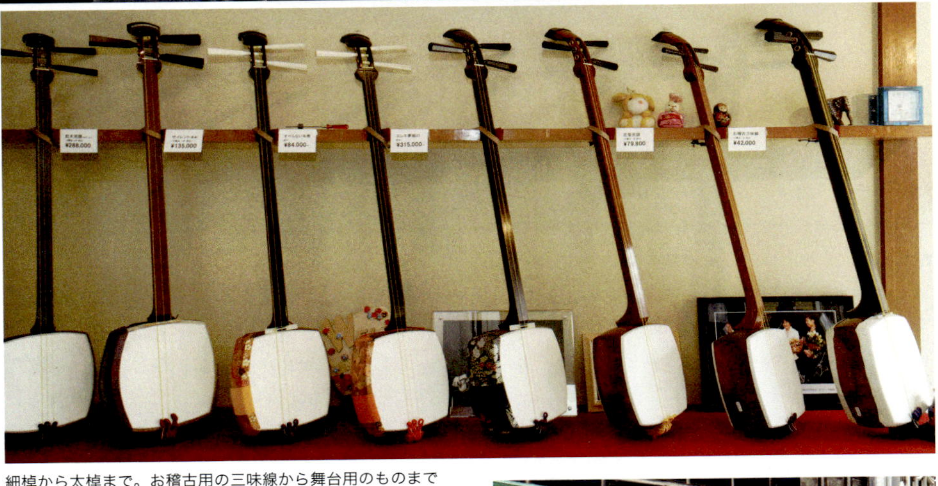

細棹から太棹まで。お稽古用の三味線から舞台用のものまで

ーチューブで『TOKYO NAGAREMONO 外国からのお客様の正しい迎え方』などという、お茶目な動画まで制作公開してしまう、およそ伝統芸能離れしたユニークなキャラの持ち主でもある。

頻繁にライブが開かれている。若い演奏家にとっては貴重な場だ

わたしは町屋で生まれたんで、ここが地元みたいなもんですね。昭和22年生まれですから、今年で63歳になります。父は三味線の棹をつくる職人でした。店を持ってたわけではなくて、注文を受けて、家でつくるというかたちですね。それだけじゃなかなか食っていけないんで、戦後すぐから母親のほうが駄菓子屋をやってました。そっちのほうがヒットしてしまって、玄関が駄菓子屋、奥で親父が棹をつくってるという家でしたね。

だから学校に入る前から、店の土間にはいろんなひとが集まってました。昭和34年にテレビが来て、それからは子供だけじゃなくて、幅広い年代のひとが集まるようになって。夏はかき氷、冬はもんじゃ焼を売るのを手伝わされて、小学生のときから岡持ち持って出前したり、もんじゃ焼いたり片づけたり、忙しかったけど楽しかった。子供の遊びにも、そのときそのときの流行があってね、ビー玉だったり、ベーゴマだったり、チェーリング、トランプ、かるた、ポン……そういう遊びの、まあ元締めでしたね（笑）。

ただ、駄菓子屋じゃ食っていけませんから。中学を卒業したら、仕事をしなくちゃという思いは強かったです。わたしは親父が47歳のときの子で、「（自分たちを）早く食わせろ」と言われつづけて、育ったんです（笑）。お金もなかったから、中学校出たらすぐ仕事を見つけろと言われてて、それについては素直に聞いてましたね。

三味線といっても棹は仕事のあるなしにばらつきがあるけれど、三味線の皮は破れるものなので、定期的にメンテナンス需要がある、と。皮張りのほうが儲かると親父が言うので、そんなもんかと思って、中学を卒業してすぐ、根岸の皮張り職人のところに住み込みで弟子入りしました。自転車で行ける距離なので、リヤカーで荷物を運んで。3年間住み込んで修業しましたね。

実は戦後、三味線のブームが2回あったんです。ひとつは昭和37～38年ごろの小唄ブーム。市丸さんみたいな芸者歌手が売れていたころで、旦那衆が小唄を習ったりしてたんです。それから10年たたないうちに、こんどは民謡ブームが来ました。渋谷のジァン・ジァンで高橋竹山が演奏したり、三橋美智也の津軽民謡が売れたり。10年ぐらいはブームでしたね。いまから40年ほども前のことです。それからは凋落の一途なんですが（笑）。

わたしが弟子入りしたのは、集団就職の終わりごろの時代でした。3年間住み込みで修業して、4年目からは自宅に戻って仕事場に通ったんです。その、住み込みを始めて2年目ぐらいのことでしょうか、猛烈に勉強したいという思いがにわかにつのりまして。それで自宅に戻ってから、上野高校の定時制に通うことにしたんです。昼間は親方のもとで働いて、夜は高校で勉強。そうやってつごう7年間の修業を終えて、夜間高校も卒業したのが22歳。世間じゃ大学を卒業する歳ですよね。そのあたりで、とつぜん悩みはじめちゃったんですねえ。

それまで親方と一対一の世界で、外のことがぜんぜんわからなかったでしょ。だからいちど外に出て、世の中を見てみたい！　そんな思いがつのってしまって、親方にことわって旅に出たんです。まあ、いまで言う自分探しですね（笑）。

当時は旅がブームでしたから。ヒッピーの時代だし、はしだのりひこの「風」や、寺山修司の「書を捨てよ、町へ出よう」の時代ですから。自分も旅に出なきゃという思いで、お金も持たずに、30キロのリュックサックを背負って、ヒッチハイクとバイトしながら日本全国をめぐる旅に出たんです。

3月末に家を出ましてね、最初は静岡の清水まで電車で行って、そこから三保の松原までヒッチハイクしようとしたんですが、恥ずかしくて、どうしても手を上げられないんです。それで結局、三保の松原まで歩いちゃった。そこでやっと手を上げて、はじめてヒッチハイクして焼津まで辿り着いた。それからは南下です。暑くなる季節には南へ行って、寒い時には北へ。なんだかふつうと逆ですが、青年は凍てつく荒野を目指すものなので（笑）。そういう、ストイックな気持ちよさがあったんですね。

2年間、そんな旅に明け暮れてました。沖縄は返還前でしたから、別府の牧場で働いて、鹿児島のユースホステルでバイトしたあと、与論島まで行って。それから方向を転じて萩、金沢、札幌とバイトしながら北上して、翌年の5月に利尻島に辿り着いたんです。

学生のころ山岳部だったんで、利尻岳に登ろうとして。5時間ほど登って、頂上が見えるあたりの小屋の近くにテントを張ってたんですよ。そのころホワイトガソリンを燃料にしたホエーブスを使ってたんですが、テント内で使用後にガス抜きをしたら、気化したガソリンがたまたま点けていたろうそくの火に引火して、それが一瞬にして燃え移って、自分が火だるまになってしまったんです。

幸いまわりがぜんぶ雪だったので、やけどした顔や手に雪を必死になすりつけながらテントを撤収して、５時間かけて登った山を２時間で下山！　診療所に飛び込みましたら、看護婦さんがこちらをひと目見て、ぎょっとする。その顔を見てこっちが驚きましたね。そこで初めて、やけどのひどさに気づいたんです。雪の初期手当てがよかったので、やけどは表層的で済んだんですが、それで東京まで包帯ぐるぐる巻きの姿で戻ってきたんで、家でも驚かれました（笑）。それがひとつの旅の区切りだったんですが、そこで東京に落ちつくことにはならないで、回復したらすぐ再出発、今度は京都に住むことになったんです。

ただの旅じゃなくて、「住む」ことをしてみたいという思いが、ずっとありました。行き過ぎるだけの旅では見えないことが、住めばそこに出会いがありますよね。京都では祇園の三味線屋さんでアルバイトさせてもらいました。7年かかって覚えた皮張りの技術は、もう手が覚えちゃってるんで、重宝されましたね。博多の中洲でもやってましたが、東京とはちがう技術が博多にはあって、そっちのほうがいいとわかって、東京に帰ってきてからも使ったりしてます。ドイツにはマイスター制度があるでしょ。いちど技術を覚えたら旅をさせて、各地の親方のもとでさらに修業させるという。自分はある意味、それをやってたのかと、いまになって思いますね。

京都には半年いて、それから東京に帰ったんですが、京都にいたころに演劇研究所に通いはじめたのが、わたしの演劇人生のはじめでもありました。実は京都に行く前、人形劇団のプークってあるでしょ、あれを見たのが、演劇に興味を持ったはじまりだったんです。友達に連れてってもらったんですが、とにかく、なんだこのひとたちは！　とびっくりしてこれじゃ食えないだろうに、なんでこんな楽しく、一生懸命にやってるんだ？　って。頭の中が？？？だらけになって。いままで自分にはなかった価値観との出会いでしたね。

それでとにかく東京に帰って、三味線の皮張り職人として独立することになりました。前の親方の仕事をもらいながら、自分でも新規のお客さんを開拓しつつで。ちょうどそのころ、民謡が大ブームになってきていて、仕事は順調でした。三味線づくりが間に合わなくて、足りなくなっちゃうほどでしたから。そこで仕事だけやってたら儲かったんでしょうが、自分は商売だけじゃなくて、芝居のほうに熱中してましたねえ。生活のベースは仕事で確保しながら、夜や日曜日は演劇、という日々です。

関わったのはみんなアマチュア劇団でしたが、1982年ごろから『世仁下乃一座(よにげのいちざ)』という劇団でやるようになりました。わたしが入った時点では団員が３人しかいなくて(笑)。劇団を立ち上げたものの、風前のともしびという状況でした。

世仁下乃一座では4年間ぐらい、かなりのめり込んで活動してたんですが、そのあたりで結婚して子供ができたこともあったのと、創造活動ってみんなそうだと思うんですが、ある山を越えると、魅力が引いていくときがありますよね、もういいや……って。

それで演劇から引退して、22年前に「三味線かとう」を開いたんです。立地をこんな場所にしたのは、演劇やってましたから、意外な場所でやるおもしろさとか、意味というものを考えたんです。あたりまえのことをあたりまえにやったら、あたりまえに潰れていくだけで。こっちを見つめてもらえるように、出会いがあるようにと考えた末の、この場所の出店なんです。

ここ、店の前が都電の線路でしょ。伝統芸能の店っぽくなく、ガラス張りで店内がよく見えて、小上がりの座敷があってという。店の中で三味線を演奏してもらえば、外を通り過ぎるひとにも、都電に乗ってるひとからも見える。室内にマイク、外壁にスピーカーを設置して、外でも聞こえるように、半野外劇場のようなライブ空間にしたんです。「ちとしゃん亭」と名づけて、無料のコンサートを始めようと。

もちろん、そんなことしている三味線屋はありませんから、やっぱり業界では異端なんでしょう。でも、それでいろんな出会いがあるし。たとえば、ふらっと入ってきたおばあちゃんが、実は三味線の名手で、ストトン節とか、昔の俗曲や流行歌を弾いて教えてくれたり。

そんなときに出会ったひとりが、浪曲師の国本武春でした。サングラスかけて不良みたいな格好して、三味線でロックとか弾いてしまうひとなんです。浅草の、木馬亭で弾いていたのを見て、これはおもしろいなと思って、初回の「ちとしゃん亭」のゲストにお呼びしたんです。そのあとで六本木のインクスティックに彼のバンドのライブを見に行ったら、そのときはキーボードにギターを入れての弾き語りでしたが、さほど大音量じゃないのに、三味線の音が埋没しちゃうんです。洋楽器と一緒だと、やっぱり弱い。マイクで音を拾うと、どうしても雑音やよけいな音が入りがちだし。それでエレキ三味線を作ってはという発想がうまれまして、一年かけて試作品を作ったんですね。

エレキギターなんて作ったことありませんでしたけど、妻の兄がギターに詳しくて、いろいろな情報を集めてくれたので、それをもとに開発したのが「夢絃21」というモデルです。マイク内蔵型ですから、三味線の生音を忠実に増幅できますし、ノイズ処理も完璧。エフェクターを通して音色を変えることだってできますし。ディストーションかけてみたり、楽しいですよ。それで、いろいろ遊んでみるんだけど、そのうちシンプルな音に、だれしもが戻ります。エレキギターとちがって、エレキ三味線はあくまでもナマの三味線の音色を、いかにそのまま増幅して観客に届けるかというのが重要なんです、けっきょくは。

それまでも、寺内タケシが「津軽じょんがら節」をやっていた時分に、いろいろ試したひとはいたようですが、やっぱり三味線の柔らかい音が出せなくて、消えていきました。なのでいまはうちのエレクトリック三味線を選んでくれるひとが多いんですが、使うのはだいたい若い演奏者なんですよ。10代、20代の三味線弾き。そういう子たちにとっては、三味線の音も、バンドの音も、同じように聴きながら育ってきたわけでしょ、わけへだてなく。だから、そういうひとたちが三味線を入れたバンドを作ってがんばってるのを、僕らもできるかぎり応援していきたい。業界からはいまでも、変わったことやってるやつだと思われてるかもしれないですが、こうしないと世界が開けていかないですから。

左／増幅されているものの、かなり生音に近い感覚で、三味線の皮の柔らかい音まで楽しめる
中／「chito-shan」入口　**右**／オープン以来「chito -shan」に出演してきた邦楽系のアーティストたち

2009年の6月には、店舗内で開いていた「ちとしゃん亭」を発展させ、店の2階に常設のライブハウス「chito-shan」をオープン、月にいちどはみずからプロデュースするライブを開催。また3階には畳敷きの部屋を作って、楽屋にしたり、三味線教室を開いたりもするようになった。とかく伝統に縛られがちなこの世界で、どんどん大きな風穴を開けていこうという力は、こんなところにあったのだ。

⊙三味線かとう　東京都荒川区東尾久6-26-4
http://www.shamisen-katoh.com/

上／これがエレキ三味線「夢絃21」
左／つやぶきんという、棹を拭くためのふきんに、お客さんが刺繍してプレゼントしてくれたもの

3Fは、楽屋兼お稽古場。ただいま、長唄のお稽古中

上野〜綾瀬 パンダ紀行

最近、上野駅周辺を訪れたひと、なにか変わったことに気がつきましたか？　そう、パンダであります。

このほど来日した「リーリー」くんと「シンシン」ちゃんを歓迎して、上野一帯はいま「熱烈っ歓迎っ☆PANDA☆」フィーバーに沸いている。公園内の喫茶店には「パンダらて」「パンダカレー」「パンダアイス」がメニューに並び、駅周辺でもパン屋は「パンダ食パン」に「あんパンダ」、焼肉屋は「パンダどんぶり」、イタリアンは「パンダピザ」……挙げていけば切りがないくらい、どこを向いてもパンダだらけのありさまだ。

東京都が中国野生動物保護協会から借り受けたこの2頭、年間の賃料が95万ドル（約7800万円）で10年契約というから……1頭4億円近く！　これだけあれば、日本の野生動物もずいぶん保護できると思うが。しかし報道によれば、3年前にリンリンが死んでから、上野への年間集客率は15％落ちたというから（夕刊フジ　2011年3月5日）、商店街としては大歓迎したくなるのも無理はない。

一般公開がスタートしても、もちろん当分は長蛇の列で、とんでもない待ち時間になること間違いなし。そこで！　上野動物園と広場を挟んだ国立科学博物館に、待ち時間ゼロでじっくり見られるパンダが3頭もいるのをご存じだろうか……動かないけど。

かつて上野動物園のスターだったフェイフェイ、ホアンホアン、トントンの3頭は、いま剥製となって科学博物館で常時展示中だ。「上野の科博」としておなじみの本館裏手に、2004年にオープンした地球館の、まず1階にはホアンホアンがいる。すぐ脇には手の部分の骨格標本も展示されていて、これはホアンホアンが死んだとき、パンダが笹を器用に挟んで食べるための「第6の指」と称される部分のほかに、「第7の指」とも呼ぶべき突起状の骨があることが、研究員の調査によって発見されたことを紹介するもの。

同館3階は狩猟マニアだったハワイの実業家ワトソン・T・ヨシモト氏の寄贈による「ヨシモト・コレクション」が展示の中核をなしているが、その片隅に置かれているのがフェイフェイとトントン（ちなみにトントンはフェイフェイとホアンホアンの2番目の子供）。

上／上野公園はパンダ一色
下／「鼻くそ」はちなみに黒豆を干したものでした

トラ、ラクダ、シロクマといった迫力満点の大型野生獣に押され気味で、パンダ・ファンとしては哀しいが、じっくりしゃがみこんでガラス越しに熱烈観察していただきたい。

同館にはやはり上野動物園で人気者だったゾウのインディラ、キリンのタカオなどの骨格標本も常設展示されているが、2011年3月には『ウェルカム・パンダ記念 科学標本動物園 ―上野動物園の歴代スター大集合―』なる特別展が開催された。

これまで上野動物園からは、実に300点以上のほ乳類の標本が科学博物館に寄贈されているそうで、2008年に22歳で大往生したものの、ふだんは収蔵庫にしまわれて見ることができないリンリンの剥製と骨格標本も展示され、ファンを感涙させていた。

⊙国立科学博物館　東京都台東区上野公園7-20
http://www.kahaku.go.jp/

お母さんパンダ・ホアンホアン
これは1980年から上野動物園で
飼育されていたホアンホアンの剥
製です。計3頭の子どもを産み、
子宝に恵まれた"お母さんパンダ"
ツチブタ

上／地球館1Fの、ホアンホアンの展示。なぜかツチブタと一緒に　**左下**／パンダの右手骨格標本。これはフェイフェイのもの。いわゆる「第6の指」のほかに「第7の指」とも言うべき骨の突起が研究員によって発見された　**右下**／五本の指と、第六、第七の突起の間に笹を挟んでつかむようにして食べる

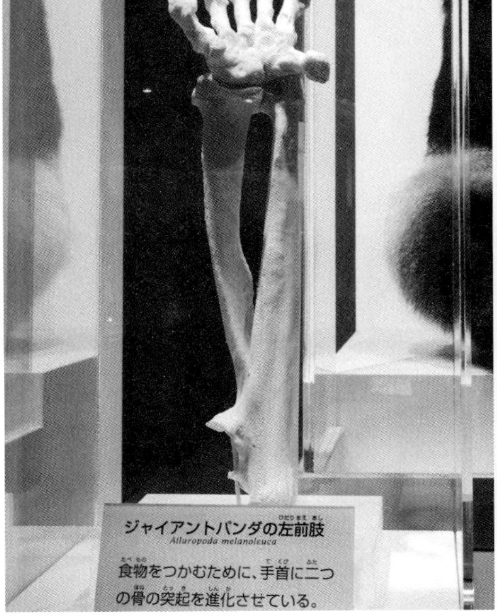
ジャイアントパンダの左前肢《ひだりまえあし》
Ailuropoda melanoleuca
食物《たべもの》をつかむために、手首《てくび》に二《ふた》つ
の骨《ほね》の突起《とっき》を進化《しんか》させている。

3Fのフェイフェイ・トントンは、大型野生獣に交じって展示されている。
大型動物に交じっているせいか、意外に小さく感じる

動物園の長蛇の列に背を向けて、科学博物館でじっくり剥製パンダを愛でる……そういうヒネクレ、じゃなくてモノの道理のわかった諸君に、ついでにお勧めしておきたいのが、パンダのいるラーメン屋！　こちらは上野ではなく、なんと足立区綾瀬。駅から歩くと20分少々、北綾瀬駅からならすぐの街道沿いにある『ラーメンロッジ』がその店だ。

綾瀬エリアで中古車販売から飲食店舗まで、手広く事業を展開するパンダ・グループ（株式会社ザアート）が経営するラーメンロッジ。その名のとおりロッジふうの建物で、内部はファミレスのように広々。メニューにも「立山」「最上川」など、旅情あふれる名前のセットが並んでいる。

ロッジ入口で空きっ腹のお客さんを出迎えてくれるのが、ガラスケースの中に座ったパンダ。財団法人自然環境研究センター発行の国際希少野生動植物種登録票つき。温湿度計も備えられ、管理には気をつかっているようだ。ボリューム満点のラーメン・ミニチャーハンセット（コーヒー付き）を運んできてくれたおばちゃんによれば、「水と樟脳入れてるからねー」。剥製になってもケモノの臭いはなかなか消えないそうで、さすが野生のいきものですねえ。

長く地方を旅して歩くうち、いままで何度か意外な場所でパンダの剥製と出会うことはあった。伊豆半島の『野生の王国』では4800万円！なんて値札のついたパンダがいたし、大阪岸和田の『東洋剥製博物館』には、だんじりのハッピを着せられたパンダもいた。たしか、定山渓の北海道秘宝館2階の焼肉レストランにも、かつては1頭いたはずだ（いずれも『ROADSIDE JAPAN 珍日本紀行』（ちくま文庫）に収録されているので、興味あるかたはご一読を）。しかしラーメンや餃子を頬張りながらパンダ観賞できる場所は……日本広しといえども、というか世界でもここだけかもしれない。

⊙ラーメンロッジ　東京都足立区綾瀬7-23-8
http://www.pandagroup.jp/rojji.html

上／「ラーメンロッジ」外観　**下**／ロッジ風の店内

ガラスケース内で、温湿度管理されている

見比べるとやっぱりそれぞれ顔が違う

立山セット（下）、北上川セット、最上川セット、長崎ちゃんぽん……郷愁をそそるメニューが並ぶ

タクシーの運転手さん情報では、地元の地主さんの展開しているチェーンで、ほかに「ラーメンパンダ」（上）や 中古車販売業も展開している。人気はやはり「ラーメンロッジ」だという

綾瀬のパンダには名前はついていない

ダンシング・クイーン

3

日暮里ダンス・ダンス・ダンス

【台東区・根岸／荒川区・西日暮里】

ダンスホール新世紀

東京の若者系ダンスの中心は渋谷とかかもしれないが、ソシアル＝社交ダンスの中心は、なんといっても鶯谷から日暮里、西日暮里にかけてのエリアであることをご存じか。鶯谷駅前にはいまや希少な生バンドで踊れるダンスホールがあるし、西日暮里駅前にはダンス衣裳の店や教室が固まっている。そんな右半分のダンス・シーンに踏み込んでみるべく、まずはダンサーたちの生態を探りに鶯谷駅前の『ダンスホール新世紀』を訪ねてみよう。

鶯谷駅を降りて徒歩1分。駅前にそびえるビルの３、４階が『ダンスホール新世紀』だ。映画『Shall We ダンス？』の舞台になった場所でもあり、同じビルの上階にはもともと『ワールド』というグランドキャバレーが、いまはライブハウス『東京キネマ倶楽部』となって営業中なので、ご存じの読者もいるだろう。

『ダンスホール新世紀』は、グランドキャバレー『ワールド』とともに昭和44年オープン。2010年で41年目という老舗ホールだ。その昔は東京にもフルバンドで踊れるダンスホールがたくさんあったものだが、ついこのあいだ歌舞伎町の『ステレオホール』が閉店してしまい、いまや都内に残っているのは日比谷の『東宝ダンスホール』と、ここ『新世紀』の2店舗だけになってしまった。

そんな寂しいダンス界の現状ではあるが……久しぶりに訪れてみた『新世紀』は、平日の午後イチという時間にもかかわらず、大賑わい！　実際のお年よりぜんぜん若く見えるベテラン・ダンサーたちが、2セット交代で休みなく演奏するバンドにあわせて、すばらしく優雅に楽しく、広いフロアをいっぱいに使って踊ってる。ひとり客のためにレッスンをつけてくれる教師のコーナーにも、ドレスやスーツに身を固めた先生方がずらりと待機中だ。

いずれもダンス歴数十年、『新世紀』に専属の教師となって、すでに10年以上というベテラン・プロの北純士先生と細川恵子先生に、レッスンの合間を見計らって、お話を聞いてみた——

すごいっていうけど、こんなの空いてるほうなんですよ。ダンスの全盛期にはフロアの床が見えないくらい、ひとで埋まっちゃったりしてましたからねえ。でもそのころから、都内でいちばん広いフロアだったのが、『新世紀』でした。

昔はダンスというとまず男性が覚えるものでしたけれど、いまは女性のお客さんのほうが多いんですよ。だから教えるほうも、プロが総勢110人ほどいますが、そのうち男性が80人くらいという割合です。

お客さん、みなさんお元気でしょ。80代、70代はざらですし、90歳近い常連さんもいるんですよ。ま、40歳以下はいませんけど（笑）。だから平均年齢は65歳ってとこね。

ダンスは年齢に関係なく楽しめるという特長がありますからね。高齢者でも踊れるひとは「同窓会でいちばん若く見られた！」なんて、よくおっしゃってます。きちんとドレスアップしたり、お化粧したり、それになんといっても異性の手を握って踊るのはストレス解消にもなるし、ホルモンバランスの面でも、すごくいいみたいなんですよ！

実際、ここに踊りに来て、お相手を見つけて楽しんでるかたも多いですしね。だってダンスのよさって、きちんと踊れさえすれば、初めての相手とでもマッチングできるということですから。意外にカップルでいらっしゃるかたよりも、特に週末はひとりで来るお客さんが多くて、出会いの場になってます。

あと、こういうダンスの世界では、女性どうしで踊るのはいいんですけど、男性どうしは厳禁なんですね。これはどこでもそうだと思うんですが……やっぱり女性どうしなら、見ててもきれいですけど、男性どうしじゃねえ……（笑）。

踏み込んでみないと、なかなかわからない社交ダンス・ワールド。次回はダンスに欠かせないドレスを専門にするお店を訪問してみよう。

鶯谷駅前の繁華街にある『ダンスホール新世紀』。イベントスケジュールが貼り出してある

先生にパートナーになってもらって、踊りながら教えてもらえる。パートナー料は30分2000円

⊙ **ダンスホール新世紀**　東京都台東区根岸1-1-14
http://www.bossiweb.com/shinseiki/

「東洋一」の広さを誇る、『新世紀』のダンスフロア

『ダンスホール新世紀』の、ダンスの先生方。20代の先生も！

上／入場料を払って階段を下りると、別世界が広がる
下／バンドは毎日２バンドが交代制で演奏している

上／年齢層高めのお客さんだが、みんなお洒落して背筋を伸ばしてダンスを楽しんでいる
下／生バンドで踊れる場所は少ない。この日は、10人構成の岩瀬俊二とリズムスターズ

店員さんに着ていただきました。彼女もダンスを習っています

さまざまな体型の人にも優しいオーダーシステム

ダンスファッションには小物も重要

タカ・ダンスファッション
西日暮里店

鶯谷から日暮里、西日暮里にかけての「東京ソシアルダンス・ゾーン」をめぐる旅。きょうはダンスファッションのお店を訪ねてみる。

西日暮里の駅周辺には、小さなものまで含めれば10軒近くのダンスファッション店がある。もともと繊維関係の町であること。『白樺ドレス』、『トータルダンスショップひまわり』といった業界屈指の老舗店があったこと。それに現在は移転したが、もともと財団法人日本ボールルームダンス連盟がここにあったことも関係して、いつのまにか西日暮里が日本でもいちばん密度の高いソシアルダンス・ゾーンになったようだ。ただ、どの関係者に聞いてみても「さあ？」と首をひねるばかりで、だれも明確な答えが出せないのも、ちょっとおもしろい。

ソシアルダンスをテレビや映画の中で踊るのはプロのダンサーだが、ダンス業界を支えるのはもちろんアマチュアのダンサーたち。彼らアマ・ダンサーたちにとっては「デモンストレーション」と呼ばれる発表会が、なんといっても日頃の練習の成果を発揮する晴れ舞台である。

そこでデモンストレーションに必要となるのが、きらびやかなドレス。男性の場合はタキシードなど地味な衣裳なのでそれほど問題ないが、女性のほうはたいへんだ。この取材をしてみるまで僕も知らなかったが、「デモンストレーションでは同じドレスを二度と着ない」という不文律が、ダンスの世界にはあるらしい。なので、高価なドレスをそのたびに新調するわけにいかないから、「販売もするしレンタルもする」という店が必要になる。

色であふれる店内

西日暮里には、そういう用途に応えるショップがたくさんあるわけだ。

今回お邪魔したのは『タカ・ダンスファッション西日暮里店』。駅から歩いて2、3分のビルに入っている。もともと大阪に本社があって、2002年に渋谷店を開いたあと、2005年に「東京の東西に店を出そうということで」西日暮里に店をオープンさせた。

まだ若い店長の小林香織さんによれば、お客さまの年齢層は40代から60代ぐらいがメイン。アマチュア8割、プロが2割というところだそう。プロ向けには教室や競技会場で、お客さんと一緒に踊るためのワンピースやジャケットが多いのに対して、アマチュア用にはデモンストレーション用のレンタルドレスがほとんど。競技用はオーダーメイド・ドレスも受け付けている。テレビのダンス競技などで見る、あの過激なドレスだ。

老舗になるほど、年配のお客さんが多いのだが、タカではラインを比較的若いダンサー向けに絞った、斬新なデザインに力を入れているそう。最近の傾向として、「実はデザイン的にガンガン攻めてるのが増えてるんです、モダン、ラテンにかかわらず」ということなので、老舗のオーソドックスなドレスではなく、かえってこうした新しい店を選ぶお客さんも増えているのだろう。極彩色でスパンコールがキラキラ、透けてるところはちゃんと透けて、という最新コレクションを眺めているだけでも、“攻め”の姿勢がひしひしと伝わってくる。

上／グッズも揃っている
中／ドレスだけではなく、CD、DVD、小物類などもあり、愛好者たちの情報交換の場にもなっている
下／髪形にもいろいろテクニックが……

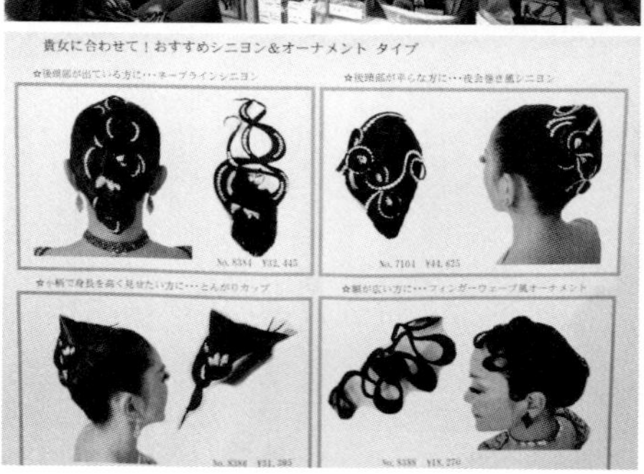

⊙タカ・ダンスファッション西日暮里店
東京都荒川区西日暮里5-34-3　ムツミビル3F
http://dance-fashion.co.jp/

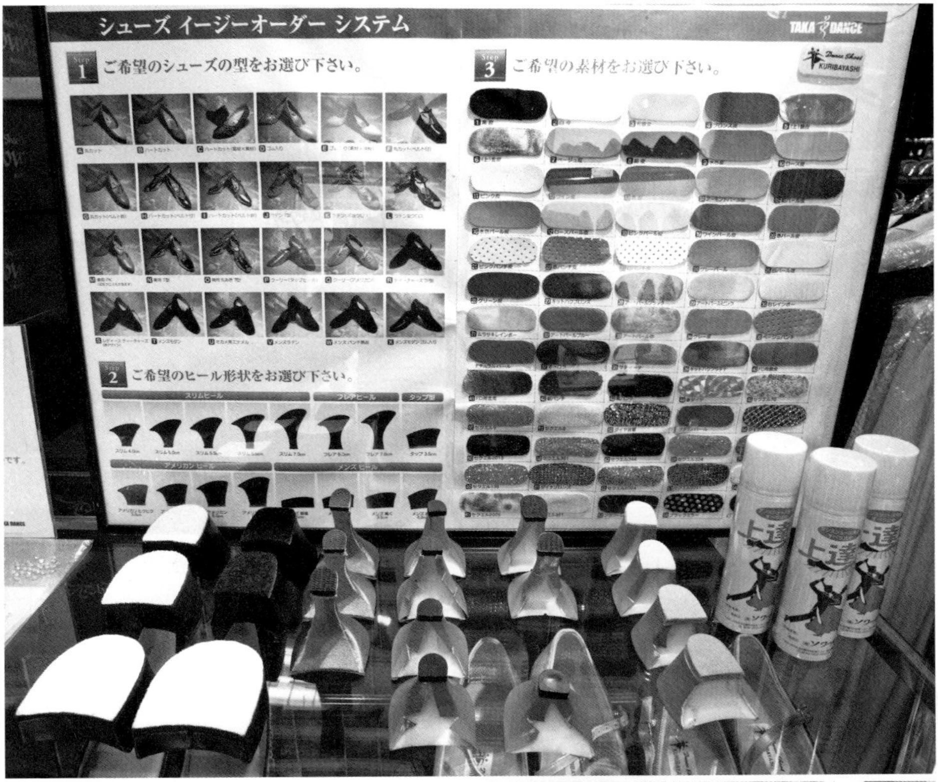
シューズ イージーオーダー システム
TAKA DANCE
Step 1 ご希望のシューズの型をお選び下さい。
Step 3 ご希望の素材をお選び下さい。
KURIBAYASHI
Step 2 ご希望のヒール形状をお選び下さい。
スリムヒール
フレアヒール
タップ型
アメリカン ヒール
メンズ ヒール
上達

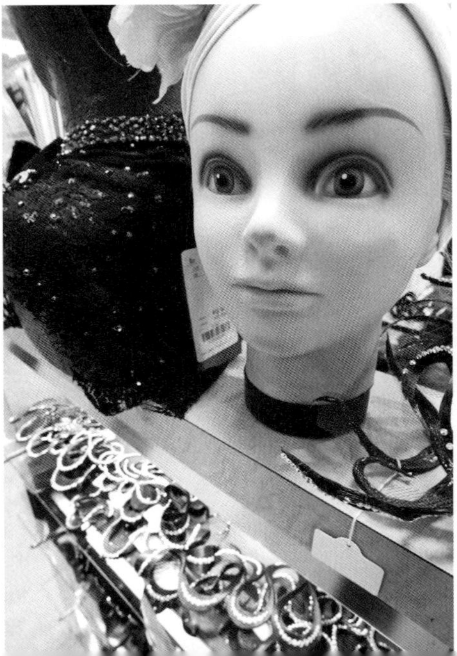

上／最新デザインのドレスたち。いまは、スパンコールや箔加工のある、光沢素材がはやっているとか
下／レースの透け具合がステキな「本日おすすめ品」

これは男性用のジャケット

ダンシングプラザ・クロサワ

鶯谷から日暮里、西日暮里にかけての「東京ソシアルダンス・ゾーン」をめぐる旅。ダンスホールも、ドレスを買う場所もわかったところで、みっちりダンスを教えてくれるスクールを探してみよう。西日暮里駅から歩いて３、４分という好立地にある〈ダンシングプラザ・クロサワ〉にお邪魔してみた。金曜日の夜、最上級の「専科」クラスのレッスンが、これから始まるところだ。

黒澤瑞枝さんが、ご主人の光一先生と〈ダンシングプラザ・クロサワ〉を開いたのが16年前。一昨年（2008年）に光一さんの突然の死という苦境を乗り越え、いまは瑞枝さんが中心になって教室を維持している。その瑞枝先生にお話をうかがった。

わたしたちはふたりともダンスのプロだったんですが、若いときから夢を語り合ってたんですね、日本一リーズナブルで、良心的な教室をやりたい！　って。いろんな偶然が重なって、幸せなことに教室を開けることになったけれど、一昨年の10月に突然、夫の光一が大動脈瘤破裂で亡くなり、がっくりきちゃったんですが、それで辞めるわけにもいかない

講師はもう１人、元Ａ級のチャンピオン、児玉光三先生

ので、なんとかがんばってるんです。

ふつうのダンス教室というものは、スポーツクラブのトレーニングみたいに、初心者も上級者も一緒くたでレッスンするところがほとんどなんですが、うちは初心者、初級、中級、上級、専科と、難易度別にクラスが5段階にわかれているのが、まず特長です。こういうシステムは、都内でもうちぐらいじゃないでしょうか。だって入門コースなんかは、それだけていねいに教えてあげないと、ダンスの楽しさがわからないし、わからなければ続かないでしょ。

ダンスの楽しさがほんとにわかってくるのは、中級ぐらいからですからねえ。専科ともなれば、10年以上通ってきてくれている生徒さんがほとんどですよ。初心者から専科までいくには、最低6年はかかるけど、6年でいけるひとはまずいない（笑)。まあ、中級ぐらいになれば、町に踊りに行っても恥ずかしくないぐらいにはなります。

うちの生徒さんは、上は80代のひともいるくらいですが、みなさんほんとにお元気ですねえ。それで年にいちど、パーティ形式で発表会を近くのホテルでやります。基本的に生徒さんは全員参加。全員が出演者になります。これも、いままでの教室と較べて、参加費用を非常にリーズナブルにしています。

いままでのパーティというものは、テーブル割り当てがあり、先生への謝礼があり、自分自身の衣装・メイクもあるしで、すごくお金がかかってたんです、日本舞踊の発表会みたいに。それだと来年は出られない、続けられない、なんてことが起きてしまう。それをなるべく安くして、今年も、来年も続いていくようにしたいと考えました。パーティ自体は、みんなの前で踊りを見せるという目的になりますからね。

最初は荒川区内の、もっと下町のほうにサンプル教室のようなものを開いたんですが、部屋が狭かったんです。それに当時まだ風営法による規制があって、「ダンス」という名前を使うと、うるさかった時代でした。だから「貸ホール」とうたいつつ、ダンス教室をやってました。そのあと、縁があってここに教室を開くことができたんです。

うちは、さっき言ったように独自のシステムなので、他と競合しないんですね。老舗（の教室）とはお客さんが違う。老舗はレベルによるクラスわけがなくて、一緒くたのグループレッスンでしょ。ワルツならワルツだけ、ルンバならルンバだけ、やってる。そういうのは結局、教室のキャンペーンに近いことで、ほんとうにうまくなりたいとなると、どうしてもプライベートレッスンを受けることになるんです。そうすると、また別途お金をかけてお願いして、教えてもらわないといけなくなってくる。けっきょく、ダンス教室の経営としては、昼も夜も、プライベートレッスンがメインになります。そうなると、いわゆる徒弟制度的になっちゃうんですね。

ダンスを習うひとっていうのは、昼間はふつうの仕事をして、それ以外の時間にダンスを習って、最終的にはプロになるというひとが、以前は多かったんです。でもプライベートレッスンは、お金がかかるし、カリキュラムは偏るし、昔の家元制度下の習い事のようなシステムです。違う種目を教えてもらうためには、先生にお願いして、また別途お支払いして教えてもらうとか、ね。パーティには1回100万円くらいかかるし。そういうシステムを変えたかったんです。長続きしてほしいし、楽しんでほしい。だからクラスレッスンを設けたんです。レベル別カリキュラムにして、10種目全部をカリキュラムに入れて。

でも、そういう考え方は、業界の中で異端だったんでしょうね。だから同業者の組合には所属してないんですよ。

うちの教室も生徒さんはいろいろですから、デモンストレーションに出ることを目的にするひともいれば、ただ楽しく踊れればいいというひともいます。ただ、レッスンが始まったら、わたしは遊ばせません。サークルとは違うんだから、ぴしぴしお稽古してもらいます。だからうちの教室は、真面目な人ばっかりですよ。不純な目的の人（＝つまり、おつきあい相手を探すようなひと、遊び目的のひと）は見抜かれるし、ふるい落とされていきますねえ。

とはいえ、あまりにもリーズナブルな料金設定にしてしまったので、経営は楽ではありませんが（笑）。フロアが広いから、ほんとは週あたり150人くらい生徒さんが来ないと苦しいけれど、現在は週あたり130人ほど。でも、安かろう悪かろうではなく、きめ細かく丁寧に教えていることについては自信があります。それでこのあいだ、荒川区の「健康応援店」に指定されたんですよ。禁煙と、健康増進に役立つ施設ということで。ダンス教室では初めての指定です。生徒さんは昔とちがって女性のほうが多いんですが、ご覧になっていてもみなさん、すごくはつらつとしてるでしょ。ダンスは背筋は伸びるし、異性と組んで踊るのがホルモン・バランス的にもとてもいいし、ジョギングみたいにぜいぜいしないていどの適度な運動だしで、健康にはほんとにいいんです。それに言葉が通じなくても、世界共通ですしね！

◎ダンシングプラザ・クロサワ
東京都荒川区西日暮里5-27-10　AHビルB棟2F
http://www3.ocn.ne.jp/~dp9638/

下／1回ごとに、パートナーを替え、組んでいない相手がいないようにする

上／生徒は13人、女性のほうが多いので、黒澤瑞枝先生（右）が男役にまわる
右下／広いフロア。思い切り踊れる。クラスで最若手の男性、リュウさんは、ダンス歴６年

夜の浅草ダンス・フィーバー！

【台東区・浅草】**アミューズ・ミュージアム**

昼間は平日でも観光客、買い物客で大混雑だが、夜になればあいかわらず静まりかえった浅草・浅草寺かいわい。深夜の楽しい店もポツポツあるのだが、なかなか地元民以外には知られていない……なかで、ひとり気を吐いているのが、浅草寺脇のアミューズ・ミュージアムである（221ページ参照）。

アミューズ・ミュージアムは、サザンオールスターズに福山雅治、パフュームなどなどを擁する大手芸能プロダクションが2009年に立ち上げた美術館で、青森の農村衣料文化を伝えるBOROのコレクションを中心に、江戸から昭和期までの庶民風俗を展示している。

築50年という建物を改装した館内の上階には、夜から朝までのバーも営業中だが、それとは別に「毎月第1、第2土曜日の夜にやってるイベントが、すごいことになってますよ！」と言われて、半信半疑で遊びに行ってみたら驚いた。第1土曜日が『ソウル・ステップ・パーティ』、第2土曜日が『浅草ダンスナイト（竹の子パーティ）』と銘打った“ディスコ・イベント”になっていて、ディスコ全盛時代に青春を謳歌したおじさま・おばさまたちで1階のイベントスペースが満員状態。昔懐かしいというか、懐かしすぎるヒット・チューンに乗って、すごく楽しそうにステップ踏んで踊ってるではありませんか。

毎月第1土曜日に『ソウル・ステップ・パーティ』を主催しているのはKAZUMIさん。昼間は台東区入谷の交差点近くに、自分の名前を逆から読ませた『MIZUKA』というカフェを、娘さんとふたりで営むソウル・レディである。

「カズミ・スペシャル」主催のKAZUMIさん

わたしはもともと、中学生のころから先輩に連れられてディスコ通いをしてまして……（笑）。高校生のころはもうディスコ浸りだったんです。『サタデー・ナイト・フィーバー』とか『メリー・ジェーン』のころ。みんなでステップ考えて、あの先輩のカッコいいね〜とか言って、鏡の前で踊る、そういう時代ですよね。

それでお勤めしてからも、水商売してたんですが、結婚して子供ができて、遠ざかってたんです。それが10年前ぐらいでしょうか、同じくらいの世代の友達が、みんな昔は踊ってたのに子育てで忙しかったのが、ちょっと子供に手がかからなくなったので、昔の曲をかけるディスコ・ナイトみたいなイベントに行きだしたんです。そのうち自分がオーガナイズすることになって、『カズミ・スペシャル』という名前で、もう5年ぐらいやってるんですよ。場所が何度か移って、いまはずっとアミューズさんでやらせてもらってますが。

「オトナになると、利害関係なしに友達になるって難しいじゃないですか。ここは素晴らしい場だと思いますよ。スポーツクラブとか、習い事ともちがうコミュニティだし」と参加していたお客さんが話してくれたが、音楽とダンスという共通言語を介して、知り合いも知り合いじゃないひとも、つかのまこうやって時間を共有するって、とりわけ50代、60代の人間にとってはなかなか得難いヨロコビだろう。

そうなんです！　だから『カズミ・スペシャル』は、自分で言うのもなんですけれど、なんでもありなの。ウサを忘れてこの5時間を、知っている人ももちろん、知らない人も含めて、チカラをあげあって、パワーをもらいあって帰っていく。それで、明日から頑張ろうって！

COPACABANA　**BARRY MANILOW**
DANCING QUEEN　**ABBA**
DANCE DANCE DANCE　**CHIC**
DISCO BABY　**VAN McCOY**
DIRTY OLD MAN　**THREE DEGREES**
FANTASY　**EARTH, WIND & FIRE**
FUNKYTOWN　**LIPPS, INC.**
FANTASY　**EARTH, WIND & FIRE**
I LOVE MUSIC　**O' JAYS**
IT ONLY TAKES A MINUTE　**TAVARES**
LOVE MACHINE　**MIRACLES**
SHAKE YOUR BOOTY　**KC & THE SUNSHINE BAND**
THE BOSS　**DIANA ROSS**
SUNNY　**BONEY M**
WAR　**EDWIN STARR**
愛で殺したい　**サーカス**
可愛いひとよ　**クック・ニック＆チャッキー**
恋のブギ・ウギ・トレイン　**アン・ルイス**

これまた昔懐かしい、曲のうえにどんどんMCを重ねる往年のディスコ・スタイルDJがかけてくれた曲を、こうやって羅列するだけで遠い目になっちゃうひと、いるでしょう。

人生に余裕ができた中年男女の、出会いの場のようでもあり。でもみんな汗かいて笑って、昔話にも興じて、すごく健全でもあり。

当時のステップを思い出しつつ……

こういう場所が、かつてディスコのメッカだった新宿とかではなく、浅草にあるってこともまた、すごく興味深い。

SNACKS

第2土曜日に『浅草ダンスナイト』を主催しているのは、かつての竹の子族でも大きなグループだった「麗羅《れいら》」で活躍していた、ひろしさん。もう7年半ほど前から、場所をあちこち移動しながら“ホコ天ナイト”と名づけたイベントを毎月オーガナイズしてきた。

1978年、原宿竹下通りにオープンした『ブティック竹の子』製の、極彩色の衣装を着て、原宿の歩行者天国（ホコ天）で踊り始めたのが、ご存じ「竹の子族」の始まり。当時のホコ天と言えば、毎週日曜に10万人近くが集まったそうだから、いまでは信じられない盛り上がりだった。

竹の子ナイト主催にして、麗羅のリーダー、ひろしさん

僕は14歳のころから竹の子だったんですよ。竹の子ができて1年半か2年ぐらいのころでした。歌舞伎町のカンタベリーハウス・ギリシャ館とかBIBA館、ハロホリ（ハローホリデー：東宝会館にあった元祖・竹の子系ディスコ）で踊ってた世代ですから。

僕は「麗羅」っていうチームにいたんですけど、全盛期の竹の子はチームだけで70とか80あったし、メンバーも小さいところで50人くらい、うちも300人はいましたから、トータルで言えば何万っていう数字でしょうねえ。

1980年代後半になって、竹の子族ブームが下火になったあとも、ひろしさんたちは仲間同士連絡を取りあい、イベントがあれば積極的に関わってきた。「いまは葛飾でクルマ屋やってます」というひろしさんだが、ブログやミクシィで竹の子関連のサイトを立ち上げ、メディアの取材にも協力することで、「テレビで見たよって、ずーっと連絡取れなかった仲間から連絡が来たりするんですよ、当時は携帯電話なかったですからね」。

『浅草ダンスナイト』には、「30年ぶりに会ったね！」なんていう昔の仲間も来れば、当時は竹の子になりたかったけどなれなかったひとたちもやってくる。

うちのイベントは、いろんなひとが来るんです。昔、竹の子したかったけど親が反対したとか。当時は目立つだけで不良だとか、言われたじゃないですか、厳しかったから。そういう方が、昔やりたかったけどできなかったから、竹の子覚えたいって。いまは80年代のいろんなイベントがありますけど、だいたい85、86年ぐらいのが多いんですね。竹の子はそれよりもうちょっと古いというか。79年からあって、81年、82年くらいが最盛期だったので、（ステップとかも）知らないひとが多いんですよ。

いまも竹下通りに店を構えるブティック竹の子は、ステージ衣装やゴスロリ服が中心で、もちろん竹の子族の衣装は売っていない。でも『浅草ダンスナイト』のコアな参加者は、大事に保管してあった当時の衣装を着たり、自前で昔のままに作り直したりして、あの懐かしい極彩色の出で立ちで踊りまくっている。

母が夢中になった竹の子を、娘の世代も、一緒に楽しむ！

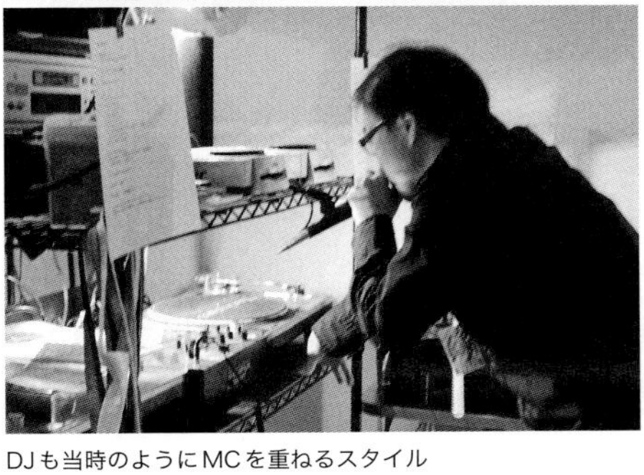

DJも当時のようにMCを重ねるスタイル

マジック　**ザ・スクエア**
恋にメリーゴーランド　**アラベスク**
バイ・バイ・ベイビー　**マックス・コベリ**
ヴィーナス　**バナナラマ**
夢のシンガポール　**2プラス1**
ジンギスカン　**ジンギスカン**

当時の衣装そのままで、当時のステップそのままで、ときに「ステップ講座」タイムも設けながら、みんな汗びっしょり、フロアは和気あいあい。

竹の子族がいて、ロカビリー族がいて、ブレイクダンスや“バンドやろうぜ”族もいて、何万人もの見物客もいて、7日ごとにやってくる白日夢＝デイドリームのようだった原宿・歩行者天国が、終わりを告げたのが1996年のこと。もう、あんなふうに路上に自由な空間が出現することはないのかもしれないけれど、あのピースフルな感覚のカケラが、こんなふうに浅草の片隅で甦っていたのを知るだけで、なんだか無性にうれしくなる。

⊙アミューズ・ミュージアム
東京都台東区浅草2-34-3
http://www.amusemuseum.com/

竹の子の衣装、昔のものを着る人、
自前で新たに作る人……

ニュー・キッド・イン・タウン

4

華やかに笠置シヅ子メドレーで幕を開けるレビュー

新世代レビューは浅草の眠りを覚ますのか

【台東区・浅草】浅草まねきねこ館

浅草はレビューの発祥地、とよく言われる。

言われるけれど、昭和初期、エノケン（榎本健一）やシミキン（清水金一）のいたころ、浅草レビューの最盛期を体験したひとで、いまもご存命の方って、どれくらいいるんだろう。なんとなく知ってるようで、実はだれもよくわかってない謎の軽演劇。それが日本の「レビュー」というものだ。

そういうレビューを、松竹歌劇団やカジノ・フォーリーの全盛期から70年も80年もたった21世紀の現在、なんと浅草で復活させてしまおうという、無謀とも言えるプロジェクトがスタートした。深夜の浅草遊びの強い味方である終夜営業の健康ランド『まつり湯』が入っていることでおなじみ、ROXビルの4階にある巨大カラオケ居酒屋『浅草まねきねこ館』で2010年12月7日に幕を開けた『復活!!昭和歌謡!!　エノケン、笠置のヒットソングレヴュー』である。

サブタイトルのとおり、この企画はエノケンと笠置シヅ子が戦前・戦後期に放った大ヒット曲をベースに、歌に踊りにコントを交えて、往年のレビューの現代版を目指したもの。演じるのは男女9人の若き歌い手／パフォーマーで、その全員が実は浅草寺を挟んでROXと反対側に去年オープンした『アミューズ・ミュージアム』（221ページ参照）の、「織り姫」と呼ばれる織物実演チームや、バーで働くスタッフたちなのだ。『昭和歌謡ショー』はこれから3月31日までのロングラン。そのあいだ「虎姫」たちはレビューとミュージアムを行ったり来たりの兼業となる。大変

下駄でタップしてしまう！　エノケン・メドレーから『買い物ブギ』へと怒濤の展開

そう！

「カラオケ居酒屋」というには立派すぎるステージを備えた『まねきねこ館』のステージは、オープニングの和太鼓に始まって、『東京ブギウギ』、『ヘイヘイブギ』、『東京節』（パイノパイノパイ〜っていうアレです）、『洒落男』、『ジャングルブギ』、『エノケンのダイナ』、『買い物ブギ』……といったぐあいにエノケンと笠置シヅ子の、だれでもいちどは聴いたことのある大ヒットに乗せて、若い男女が歌って踊りまくる、ノンストップの1時間あまり。背景には昔の浅草六区の資料映像とか、映画『酔いどれ天使』で笠置シヅ子本人が登場する場面とか、浅草と歌い手たちの歴史をひもとく映像が流され、幕間に小倉久寛の活弁調の解説も映像で挿入される。単なる軽演劇というより、浅草のエンターテイメントの歴史をふりかえる「エデュテインメント」みたいな趣だ。

アミューズ創設者であり、今回のプロデュースを手がけた大里洋吉さんいわく、「浅草にはいまも昔も、芸の神様がいるんです」。子どものころに連れてこられて、（松竹演芸場で上演していた）デン助劇場を見たころの浅草の活気を取り戻したくて、「5年かかっても10年かかってもいいから、もういちどこの街を盛り上げたい」と、レビューを企画したのだという。

かつての浅草六区には、ずらりと演芸場や映画館が並んでいたのはご存じのとおり。そういう場所にひとびとは「何月何日のチケットを予約とかじゃなくて、ぶらりと行って、やってるのを見る、そういう遊び方だったんです」と大里さんは言う。「だからこのレビューも4ヶ月という長期公演にしたので、みなさんがいつ来ても、ぶらっと入って見てもらえるようにしたかったんです」。

大衆演劇でも落語でも、なんでもいいのだけれど、もともと「遊びに来ればだいたいどっかでなんかやってる」はずだったのが、ふとした拍子にマスメディアに乗ってスター化し、そうなると今度は並んで前売り券を買ったり、ファンクラブに入ってチケットを予約しないと見ることができなくなる——そうなった瞬間に、本来のポピュラー・エンターテインメントは、別のなにかに転化してしまう。いい、悪いではないけれど、その「受けてるもの」を見ることが、なにかのステイタスだったり、自慢のタネになってしまったりする。アミューズという、いまやジャニーズ事務所と勢力を二分する芸能界のビッグ・ボスである大里さんが、そういうのをすべてわかって「いつ来てもやってる」スタイルの芸能をプロデュースしていることに、ちょっとびっくりさせられた。

大芸能事務所が育てている若者たちだから、

笠置シヅ子の『ジャングルブギ』で歌い踊る、迫力満点のセクシー軍団

フィナーレは熊本民謡『牛深ハイヤ節』で三味線＆ダンス大会。200人収容の大ホールでロングランする『昭和歌謡レビュー』

「俺は村中で一番モボだと言われた男」でおなじみ、エノケンの『洒落男』に乗せたコント

レビューには欠かせません、『天国と地獄』でフレンチカンカン！

ルックスもいいし、歌も踊りもがんばってる。自分たちの両親どころか、お祖父さん、お祖母さん世代の歌なのに。それでも、いわゆる浅草の芸能通、渋い深い芸の世界がお好きなベテラン浅草ファンは、きっと文句を言うのだろう。「浅草のイキをわかってねえよ」みたいな。虎姫一座は、たしかにイキでもなんでもない。イキであるには若すぎるし、場末の舞台で苦しみぬいてきたわけじゃないから、陰影なんてないし、未熟でもある。でも若くて明るくて、とにかく元気だ。

かろうじてスクリーンでしか見たこともないエノケンやシミキン。浅草黄金時代の本を読んでいると、彼ら往年の芸人を神格化した文章ばっかりで、お腹いっぱいになってしまうことがよくある。浅草がいちばん輝いていた昭和初期のレビューって、ほんとにそんなに完成度の高い「芸」だったのだろうか。お客さんたちは、そんなものを求めて浅草に来ていたのだろうか。『浅草紅団』に描かれたレビューにしたって、たぶんそういうのとはちがうところに川端康成は惹かれたんじゃないだろうか。

浅草をもういちど盛り上げたいという「外から来る新参者」はたくさん。この街が、それでもなかなか盛り返さないのは、「往年の浅草を愛してやまない内輪のひとたち」のせいじゃないかと思ってしまうときもあるのだ。

◎虎姫一座
http://www.aska-theater.com/torahime.html

◎浅草まねきねこ館
東京都台東区浅草1-25-15 ROX4F
http://www.asakusa-manekineko.com/

東京の足元は右半分から【足立区・江北／台東区・花川戸】

nakamura

日暮里から舎人ライナーで７駅目、江北で降りると……といっても、江北という駅名で「ああ、あそこね」とピンと来るひと、どれくらいいるだろうか。というか、舎人ライナーってなに？　という読者も多いのでは。それまで鉄道空白地帯だった足立区西部地域に、日暮里・舎人ライナーが開通したのは2008年のこと。荒川区日暮里と足立区の見沼代親水公園を結ぶ、この10キロ弱の高架鉄道によって、荒川区北部から足立区北部の利便性は大幅に向上したわけですが……たった３年前までこんなに広い都内のエリアが、交通公共機関がバスしかない、陸の孤島だったとは。ちなみに江北は東に西新井大師、西には焼肉ファンの聖地・スタミナ苑を擁する鹿浜に挟まれた、足立区西部の町であります。

そんな江北駅に降り立つと、そこは見渡すかぎりの典型的な郊外住宅地。すでに『サイタマノラッパー』のサウンドトラックが聞こえてきそうな、サバービアな景観が広がっている。一休みしようと思っても、喫茶店すら見あたらないバス通りを２、３分歩いていくと、突然現れるモダンな建築。去年末（2010年）に谷中から引っ越してきた、オーダーメイド・シューズの工房兼ショップ『nakamura』だ。

１階が工房、２階がショップになっている『nakamura』は、現代美術のギャラリーのようなホワイトキューブの空間に、使い込まれた家具やディスプレイ・ラックが配され、柔らかな革の色と、かすかな革の匂いもあいまって、真っ白なのに暖かい雰囲気。そのなかにシンプルで、でもしっかりと作り込まれた革靴や革サンダルが、ゆったりと並べられている。

いまや東京在住のデザイン好き、かわいいもの好きにとっては一番人気のエリアと言っても過言ではない、谷中の街にいかにも似合いそうな『nakamura』が、どうしてこんな、と言っては申し訳ないが、足立区のはずれに引っ越してきちゃったのだろう。靴のデザインと製作を引き受けるご主人の中村隆司さんと、ショップを取り仕切る奥様の中村民《たみ》さんにお話をうかがった。

工房の中村隆司・民夫妻。もう10年以上、ふたりで靴を作り、売ってきた

もともと夫は愛知県、わたしは石川県の出身なんです。ふたりとも就職で東京に出てきて、おたがい靴を仕事にしてたんですね。夫は巣鴨の『ゴロー』という登山靴屋さんに入りまして（ゴローは植村直己など有名登山家御用達の名店）、わたしは浅草の靴の問屋さんでデザインの仕事をしてたんです。それで、浅草に日本で唯一、「製くつ科」がある職業訓練校があるんですが、そこで出会いまして、ノリで結婚しちゃえ、独立しちゃえ！　って（笑）、始めちゃったんです。

上／銀座の画廊などを手掛ける大工さんにリノベーションしてもらった空間。民家だった構造をいかして、耐震補強とともに梁を見せ、天井高を確保している　**右下**／バッグとサンダルをディスプレイしたコーナー。サンダルもいろいろなデザインが揃っていた

靴は台東区の地場産業ですよね。でもそのころは、浅草は家賃が高すぎて手が出なかったので、ここならかろうじて浅草まで材料を買いに通えるし、準工業地帯なので、音や匂いを出しても大丈夫というので、このちょっと裏に家を見つけて、住みか兼工房にしてたんです。

それで夫婦ふたりでコツコツ、オリジナルの靴をつくって、「買ってください」というかたちでいろんなお店に卸してたんですが、そのうちにお店をやろうという話が持ち上がって、谷中はもともと大好きでしたから、じゃあ！　って2005年にお店を始めました。

最初は水、木、金、土、日ってお店をやってたんですけど、とても手が回らなくなって、平日はうちで靴を作って、週末にお店を開くというかたちに落ちつきました。金、土、日の午後１時から６時まで……不親切ですよねぇ（笑）。それでも忙しくって、そのうちに子供もできましたので、家も仕事場も店も近くだったら、もっとたくさん作れるなと思って、こちらに越してきたんです。今年の３月３日にオープンしたので、まだ３ヶ月ぐらいです。

ここはもともと２、３年前に作業場として手に入れてたんですが、そのときはごくふつうの民家だったんです。それを改築したんですが、お店にする前はやっぱり悩みました。文京区の白山あたりがいいかなとか、いろいろ考えたんですが、地方でものづくりしている友達に、「足立区でやればいいじゃない、買いたいひとは、場所なんて関係ないでしょ」と言われて、「そうかもしれない！」って思っちゃったんですね（笑）。まあ、あんまり通りすがりのひとが買うような商品でもないですし……。

靴って、意外と流行があるんですよね。がらっとスタイルが変わったりして。そういうのじゃない、オーソドックスなかたちのものって、売ってそうで売ってないんですよ。うちは年間1000足ぐらい作るんですが、そういうのが好きなかたが、まあ全国に1000人ぐらいはいらっしゃる感じですかね（笑）。

たしかにメンズでもレディースでも、ほんとにふつうの靴って、意外に見つけるのが難しい。最近、特にメンズ・シューズの業界ではフルオーダーによる見事な職人仕事の革靴が、ちょっと流行ってもいるが、だいたい15万円から20万円を超してしまう、とても手の出ない価格である。それに対して『nakamura』の靴は、中心価格帯が2万円から3万円弱。一足ずつ手作りなのに、ものすごくリーズナブルだ。

工房の一角に整然と並ぶ、靴型。同じサイズでも、幅にかなりバリエーションがあるので、オーダーメイド感覚だ

そうですね、自分たちが買える靴の値段って、まあ３万円以下かなと思うんです。だから、その値段で売れるようなつくりかたを考えて。手間ヒマをかける時間を競うのではなくて、どれだけ手間をかけずに、ちゃんとしたものがつくれるかという。

なのでうちのはフルオーダーじゃなくて、スーツで言うセミオーダーなんですよ。ひとつのデザインで、ひとつのサイズに幅が幾通りもあるので、足に合うサイズと幅をちゃんと選べば、けっこう履きやすいんですね。

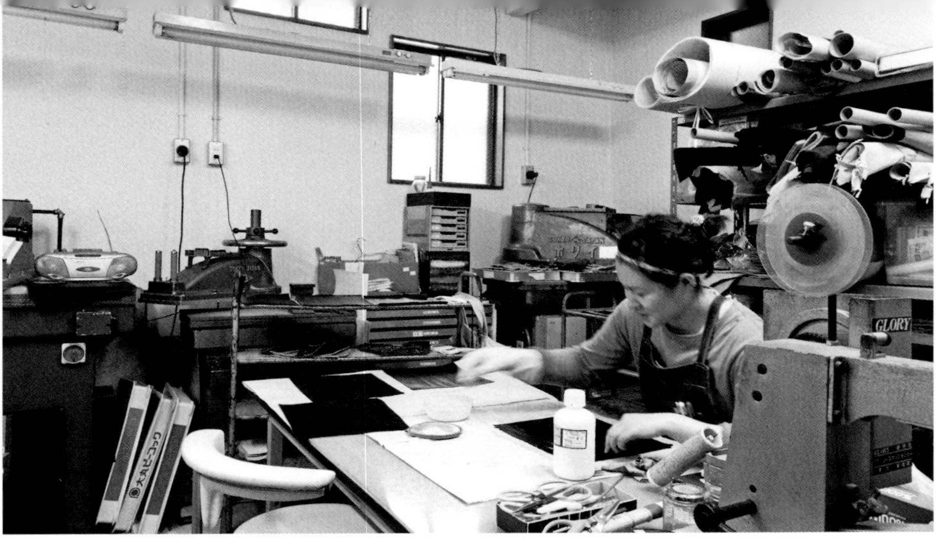

１階工房には、革を扱う機械類が並ぶ。こちらはカバンに使う革を処理中

民さんのお話にフムフムとうなずき、写真を撮っているうちに、自分でも欲しくなって、足のサイズを測ってもらって履いてみると、ほんとにぴったりくる。

そうやって取材だか買い物だかわからない時間を過ごしているあいだ、隆司さんのほうは助手とふたり、１階の工房で黙って靴づくりに取り組んでいた——

靴って、カバンとかよりつくる工程が多いから、覚えるのも大変なんですよね。僕はもともと登山靴をつくってたんですが、師匠にあたるひとから「こねくり回した寿司をだれが食べたいんだ、パッパッとつくるのがいい」と教えられてきたんです。少ない人数であるていど数がつくれるように、そこで勉強させてもらいました。だからいまでも、2万円ぐらいでつくっても、みんな食べていけるようにできてるんでしょうね。あとやっぱり、10万円とか出すと、みんなそれなりの期待してくるから、合わなかったときの怒りが怖い（笑）。

「２万5000円だったら、2万5000円の怒りですから」と笑う隆司さんの足元を見ると、すばらしい風合いのスリッポンを無造作に履いている。スニーカーみたいに普段使いできて、しかも手入れと修理を繰りかえせば5年、10年と履きつづけられる——世の中にスニーカーというものが存在しなかった時代の、ごくあたりまえの革靴のありかたを、このひとたちはちゃんとわかっているのだろう。

登山靴の製作から始めた中村隆司さんは、アメリカの労働者を撮影したアーヴィング・ペンの写真集など、さまざまな素材からデザインのヒントを得るという

⊙ nakamura　東京都足立区江北4-5-4-2F
http://www.nakamurashoes.com/news.html

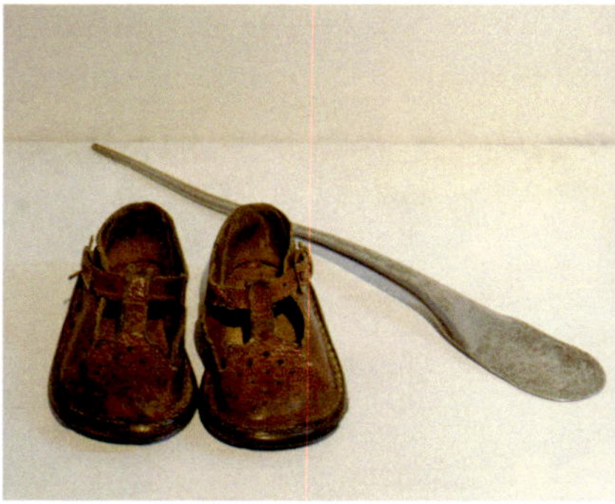

左／フランスの蚤の市で買ってきた子供の靴と、靴べら。「この形を、いつか大人の靴に落とし込みたい」　**右**／やはりフランスの蚤の市で買った靴べらとまったく同じ形につくってもらった、木の靴べら。谷中の「いろはに工房」製。木目が美しい

左／ラックは、ふつうに靴の工場で使っているもの。シンプルな空間にいい味わいを出している。靴下は、新潟の、エフスタイルというものづくりユニットの製品　**右**／「このサンダル、走っても脱げないですよ。足の指の大きい人でも、甲の高い人でも、ベルトを引っ張って調整できるので」

左／「これは、生後２年くらいの牛の柔らかい革でつくってます。うちの使っている革の中でも柔らかいもので、履きやすいですよ」

このスリッポンは「ヨーガンレールとか、ヨウジが好きな人たちに受けるかな、と」

こちらはメンズ・ライン。あくまでもオーソドックスで、装飾をはぶいたスタイルにこだわる

城東職業能力開発センター
製くつ科

浅草の駅を降りて、松屋の横を通り過ぎて馬道通りをしばらく歩くと、右側に都立産業貿易センター台東館という、無骨な建物が見えてくる。馬道通りのこのあたりと、隅田川に沿った江戸通り、そして北側の言問通りを結んだ細長い三角形のエリアが、住所で言えば花川戸2丁目。そして、一辺の長さがおそらく500メートルにも満たないこの三角形が、日本最大の靴産業の集積地であることを、業界人以外で知るひとは少ないだろう。

産業貿易センターの角を右に曲がると、左側に公園、その向かいにあるのが浅草保健相談センターだが、その同じビルの中に日本で唯一、公共機関で靴製造を教える＜城東職業能力開発センター台東分校・製くつ科＞が入っている。靴のデザインや製造を教える民間の学校や個人の工房はいくらでもあるが、公立の学校はここだけ。先にご紹介した足立区江北のオーダーシューズ工房『nakamura』の中村隆司・民夫妻も、ここで出会い、いっしょになって独立したふたりである。いままで何度となく通り過ぎながら、その存在すらまったく知らなかった、このユニークな教育機関。その成り立ちを、分校長の小川芳夫さんにうかがった。

この施設ができたのは1972（昭和47）年ですから、もう40年目になります。もともと浅草のこの界わいは、江戸時代から革関連の産業が集まっていたところなんです。

これは東京に限ったことではなく、全国的にかつて皮革産業に従事するひとびとは「被差別部落民」として、厳しい差別に苦しめられてきた。そして隅田川流域で皮のなめしや製品の製造にかかわってきたひとびとの多くは、被差別部落の住民でもあった。

そうなんです、そういう背景から東京都では差別をなくすための同和対策の一環として、皮革履物産業で働くひとたちの技術向上と、産業の振興のために、こうした職業訓練校を設立したわけなんです。もともとはここよりもう少し北にある台東区橋場の、いまは東京都の人権啓発センターのある場所につくられました。

それがだんだん、一般の職業訓練、つまり失業したとか、転職して靴業界に入りたいとか、そういうひとたちに技術を身につけてもらって、ハローワークを通じて希望するところに就職をしていくという、技術を教える場所になっていったんですね。1998（平成10）年ごろからそういうふうに変わってきて、この場所には2001（平成13）年に移転してきました。

いまはこの建物の4階が訓練のためのスペースで、3階に「かわとはきものギャラリー」、それから東京都立皮革技術センター台東支所という、試験のための機関が入ってます。これは、たとえば高いヒールの靴がちゃんと強度が足りているのかとか、メーカーや問屋さんが必要とするテストを、安価な料金で引き受ける施設なんです。墨田区の東墨田にある皮革技術センターの支所というかたちですが。

ご承知のように、皮革産業と同和問題が結びついてきた地域として、関東では東京です

広々として、清潔な実習室

が、関西では兵庫、大阪、奈良、和歌山などがあります。それらには、こちらのような職業訓練の場所はありませんが、試験研究機関としての工業技術センターはそれぞれ設けられているんですよ。

皮でも関東と関西では、ちょっと状況がちがっているの、ご存じですか。関西のほうはどっちかっていうと、牛の皮なんですね。東京の場合は中心は豚皮。皮が出るのは、その動物を食糧にするからですが、こっちは豚食なんですよ。関西は牛。その、副産物として大量の皮が出る。それを処分しなければならないし、できればいい形でリユースしたい。それを塩漬けにして、豚皮として輸出したり、なめす業者が東墨田にいまもあります。なめすことで、「皮」から「革」になる。そして、靴になっていく。それが東京の、重要な地場産業になってきた。そして、それが歴史的に城東地区、浅草、墨田、この界隈にずうっと集積してきたわけです。

革靴なんかは、この浅草界隈はいまでも日本一、その関係のひとたちが集まっている場所です。産業集積が日本でいちばんある。靴のメーカー、工場が90以上ありますし、問屋さんが70以上、革の材料屋さんが40くらいありますから。それを応援するのが、私どもの仕事なんです。

同和対策として始まった産業振興事業が、一般的な失業対策、職業訓練の機関になって、最近ではさらに「自分の手でなにかを生み出したい」と願う若者たちを惹きつける場として、さらに変化を重ねている。

靴製造の技術を教える専門学校はこの近くにもいろいろありますが、民間ですから、まず授業料が高いんですね。こちらは公共職業訓練ですから、都立高校の授業料と同じなんです。1年間で11万5200円、しかも材料費込み。格安でしょ。ですから、21名の定員に対して、昔は定員割れなんてこともありましたが、いまでは100人以上の応募があります。

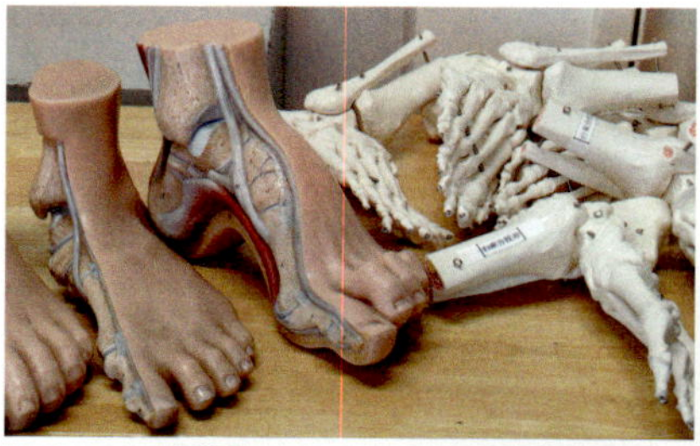

左上／履きやすさや、健康を考えるうえでも、足の構造を学ぶことが大切　**左中**／入学すると最初に新品の「角包丁」を渡される。これを使って切るのが最初の実習になる　**左下**／角包丁は自分で砥ぐ。流し場に並ぶ砥石　**右上**／靴のサイドの「ハネ型」。「これを裁断して、まわりを薄くそぐスキ加工をして、折り込んで、裏を張って、ミシンがけをする。これが基本訓練になります。これをだいたい、ひとり200枚くらいやってもらう」　**右下**／底に糊づけをする台

メーカーの底付けラインで使用されるものと、ほぼ同等の機械が並んでいる。本職の職人が来たら、日産1000足は作れるほどの設備という。機械はほぼ外国製で、主にイタリア製。一部、台湾製などもあり

3Fのギャラリーには、訓練生の作品も展示されている

さまざまな皮革で作られた靴や……世界各国のさまざまな靴や…… 靴の流行を年代別に追って展示

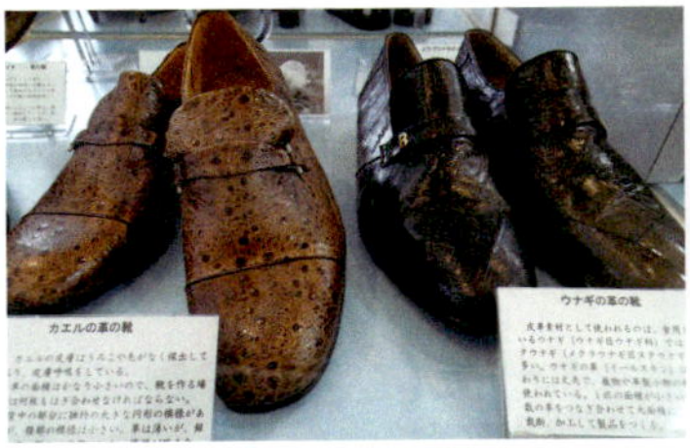

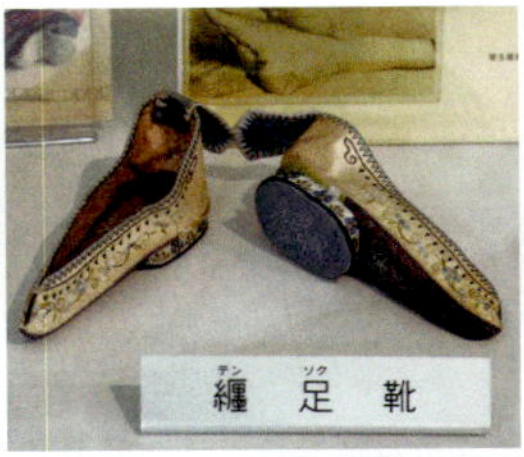

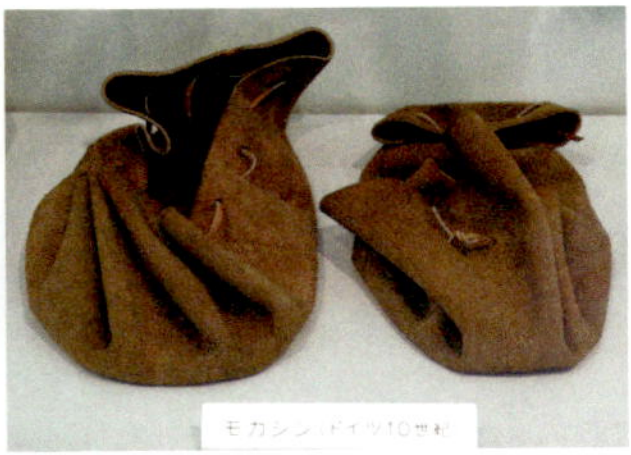

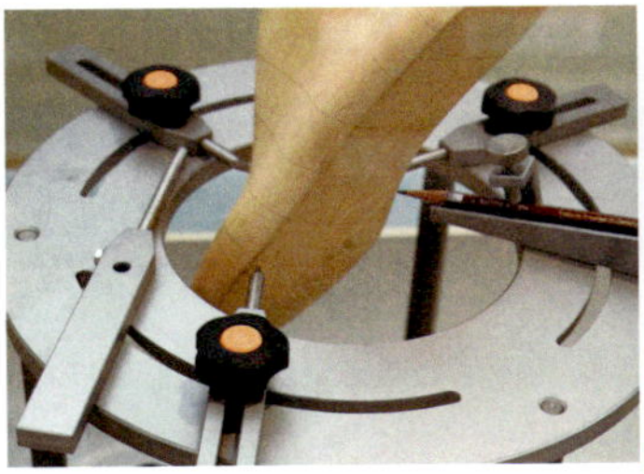

靴の木型の製作工程もある

民間の学校では、ミシンはだいたい2、3人に1台しかないが、ここでは、ひとり1台用意されている。ミシンカバーは、卒業していく生徒たちが、なんらかの形で後輩たちに残していきたいと、手づくりしたもの

倍率6倍から7倍くらい、それくらい人気があるんですね。高校新卒から50歳ぐらいまで、年齢層は幅広いですが、昔は21人のうち何人かは「親が行けと言うから来た」というひとがいたり、試験に受かっても辞退するひとがいました。でも、いまはそんなひとはいませんし、みなさんすごく真剣ですよ。

そうやって、ただの就活ではなく、あえて「靴を作りたい、靴職人になりたい」という志を抱いたひとたちが、この場所で1年間のトレーニングを積んで、巣立っていく。しかし慢性的な不況に加えて、外国製の安価な製品の流入、革靴離れなどが重なって、靴業界はいくら技術があっても、けっして楽な就職先ではない。長く指導員をつとめる関根政男さんも、その厳しさを強調する。

職人っていうと、なんか響きがいいですが、この業界では微妙なところなんですよ。昔の、機械生産が主流でなかったころ、手作業で作っていたころの職人さんは、サラリーマンの3倍くらいのお給料をもらってたそうです。でも、いまこの業界での職人さんは、メーカーさんの社員じゃないんですね。メーカーさんから注文をもらって、一足いくらっていう歩合制なんですよ。最低工賃が決められていて、たとえば婦人もののパンプス、あれを一足作って500円ちょっととか、そんなもんなんです。

だから、一日何十足も作らないとダメなんです。それだけ、苦しいんです。「今日は作るもの、ないよ」と言われれば、それでもう、（工賃は）入ってきませんし。メーカーさんとしては、社員ではないし、雇用保険に入れない場合も多いなど、経営環境も労働条件もきびしい中で、このあたりのメーカーさんは成り立っているのが現状なんです。それくらいコストカットしないと、グローバルな競争のなかで生き残っていくこともできないし。

そんな厳しい業界だから、この施設で1年間トレーニングしても、メーカーの社員になればともかく、職人として食っていくことは当然ながら不可能だ。アルバイトしながら修業を重ね、そのなかでごくひと握りの、幸運と才能と思いの強さを持つものだけが、『nakamura』のように独立して工房をかまえることができる。「でも、そういうなかでも、

左／取材当日は、「材料について」の授業中だった
右／授業風景。今年は21人の若者が一年間、底付、ミシン掛け、型紙づくり、デザイン、プレゼンテーションなど、靴をつくるための全般の作業を学ぶ

ただ安くて履き捨てられればいいんじゃなくて、ほんとに履き心地のいいもの、ファッション性の優れているもの、オリジナリティのあるものを作りたいっていう若いひとたちはいるんです。そういうひとたちが、現実に増えているのを我々は実感しますし、それは大事なことだと思いますから、なんとか応援してあげたいんです」と、小川さんは語ってくれた。

授業を見学させてもらった日、教室では見たところ20代前後の男女が大半の生徒たちが、指導員の説明にノートを取りながら真剣に聞き入っていた。彼らのように、高倍率の製くつ科に入学するのはなかなか難しいだろうけれど、一般に無料で開放されている3階の「かわとはきものギャラリー」には、日本と世界の靴コレクションに混じって、生徒たちの卒業制作も並べられている。オーソドックスな革靴から、思いっきり冒険したファッショナブルなサンダルまで。浅草の片隅の、それも公共の職業訓練施設で、こんなエネルギーに接することができたのは、意外でうれしい驚きだった。

⊙東京都立城東職業能力開発センター台東分校製くつ科
東京都台東区花川戸1-14-16
http://www.hataraku.metro.tokyo.jp/vsdc/taitou/index.html

小錦関の足形もあり

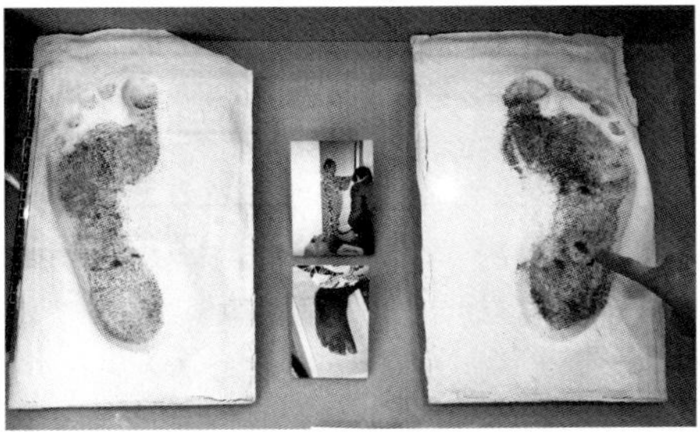

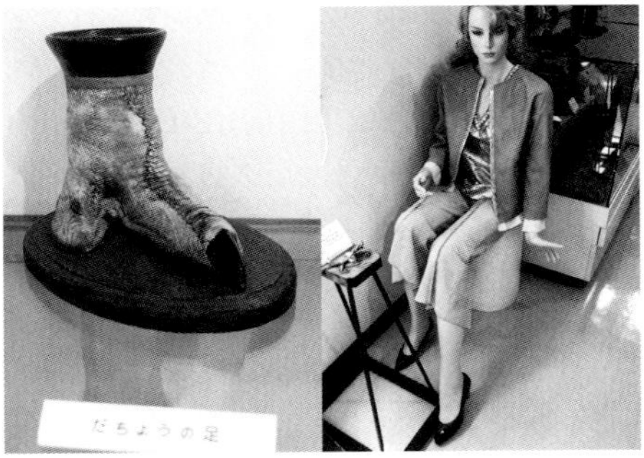

左／オストリッチに加工されるダチョウの「足」
右／全身革をまとったマネキンが窓際に座っていた

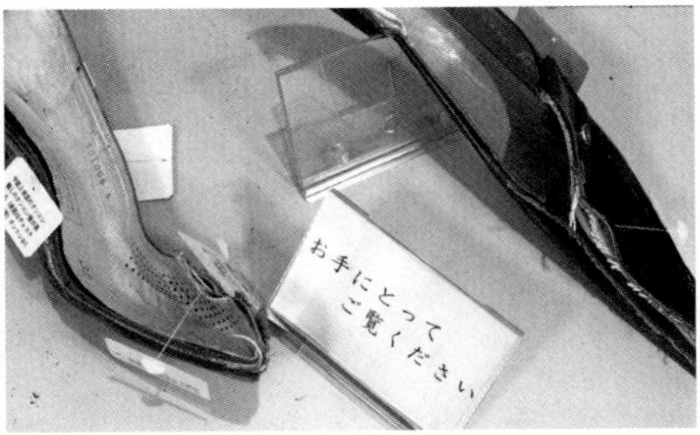

靴を真っ二つに割って、構造がわかるように展示したものなどがある

3Fには、「皮革技術センター」の「かわとはきものギャラリー」がある。ギャラリーには革・靴関連の書籍コーナーもあり、なかなか一般の図書館では見られない資料が充実

モボモガの夢ふたたび

【台東区・浅草】東京蛍堂

浅草の深夜対応レストラン＆カフェ、「オレンジルーム」と「CUZN」（234頁参照）が並ぶ浅草の六区通り（旧名称はロックフラワー通りだそう……だれも使ってないと思うが）。道路沿いに浅草出身の芸人や俳優さんたちの顔写真が飾られていて、ほかの通りとはちょっとちがう雰囲気が漂っている。

「オレンジルーム」と「CUZN」のあいだには細長い路地があって、入口に「モボモガ御用達」という怪しげな看板が掛かっている。いつも気になっていたのだが、路地奥のドアは運悪く閉ざされたまま。なかなか入店する機会がなかったのだが、今回初めて、中に入ることができた。店の名前は「東京蛍堂」。分類すればアンティーク・ショップになるんだろうけれど、浅草に数ある骨董屋、古物店とはひと味もふた味もちがう、それこそモボモガ全盛の大正末期から昭和初期に特化した、ピンポイント・テイストの店なのだ。

2008年2月にオープンした蛍堂のオーナーをつとめるのが稲本淳一郎さん。みずからも和装を着こなす、若き粋人である。

古物×現代×実用性→未来

古い物には知恵の集結、文化魂があります。
ここを合理化でスッパ抜くんじゃなくて、

野口食堂の貯蔵庫だった地下には大正の男性の美意識の感じられる数々のアイテムが

ここベースで現代の良い部分を
合わせていけば、尚良いと思うのです。

外国のものもそれはそれで見た事も
ないので良いですが、六畳一間の
うさぎ小屋にプラスチック製のイスを
置いて座っても、ズッコケるだけです。
身土不二という言葉があるように、
土地々々の風土に見合ったものが
あるわけで……。

安かろう悪かろう、売っちまえば、
使い捨てちまえばいい！　はバブリー世代
で止め、そのものの本質や必要性
を追求して、ひとつずつ置いていきたい、
まずはキッカケ作り……。
この蛍堂を通じて、見る目を養い、
自分自身も成長していきたい。
等身大の対価で食えていけたら
嬉しいです。

こう、公式ウェブサイトには「ごあいさつ」が記されている。ただ単に珍しいから、きれいだから、あるいは高いから買って、飾るのではない。ものづくりに愛情がこめられていた時代の品物を手に入れて、それを毎日の生活に取り入れることで、身もこころも豊かになっていければ、という願いがそこには籠められている。

稲本さんは神奈川県相模原市出身。もともとアンティークに興味があったわけではなく、旅行関係の専門学校に進んで、卒業後は旅行会社に就職。サラリーマン生活を送るかたわらで、デスメタル系のバンド活動にいそしむという、二重生活だった。

オレンジの銘仙に、水色の絞りの帯上げ、洋風のブローチを帯どめにして。このセンスも稲本さんならでは

平日はふつうにサラリーマンしながら、バンドになるとマイクに向かって「オ゛ーッ」なんて叫んでたんですけど。それがなんだかレール敷かれてる人生みたいでイヤになって、20歳になったころにバイクに寝袋積んで、突然京都に旅立っちゃったんですね。まあ、自分探しというか(笑)。

京都に着いて、最初は浮浪者生活。それから住み込みで新聞配達とか、数十種類の仕事に就きました。最後は社交ダンスのお相手、といってもほとんどホストみたいなもんです。そうやって生活費を稼ぎながら、デスメタルに耽る日々だったんですが、あるとき「チェキラッ!」「オケラッ!」とか叫びながら思ったんです、こんなこと叫んでてもしょうがないんじゃないかって。なんで日本人なのに、英語でわけわかんないことを叫んでいるのかって。叫んでて、寒く感じちゃったんですね。そこで気がついたのが、五七五七七だとしっくりくるってことでした。

それから「日本の音楽はどこで止まってしまったのか」を研究するようになりまして。そうすると、それは瀧廉太郎なんですね。それで、そこまで戻らなくてはと思いはじめたんです。

そうやって自分の感覚で良いものを探していくと、古いものに行き着くわけですが、親に聞いてもわからないんですね。戦争で、価値観が180度変わっちゃったんですよ。「100円ショップでいいじゃん」と言うのが、戦後世代の親でしょう。戦争を境に、日本人全体が記憶喪失になってしまったんです。それで、勉強していくうちに、戻るべきは大正時代なんだと思うようになりました。江戸までさかのぼってしまうと、敷居が高いでしょ。大正時代はエログロナンセンスもあったし、いままで考えてきたすべてのことに、つじつまが合う気がしたんです。

けっきょく、京都には8年間ぐらいいました。でも、京都にいると東京に憧れてしまって(笑)。下北沢の若者文化とか、都会に吹く風とか。僕はスネークマンショーにハマった世代なんですが、ああいうオトナの文化が、東京にはあるって思っちゃったんです。帰ってきてみたら、そんなのなかったんですが……。

東京に帰るお金が貯まったので、帰ってきてからはタクシーの運転手とかしながら、高円寺に住んで、同じ志の友人と集まっては「大正ロマンの会」を開いたりするようになりました。でも知識じゃなくて、良さは体感しなくちゃわからない。絹の肌触り、カシミアのぬくもり、木造家屋の住み心地、寒さや、蚊帳を吊ったときの暑苦しさとかまで。そういう体験学習をくりかえすうちに、自分で場を作ってみるしかない、と思うようになったんです。ロマンの会の会員には、電気じゃなくて氷の冷蔵庫を使って、モガの断髪にして、なんてひともいましたしね。

場を作りたいと思いはじめてから、理想の物件と出会うまで5年ぐらいかかりました。いちど神楽坂にいい物件が出たんですが、契約直前に破談になってしまって。でも不動産屋に「結婚と不動産は追いかけるな」と諭されて、それもそうだなと。そしたら、ここが見つかったんです。

浅草は大正文化芸能の、発祥地ですよね。

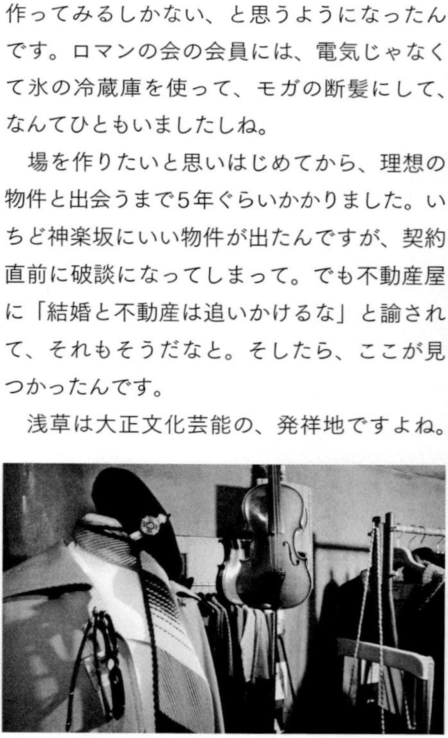

浅草寺があることで、パワーもありそうだし。60歳くらいになったら横浜がいいかな、とか思うけれど、いまは「大正ロマン」を探究するなら、ここですね。土着の庶民性を探るのに、とってもおもしろい土地柄なんです。「ひ」と「し」の区別のつかない人も、いまだに実在するし。「しだり（左）」とか言っているし。住んでみないとわからないですよ、浅草のおもしろさは。

ここはもともと、大正時代に野口食堂という名前で営業していた、有名な店の従業員宿舎だったようです。野口食堂は当時、浅草公会堂の中に支店があったぐらいで、建物は3階建て、ムーランルージュみたいな電飾があって、時代の最先端を行く大食堂でした。ここがちょうど食堂の裏手に当たるんですね。でも路地の石組みとか、室内のディテールとか見ると、すごく粋なところがあって、ただの宿舎じゃなかったような感じもあります。

改装中、野口食堂の写真が出てきたので、店の入口に大事に飾っている

理想の空間に出会った稲本さんは、丸一年の時間をかけて、みずからの手で徹底的な改装を施した。その苦労の日々は自身のブログに写真つきで紹介されているが、入手時の老朽ぶりを見てしまうと、いまの店の完成度がとうてい信じられない（http://tyohotaru.exblog.jp/）。

店主の稲本淳一郎さん。カシミアのセーター、紬の着物、袴といういでたち

案内されて、地下室があるとわかった時点で「ここで決まり！」と思っちゃったんですが、改装は一年間、籠もりっぱなしの作業になりました。夜中に素っ裸になって、デスメタル流しながら地下室の壁を磨いたり。『太陽にほえろ！』のテーマ曲でチェーンソー振り回したり（笑）。

それで東京に蛍はいないけれど、珍しい蛍が集まるような、好きな者たちが集まれるような「お堂」であるようにと、願いをこめて「東京蛍堂」という名前をつけたんです。大正ロマンをキーワードにして、地下室は男性っぽく、中二階が乙女というふうに、部屋ごとに調子も変えてみました。

開店以来、店番するのも商品を仕入れるのも全部、自分ひとりでやってます。だから店を開くのは金・土・日・祝日にして、あとは仕入れの旅と、自分のための勉強時間に充ててます。美術館に行くとか。仕入れは地方に行くんですが、いろんなひとに会って、話を聞いて、町の骨董屋さんに眠っているものを

所狭しと置かれるものは、店主がすべて一人で買い付けたもの

左／「東京蛍堂」エントランス。ギター、バッグ、ワンピースにスケート靴。一見脈絡のないディスプレイ
右／１階から中２階を臨む。中２階は「乙女」なコーナー。アンティークのきものや小物など

左／ネクタイの素材も多様で、デザインも繊細　**中**／リバーシブルの昼夜帯など、現在は造られていないものがアンティークにはある　**右**／大正時代のモダンガールの帽子を、稲本さんが復刻した商品。古物で仕入れたオリジナルは傷みが激しかったので、オリジナルを見て、現代の作家に今の生地で作ってもらった。かぶって、目が見えるか見えないかなど微妙なところにこだわり、何十個と試作品を作った末に出来上がったもの。ラインが美しい

発見して。そうしてまず最初、自分で身につけてみる。体感して、それから店に還元するんです。そうじゃないと、良さが実感できないですよね。ただお金のためじゃなくて、眠っている良いものを循環させて、無駄をなくしていく、それがみんなのためにいいんじゃないかと思ってるんです。

上／今は手に入らない、質のいい生地で仕立てられたコートなども多い　**下**／さりげなく置かれたアコーディオン、マンドリン……大正気分を誘う

江戸とちがって、大正ならいまの時代と、まだつながりもあるでしょ。うちの店は、地元のお客さんはあまりいなくて、外国人や、いわゆる浅草好きじゃないひとも多いんですが、親子三代で来てくれるお客さんなんかもいるんですよ。娘が「このデザインすてき！」とか始めると、親が「なつかしいわねえ」と、それにおばあちゃんが「そんなの、うちにあったわよ」って言う。そんなふうに、世代がつながっていく感じがいいんです。

いま流行ってるのは、「洋ベースの和風」でしょ。日本なのに「風」なんて、おかしいですよね。そうじゃなくて、畳の上の和のベースに、洋的なものを取り入れて遊ぶ。それが本来だと思うので、ちょっと流行に逆襲したい気持ちもあります。だからというわけでもないですが、そのうちに仲間を集めて、ほんとうのカフェの復活をやりたいんですよね。銀座の『ライオン』を借り切って、女性は着物、男性はスーツで、ダンスホールにして。男性には、女の子に触りたい気持ちがあるし、女性には男性と接することで知識を得たいという気持ちがある。そういうドキドキ感を、感じてもらう会を開いてみたいんです。

大正ロマンは大好きだけれど、つきつめすぎて日常が窮屈になるのはよくないという稲本さん。店の音楽は蓄音機にSPじゃなくて、iPodをスピーカーにつないで鳴らしているし、古風な柱時計を再生するのでも、むりにゼンマイ式にこだわるのではなく、電池式に内部を入れ替えて、利便性を保ちながら現代に甦らせる。そういうフレキシブルなこころが、ヴィンテージとの新しいつきあいかたを、提案してくれている気がする。

⊙**東京蛍堂**　東京都台東区浅草1-41-8
http://www8.plala.or.jp/hotaldou/

店内のモニターには、古い日本映画がエンドレスで映されている

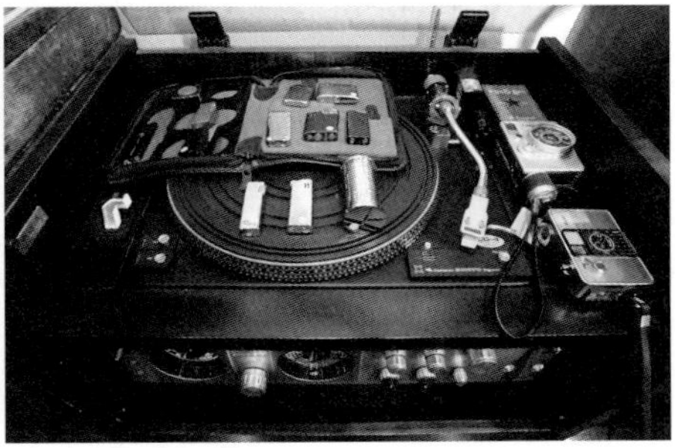

中２階「乙女」のコーナー。きもの、洋服、帽子、コートなどの他に、かわいい小物やおもちゃも。円盤の上もディズプレイ空間

カバン屋さんは自転車に乗って

【台東区・谷中／文京区・根津・千駄木】ながれのかばんや　えいえもん

山内《やまうち》栄《えい》衛《え》門《もん》さんは「ながれのかばんや」である。特製の自転車に自分で作ったカバンや袋をたっぷり積んで、谷中・根津・千駄木の、いわゆる「谷根千」かいわいを流しては、道端や家の軒先に自転車を停め、店を開いて客を待つ。人通りがなくなったら、場所を移動して、また店を開く。夕方まで、そうやってお客さんの相手をして、それから商品を自転車にくっつけた箱にしまって、三河島の自宅兼工房まで漕いで帰る。週末ごとにそんなふうに移動販売、平日は家にこもってカバンづくり。そんな生活が、今年で3年目になった。そして究極にオッサンくさい名前の栄衛門さんは、実はうら若き女性なのだ。

山内栄衛門さんは琵琶湖の西岸に面した、滋賀県高島市出身。地元で高校まで通ったあと、京都の立命館大学に進学。しかし立命館は理系、経済学部が滋賀のびわこ・くさつキャンパスにあったため、理工学部遺伝子工学科に進んだ山内さんは、大津にあったおばあちゃんの家から、自転車で大学に通う生活だった。

大学を選ぶとき、手に職つけなくちゃと思って、遺伝子工学科を選んだんです。当時はヒトゲノム解析が注目を浴びている時代で、それこそ伊坂幸太郎の『重力ピエロ』に出てくるお兄さんのようになれたらなーとか、淡い期待を抱いてたんですが……実際に入ってみると、目に見えない世界ですから、DとかNとかなんとか言われても想像ができなくて、それでちがうことしたくなったんです。

山内さんのおばあちゃんは、洋裁で子供を育てたという。小さいころから、おばあちゃんについて京都に行って、大丸の横にある生地屋さんで材料を選んで洋服を作るのを見ていた山内さん。自分もしぜんに手を動かしてものを作るのが好きになって、学校でも手芸部に入っていた。そんな経験から、洋服とかカバンとか作る職人さんという道もあり得るんだと思いいたり、勤め先を探して動き始めた。

それで学校の就職課に行ったんですけど、ぜんぜんダメで。自分としては「東京で一旗あげよう！」という気持ちもあったので（笑)、とにかくまずは東京に出なくっちゃということで、クラフトショップみたいなところに「隠れ就職」しまして、それで親を安心させてこっちに出てきました。それで、お給料もらいながら、カバン作りを学べる会社を探したんです。

手作りの職人さんがいるところを探したんですが、国内メーカーはすでにほとんどが生産拠点を海外に移していて。技術を持っている職人さん以外は雇えないと、軒並み断られちゃいました。それで、自分の足で探さなくちゃと思って歩き始めたら、谷中の界隈にカバンの会社がけっこうあることがわかって。それで、手作りのカバンを並べてるお店に通って、お願いしたんです。パートでもいいから働かせてください！　って。

そしたら、そこのお店のひとが本社に連絡を入れてくれたんですね、「ヘンなやつが来てるんですけど」って（笑)。それでちょうど、その会社の常務さんが来て、「これから草加の工場に行くけど、見に来るか？」って誘って

陳列スペース全景。バッグやキーケースなどの小物が所狭しと並ぶ

くれたんです。あとから聞いたら、現場を見せて、諦めさせるつもりだったそうなんですが。でも、工場で裁断や縫製の現場を見たら、どうしても働きたくなって。それで頼み込んで、あちらが根負け。その日のうちに採用されて、工場で働くことになりました。

草加の工場で働くこと4年半、そのあと浅草のお店に移って1年半。トータル6年間にわたってカバン作りのノウハウをしっかり身につけた山内さんは、いよいよ独立を決意する。しかしそれからの道のりは、けっして平坦ではなかった。

ずーっと考えてて、いざ周囲に話したら、みんな「どうせ無理でしょ」みたいな反応でした。「そんな山ちゃん、理想はわかるけど、実際ひとりでやって食ってくって、大変だよ。工場にいたら縫製だけでいいけど、ひとりでやるってことは、裁断から営業から材料の調達からすべて、みんながやってることをひとりでやらなくちゃならないんだよ。ま、やりたいならやってみれば」みたいなことしか、言われませんでしたねー。

最初、山内さんが目指していたのは革のカバンづくりだった。しかし革は材料の調達が難しい上に、技術的にも自分のイメージするものを実現させるまでには、さらに時間がかかる。そんな悩みを抱えていたとき、たまたま田舎に帰ってお母さんと交わした会話が、「山内栄衛門ブランド」誕生のきっかけになった。お母さんによれば、高島市の地場産業は帆布生産。日本の帆布の6割以上が、高島で作られているという。自分の生まれ故郷が帆布づくりで有名だとは、まったく知らなかった山内さん。びっくりして地場産業センターに足を運び、工場を見学させてもらう。

滋賀のとなりの京都は一澤帆布とか、有名なお店がありますよね。でも、そこに帆布を供給している滋賀の高島のことは、ぜんぜん知られてない。それが悔しくて、高島の帆布にこだわってキャンバス地のカバンを作ることにしたんです。それで名前も「ええもん＝栄衛門」に決めて。

最初はもちろん、お店（実店舗）を兼ねた住居と工房がほしかったんですが、やっぱり予算が厳しくて。材料やミシンも買わなくちゃならないでしょ。それに、軌道に乗るまでの生活費とか考えると、なかなか難しい。それで、自転車って思いついたんです。ウェブもいいですが、どうしてもお客さんの顔を見て、お客さんに商品を触ってもらって、それで買ってほしかったんで。自分で材料を仕入れて、作って売ってというやりかたと資金を計算したら、あとには自転車を買えるぐらいの予算しか残ってなかったというのもありますが（笑）。

素材を帆布にして、自転車による移動販売、とアイデアが固まった時点で、山内さんには「こんなふうにやっていく」というビジョンがはっきり頭に浮かんだものの、まずはベースとなる自転車調達から、つまずくことになった。

やっぱり、自転車だって地元産がいいじゃないですか、そうなると。販売場所は東京に来たころから好きだった谷根千に決めていたので、通うのに近くて家賃も安い場所を工房に探して、三河島にして。だから足立区とかの自転車屋さんをずいぶん回ったんですが、まるで相手にしてもらえないんです。そんなときに、池袋東武デパートで開催された職人さん展というのがあって、そこに茅ヶ崎のサイクルボーイという、オーダーメイドの自転車を作っている方が出品されてたんですね。それで、こういう自転車がほしいんです！　とお願いしたら、その方がこちらの気持ちをすごくよく聞いてくれる方で。それで、こんなすてきな自転車ができたんです。商品を積んで、開けば陳列棚になる箱がついて。谷根千は坂がすごく多いので、実用車ですが変速機をつけてもらって、ブレーキも強化して。でも、気をつけないと盗まれちゃいますから、うちでは室内保管ですし、移動販売中でもすごく気をつかいます。置いたままでは、休憩にも行けないぐらい。

職人の技が光る「えいえもん号」!!　山内さんの熱意に心打たれた茅ヶ崎のCycleBoyさんが製作したとのこと。細部にまでこだわった作りは職人の技を感じさせる

自転車ができて、「ながれのかばんや　えいえもん」というノボリもつくって、2008年10月に山内さんの移動販売カバン店は開店した。路上で販売するので、警察にも事前に相談に行ったが、「路上に置くんじゃなくて自転車の上だから、取り締まるわけにはいかない、地元の方に迷惑にならなければけっこうですって言われました。区役所でも、食べ物じゃないから区の許可は要らないって」と、こちらのほうは意外にスムーズだった。

知り合いのお店の前とか、駐車場とか、そういう場所を「自転車置いて、お店開かせてください」ってお願いして、だんだん増やしていきました。まず、隣近所に挨拶するところから始まります。場所が増えてきたので出没スポットと、わたしが好きなお店とかを書き入れた「えいえもんの谷根千てくてく歩きMAP」も作ったんですよ。

いま、山内栄衛門のカバンは、「対面販売が8割、ウェブサイトが2割」だという。そのウェブサイトも、楽天のような既成の大規模な販売サイトに乗せるのではない。問い合わせの返信から商品の発送まで、ひとりで手がける小さなスケールだ。

ウェブは、そのとき手持ちのお金が足りなかったりとか、もうちょっと考えてから決めたいっていう方、遠方の方用に作ったサイトなので、ここのホームページを見ないと買えないようにしてます。ひとりですから、あんまりオーダーがあっても苦手な作業が増えるので。いまくらいがちょうどいいですね。もともとのわたしの気持ちともちがいますし。

自分で小さな商売を始めるとする。いまだったら、100人のうち99人は、まずウェブを使ってネット販売を、と考えるだろう。でも、そうじゃない道を行くひとがいる。この山内さんみたいに。細いからだの女の子には重すぎるほどの自転車に商品を載せて、息を切らしながら坂道を上って、雨の日も合羽を着て、ときには冷やかしにも耐えながら、それでも自分のつくったものと、それを選んでくれるお客さんとのコミュニケーションをなによりも大切にするひとがいる。

真冬、谷根千に観光客が少なくなった時期

に、山内さんはいちど表参道や大手町にクリスマスのカップル目当てに遠征したことがあるという。「でも、すごくアウェイ感があって（笑）。わたしの周囲1.5メートルぐらい、ひとがいなくなるみたいな状態でした」。こういうもののつくりかた、売りかた、生きかたをするひとに似合う土地柄はやっぱり、右半分なんだろう。

帆布製箸入れ。ペンケースとしても使えそう

⊙ながれのかばんや　えいえもん
http://eiemon.com/

取材の日はあいにくの雨。
友人の花屋さんの玄関を借りて開店することに

↓

開店準備、開始！

荷台に備え付けられたボックスの上側を開くとディスプレイスペースに

↓

サイドを開くと陳列スペースに。サイコロの展開図のよう

→

陳列中。サドルや箱の脇にも商品が掛けられる

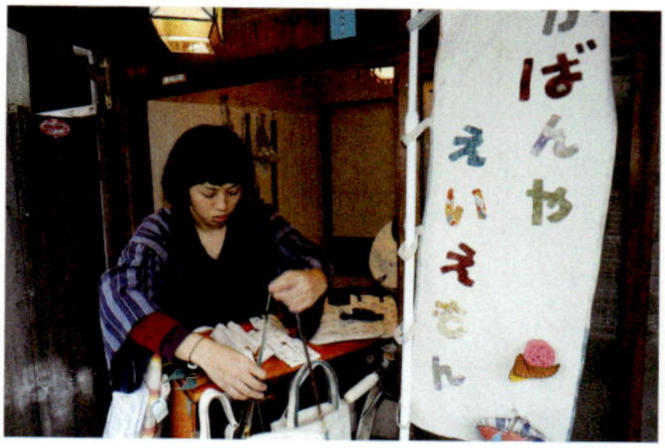

↑

完成でーす！

自作のカンカラ三線を手に歌う岡さん。衣装は冬でもアロハシャツ

カンカラ三線で歌う明治大正演歌

【江東区・富岡】**岡大介**

♪地主金持ちはわがままもので　役人なんぞはいばるもの
　こんな浮世へ生まれてきたが　わが身の不運とあきらめる

　お前この世に何しにきたか　税や利息を払うため
　こんな浮世へ生まれてきたが　わが身の不運とあきらめる

明治から大正にかけて活躍した演歌師・添田唖蟬坊の詞に高田渡が曲をつけた『あきらめ節』。こんなアナクロな歌を、ブリキ缶に棹をくっつけたカンカラ三線という、これまたアナクロな楽器をつまびきながら、門前仲町の橋の上に立って歌っている男。でも出で立ちは派手なアロハシャツ。岡大介さんは1978年生まれ、まだ31歳の「明治大正演歌・昭和歌謡もうたえるフォークシンガー」だ。

ここは石島橋って言って、川岸の桜がきれいなんです。お花見の時期は『お江戸深川さくらまつり』が開かれるので、そのときは毎週土日にストリート・ライブしてるんです。

そういう岡大介さんは、もともと西東京市西武柳沢生まれ。実家は銭湯で、小さいころから釜焚きや浴槽掃除を手伝いながら、サッカーに熱中するスポーツ少年だった。

岡さんの歌声に誘われて……一緒に歌いだすおじいさん。カンカラ三線にも興味津々

小学校のころからサッカー漬けで。ポジションはハーフでしたが、とにかくプロを目指すくらい、本気でした。それが20歳ぐらいのとき、そのころ埼玉のチームでプレーしてたんですが、Ｊ２から降りてきたひととプレーしてみたら、ぜんぜんボールに触らせてもらえなくて。それでプロのレベルを思い知らされて、諦めたんです。もう、サッカーは趣味にしておこうって。

岡さんの音楽との出会いは、高校時代だった。時代は1990年代初頭、クラスメイトはX JAPANだ、グレイだ、ラルクだ、ミスチルだと騒いでいたときに、岡さんのこころをとらえたのは、まったく別種の歌だった。

高校生のころですが、おじさんの持ってた吉田拓郎のレコードを聴いて、いきなりやられちゃったんです。『人間なんて』でしたね、最初に聴いたのは。それでもう、ずーっと拓郎ばっかり聴くようになって、それから徐々にいろんなフォークシンガーに手を広げていったんですが、20歳のころになぎら健壱の『日本フォーク私的大全』を読みまして。それでアングラ・フォークにどっぷりはまっちゃいました。

高校卒業後、アルバイトをしながらギターを始めた岡大介さんは、20歳のころから路上に立って、オリジナルや拓郎のナンバーを歌うようになった。

最初に路上ライブやったのは、井の頭公園のボート乗り場でした。それから毎週日曜日になると井の頭や代々木公園で、ギター抱えて路上で歌うようになったんです。はじめのうちは練習してるみたいな感じで、道に座って楽譜を見ながら、うつむいて歌ってたんですが、ライブハウスでやれるようになったころ、「ちゃんと顔を上げて歌え」と言われて。それを路上でやると、客に上から見おろされる感じになっちゃうんですよね。それがイヤになって、立って弾き語りするようになったんですね。はじめて歌うときは緊張しましたが、でも路上でできたら、もうどこでもできますよ！

少しずつオリジナル曲を増やしながら、岡さんは『日本フォーク私的大全』を片手に、全国各地のフォークソングの拠点を回るようになった。70年代から脈々と続くフォークの伝統の中、50代、60代のシンガーがほとんどという環境に飛び込んできた若者を、ベテランたちはかわいがり、いろんなことを教えてくれたという。

ぼろぼろになっても持ち歩く『日本フォーク私的大全』。フォークシンガーのサインや写真、コンサートチケットの半券などがいっぱいに挟まれている

最初は吉田拓郎が好きだったんですが、それからフォークのルーツを追うようになって。そうするとピート・シーガーやウディ・ガスリーみたいなアメリカのフォークソングに行き着くんですが、やっぱり外国の音楽でしょ。そうじゃなくて日本語の響きが好きだったので、それを探してなぎら健壱さんや高田渡さんのお話や歌を聞いたり、図書館で勉強したりするうちに、明治大正の演歌に行き着いたんです。

いまの「演歌」ではなく、明治大正時代に権力批判や世相風刺をこめた詞を、バイオリンのメロディに乗せて弾き語りしたりしたのが、もともと「演歌」と呼ばれる音楽であり、その代表格が添田啞蟬坊だったのは、ご存じのとおり。「日本にも、僕の知らないこんな素晴らしい歌がたくさんあったんだ」と驚いた岡さんは、いまから100年近くも前の歌を積極的に発掘するようになった。

とにかくおもしろかったんですが、バイオリンは弾けないし、ギターでやってみたらカントリー調になっちゃうんですよね。それで悩んでいたところに、路上で知りあったひとからカンカラ三線のことを教えてもらって。それで探したんです。いま弾いてる、この三線は手作りで、缶はもらいものなんで、原材料費2000円ぐらいですね。キットなら5000円ぐらいで、完成品だって1万円も出せば買えますし。

声のでかさには自信があると笑う岡さん。路上で演奏するときもアンプは使わないで、あくまで生音にこだわっているが、カンカラ三線はギターやバイオリンに較べて音量が小さめ。なので歌声もそれに合わせて、大きすぎないように調整しながらうたう。いかにも楽器楽器していない、カンカラ三線のファニーなルックス。そして声を張り上げるのでもなく、口ずさむのでもなく、微妙な力の入れ方と抜き方が、明治大正演歌のおもしろおかしく、皮肉な内容にすごくよく似合う。

24〜25歳で演歌とカンカラ三線に出会って、「カンカラソング」という独自のジャンルを開拓していきながら、岡大介さんはおもに中央線沿線のライブハウスや居酒屋をホームグラウンドに回っていった。それが、去年のはじめごろから、右半分の下町で歌う機会が増えてきたのだという。

20代を通して吉祥寺から新宿までの中央線沿線で歌ってきて、50軒ぐらい回ってたんですが、なんだか最近、中央線にパワーがなくなってきてるんじゃないかと感じたんです。そう思ってるころに、いろいろ和のイベントを仕掛けているひとと出会って、浅草に連れてきてもらって。鯨料理の「捕鯨船」という店をやっている、浅草の顔みたいな店主がいるんですが、その方に紹介してもらったんですね。初対面のときはあんまり印象よくなかったらしいんですが、お渡ししておいたＣＤを夜中に聴いてみたら「おもしろいじゃない！」となったようで、また来てくれと誘われました。それから、こっちでやるようになったんです。

中央線から、徐々に右半分へと活動の中心を移動させながら、バックパックにカンカラ三線を突っ込んで、全国各地を回り続ける岡大介さん。歌う場所もライブハウスから居酒屋、寄席のゲストまでさまざまだが、ストリートに帰ることも忘れない。

高田渡のサインとツーショット写真は宝物

大きなコンサートとか、ギャラが良かった仕事だとか、いい仕事ができた日ってありますよね。そういうときは、帰りに路上で歌うようにしてるんです。吉祥寺のサンロードとか。いちど歌ったあとですから、声なんか裏返っちゃって、それを道行く女の子に笑われたり、聴いてるのはホームレスだけだったりして……。でも、声が枯れてたとしたって、もし氷川きよしが路上で歌ってたら、みんな集まるでしょ。だから自分の大きさを再確認するというか、リハビリというか、そういうために路上でわざわざ歌うんですよね。

夢は自分の名前を日本全国に知ってもらうこと、と言い切る岡大介さん。もちろんＣＤは売れてほしいが、売れなくたって「路上」はなくならない。いまは歌だけで食っていけるようになったので、夢が叶ってる途中ですねー、とほがらかに笑いながらカンカラ三線を背負って、「いい居酒屋があるって聞いたんで」と、商店街のほうに去っていった。

あの一瞬の輝きだったフォーク・ムーブメントは、30年、40年たったいまになって、こんなに若くて、たくましい歌い手を産むことになったのだ。

⊙岡大介　http://okataisuke.web.fc2.com/

仲見世裏のクチュリエール

【台東区・浅草】弥姫乎

休日だろうが平日だろうが、いまや原宿・竹下通りより混んでるんじゃないかという浅草雷門前・仲見世通り。耐え難き喧噪を避けて一本裏道に入ったあたり、昔ながらのお菓子屋や飲食店が並ぶ通りに、ファサード全面を朱色に塗り込めた、異様に目立つ店がある。『弥姫乎』……これで「みいこ」と読ませる、着物をベースにしたオリジナル・ファッションを制作販売するショップだ。

ずっとその存在を知ってはいたけれど、中年男がひとりで入店するには、いささか敷居が高い。取材を口実に今回初めてガラス戸を開けて入ってみると……店にはだれもいないじゃありませんか。不用心！「すいませーん」と声を上げると階段をトントンと降りて、黒いドレスをまとった女性が姿をあらわした。飯塚美鈴さん、彼女が『弥姫乎』の代表兼デザイナー兼店員さん。つまりこのお店、そしてこのブランドは、飯塚さんがひとりで作って売っている、手作りクチュールなのだ。

飯塚美鈴さんは埼玉県の越谷市生まれ。もともとの家業が床屋さんで、お父さんは公務員という、あまりファッションとは関係ない家庭に育った。

わたしは祖父母に可愛がられて育ったんですが、越谷なんで、よく東武電車で浅草に遊びに連れてってもらってたんですね。それでこの町になじみがあったんです。ファッションも、家で着物を着てたとかでもなかったんですが、しいて言えば伯父さんが骨董好きで、刀をポンポンやって手入れしてるのを間近で見てたり、祖父母の影響で学校から帰ると毎日テレビで『水戸黄門』（笑）。そんなもんですねえ。

高校卒業後、文化服装学院アパレルデザイン科に入学。2年生になったころから、自分のデザインに「和」のテイストを取り入れようと思うようになった。

入学した最初のころは、いろんなもの着てましたし、髪も何色にも染めたりして。2年目ぐらいから和ものに興味が出てきたんですが、文化服装って洋装の学校なので、下駄や着物で行っちゃいけないんですよ。わたしが行ってたのはもう10年ぐらい前だから、いまはどうなのかわからないけど……。それで、何度も下駄を取り上げられたりしているうちに、反発心が生まれたんでしょうね。「着物でも洋装っぽければいいんでしょ！」みたいな。

10年前といえば、世の中はハイファッション全盛期。同期生もみんなアパレル・メーカーに就職してデザイナーを目指したが、飯塚さんはひとりでいきなり自分のブランドを立ち上げ、浅草にアトリエを開く。「みいこ」という自分のあだ名に漢字を当てて、『弥姫乎』という名前も考えた。

クラスメイトはみんな就職して、青山方面で働いてましたからねえ。ひとりだけ自分の店、それに浅草でしょ。びっくりというか、唖然とされたりしました。名簿を作るときかなんかに就職先を聞かれて、店のことを話したら、「フリー」って書かれたりしました（笑）。

浅草の中心部からちょっと離れた4丁目に

飯塚美鈴さん。左は今シーズンの新作。

開いたアトリエで、ひたすら服を作って、展示会に出したりショップに置いてもらったりして売ること1年半。そうしながら店舗物件を探していたが、ちょうどいいタイミングでこの場所が見つかった。飯塚さんが入る前はお好み焼き屋だったという。2004年のことだった。

骨董市を回って、いい着物を仕入れて、最初のうちはそれを素材にリメイクするのが中心でした。でも、このお店を出した6年ぐらい前から、着物ブームみたいになって、もう骨董市でもなかなかいい着物は出ないし、あっても高い。それに、みんなと同じじゃイヤだなって、また反発心が出ちゃって。それでいまは自分のデザインの一部に、着物を素材として使う方向に行ってます。ほんとにいい、ちゃんと着られる着物は、崩したくないですしね。

浅草という町の特徴なのか、デザインの特性なのか、『弥姫乎』のお客さんは40、50代の女性がメイン。いまではお母さんの影響で娘と2代にわたって来てくれるお客さんもいるという。

若いころにヨウジとかコムデとかにハマってた40代、50代のファッション世代が、うちのお客さんの中心です。若い子はだいたい洋服にお金をかけないから、結婚式とか、海外に行くのにとか、そういう機会にって買ってくれることが多いですね。うちは婚礼ドレスはレンタルもしてますし。でも、いまの子は着物の扱いを知らないでしょ。打掛けの生地

弥姫乎店内。打掛け生地を使ったドレスは、ウエディング用のレンタル

弥姫乎外観。男性はたしかにちょっと入りにくい

吉原をイメージして造られた、２Ｆのバー「鈴楼」。奥の小あがりに屏風を立てかければ、さらに色っぽい雰囲気になる

を、「エマールなら大丈夫でしょ」なんて、洗っちゃったりするんですよ！　それで、無残な姿になった商品が戻ってくる、なんて事件がたくさんありました。そういうこともあって、いまは主な生地には化繊みたいなカジュアルなもので、一部に着物の素材を使うというふうにデザインしてますね。それなら、着物が扱えるクリーニング屋さんならドライで洗濯してくれますし。

『弥姫乎』のビルは3階建て。１階がショップで、２階は夜だけひらくバー、３階がアトリエだ。バーは店長を雇っているけれど、服のほうはいまでも飯塚さんがひとりで作って、売っている。ワン・シーズンで上下25体ずつ、50作品ほど。展示会も開くが、基本はこの店のみの限定販売。ネットショップもあるけれど、やっぱり着てみないとわからないから、来店して選んでもらうのがほとんどだ。

とくに平日はそんなにお客さんがひっきりなしというわけでもないので、ふだんはアトリエで服を作っていて、お客さんが入ってくるとセンサーでピンポンって鳴るので、そしたら３階から駆け下りてくるんです（笑）。そんな感じでずーっとやってきて、去年が立ち上げ10周年だったので、１カ月限定で２階にバーを作ってみたんです。『鈴楼』という名前で、壁からなにから全部、赤に塗り込めて、吉原をイメージした内装にして。それが好評だったので、今年再開することにして、オープンしたばかりなんです。

鈴楼は夜８時に開店して、閉めるのは朝５時！　１階のお店とはまたちがった入りにくさというか、知らなきゃぜったいわからない隠れ家バーだ。

そうなんですよー、１階のお客さんはけっこう遠方から来てくれる方が多いんですが、２階のほうはこのへんの、夜中にお店終わったひととか、独特な変わったひとが多くて（笑）。でも、これだけ入りにくいと、場違いに騒いだりする、困ったお客さんは来ませんから。

知る人ぞ知る「浅草貴婦人会」のメンバーでもある飯塚さん。世界中のだれでもが知ってて、どこでも買えるブランド服より、こんな小さな店で、作り手と直接コミュニケーションを取りながら、世界中のだれも着てない服を着る、そのほうがどれだけいいだろう。しかも『弥姫乎』の商品は、基本的に全部１点ものなのに、表参道や代官山の店よりずーっとお手頃価格なのだから。

⊙**弥姫乎**　東京都台東区浅草1-18-9
http://www.meeko-meeko.com/

上／サンダルは、入谷在住の職人さんの作品　**下**／スカートのテープ部分は、畳表につかう、縁の生地だ

「よさこい」を着る

【葛飾区・東堀切】たかどの装舎

週末、用事があって表参道に行ってみたら、いつもに増して異様な大混雑。なんだろうと思っていたら、『原宿表参道元気祭スーパーよさこい2011』というお祭りの真っ最中だった。いったい「よさこい」って、全国でどれくらいあるのだろう。

今年も8月9日から12日まで高知県高知市の元祖・よさこい祭りが開催され、191のチームが参加、100万人を超す観客動員だったという。高知市の人口が30数万人だから、ふだんの3倍以上の人間が祭りに参加したことになる。

調べてみると、よさこい祭りの歴史は意外に新しい。もとになった民謡『よさこい節』は古くから伝わっていたが、いまのような「よさこい祭り」として開催されるようになったのは、1954（昭和29）年のこと。徳島の阿波踊りに対抗して考え出されたイベントだった。公式サイトによれば——

よさこい祭りは、第二次世界大戦後の不況を吹き飛ばそうと高知市の商工会議所が企画したのが始まり。1953年のことです。この時、「隣の徳島県で行われている阿波踊りに負けないお祭りにしよう」と皆さん色々考えました。まずは踊りの振り付けを日本舞踊（花柳、若柳、藤間、坂東、山村の日舞五流派）のお師匠さんに依頼。また、踊りのための作詞と作曲を高知市在住だった武政英策氏に依頼しました（「よさこい鳴子踊り」）。この時の武政氏のアイディアで、「隣の阿波踊りの素手に対抗してこちらは鳴子を使おう」とい

「いろはにほへと」というコンセプトで依頼を受けた衣装。諸行無常の感じを出すために、五大桜のひとつ、「滝桜」を後ろ身頃にデザインした。後ろ身頃と前身頃の柄あわせもしてある

う提案がよさこい祭りの基本アイテムの一つになっています。第1回よさこい祭りは翌1954年8月に開催されました。日取りは当時の気象データで過去40年間で最も晴天率が高かった（正確には「降水率が低かった」）10日、11日に決まりました。

高知よさこい祭り
公式サイト http://www.yosakoi.com/jp/

ちなみに武政英策《たけまさえいさく》とは、高知でなく愛媛出身の作曲家。大阪で空襲に遭い、高知市の隣の南国市に疎開。そのまま1982（昭和57）年に亡くなるまで高知市に居住したそうだが、実はペギー葉山の『南国土佐を後にして』も彼の作詞作曲になるもの。たまたま、というか縁あって訪れた土地の文化に魅せられ、外部の人間ならではの視点を活かし、新しいスタイルをつくりあげる。それはバリ島の伝統舞踏を「ケチャ」という新たな舞踏劇に昇華させたドイツ人画家・ヴァルター・シュピースを思い起こさせる。

もともとは伝統的な盆踊りふうだったよさこい祭りが、現在のような激しく、カラフルなスタイルに変わっていったのは、1970年代初頭らしい——

毎年よさこい祭りは開催されてきましたが、1972年頃から雰囲気が変わり始めました。よさこい祭りにサンバ調やロック調の曲を採用して踊るチームが出現したのです。思えばよさこい祭りの産みの親の一人である武政英策氏が「よさこい鳴子踊り」の使用を一般に許したため、その曲を自由にアレンジして制作することができ、それに合わせて振り付けを考え、衣装を工夫し……という今のよさこい祭りの形態につながる要素が込められていたと言うわけです。新しいよさこい祭りの形態はあっという間に広がり、よさこい祭りのバリエーションを広げて行きました。

（公式サイトより）

その新しいよさこい祭りが、ここまで全国的なイベントになったきっかけは、1992（平成4）年に札幌で始まった『YOSAKOIソーラン祭り』から。「（仙台七夕祭りのような）装置集約型に比べて主催者側の支出が少ない参加者集約型の都市イベントであり、YOSAKOIソーラン祭りの成功以降、地元の民謡と鳴子を手にしたYOSAKOI祭りが急速に各地で普及している……」などと、wikipediaでは身も蓋もない説明がされているが、一説によれば現在では全国各地で220近くの「よさこいスタイル」の祭りが開催され、チーム数が1000以上、観客動員総数は1000万人（！）と推定されている。「よさこい／YOSAKOI」とは、すでに高知という一地方の夏祭りであることをはるかに超えた、現代日本が生んだ、そしてもっとも成功したストリート・ダンス・パフォーマンスの形態であるのかもしれない。

前置きが長くなってしまったが、その「よさこい」を全国区に押し上げた魅力が、音楽・ダンスと並んで、あの独特にカラフルな衣装であることに、異論を唱えるひとはいないだろう。そして数ある衣装制作店舗・工房のうちで、わずか3年前にスタートしたにもかかわらず、いまもっとも独創的なデザインを生み出すアトリエとして注目されているのが、葛飾区東堀切に本拠を置く『たかどの装舎』であることを、ご存じだろうか。

たかどの装舎の社主であり、デザイナーでもある岩永ゆかりさんに、お話をうかがってみよう——

「よさこい」と言っても、大きなものだけで3月の京都のさくら祭りから始まって、5月の湘南平塚、横浜のみなとみらい、6月に北海道があって、7月は茂原とか、さいたま、8月が高知、原宿よさこい、10月東海道とお台場……と、3月から11月までずーっとシーズンなんですよね。だから、春から夏まではまったく休みなしの忙しさなんですけど、特に夏場は実際に現場に足を運んで、演舞を拝見しますから。私たちは衣装の制作が仕事ですけど、やっぱり最後に、衣装を着て踊るところを見て確認するところでフィニッシュなんです。その中で、ああ、あれはもう少しこういう位置にしておけばよかったとか、日光の下で染めがきれいに出ているかとか、その確認と、次の課題を見つけることも含めて、そこで達成感を感じるんです。

私は高知市の隣の南国市の生まれなんです。高知空港があるところですね。もともと、よさこいじゃなくて、ふつうのアパレルのファッション・デザイナーになりたくて、渋谷の田中千代

立体裁断で、体の線に添うように、背にはダーツがとってある。帯にも、秘密の工夫が

ファッションカレッジでレディースのデザインを学んだんです。ちょうど卒業の前年がバブル崩壊で（笑）、自分のつくった服を持ち込んでずーっと就職活動をして、やっと自由が丘のほうのアパレル・メーカーに就職できました。

田中千代先生というのは、民族衣装のコレクターとしても非常に有名なんですが、その影響を受けて、私も世界のいろいろな衣装の成り立ちやバリエーションにすごく興味があったので、自分から希望して海外のインポート部門に配属してもらったんです。それでインドやタイや中国に、年に何度も出張しながら、アジアの生地で商品をデザインするという仕事を3年間ぐらいやってました。

それで、私の担当は渋谷の「109」だったんです。会社に「おまえのデザインは奇抜だから」って言われて。安室奈美恵の全盛期でしたねえ……コギャルのお店の店長さんたちがおっしゃることが、まったくわからなくて、それを汲みとるのが大変で、現場に足を運んで意図を掬いきるというスタイルの基礎を築いたのはあのときだったかもしれません（笑）。

そのあと別の会社に移って、30代ミセス系のデザインとかを担当していたんですが、28歳で寿退社しました。アパレル業界って、もともと女性が上に行くのは難しいし、ものすごく苛酷な職場なので、仕事と家庭を両立させるのは不可能だろうと思って……。

それで家庭に専念していたんですが、子育てがひと息ついたころに、パソコンを独学で勉強しまして、ネットショップを立ち上げたんですね。それがいまから5、6年前。以前の取引関係とかがあったので、まずはアジアの雑貨を輸入して。

でも、私のやってきたのは、やっぱり洋服だろうと。ショップを立ち上げるときに協力してくれて、いまもMD（マーチャンダイザー）を担当してくれているパートナーがいるんですが、彼にもそう言われて。

洋服がまたやりたいと、以前お世話になったアパレルの会社のほうにご連絡したら、想像以上に歓迎してくださったんです。

でも、お世話になった縫製工場は、100％なくなってしまっていました。

それに、洋服がいちばんやりたいけれど、洋服を生産するにはデザイナーもいるし、パタンナーも縫製工場も、もちろん運営資金もいるしで、いきなりそこまでは難しい。いままでブランクがあって、これだけ新しくて若いデザイナーさんがどんどん出てくるなかで、いまから最先端の流行に追いついて行けるのかって考えると、それだけの現場を整えられるか、在庫を抱えられるか、営業できるか、ということを考えると、あまりにもリスクが大きくて。やる気はあったんですけれどね（笑）。

それで、個人で洋服をやるならオーダーメイドだろうと。当時、3年前ぐらいですが、コスプレがすごく流行ってたんですよね。それで、ブログにオーダーメイドのことを書いたりすると、コスプレのお客さんからの問い合わせが、すごく多くて。で、秋葉原に行ったりして勉強しながら、1点だけ作ったんですが……ダメなんです。

結局コスプレ衣装って、主婦のかたが個人でつくったものをヤフオクに出したりして、それをマニアの方が買っているというような状況もあったりして、当時は量産体制で製作していく衣装とは思えなかったんですね。でもうちは、私がデザインして私が縫ってっていう、内職のレベルじゃなくて、やっぱりデザインを描いて、パターンにして、工場に出してっていう量産にしたかったんですね。そうなると、コスプレの内職みたいのではビジネスにはならない。どうしよう……ってなってたときに、「あ、よさこいがあった！」って、思い出したんです（笑）。

高知のよさこい祭りは、戦後の復興の中で、地元の人たちが懸命に考えて生みだしたお祭りなんです。いま、全国によさこいは広がって、ストリート・パフォーマンスの一つのように思われがちですけれど、高知のよさこいは、見ている人も踊っている人も、ほんとうに一体感があって、「一期一会」って、このことを言っているんだと思うくらい、祭りを通して、人と人のつながりの深さを感じられるんです。

実はそれまで、田舎には毎年帰ってたんですけど、あえてよさこいは見に行かなかった。いろんな衣装がどんどん出てくるのを見ると、戻りたくなっちゃう。洋服を作りたい、常に絵を描いていたい……って糸へん業界のことを思い出してしまうので。だから、わざと新聞も見ないしニュースも見ない、やってるよと言われても、テレビも見ないという状態が長かったんです。心の中にはずっとあったのだけれど、避けていたのが、とうとうこれをやる時期が来たんだな、と思い立ったというのが正直な気持ちです。

自分がよさこいの衣装をやろうと思いついて、初めて自分のルーツとつながった気がして。自分が取得した技術で、今度は自分の故郷のためにも貢献できたら、デザイナーとして生きがいを感じられるかなと。一生現場でやってきたいなと思っているんです。それからは、いままでのぶんを取り戻さなきゃと、資料を集めたり、生地屋さんや縫製工場に連絡しまくって。それで『たかどの装舎』という名前で2008年の7月1日に会社を立ち上げて（「たかどの」って言うのは「楼」という字なんです、私が昔から好きな漢字なので）、そしたら9月にいきなり注文が入りました。それも、納期まで1ヶ月という厳しい注文でしたが、工場ともずいぶん苦労しながらそれを仕上げて、翌年の2009年からはもう、がんがんやっていこうっていうかたちになりましたね。

よさこいというのは、もちろん歴史あるお祭りですから、高知にも（衣装の）老舗が数軒ありますし、関東、北海道、福井にも何軒かずつあるんです。そういうなかに私たちが出ていって、似たようなものをつくってもしょうがない。いままでとはぜんぜん違う、コンセプトや流行を大胆に強調したものをつくろうと思ったんです。

よさこいのチームというのは、学生さんから主婦の方からいろいろいらっしゃるんですけど、毎年チーム全員で、メッセージを考えるんですね。たとえば今年は震災があったので、笑顔を届けたいっていうメッセージであったり。なのでうちがつくる衣装は、最初の商談でいきなりデザイン画を描くのではなくて、まずコンセプ

「鹿鳴館の感じで」という、イメージのみで依頼を受けたものは、岩永さんのほうで資料をしらべ、いろいろと提案した。
宝塚っぽい雰囲気になったこの衣装、柄の色は、オリジナルで指定した

トを5時間とか7時間とか、じっくり話し合うんです。

ひとつの演舞ができていく順番というのは、まずコンセプトができて、曲ができて、その曲をもとに振り付けができて、最後に衣装ができる。なので、最初のうちにこんな衣装、こんな踊り、こんな曲っていうイメージがあっても、順番を経ていくうちに、当然ながら最終的にズレが出てくる。たとえばここでこれがしたいんだけれど、この暑さではとか、ここでこういう飾りをつけたいけれど、あの激しさではこれはとれてしまうとか、やりたいことと実際の振り付けや環境が、障害になって多々出てくるんですね。そのときに簡単にあきらめるのか、工夫して追求するのか、それとも違う方法をとるのか、そういうふうに衣装で最終的に調整するのが、けっこう難しかったりするんですね。

でも、デザインはよかったけれど、踊ったときに大変な思いをするようなことになってはならないと思っています。デザインを強調しても、縫っておしまい、現場でそれが伴わない、というふうにはしたくないんです。

基本的にチームの衣装は毎年新しいのにするんですが、有名チームだと年間出場数が50ヶ所、なんてチームがあるんです。そういうチームには、もちろん衣装に強度も必要ですし、洗濯に耐える生地やプリントも必要になる。サイズだって、ふつうはMならMで終わりかもしれないけれど、同じMサイズだってバストもウエストもヒップも、いまの若い方と年配の方、身長によってもほんとはちがいますよね。だからそういうことも、チームに合わせて考えます。ちゃんとからだに合って、踊っても着崩れしないようにとか、特に女性の場合、肌が見えてしまうなどの事故を身聞きしますし、早替えのときに脱げないとか、丈が長すぎて子どもが踏んで転んでしまったりしないようにとか……。あと、いちど使った柄は、ほかで基本的には使わないですし。だってアパレルの世界でも、いちど流行った生地を数年後にまた使うとか、ないですものね。

うちは歴史も伝統もないですから、そのぶんオリジナリティとか、細かい工夫で勝負していくしかないと思って。なので、いちどうちで衣装をつくってくれたチームさんは、「着やすくてびっくりした」とか、「いつも安全ピン10個くらいつけて着てるんだけれど、たかどのさんのはなにもつけないで、ぱっと着れるようになっていて着くずれもしないし、しわも出ないし」とか、言っていただけてますね。

2011年の高知のよさこい祭りで、県知事の着る衣装も手掛けた。桂浜の波のイメージの上にプリントされた「まるごと高知」の文字は紫舟さんのもの。暑い地方の衣装は、薄くて速乾性のある生地を使うようにしている

これは、桐生の生地屋さんの生地。この紫と黒の髑髏の生地、欲しいです。面白い生地が見せてもらえると聞けばすぐに現場に飛ぶ。つねに、さまざまな生地を探しているという

岩永さんみずからキャリーバッグに詰めて持ってきてくれた衣装のいくつかを見せてもらうと、それは楽しくなるぐらいカラフルで、ポップで、企業秘密のような工夫がたくさん施されていて、しかも着物なのに立体裁断で……ようするにそれはごくノーマルなアパレルの感覚でデザインされた、ダンス・コスチュームなのだった。そしてそういう、ファッションの世界ではごくノーマルな発想のデザインが、設立してたった3年という新参者によって生み出され、リピーターを増やしているという現実は、いままでの「よさこい衣装業界」が、いかに伝統的なお祭り衣装の発想から抜け出せていなかったかを示してもいる。

「よさこい婚」ってあるの、知ってます？

と、岩永さんは最後に教えてくれた。「よさこいの中でカップルができないと結婚できないくらい、時間を費やして、すべてのプライベートの時間を捧げていたりするんです。一般の方からすると、なんでって思われるかもしれませんけれど、暑い中、踊っていて、ふ

先の「まるごと高知」の衣装の、デザイン画。桂浜の波のイメージの中に、高知のお座敷遊び、「箸拳」とさかずきの模様を入れてある

写真デザイン画提供：たかどの装舎

左／東京のチームから依頼された衣装のデザイン画
上／そしてこちらが出来上がった衣装

りあげた鳴子を持つ腕がもう落ちそうになるところを、沿道から団扇であおいでくれるお客さんがいたり、オトナになってから、みんなで一斉にひとつのことをやる達成感とかを感じられなくなっていたときに、よさこいで初めてそういうものを体験して、ハマるっていう方が多いんですよね。主婦や学生さん、社会人の男性でも。そういう方たちが一年間、練習を積み重ねて、大事な資金で買ってくださる衣装が、舞台に出たときに、他のどこかのチームとほとんど変わらなかったとなると、やっぱりさみしい、悲しいと思うんです」。

それは僕らがなにかのおりに、大切な洋服を買ったり注文するのと、まったく同じ感覚だ。その、考えてみればふつうの感覚を、いちどホームグラウンドを離れたデザイナーだからこそ活かせるのかもしれないし、そんな新しいデザインが、原宿でも代官山でもなく、葛飾区の堀切なんてところから生まれているというのが、すごく痛快でもある。

⊙たかどの装舎　東京都葛飾区東堀切3-17-6 3F
http://www.yosakoi-takadono.com/

衣装は、祭りの場で踊られたところで、破綻がないか、岩永さんはそこまでチェックする。美しく踊られて、そこで彼女の仕事はフィニッシュになる

左／奈良のチームから依頼された衣装のデザイン画。「阿吽」というタイトル　**上**／出来上がった衣装

シャッター通りと『王様の椅子』

【台東区・台東】**佐竹商店街**

JR御徒町駅から、にぎわう湯島方面とは反対側に春日通りを蔵前に向かって歩き出す。昭和通りを渡り、さらにまっすぐ行って清洲橋通りとの交差点にぶつかる手前が、佐竹商店街の入口だ。

明治31年に商店街が結成され、金沢の片町商店街に続く日本で2番目に古い商店街とされる、由緒ある佐竹商店街。明治18年にはあの高村光雲が、高さ15メートルの見世物用大仏を作ったほど、都内でも有数の賑わいを誇った商店街だが……現在の姿は都内でも有数のシャッター通り。すぐそばにある鳥越おかず横町などよりも、よほど古い歴史を持つ商店街であり、商店街入口には地下鉄大江戸線新御徒町の出入口もできて便利になったのに、いつ行っても地元のお客さんがちょぼちょぼと、あとは近くのビジネスホテルに宿泊中とおぼしき外国人観光客が通り過ぎるだけだ。

夏の終わりのある日、その佐竹商店街を歩いていたら、真新しい掲示板が立っているのに気がついた。『笑点街』と題されたステートメントに、「このたび、私たちは佐竹商店街を舞台に短編映画を撮らせていただくことになりました……」というお知らせが、吉岡篤史、オクケンユー、川口花乃子という3人の連名で記されている。その脇にはモノクロで、いまも営業を続ける店の、たぶん店番をしているひとたちが座っている椅子が写真に撮られて並んでいる。思わず立ち止まって、じっくり眺めてみると、すごく味があっておもしろい。なんでこんなの、展示してあるんだろう。椅子を主人公にした映画ができるんだろうか？　写真に気を取られて最初は気がつかなかったが、写真の脇にはこんな説明文が貼ってあった——

『王様の椅子』

私たちは映画制作のために、週に一回、佐竹商店街にお邪魔しています。毎回、各店舗のご主人にいろいろな楽しいお話を伺いながら、商店街を歩いています。

そこで、私たちは、各店舗にはそれぞれご店主の座る『椅子』がある事に気付きました。その『椅子』たちは、「先代からずっと使っている椅子」「奥様お手製のクッション付き」「職人さんの手作り」など、各店の歴史と個性が刻まれた象徴的な存在ばかりでした。

「いつもは自分が座ってるけど、お客さんが来てくれた時はお客さんに掛けてもらうの。はじめは、みんな遠慮するんだけど、『これは王様の椅子だから』っていうと、みんな掛けて一休みしていってくれるのよ。」

そんなエピソードから今回の写真たちを「王様の椅子」というタイトルで展示します。

いったいどんな3人が、こんな風流なことやってるんだろうと気になって、会ってもらうことにした。東京右半分……じゃなくて阿

croquette
サービスランチ
イカフライ・コロッケ
¥680
サービスランチ
クロケット定食
¥800
カキフライ
始めました

佐ヶ谷の駅で待っていてくれた彼ら3人は、吉岡さんと川口さんが俳優、オクさんはアーティストとしてそれぞれ活動しながら、『coy』というユニットを組んで、佐竹商店街の映画を撮ろうとしている若者たちだった。

オク　もともと3年ほど前、『サバイバルイン東京ラボ』というプロジェクトに参加して、東京の路上でなにかおもしろいアート活動ができないかといろいろやってみたんですが、そのときに各地の商店街をリサーチして回って。それで佐竹商店街に足を踏み入れたら、「あ、ここだ！」って直感的に感じたんです。僕は下町どころか東京の出身ですらなくて、吉岡といっしょの三重県四日市出身なんです。地元の近くに湯の山という寂れきった温泉街があって、その廃墟を使ってインスタレーションや展示イベントをしていたことがあったので、なんとなく近い雰囲気を感じたのかもしれませんねえ、佐竹に。看板の書体だとか、シャッターの細かいサビぐあいだとか、古いままのディスプレーとか……。といっても、たとえば格安弁当屋とか、新しい店もないわけじゃないでしょ。あの新旧が共存している、不思議な感

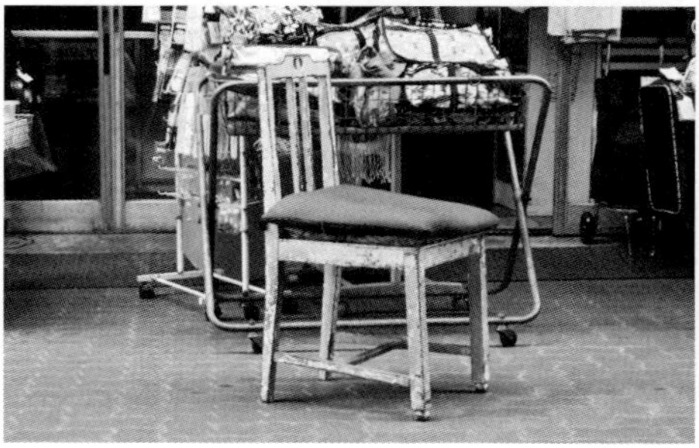

じに惹かれるんですね。
川口　わたしは東京の出身なんですが、吉岡と映画監督のワークショップで知りあって、それで湯の山なんかにも遊びに行っているうちに、なんか3人でやれないかなって盛り上がって。最初は三重で発表しているアーティストを集めて、「地方のアートの物産展」みたいのができないかとか考えたんですが、企画の規模からして3人じゃ難しいだろうと。そのころ3人で佐竹商店街を歩いてみたら、「これは映像にしたらいいんじゃない？」ってことになったんですね。地元の方といっしょになって、ここの空気感を活かした映像がつくれたらいいなって。
吉岡　それで商店街に通って、お話を聞き始めたんですが、やっぱり最初からオープンなひとばかりじゃなくて。閉じてしまうかたも多かったんです。それで、映画を撮る前のステップとして、通ってるうちに目についた椅子の写真を撮らせてもらったら、それでコミュニケーションが取れるようになるんじゃないかと思ったんですね。
川口　そうなんですよ。最初のころ、商店街の組合長さんにお話を通しに行ったんですけど、「また来たの？」なんて、ちょっとゲンナリされて。芸大の学生さんとかが、よく文化祭のノリで来るらしいんですよ。わーっとなんかやって、すぐ帰っちゃってそれっきり、みたいな。「君たちもそうなんでしょ、どうせ」って言われたんで、最初の目標が「組合長

を笑わせたら勝ち！」でした（笑）。商店街のみなさんがいままでずーっと取り組んできたのに、私たちみたいのがいきなり入ってきて「商店街を活性化させます」なんてことは、とても言えないでしょ。そういう壁があって、とにかくまずは商店街のひとたちに笑ってもらって、仲良くならせてもらったらいいなと。それで、そのあとにおもしろいものが作れたら、もうラッキー！みたいな。

吉岡　それで、最初にカーテンや布地を売るお店で強烈な椅子に出会って、写真を撮り始めたのが6月ごろ。看板を設置したのが8月21日ですから、2カ月ほど毎週通って、13〜14脚撮影しましたね。椅子もいいんですが、そこから出てくるお話が、ほんとにおもしろいんですよ、みなさん。それで、商店街のひとたちとの気持ちの交流も、ワンステップ・アップした感じですね。

何度も何度も通うことで、少しずつ信頼関係を築いていって、そうしてこれからいよいよ本番の映画撮影に入ろうとしているcoyの3人。映画のほうは椅子が主人公というわけではなくて、話をたくさん聞いているうちに集まった珠玉のエピソードを、「自分たちの勝手なエッセンスは、なるべく入れないでつなげていく」構成で、2011年2月には商店街の空き店舗を使ったお披露目上映会を開く予定。活気ゼロの古ぼけた商店街、その閉じたシャッターの内側にどんなエネルギッシュでハートウォーミングなお話が隠されているのか。「俳優やアーティストじゃぜんぜん食えないんで、アルバイトして稼いだお金を注ぎ込んでる」若い3人が、それをどんな仕掛けで見せてくれるのか、公開が楽しみ！　なお佐竹商店街の裏側あたりは、韓国料理ツウにひそかに人気の極上韓国料理店が数店舗ひそんでいるので、商店街散策のついでに寄ってみるのもよろしいかと思います。

映画撮影に向けて、登場人物の衣装材料寄付を呼びかける掲示板。箱の中にはすでに何枚か布地が

「coy」のみなさん。左からオクケンユーさん、川口花乃子さん、吉岡篤史さん。

⊙佐竹商店街

事務所：東京都台東区台東3-28-4
http://www.satakeshotengai.com/

⊙「coy」

オクケンユー　http://showtengai.exblog.jp/15186373/
川口花乃子　http://kanokocanoco.blog42.fc2.com/
吉岡篤史　https://twitter.com/#!/akiysika/

裏長屋の変身アトリエ

【台東区・松が谷】WASABI

上野と浅草のちょうど中間にある台東区松が谷。日本一の調理道具街・合羽橋があることで知られる松が谷は、その便利なロケーションにもかかわらず、地下鉄の最寄り駅（銀座線稲荷町／田原町）から徒歩十数分というアクセスのせいか、どこか時間の止まった、再開発の波から取り残された感覚が漂うエアポケットのような街区である。

その松が谷の、長屋のような2階建て店舗兼住宅に、2011年秋にオープンしたばかりの『WASABI』は、「ロリータ系かわいいコスチューム衣装専門店」。もうちょっと詳しく言うと、「ロリータ系かわいいコスチューム」を1週間1万円前後というリーズナブルなお値段でレンタルできて、希望すればヘアメイクもしてくれて、写真も撮ってくれるアトリエ。こころに秘めた変身願望をかたちにしてくれるサービスだ。

「いちどはロリータやメイドの女装をしてみたかった」男性や、「結婚式の二次会にブリブリのアイドル・コスをしてみたい」女性など、WASABIにはいろんなお客さんがやってくる。それも、ほとんどはクチコミで。秋葉原や中野や、いまではドン・キホーテとかでも変身用のコスチュームは買えるけれど、たいていはペナペナの安物。しかも「いちどはやってみたい」「パーティの余興に」なんていうひとにとって、コスチュームは必要なときに借りられればいいのであって、買って使って、あとはずーっと箪笥の奥に仕舞っておくなんて無駄なこと。そういう、マニアのコレクター以外のほとんどのひとのために、いままでありそうでなかったサービスとも言える。

WASABIを始めた塩澤政明さんは、1956年

WASABIのアトリエは白を基調にしたシンプルな空間だが、なにしろコスチュームが派手派手！

生まれの55歳。葛飾区高砂に生まれて、「高校卒業まで3回ほど転居しましたが、ぜんぶ葛飾区内でした」という生粋の下町っ子だ。

お父さんが相撲茶屋で働いていた関係で、年の半分は「名古屋や大阪場所に行っていて不在」。お母さんにおばあちゃん、女のひとたちの中で育つうちに、「小さいころから塗り絵や人形とか、女の子っぽい遊びが好きだったんです」という男の子になった。玩具の町工場が集中する土地柄でもあるだけに、「幼稚園のころから、近所の町工場から出来損ないの人形をもらってきて、自分で着物を作って着せたり、小学校の帰り道で線路脇にバービー人形のB品がどっさり捨てられてるのを発見、ごそっと拾ってきて洋服作って遊んだり」という、ある意味めぐまれた環境でもあった。

赤ちゃんのころに大病を患い、「ふつうの仕事は体力的に無理だと思い込んじゃって、美容師かデザイナーになるしかないなと」考えていた塩澤さんは、高校卒業後、千住の青果市場で働きながら、文化服装学院の夜間部に通う。専攻したのはもちろん、小さいころから好きだったレディース・ファッション。朝から夕方までは市場勤務、夜は学校という生活を3年続けて卒業したあと、「もう少しテキスタイル自体の勉強がしたくて」、やっぱりバイトしながら大塚テキスタイル専門学校に通い、生地のしくみから洋服のデザインまで洋服づくりの全般を学んで卒業、アパレルメーカーに就職する。

「最初に勤めたのは婦人コートのメーカーで、それから結局8社ぐらい、小さなメーカーばかりを転々として、そのたびに新しい分野のノウハウを学べたんです」という塩澤さんに転機が訪れたのは、いまから20年ほど前のこと。フリーランスになって、いろいろな会社と企画立案からブランド立ち上げまで仕事を一緒にするようになったころ、「ある契約がダメになっちゃって、新しい会社との仕事が欲しいな」と思って求人広告を見ているうちに、「ステージ衣装の製作・販売」という

求人を発見。もともと舞台衣装に興味があったので面接に行ってみたところ、それが「ストリッパーの衣装屋さん」だった。
「とりあえず観に行ってみてください」と入場料を渡された塩澤さん。しかたなくストリップ劇場に行ってみると、「昔みたいに場末のエログロという感じはまったくなくて、すごくきれいにショーアップされたエンターテインメントだったんです！」と認識を一新。それから週３日ほど「衣装を担いで小屋から小屋へと回って、楽屋で衣装を広げては踊り子さんたちに買ってもらう」行商生活が始まった。
「１年半ほどでしたが、やってるうちに踊り子さんたちと仲良くなったり、悩みを聞いたりするようになって、彼女たちのプロ根性に感動しましたねえ」。そして当時のストリップの衣装は圧倒的にミニスカートが多かったそうで、「スカート丈が30～35センチぐらいの超ミニ。それが、足が長くきれいに見えるバランスなんです」というヒントも得て、友人と新たなブランドを設立。それが『キャンディフルーツ』というメイド服の草分けメーカーだった。
「最初にメイド服を始めたのは15年ぐらい前からかな……いまのメイド・ブームのずっと前ですけど、漫画でメイドをよく見るけど、売ってるやつってぺらぺらで安っぽいよねと友人と話していて、それならもっといいものを作ってあげようと思ったんです」。
　最初は「頼まれたら作る」という受注生産で、月に1着だったのが、だんだん増えて10着になり、100着になり……とどんどん増えていって、工場生産に切り替え。いまではいちばんの老舗ブランドとして、業界には広く知られるようになり、アイドル・タレントからのコスチューム製作依頼も増えている。
　キャンディフルーツでメイド服を買ってくれるのは、最初のうちはもちろん女性客ばかりだったが、「3年ぐらいたったころから男性客が出てきて、いまでは４分の１がXLサイズです」。世の中にはそれだけ、ひっそりと変身願望を満たしているひとたちがいるんだな、と実感したことが、WASABIのスタートにもつながった。
「自分も友人たちと遊びでゴージャスな衣装作って、みんなで紅白歌合戦みたいなイベントやったりしてたので、変身願望はよくわかるんですね」と塩澤さん。アパレル時代に大量生産はイヤというほど経験してきたので、これからは好きなものを少しずつ作って、それが最終的に利益に結びつけばそれでいいかと思うようになって、WASABIを立ち上げることになった。
　場所を松が谷にしたのは、「なにもこのへんに思い入れがあるわけじゃないんですが、安い部屋を探していたらここが見つかったので」と明快。「土間の店先があって、奥が仕事場で、というようなイメージで、家賃６万円ぐらいまでならと考えていたら、不動産屋からここのファックスが来て、場所も見ずに決めちゃいました！」。ちなみにお隣には友人のネイルアーティストが入ったばかりだし、そのお隣は豆乳ベースのヘルシーなスコーンとマフィンの工房。「もう原宿とかは家賃が高すぎて、ものづくりに専念できる環境じゃないですよね」という言葉どおり、下町情緒ではなくて、経済的にバランスのとれた仕事がしたいからこそ右半分にやってくる、そういう人間がここにも居場所を見つけたのだった。

⊙ WASABI
東京都台東区松が谷2-29-8-103　アトリエSHIO
http://officeshio.web.fc2.com/wasabi/

浅草の新参者が、芸能の神様を揺り起こす

【台東区・浅草】アミューズミュージアム

「BORO」と出会ったのは、いまから3年ほど前のことだった。BOROと言っても「大阪で生まれた女」のBOROではなくて、青森県の農村部に古くから伝わる、何十年、ときには何世代にもわたって、つぎはぎを重ねて分厚い布塊と化した夜具や、最先端のファッションのごとき衣類である「ぼろ」のことだ。

青森、というよりかつての津軽、南部地方には、もともと「刺し子」「こぎん」といった伝統的なテキスタイル・ワークがあり、これは民芸の世界でよく知られている。しかし日本の農村のうちで、長く最貧の地域であった津軽や南部地方の農民たちにとって、「布」といえばまず「ぼろ」だった。そのような貧しい歴史を、いまとなっては恥ととらえる見方が「ぼろ」を隠し、忘れ去ろうとする意識につながった。だからいま、青森のどの美術館、博物館、郷土資料館に行ってみても、「ぼろ」を見つけることはできない。「ぼろ」とは青森県民にとって、遠い昔の「負の記憶」だったのだ。

民芸の分野ではなく、アウトサイダー・アートを研究する友人から、はじめて「ぼろ」の写真を見せられたのが、いまから3年ほど前のこと。それは印刷の悪い薄手のカタログだったが、そこに収められていた「ぼろ」のかずかずは、僕にとってはテキスタイルを使った、ばりばりの現代美術にしか見えなかった。あるいはマルタン・マルジェラのような先鋭的なファッション・デザインにしか。

極寒の地で綿を栽培することができず、他藩から買い入れるにはあまりに貧しかったため、唯一自分たちで栽培できる麻を布に織る。それを何重、何十重につくろいかさねて、ほ

麻布の上に何枚も端切れを接ぎたして厚くするかい巻のような夜具「ドンジャ」（左）と、敷き布「ボド」

とんど麻布のミルフィーユのようになった「ぼろ」。その存在感は、現代美術作家があたまでひねりだす"コンセプト"を、はるかに凌駕する圧倒的なパワーに満ちていた。「ぼろ」に出会ってから1年ほどたって、今度は地元青森で、非難と中傷と戦いながら、ほとんど半世紀にわたってただひとり、山村をめぐって「ぼろ」を収集してきた田中忠三郎さんと出会い、青森市郊外の倉庫にしまわれていた「ぼろ」の実物を見ることができた。それからまた1年たった去年には、幸運にもその出会いが1冊の本になった（『BORO—つぎ、はぎ、いかす。青森のぼろ布文化』2008年、アスペクト刊）。

その「ぼろ」が、それも田中忠三郎さんのコレクションが、今度は浅草にやってくると聞いたとき、僕は耳を疑った。地元の美術館や博物館ですら完全に無視しつづけている「ぼろ」を、東京で？　それに浅草にミュージアムなんて、あったっけ？

浅草の中心である浅草寺。重要文化財になっている二天門のすぐ脇に、『アミューズミュージアム』がオープンしたのは2009年11月のことだった。名前が示すとおり、運営母体になっているのは、あのアミューズ。サザンオールスターズからポルノグラフィティからパフュームまで抱える、一大音楽プロダクションである。

築44年、もともと結婚式会場として建てられたものが、転々と店子がかわったあげく、デベロッパーに買い取られて再開発されるはずが、金融ショックで廃墟化、3年以上シャッターが下りたままだったのを、アミューズが買い取ったのが2009年3月のこと。ずっと東京の左半分から流行を発信しながら、「浅草には芸能の神様がいるんだから！」という、アミューズの創立者である最高顧問・大里洋吉さんの独断だったという。

いまでも毎日興行を続ける木馬館をはじめとして、浅草には伝統芸能の演芸館や、それを可能にしてきた人的資源のバックグラウンドが、豊かに生きている。そういう「芸能の聖地」で、新参者が乗り込んで、いきなり音楽や演劇で勝負を挑んでも難しいだろう。かわりにアミューズが、自身はじめての「箱もの」となるこの場所で選択したのがミュージアム、それも、「アクティブシニアに向けてのエデュテインメント」施設という位置づけだった。

青森出身である大里顧問の、旧友のおじさんが田中忠三郎さんだった縁で、アミューズミュージアムには田中コレクションが常設的に展示されることになった。「正面切って“江戸”を扱っても、浅草では勝ちようのないものがすでにたくさんある、それよりも広く日本的な美意識を表現できるものを」というアミューズの求めに、それはぴったりのコレクションだったのだろう。

一見ミュージアムとは到底思えない派手な外観

各コーナーには、田中さんの言葉が掲げられている

ミュージアム2F、BOROの展示全景。照明や展示スタイルも、一般の美術館とは一味違う

左／マネキンがBOROを着る、他の民俗博物館にはありえないセンス　**上**／3Ｆから6Ｆまでは浮世絵の飾られた階段を上る。ボストン美術館に寄贈されたスポルディング・コレクションの「東海道五十三次」をデジタルプリントしたものが、全部見られる　**下**／ミュージアムのコンセプトは「もったいない」「LOVE！ Handmade」

上／５Ｆのギャラリー・バー。朝までやっているバーのお客さんは「外国人が多いんですよ」　**中**／ミラーボールに照らされる安藤広重と葛飾北斎。これも他のミュージアムではありえない光景　**下**／６Ｆでは、「織り姫」たちが、裂き織の実演中。織り姫たちは、アミューズ所属のタレントさん。イベントスペースでライブもあり。この技術を身につけるため、青森で、合宿して修業したという

廃墟化していたビルを徹底的にリノベーションしたアミューズミュージアムは、“ミュージアム”と呼ぶにはいささか派手な、最近の大規模商業施設のような外観である。1階のエントランスには、手ぬぐいなど“おしゃれ和雑貨”を販売するショップと、ヨーロッパから冷凍輸入されたパンを売るカフェ。2階が田中コレクションのうち「ぼろ」を展示するフロアで、「ぼろは間近で見て、触ってもらわなきゃ真価がわからない」という田中さんの英断で、すべての展示品が、自由に手で触れて、その重み、ぬくもりが確かめられるようになっている。

3階にはこれも田中さんの長年の収集のうちから、文化財に指定されている刺し子コレクションや生活民具、また衣装協力した黒澤明監督の『夢』の衣装展示などもある。

そこからボストン美術館の秘蔵コレクションをデジタルプリントで再現した、浮世絵の名品が飾られた階段をふうふう言いながら上がっていくと、6階で袴姿のかわいらしい「織り姫」たちがお出迎え。江戸時代の織り機を使った、はた織りや裂織りの実演を彼女たちが見せてくれるのだ。その脇には黒革のソファを配した、高級クラブのようなバー・スペース。さらに屋上に上れば浅草の全景や、

やはり布を継ぎ足して厚くなっている足袋

押上のスカイツリーまでが見渡せる、すばらしい展望が待っている。「それにね、実は5階にも別のバーがあるんですよ」、と教えてくれたのは、館長の辰巳清さん。「5階のバーは、ミュージアムが閉まる18時から開店して、それもビルの裏口のインターフォンを押さないと入れないんですが、それで朝までやってるんです、大音量でジャズトロニックとか、かけながらね」。

長年、アミューズで舞台製作に関わってきた辰巳さんにとって、ミュージアムの運営はもちろん初めて手がける分野だ。そしてここには、いわゆる「学芸員＝キュレイター」と呼ばれる役職は存在しない（田中忠三郎さんが名誉館長に就任している）。

さわれる展示、複数のショップ、カフェ、朝までやってるバー、それにかわいらしい織り姫まで……常識的なミュージアムからかけ離れた運営スタイルは、こういう人たちによって生まれた。アカデミックな環境で育ち、公立の民族博物館に勤めるようなキュレイターや学者たちは、こんなアミューズメント志向のシロウト・ミュージアムを、たぶん徹底的にバカにするのだろう。でも、そういう人たちなのだ、いままで「ぼろ」を徹底的に無視してきたのも。

お話を聞いて、写真を撮っているあいだ、ミュージアムにはひっきりなしにお客さんたちが入ってきた。それも観光バスで乗りつけた団体客だ。平日の午前中だというのに、「いつも一日に250人ぐらいは、こんな団体が入るんですよ」と、辰巳さんはこともなげに言う。多くの公立ミュージアムが、週末ですら、それよりはるかに少ない入場者数に苦しんでいるというのに。

触ってＯＫの展示ドンジャは、はからずも美しいテキスタイルアートになっている

お客さんの多くは中年女性たちだ。およそミュージアムらしからぬ、大きな声でおしゃべりし、笑いあいながら、「ぼろ」をひとつずつ全部触ってあるき、「あららー、この縫い目、すんごく細かいわねぇ」とか、「こんな腰巻、そういえばウチのおばあさんがしてたわ」とか、感嘆の声を上げている。ほかのミュージアムみたいに、展示室の隅のパイプ椅子にひざ掛け毛布の監視員がにらみつけるんじゃなくて、ここでは館長がみずから団体さんと一緒に歩き回り、「青森なんかでは寒すぎて、綿ができなかったんで、麻でねぇ……」なんて解説を、いやな顔もせず繰り返している。

ひとを迎え、楽しんでもらうのは、コンサートも舞台もミュージアムも同じこと。なによりもまず、サービス産業なのだ。ここよりもはるかに立派な、税金でつくった博物館や美術館で、月給もらって"研究"している専門家たちが、ずーっと前に忘れ去ってしまったままの真理を、アミューズミュージアムのシロウトたちは、みんなよく知っている。

⊙アミューズミュージアム
東京都台東区浅草2-34-3
http://www.amusemuseum.com/

ツウと歩く右半分　神田ぱんさんと南千住めぐり

　初めて足を踏み入れる異国気分で街を歩いて探るのもいいけれど、たまにはその道の事情通に、教えてもらわなくちゃとても見つけられない場所を案内してもらいたい。そんなワガママな特別企画に登場していただくのは『散歩の達人』や、単行本『鉄子の部屋』などでもおなじみ、ライターの神田ぱんさん。ご本人も長く町屋に住んでいるだけあって、足立区、荒川区あたりの特殊スポット、ウラ事情に関しては、このひと以上のツウはいないでしょう。今回は最近人気の北千住の影に隠れて、「こっちまではなかなか足のばすひとはいないでしょう」という、南千住の一日散歩にお付き合いいただきました。

南千住駅前に完成したばかりの高層マンション、ブランズタワー

11:00 a.m.　日比谷線南千住駅

おはようございます、きょうはよろしく！　このへん、いまは再開発の真っ最中で、もうビルだらけになっちゃってます。ビル風強くて……。千住って感じじゃないですよねえ。でも南千住は、荒川区の中では、いちおう高級住宅街とされてるんですよ。

11:05 a.m.　回向院

ここはもともと小塚原（こづかっぱら）刑場で処刑された、罪人たちを供養するために建てられたんですね。吉田松陰とか高橋お伝とか、歴史上の有名人が葬られてたり、杉田玄白らが腑分けに立ちあった記念の「観臓記念碑」もあります。あと、道に面してあるのが、吉展ちゃん事件の供養でつくられた吉展地蔵ですねー。

11:10 a.m.
小塚原刑場あと、首切り地蔵（延命寺）

小塚原は江戸時代の200年間で、20万人を処刑したそうです。単純計算すると、一日2.5人処刑されている。すごいですよね。この地は江戸御府内の出入口だったので、見せしめの意味で、さらすことを目的に処刑された人もいたのではないかと。「首は新しいほうがいい」なんて。しかし荒川区は、刑場跡である回向院と小塚原、首切り地蔵を文化遺産として推しているんですが、推していいんでしょうかねえ。品川区は鈴ヶ森をそんなに推してないような……。

右／延命寺内には、当時の仕置場の様子を描いた文章が掲示されている　**中**／ペットの供養塔もある

11:25 a.m.　南千住の名物居酒屋「大坪屋」

「酎ハイ25度」とか、「夕刊フジでおなじみの店」とか、看板がいいでしょ。東京下町では基本のキンミヤ焼酎を扱ってるのもポイントです。ここらは山谷が近いんで、あっちから飲みに来る人も多いです。最近の山谷の簡易宿泊所は、外国人とか、コミケのときに女の子たちが泊ったり、ずいぶん雰囲気変わってきてますよね

11:20 a.m.　南千住歩道橋

この歩道橋、タコ足みたいで、すごくヘンな構造なんです。自転車でも登ってこられるし。歩道橋の上を日比谷線が走ってて、至近距離で見られるんですが、日比谷線の線路に登れないように鉄条網がありますね。JR貨物隅田川駅も見下ろせて、鉄ちゃんにとっては垂涎のスポットです！ 延命寺からこのあたりは、日比谷線とJRに挟まれた三角地帯で、鉄ちゃんには重要な場所なんですね。それで鉄道工事のときに、ごろごろお骨が出てきたこともあって、延命寺には鉄道関係者が建てた供養塔が奥のほうにごろごろしてたんですが、最近整理されてしまいました。大丈夫なんでしょうか。

常磐線の上をまたぎ、日比谷線の下をくぐって、タコ足状態になっている南千住歩道橋

南千住駅東口駅前通り、「ドナウ通り」。隅田川がドナウ川に似ているんでしょうか

11:30 a.m.　南千住東口駅前　ドナウ広場

昔はこのへん、全部JR、というか国鉄だったんですけど、最近再開発されて、なんか郊外みたいになっちゃいました。「ドナウ広場」っていちおう名前がついてるんですけど……無理ありすぎですよね。駅前にできた「Bivi」に入ってみましょう。シースルー・エレベーターから貨物駅がよく見えるんですが……4階についてドアが開くと、いきなりフィットネスジムが、壁もなく剥き出しでやってたり、手前では饅頭とか売ってるし、すごいマッチングが楽しめます。まあ、これで20年ぐらいたてば、いい味出してくると思うんですが……。

11:40 a.m.　JR貨物隅田川駅

ここはまだ現役の駅なんですが、昔はこのへん一帯がJRの土地だったんですね。わたしが好きなのが、どーんと駅前にそびえてるセメントサイロ。いまは使われてない、ようするに廃墟なんですが、壊すのにお金がかかりすぎるらしく、ずーっとこのままです。ただ、再利用計画が進んでいるようで、どうもショッピングセンターができるらしいんです。こういうの、産業遺産として残してほしいんですけどね。ま、いまのところ、廃墟マニアにはたまらないスポットですが。

南千住駅東側に残されたセメントサイロ

セメント工場跡

11:50 a.m.　隅田川沿いの高層マンション群

15年前に国松長官事件があったのが、この一角のマンションです。ここが南千住で最初に建った、高層マンション群ですね、まあいま見るとふつうですが。もともと皮革関係の仕事をしていた人が多かった場所なんですが、前は「エナヤ」というのが2軒ありましたね。 エナというのは胎盤、プラセンタのことですが、ようするに汚物処理だと思います。昭和6年に資生堂が『ホルモンクリーム』っていうのを出していて、現在の価値になおすと20万円くらいの値段で売ってたんですけど、ホルモンって……もしかしたら、こういうところから仕入れたのを使っていたのかなあ、なんて勝手に想像しちゃうんです。

12:00 p.m.　JR貨物の、線路の終点

ここで貨物駅の、線路が終わるところが見渡せます。広いでしょ！

隅田川沿いはきれいなテラスになっている。

12:10 p.m.　汐入公園

この広い公園があるから、南千住はラグジュアリーってことになってるんじゃないでしょうか。親子でピクニック状態でしょ、平日なのに。ここを歩いてから、西口に戻ってコツ通りを歩くと、軒が低くて、カラダの感覚がおかしくなっちゃうんです。三ノ輪の商店街に行くと、それがさらに極端になって、自分が大きくなった気がしちゃう。ここにいると、自分のカラダがものすごく小さくなった気がするんですよね。 そういう、東口と西口のスケールのちがいのようなものが、南千住の魅力なのかも。新しいのに廃墟っぽくて。道を歩いていても、出入りしている人が少ないでしょ。郊外、もしくは人類滅亡後みたいな……。 ご老人たちのためには「さくら」というコミュニティバスが走ってて、重要な交通手段なんですが、基本は自転車。そして荒川区民の特徴として、自転車の速度落とさないってのがあります！

12:20 p.m.
「グリル　カドのサトー」にて昼食

この店、ほんとに建物と道の角にあるでしょ。定食屋兼喫茶兼居酒屋兼カラオケスナック的な店ですね。南千住は西口もそうなんですが、「中華料理兼居酒屋兼カラオケ」みたいな、水陸両用みたいな店が多いのが特徴ですね。

自衛隊の戦闘機ノースアメリカンF-86Dとエンジン

航空高専自家製作機・航空高専ストルプ
ＳＡ-300　スターダスターツー号

13：00 p.m.

東京都立航空工業高等専門学校

授業中の学校に立ち入るなんて、めったにない経験なので、多少ドキドキします。創立は戦前、ながらく「航空高専」の名で親しまれてきたこの高専は、2006年に都立工業高専と統合、あらたに「東京都立産業技術高等専門学校」と名づけられて、「航空高専」の名前はこの3月末でなくなったそう。なんだか寂しいですね。

都立高専は全国に数ある高専のなかで唯一、航空工学科が設置されている学校ということで、ようするに飛行機づくりのプロを養成する学校だったわけです。なので、学内には『科学技術展示館』（通称F.A.M.E.ギャラリー）という、飛行機博物館があるんです！　こんなミュージアム持ってる学校なんて、ほかにないんじゃないでしょうか。年に何度かだけですが一般公開されているので、だれでも見に来られるのがいいですよね。

担当・飯野先生によるご案内

本校はもともと昭和13年に「東京府立航空工業学校」として、いまより少し北側の汐入公園水神大橋のたもとあたりに開校したんです。昭和17年には格納庫ができまして、戦後の昭和30年に東京都立航空工業高等学校になりました。高専になったのは昭和36年です。

わたしもここの卒業生なんですが、学内に格納庫があったので、役目を終えた飛行機を引き取ってほしいという依頼がけっこうあったらしく、それがコレクションになったようです。できたときは、たぶんほかに航空宇宙関係に特化した博物館は、なかったんじゃないでしょうか。

自衛隊の戦闘機ノースアメリカンF-86Dとか、本校で作った自家製作機・航空高専ストルプSA-300スターダスターツー号とか、ほかでは見られないものがけっこうあるんです。去年、日本航空協会から「重要航空遺産」の認定を受けたこともあって、現在は授業の一環としてスケッチさせたり、実習なんかに使ってますが、まあさほど授業に生かされているわけでもないのが残念ですねえ。でも、月にいちどの一般公開日には、平日なんで高齢者のかたが多いですが、ずいぶんいろんなところから来てもらってますよ。模型を作りたいんで、写真を撮らせてくれとかね。ちなみに自衛隊の戦闘機は、羽根を外してトラックで搬入したんですが、警視庁のヘリは、ここまで飛んできて、収容したんですよ！

14：00 p.m.　ロイヤルパークスタワー南千住

ここは南千住きっての高級高層マンションのひとつで、一部が高級老人ホームになってるんです。それで、入口の脇に足湯があるんですよ！　その名も「南千住天然温泉」。茶色いお湯で、けっこうお肌つるつるになりますよー。外にあるので、マンションの住人じゃなくても利用オーケー。だから近所の子供連れとか、作業服のおじいさんがタオル持参でチャリンコ漕いで来たりしてます。どこから来るんですかね……。もともとこの敷地は貨物駅だったみたいで、タワーの横には線路を埋めこんだ「南千住ソナタ通り」なんて名前のついた路地まで作っちゃって。夜には線路に沿ってライトアップとかしちゃって。なんでソナタなんでしょうねえ。

成分表示などもある、天然温泉が湧いている

タオル持参で足湯を楽しむご近所のひとたち

貨物駅で使っていた本物の線路を埋め込んである

ロイヤルパークスタワー南千住を見上げる

「南国リゾート感覚」をモチーフに造られた「南千住ソナタ通り」

14：20 p.m.　南千住駅西口 コツ通り

この商店街、いまはすっかり寂れちゃってるんですが、なんたって名前が「コツ通り」！　すごいネーミングですよね。小塚原刑場があったからなんですけど、それにしても……。前はけっこう「コツ通り」て大きく書いた標識が立ってたんですが、いまはあんまりなくなっちゃったのが残念です。

14:40 p.m.　コーヒーバー・オンリー

コツ通りから日光街道に抜ける道なんですが、かわいらしい喫茶店があるんですよ。荒川区はチェーン店じゃない、昔ながらのふつうの喫茶店がたくさん生き残ってるんですが、そういう店は朝8時からモーニングを、ちゃんと出してたりする。だいたい下町の喫茶店は食べ物が多いんです、焼き肉定食とか。なのにテーブルが喫茶店仕様で小さいから、はみでちゃったり（笑）。近所の人が朝ごはんを食べて、お茶するのに使う、自分の家の台所がわりの喫茶店なんですね。ここは「ONLY」っていう看板からしてかわいいし、インテリアがすごく昭和っぽい。それで、コーヒーのキャッチフレーズが「魔性の味」なんですよ！

マスターのお話

うちは先代が昭和29年に始めたんですね。開店のときに、看板になんかキャッチフレーズがほしいということで、ちょうど『コーヒールンバ』が流行ってたころだったからか、それで「魔性の味」になったらしいです。

うちはほかに合羽橋と千束通りにあって、みんな一族経営で、みんな「魔性の味」！　内装も昭和48、49年あたりに改装して以来、ぜんぜんいじってないですよ。落ちつくでしょ。その、落ちつく「気」をつくるために、努力してるんです！（笑）。

オンリーのカウンター

70年代風のインテリアがかわいい

15：00 p.m. 荒川ふるさと文化館

ここは「荒川区の歴史・文化に関する情報の発信基地として生まれた施設」ってことなんですが、平成10年に開館してるのに、あんまり知られてない。お客さん入ってるの見たことない。でも、昭和41年ごろの街並みを再現した「情景展示」があって、これがけっこう気合い入ってて、すごいんです。夕暮れ時の路地の感じとか、すごくよく出てるでしょ。音声効果も入っているし。入場料100円ですから、これを見に来るだけでも価値ありますよねえ。

都内のこういう情景展示だと、江戸東京博物館と深川江戸資料館で江戸時代の庶民生活、上野の下町風俗資料館とここ荒川で、近現代のくらしと、ひとまわりすれば百年ぶんぐらいの生活風景が見られることになります。

昭和41年頃の風景の情景展示

都のイベント開催時に売られた、交通局発行の優待乗車券

昭和40年代、家族の夕飯時の風景展示

黒電話、虫籠、レースの敷物……かなりリアルに時代の風景を再現

16：00 p.m. 素盞雄《スサノオ》神社

ふるさと文化館を出ると、素盞雄神社という桃で有名な神社があります。ここと、大通りに出たところに円通寺っていう、正面に巨大金色観音がある東南アジアっぽいお寺があるので、お賽銭あげて帰りましょう。もう、すぐそこが三ノ輪の駅なんですけど、駅裏に夕方早くからやってる、渋い居酒屋があるんですよねー。モツ煮込みとかおいしくて。歩き疲れたし、ちょっと寄って帰りません？

5
アフター・ミッドナイト

終電あとの浅草クルーズ 【台東区・浅草・西浅草】

浅草にいつもつきまとうのは、観光客も地元民も年配ばかりで、夜が早いというイメージ。街がはやるようになっても、すたれても、これだけは昔から変わらない。

たしかに夜中の浅草を歩いてみると、街灯だけがぎらぎら冷たい明かりを投げかけ、商店の軒下を借りたホームレスの段ボール・ハウスが目立つだけ。ひとの気配は、ほとんどない。

でも、浅草は夜もちゃんと生きている。地下鉄やつくばエクスプレスが終電になったあと、どこからともなく飲み助や、腹を減らしたやつらが集まってきて、明け方まで、場合によっては陽が高く昇るまで、飲んで食べて、歌って踊って。そういう店が実はたくさんあって、知ってる人は知っている。

観光客が寝ちゃったあとの、サラリーマンが遠くの我が家に帰っちゃったあとの、浅草地元民のための深夜の浅草を、これからいっしょに徘徊しよう！

ORANGE-ROOM

伝法院通りを浅草演芸ホール方面に、真っ直ぐ進むと四叉路に当たる。右にそれると煮込み横町になるが、この四叉路を真っ直ぐ進んだ、つくばエクスプレス浅草駅までの100メートル足らずの道が「六区通り」だ。エクスプレス開業前までは「六区フラワー通り」と呼ばれていたが、まるでフラワーっぽくない寂れた通りだったのが、たしか開業にあわせて、きれいに化粧直しされたのではなかったか。

深夜の六区通りを飾るのは、並び立つ街灯だ。街灯の裏表には、時代を彩った往年のスター、練達の芸人、浅草を愛した文人が浮かび、通りを照らしている。渥美清、萩本欽一、橋達也、コロムビア・トップ、関敬六、なぎら健壱、東八郎、玉川スミ、水の江瀧子、清水金一、田谷力三、浅香光代、哀川翔、永井荷風、Wけんじ、長門勇、伴淳三郎、森川信、古川緑波、深見千三郎、内海桂子・好江、由利徹、牧伸二、三波伸介、エノケンこと榎本健一……。

ビートたけしをはじめとする、往年の芸人たちが修業時代に通ったことで知られ、「鯨《げい》を喰って芸を磨け!!」なる看板が微笑を誘う有名店・クジラ料理の『捕鯨船』のお向かい、なぎら健壱の街灯の下にあるのが、バー・オレンジルームだ。

オレンジルームをはじめて訪れたときのことは、よく覚えている。鶯谷でスナックを経営する元芸人さんに誘われてきたのだが、深夜でしょ？　浅草でしょ？　しかもここ、コンクリート打ちっぱなしのカフェバーでしょ？　というこちらの疑心暗鬼をよそに、差

し出されたシャンパンのボトルとフォアグラのソテーに、いきなり驚かされた。時間は、たぶん午前3時を回ってたのに。しかもここ、浅草なのに。

兄の遠藤功さんが店主、弟の学さんが料理長を務めるオレンジルームは、2011年で開店25年になった。コックだった兄弟の親父さんが始めて、19年間がんばったあと、「親父が交通事故で入院しちゃいまして、ほんとは飲食なんて大変だから、継ぐ気はなかったんですけど、八百屋さんの支払とかもあったので（笑)、とりあえずという感じで店に入ることにしたんです」と功さんは語る。

オレンジルームというのは、もともと紳士靴のメーカー。バブル期らしい話だが、アパレルのかたわらバーを持ちたいというアイデアで直営店を開き、親父さんが店長に雇われた。あるきっかけで、親父さんが店を買い取ったのが、いまのオレンジルームの始まりだが、「20年以上前にこういう内装で、しかも

“料理が食べられるバー” というコンセプトは、ここらへんじゃすごく珍しかったんですよ」。当時から営業時間は19時から深夜2時までだったが、1年前に内装を少し変え、ゆっくり座って食べられるダイニングバーのスタイルにして、営業も午前4時までに延長した（料理のラストオーダーは3時)。

「深夜にきちんとした料理が出せる店」というコンセプトを守るオレンジルームは、夜早い時間からにぎわうが、午前0時を過ぎると自転車でやってくるお客さんが増える。大きな看板に書かれたメニューのうち、左半分が季節ごとの料理、右半分が定番のグランドメ

ニューだが、なかでも注文を聞いてから焼き上げる「昔ながらのミックスピザ」や、「揚げたてカレーパン」は、席に着くなりまず注文、という常連さんがほとんど。チーズの種類もしっかりそろえているので、ワイン好きのお客さんも喜ぶし、功さんが作る季節のフルーツカクテルは女性客に好評だ。「やっぱり浅草って、年配で夜が早いっていうイメージでしょ、夜に対する期待感が低いので、深夜代表としてがんばっていきたいんです！」という功さん。仕事の合間をぬって、いま浅草のバー・マップを作るべく、みずから店を取材して回っている。

ガイドブックやテレビ番組に出てくるような老舗じゃなくて、20代から30代のオーナー・バーテンダーがやっている新しい店。「そういう店が、いまずいぶん増えてるんですよ！」。新しいジェネレーションがつくる、それは新しい浅草の夜だ。

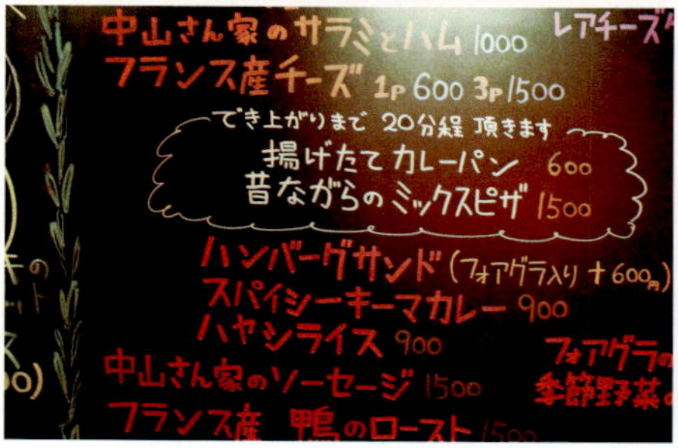

⊙ **ORANGE-ROOM**
東京都台東区浅草1-41-8清水ビル1F

CafeRest' CUZN

オレンジルームに向かって左隣、六区通りに大きく開いたウッドデッキが目を引くカフェレスト・カズン。チープなプラスチックのデッキチェア、黒板にチョークで書かれた和英併記のメニュー。段ボールに殴り書きされたウェルカム・メッセージ、そして開放的な店内から流れ出す音楽。カズンの前で足を止めるのは、浅草に下町情緒を求めてやってくる日本人観光客ではなく、外国人のほうだ。「このへん、外人用のゲストハウスがずいぶん増えたでしょ、だからいろんな国のお客さんが、最近はずいぶん増えましたよ」と語るのは、オーナー店長のMikiこと住谷美樹さん。2010年のお正月で9年になるけれど、「ここを始めたころは、このへんなんて真っ暗。うちは開店してから2ヶ月、お客さんはフォリナーばっかりでした」という、当初から浅草では異質の店だった。

仙台で生まれ、3歳まで福島にいたあと、4歳から浅草で育った美樹さん。「東京では田舎の子、休みに田舎へ帰ると東京の子」と言われつづけるうちに、「なんでも好き、どこでも住める」という、なにごとにも縛られない性格が形成されたのだとか。

中学から音楽の道を目指し、音楽科のある学校に進学してピアノを専攻するも、教授のすすめでバロック音楽に欠かせない古楽器のヴィオラ・ダ・ガンバを専門に学ぶようになった。大学生のころには教授について演奏会巡りをするまでになったが、「アルバイトもできない環境で、あまりにも音楽のことばかりやってきて、息が詰まりそう、社会に出たい！　外に出たい！」と思いつめ、とうとう大学を飛び出してしまう。

ときはあたかもバブル絶頂期。バーでピアノ弾きのアルバイトをしているうちに、お客さんに声をかけられて、いきなりカウンターだけ、5坪の店のママに引き抜かれた。場所は湯島。13席なので、ひとりで店を切り盛り。もちろん、水商売なんて初めての経験だった。
「そのころの湯島はスナックだらけで、どこもお客さんがいっぱいで、活気がありましたねえ。でもわたしはいつもトレーナーとジーンズ、化粧もなしで店に出てて、まわりから浮きまくってた。それがよかったんでしょうか」と笑う美樹さん。店を任されて1年後には、親に借金を頼んで店を買い取り、23歳にしてオーナー・ママとなった。
「その店を7年ぐらいやったあと、もっと大きい場所をやっぱり湯島に探して、女の子も置いて8年ぐらいやったかな。けっきょく湯島に15年ぐらいいて、ちょっと休養したくなって店を閉めて、それから自分でイチから店を作りたくなって、探してるうちにこの物件と出会ったんです。ここなら通りからちょっとへこんでるんで、デッキを作れるし、愛犬のゴールデンレトリバーともいっしょにいれるな、と思って」。

周囲からは「こんな死んでる土地に、なんでカネかけるの？」とバカにされまくったが、「ひとと同じことやってたんじゃダメ！」と信じて、内装から自分でぜんぶデザイン、「老舗が多い土地柄で勝負するには、これしかないと思って、カジュアルな空間にしたんです」。

中学生のころから建築雑誌を愛読していたという美樹さん、これですっかり空間デザインのおもしろさに目覚め、カズン以降、自分の店を4店舗、頼まれた美容院やバーも3店舗、浅草周辺で手がけている。どの店もスタイルや雰囲気は異なっているが、「きちんと図面を引いて詰めてくより、そこにいて、偶然に導かれながら作っていくほうが、不思議とおもしろい空間ができるんですよね」。

老舗の名店とは180度テイストのちがうウェルカム&オープンな雰囲気で、365日無休で、朝11時（週末は10時！）から翌朝5時までやっていて、野菜のオーブン焼きやタコライスやシーザーズサラダみたいな、フレッシュなインターナショナル・メニューがいつでも食べられて、もちろんカフェだからコーヒーやお茶も、アルコールも充実していて、インターネットの無線LANも無料であり。こういう店が恵比寿や下北沢じゃなくて、浅

草のど真ん中に隠れているところが楽しいし、そんな雰囲気に惹かれてくるお客さんたちは、客同士で仲よくなる率も高いらしく、「ここで出会って結婚したカップルが、もう20組。わたし、孫が16人いるんですよ！」と、美樹さんはそれを、いちばん誇らしげに話してくれた。

カズンは近々、三ノ輪（竜泉）に姉妹店『DRAGON FOUNTAIN' CUZN』を開店予定。あのへんもディープなスポットがたくさんあるが、ドラゴンファウンテン（竜泉か！）もカズンゆずりのカジュアル・シックな内装に、営業時間が「11：00AM〜3：00AM」という、三ノ輪らしからぬ（？）お店になりそうなので、ご期待あれ！

⊙ **CafeRest'CUZN**　東京都台東区浅草1-41-8
http://cuzn.tumblr.com/

Bar FOS

浅草雷門から浅草寺を抜けて言問通りを渡ってみると、あたりの空気が一変するのに気がつくだろうか。「観音裏」と呼びならわされるこの一角、正確に言えば南北を言問通りと浅草警察署前の通り、東西を馬道通りと千束通りに挟まれた一辺500メートルかそこらのブロックである。

南に浅草寺を中心とした浅草の歓楽街、北に吉原遊郭という絶好（？）のロケーションに位置する観音裏、現在の住所で言えば浅草3丁目あたりは、江戸の昔からずっと、東京屈指の花街として栄えてきた。いまは春の植木市ぐらいしか観光客で賑わうことがない静かな住宅街だが、歩き回ってみれば粋な風情の飲食店やしもた屋がずいぶん残っていて、散歩しているだけでも楽しい。東京と京都、両方に住んでみた経験から言うと、いまのようにぐちゃぐちゃになる前の京都の粋街に、いちばん近い風情がただよっているのが、東京だとこのあたりなのかもしれない。

いまから3年ほど前、踊りのお師匠さんが住んでいたという家を改造してバーにしたのが『Bar FOS』。これこそ東京じゃなくて、京都先斗町の路地裏あたりにありそうな、いかにも渋い和風のたたずまいだ。

埼玉県越谷に生まれ、高校卒業後に上京してからずっと浅草暮らし。銀座や赤坂のバーで15年ほど修業を積んだ森崇浩さんが、初代のFOSを開いたのが2001年のこと。言問通りに面した小さなスナックに通ううち、ママさんに「店を閉めることになったんだけど、よかったらあとを継ぐ？」と誘われて始めたのが「自分で持った最初の店でした」。ちなみにFOSの語源は「Forest of the Sea」。赤坂でバーテンダーをやっていたときにかわいがってくれたお客様に、世界最高峰のヨットレース、アメリカズカップにも出場した日本屈指のプロ・セイラーである原健さんがいて、オーナーの名前と「海に漂う森」の意をあわせて、つけてくれた名前だそう。

1年前からフレンチ・レストランで働いていたシェフを入れて、ランチから店を閉める午前4時まで食事も充実のFOS。しかしお店がほんとうに賑わうのはやはり深夜になってからだ。飲みながら見ていると、「すいません、満席で……」と断られるお客さんが、平

日の深夜でもずいぶんいる。地元のお客さん、それもほかで店をやっていて、自分の仕事が終わってから飲みに来るという同業のお客さんが多いのが特徴でもある。

「だからね、料理の注文も実は早い時間より、深夜のほうが多いんですよ」と森さん。ワインにウイスキーにカクテルに、と好みに合わせて飲みながら、カウンターに鎮座する生ハムの塊を薄く削いでもらったり、もうすぐ始発が動き出すという時間になって、飲み疲れてシメ（？）にパスタを頼んだり。こういうわがままが言えて、明け方まで静かに飲めて、しかも一見さん大歓迎の店なんて、なかなかありません。

観光客が足をのばさない観音裏。こういう店を見つけちゃうと、いきなり引っ越したくなってくる。

⊙ Bar FOS
東京都台東区浅草3-37-3

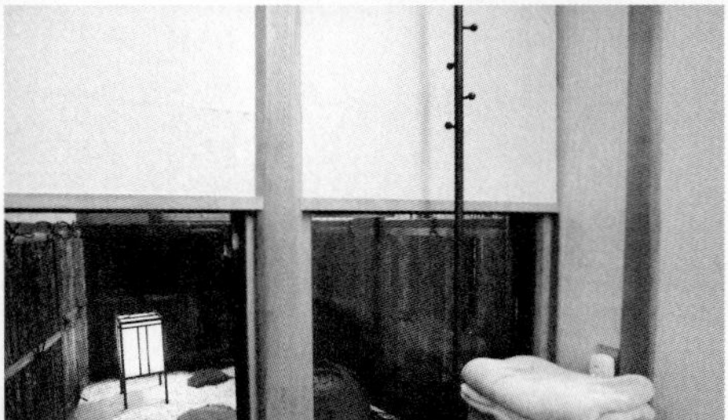

左／古民家のたたずまいを残す店舗。うっかり通り過ぎてしまいそうなほど周りとなじんでいる　**上**／行灯をかけたような看板　**下**／坪庭は森さんの手作り

入口脇のテーブル席

テーブル席とカウンターの間仕切り

銀幕ロック

もう10年以上前にハード・マーチング・バンド〈デスマーチ艦隊〉としてデビュー、改名を経て2004年から〈浅草ジンタ〉の名で活動を続ける、和テイストの音楽集団で、ウッドベースとボーカルを担当するダイナマイト和尚氏が経営する店が『銀幕ロック』である。

ROX裏のフットサル場脇、細い道に面したビルの2階だが、夜ともなれば手作り東京タワーのオブジェが、見逃しようのない灯りを放つ。店は古びた建物の2階、しかも無造作にぶら下げられた黒板に記された「ぜんぜん怖くない店」という手書き文字が、よけいに冒険気分をそそる。だいたい1階は伝説の名ストリッパー、浅草駒太夫の店『喫茶ベル』だし。

もとはカラオケ・スナックだったという店内は、日活全盛時代の映画ポスターや赤提灯とベネチアングラスふうのシャンデリアがまじりあう、不思議な昭和テイスト。「活動場所を探してたんですが、気持ちはニューヨークか浅草、でしたね」と笑う和尚氏によれば、インテリアのイメージは「ソーホーふうのロウ・カルチャーでした」。着物とも洋服ともつかない、不思議なテイストの衣装を粋に着こなす、店長ロンさんの存在感が、さらに無国籍なエキゾチック感覚を増幅する。

浅草ジンタは名付け親が三遊亭小遊三。ロックバンドで唯一、落語芸術協会に客員として所属するだけあって、浅草との相性は抜群だが、「こっちに移ってきたころは、夜になると人も歩いてなくて、地元でも賛否両論だし、時間がかかりました」という。「若い人間を増やしたのは、若い人間なんです」。

今年5年目を迎えた銀幕ロック。ふだんは渋い選曲に浸りながら、お酒を飲む場所だが、不定期でいろんなイベントを催している。なかでも、ほぼ毎月いちどのペースで開かれているのが、いまや名物となった『バーレスク・ナイト』。「おっぱい観音」の異名を取るベリー・ダンサー“Safi《サフィ》”に、生演奏のエスノミュージック・バンドがからむ、まるでカイロかイスタンブールの秘密クラブに迷い込んだような、ゴージャスな一夜が堪能できる。毎回満員御礼の盛況だが、幸運にも入場できたら、おっぱい観音へのオヒネリをお忘れなく！

⊙銀幕ロック
東京都台東区浅草1-41-5 峠ビル2F
http://ip.tosp.co.jp/i.asp?i=ginmaku69

店長のロンさん

浅草ジンタのダイナマイト和尚さん

1000

トライバルビレッジ浅草

「時はバタバタと過ぎてゆきます。人生とはなんだろな？　私共は馬鹿の手口で探りつつ、殺風景な観光地でどんちゃん騒ぎをやってます」という本人たちのステートメントがすべてを言いあらわす、注目の演劇集団〈鉄割アルバトロスケット〉。その構成員がオーナーと店長を務めるのが『トライバルビレッジ浅草』。2008年8月オープンというバリバリの新参者である。

オーナーの小林成男さん（中央）

トライバルビレッジとは、ちょっとニューエイジ風の店名でもあるが、もともとここが『民俗村』という韓国カラオケスナックだったから、というだけの理由。ちなみに俳優でもあるオーナーの小林成男さんは、ここに来るまでは恵比寿に住んでいたが、浅草のほうがはるかにラクに暮らせるそう。「だって、こんな格好じゃTSUTAYAにビデオ返しにも行けないって格好で、ここじゃメシ食いに行ってますから」。

浅草ビューホテル脇という、中心部でありながら観光客はあまり足を運ばないエリアの、小さなビル。階段を上がった２階の店はライブラリー、カフェ＆バー空間、それに３畳ほどのステージにゆる〜く分かれているが、しばしば開かれるイベントによっては、客の座る場所より演奏空間のほうが広くなったりもする。

スタッフが個人的に推すアーティストの展覧会があったり、ライブがあったり、「近所の、ふつうの人をゲストに呼んで、飲みつつ語っていただく『ご近所トークショー』なんてのもあって、こないだは近くのタバコ屋のオッサンに来てもらいました。開演2時間前に呼んで、がんがん飲ませて、好きな女のタイプとか、いままでやった女でいちばんきれいだったのはとか、どうでもいいような話をするイベントでした（笑）」という、ケオティックかつアナーキーな営業姿勢が、非常に好もしい。

行くたびにちがうことをやっていて、そのたびに小さな箱がぜんぜんちがう空間に見えて。そういうフリーフォームな感覚が、トライバルビレッジの、そして鉄割アルバトロスケットのスタイルでもあるのだろう。

たとえば先日遊びに行ったときは、ちょうど『日本入図美博物館展』と題して、初代彫

三社祭

スパゲティー
ピ&ザ
上四小五年尾崎かな
tribal village

長の貴重な下絵を展示中だった。

初代彫長こと中野長四郎さんは、40年以上のキャリアを持つ彫師であるとともに、浅草で平成13年から『入図美博物館』という個人ミュージアムを運営されていた。現在、ミュージアムのほうは休館中だが、ご本人が大切に保管してきた原画の数々をはじめ、墨入れの道具や、東京大学医学部標本室に保存されている、かつて彫長さんが墨を入れた故人の標本写真など、貴重なコレクションがさらりと展示されていた。展示スタイルも、いかにもフリーフォームで、博物館なんかに展示されるよりもずっと似合って見える。ほんとにおもしろいものって、やっぱりこういう場所から生まれるのだろう。

⊙トライバルビレッジ浅草
東京都台東区西浅草3-27-1-2F
http://twitter.com/#!/TVAsakusa

浅草トライブと昭和文壇が出会う夜

【台東区・西浅草】かいば屋展 in トライバルビレッジ浅草

浅草の中心部から言問通りを挟んだ浅草3丁目、かつて猿《えん》之《の》助《すけ》横町《よこちよう》と呼ばれたあたりに、『かいば屋』という伝説的な居酒屋があったのをご存じだろうか。僕は恥ずかしながら不勉強でなにも知らなかったが、かいば屋はかつて浅草を愛する多くの文人、落語家などが夜ごと集まり、いかにも下町らしい気楽さと文化の香りが混じり合う、浅草でも希有な店だったという。

かいば屋を開いたのは熊谷幸吉さん。常連からは「クマさん」と呼ばれた熊谷さんは、早稲田大学で国文学を専攻。大学を中退したあとは一時、野坂昭如さん宅に居候したこともあり、弟分のようにかわいがられた。

お酒と競馬がなにより好きだった熊谷さんは、1975年6月10日にかいば屋を創業。店の名付け親は野坂さんで、「競走馬は高いが、エサの飼い葉ぐらいはという気持ちでつけた」そうだ。

文芸の世界に親しんだ熊谷さんの店には、野坂さんをはじめ、田中小実昌、殿山泰司、色川武大、都筑道夫、北野武、黒田征太郎など、多彩な面々が通うようになった。しかし酒でからだを壊した熊谷さんは、1988年にわずか53歳で他界。そのあとは妻の栄子さんが店を受け継ぎ、ひとりで切り盛りしてきた。

かいば屋が店を閉じたのは2010年6月10日のこと。栄子さんも75歳になって体力の限界を感じ、常連たちに惜しまれつつも、店を畳むことにしたのだった。幸吉さんが店を開いてから、35年の月日が経っていた。

そのかいば屋の壁を飾っていた、多彩な常連たちの色紙や作品をディスプレイした展覧

伝説の店「かいば屋」になったトライバルビレッジ浅草。飾ってあった作家・画家の色紙や写真が、壁にびっしり貼られている

会『かいば屋展』が、トライバルビレッジで開かれた（2010年7〜8月）。

在りし日のかいば屋の壁面を彩った作品の数々が、いままで浅草にはなかったトライバルのような新しいタイプの店によみがえる、言ってみれば浅草の新旧コラボレーション・プロジェクトだ。

ボロボロになって風格充分ののれん、黒田征太郎のイラストレーション、ビートたけしのぽち袋、須田剋太の掛け軸、そして野坂昭如の書……この機会を逃すと、たぶん二度と見られない貴重な文化遺産を、それが生まれた浅草の地で、一杯飲みながら鑑賞できるという至福。たった2ヶ月間だけの、小さいながら贅沢な展覧会である。

そしてさらに！　夫の幸吉さんから店を託されて丸22年間、ひとりでかいば屋を切り盛りしてきた女将の栄子さんが、トライバル店主・小林さんの求めに応じて、この7月から毎週月曜日、トライバルに女将として立つことになった。時間は夜7時から11時ごろまで。つまりトライバルの月曜日は「かいば屋ナイト」になるということ。

「閉店の話を聞いて、あまりにも残念でもったいないと思って、でも（閉店の）理由が女将さんのからだということなら、しょうがないのかなと納得しかけてたんです。でも、なんとかならないものかと考えて、失礼かとも思いつつ、週１回だけトライバルビレッジに来て、店に立ってくれませんか？　と聞いてみましたら、けっこうすんなり了承してくれたんです！」と小林さんは興奮気味に語ってくれた。

展覧会終了後も「かいば屋ナイト」のほうは、毎週月曜日に開かれる予定だ。女将さんと、女将を慕う元の常連さんと、トライバルの若いお客さんが不思議にミックスした空気の中で、古き良き下町文化の貴重なエピソー

黒田征太郎コーナーと化した壁横に立つ、かいば屋女将、熊谷栄子さん

思い出の写真の数々。右下のぽち袋は、若い頃かいば屋に通っていたという北野武が置いていったもの。「一万円入ってたわ」

写真上は、寄席の高座に出た、在りし日の店主・熊谷幸吉さん。早稲田の落語研究会出身で、在学中から本職の噺家を招いて会を催していた。写真下は、当時の落研の会にゲスト出演した柳家小ゑん（現・立川談志）と、金原亭馬の助（初代）を囲んで。後列右から二人目が幸吉さん

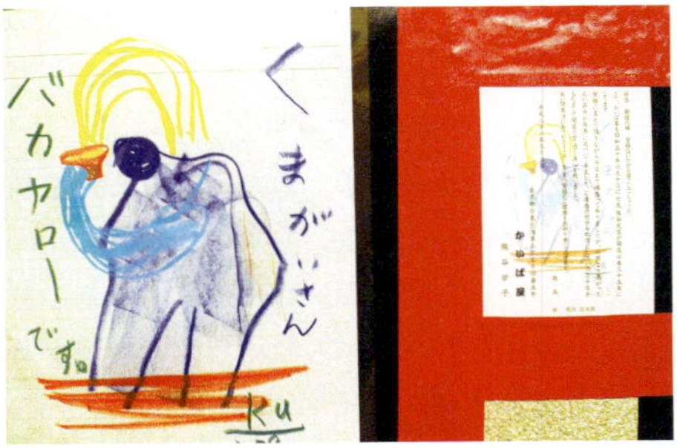

かいば屋閉店のお知らせ葉書には、「黒田さんの絵を使わせていただいたのよ」

かいば屋ののれん。文字部分は、うしろから包帯を縫いつけて補強してある

左／かいば屋寄席のポスター
中／十年間にわたって毎年開いていた浅草・木馬亭でのかいば屋寄席。口演中の川柳川柳
右／野坂昭如の色紙。「死々心中の虫……と書いてあるんじゃないかと思うのよ」と栄子さん

ドをうかがいながら、かいば屋名物だったノニハイに酔う一夜。ひとつの文化が次世代に伝承される、こういうやりかたが、もしかしたら最良のかたちなのかもしれない。

7月6日、きょうが「かいば屋ナイト」初日という栄子さんに、トライバルビレッジでお話をうかがった。

上／熊谷幸吉さん。下／ゴールデン街の店にて、幸吉さんと、色川武大、田中小実昌、殿山泰司

今年がお父さん（幸吉さん）の23回忌なんです。でも最後の2年ぐらいは、お父さんは病気で寝込んでて、あたしが店をやってましたから、けっきょくひとりで24年間ほど、がんばってきましたねえ。

お父さんが店をやってるころは、あたしはぜったい（店に）出なかったんですよ。早い時間に行って、前の日の残骸を片付けて、お通しを作って。ほいで、お客様来ないうちに帰ってきちゃう。もたもたすると怒られちゃうの、「早く帰れ！」って。よく怒られたもんですよ。あの人、恥ずかしがり屋だから、恥ずかしかったんじゃないの、女房がいるっていうのが。

だから、いきなり「おまえ、やれ」って言われて、よっぽど自分の身体がキツくなったんでしょうねぇ。しまいにはあたしが作っておいたものも、出さないんですもの。出すのもイヤになったんじゃない？　柿の種を袋ごと、ぽいと出したりして……。

いきなりやれって言われても、なんにも教えてくれないんですよ。お酒の作り方なんか教えないから、家でお父さんが飲むときの分量のつもりでガバガバ入れると、お客様がそれじゃ多すぎるの、それじゃ少ないのって。お客様が心配して、毎日来てくれて、教えてくれましたねぇ（笑）。

あの人ね、うちへ帰ってきて、夜中、2時だろうと3時だろうと、とりあえず腹減ったって帰ってくるのよ。外では全然食べないひとですから、だからなにかしら作って置いておかないと。それで、飲んで帰ってきても、家でかならずまた飲むんです。それで、その日に会ったお客様の話を私にするの。だからあたしがやるようになって、初めて見えたお客様でも、あ、この方あの方だってすぐにわかったわけ。だれだれさんねって言うと、お客

トイレの中も写真と記事でいっぱい

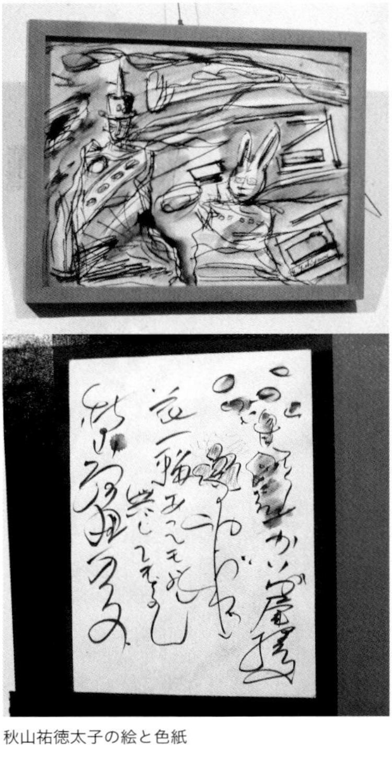

秋山祐徳太子の絵と色紙

マッチの絵。「それも黒田征太郎さんよ」

須田剋太筆の掛け軸

お客さんが作ってくれたという、刺子のチョッキ

看板やグッズももれなく持ち込んだ

かいば屋の常連さんだったお客さんが来店。お馴染さんと話す熊谷栄子さん

作家の名前はわからないが、幸吉さんが気に入って飾っていたという版画。「店のどこに居ても、この猫と目が合うといってね」

お客さんが作ってくれた笠

様のほうがびっくりして。

やめようとは思いませんでしたねぇ。「おまえ、やれ」って言われたとき、まだ生きてたんですから、しょうがないもの。でも、あたしが後継いでやったころは、いろんな作家さんとかまだお元気だったから、いろんな方がお見えになって、お話ができたんですよ。それがよかったかな。

長く通っていただいたのは、まずコミ先生（田中小実昌）。殿山さんと色川さんは、うちのひとの1年後に、やっぱり亡くなっちゃったわね。お父さんがやってたころは、店で喧嘩騒ぎなんかもあったみたいだけど、あたしになってからは、手を焼くお客さんもあんまりいなかったし。みなさん紳士的に飲んでくれてましたよ。

うちはね、やっぱり先生がたのファンのひととかは知ってるでしょ。知ってるけど、なかなか入れない。カウンターから見えるのよね、ああ、あのひとうちの前を何回通りすぎたとかって（笑）。ようやく入ってきて、「10年間、入りたかったけど入れなかった」なんて言って。いちど入っちゃえばね、ぜんぜんどうってことないんですけどね。常連さんたちだって、初めてのお客さんには優しかったし。

それでね、今年になってとうとう閉店を決めたんですけど、こうやって声をかけていただいてね。ちょっと考えたんですけど、これはボケ防止にいいんじゃないかと（笑）。ここは若いお客様が多いですからねえ、どうなるかしら。でも楽しいんじゃない、いろんな方と会えそうだし。

日本国浅草県バンコク村

【台東区・浅草】ソンポーン、タイ野菜移動販売

浅草雷門から歩くこと約15分、もうすぐ先は吉原の泡風呂天国という絶妙の（？）、しかしとうてい飲食店には向いてそうにない住宅街の片隅に、ものすごく小さなタイ料理店がある。

『タイ居酒屋ソンポーン』というそのお店は、広さにして四畳半あるだろうか、カウンターに椅子が５つ、つまり定員５人、それ以上は店先の道路に折りたたみ椅子を勝手に出して路上飲食という、サイズからいえば屋台とどっこいどっこいのマイクロ・レストランだ。そしてここが、いま東京に住むタイ通のあいだで、もっとも注目される店のひとつである。

タイ東北部・イサーン地方の玄関口である都市コラート出身のソンポーンさんが、こんな小さなスペースで魔法のように作っては出し、作っては出してくれる郷土料理の数々は、まさしく本場の味。メニューにもちゃんと、現地の辛さを基準にしてます、と注意書きがあるくらいだ。

日本人とタイ人がきつきつのカウンター席で肩すりあわせ、スパイシーな料理を頬張ってはタイ・カラオケを絶唱し、ノドの渇きをビールで鎮め……そんなミニ宴会が毎晩、2時過ぎまで続く。ビルのあいだを抜けるねっとりした風を背中に受けながら、知らないお客さんたちと夜中にワイワイやってると、なんだか浅草じゃなくてバンコクの裏路地の屋台で飲んだくれてる気分になってくる。

コラートで生まれ育ったソンポーンさんは、十数年前に来日。浅草のクラブで働いていたときに、いまのご主人と出会った。秋田出身、31歳のときに東京に出てきたというご主人は、もともとが調理師。日本食堂で皿洗いから始めて17年間、食堂長まで務めたが、現在はタクシー運転手。勤続30年で「もうすぐ還暦だよ」と笑う、人生のベテランだ。

クラブのホステスとお客さんという間柄か

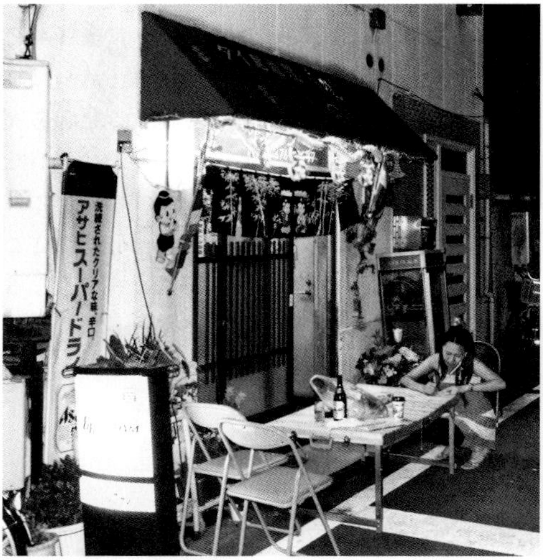

折りたたみテーブルで外でも飲める。カウンターだけのこぢんまりした店内。テイクアウトもできる。ソンポーンのご主人と奥さん

見た目は普通のバンだが……

カナー（芥藍菜）、パクチー、パクターン等の新鮮な野菜を移動販売するスカーノンカナーパーご夫妻

バックドアを開けると新鮮な野菜がぎっしり

ら、一歩踏み出して結婚したのが9年前。2008年にタイ居酒屋ソンポーンを開店した。カウンターにはいつも奥様のソンポーンさん、そして勤務があけるとご主人も入っているが、「俺は辛いの苦手で、タイ料理はいっさい食べられないからねー、調理師なんだけど料理は手伝わないんだよ」とご主人。手伝おうとすると、「あっち行ってて」と言われちゃうんだと苦笑する。

ソンポーンさんにはタイに残した子供がいて、「もう15歳になるんです」。なので、日本に呼び寄せるよりも楽だろうということで、いずれ家族でタイに住もうと、もうバンコク郊外に家も買って、着々準備中だそう。「だってあっちだったら家族で月に3万円ぐらいあったら暮らせるでしょ、年金で大丈夫だからねー」。バンコクなら日本の食材を売るスーパーもたくさんあるので、「タイ料理食べられなくても心配ない！」と、ご主人は力強くうなずいておられました。

ソンポーンでだらだらご飯食べたり、おふたりの明るいトークに爆笑したりしていると、ときどきやってくるのが『タイ野菜の移動販売』。タイ人のご主人とラオス人の奥さんというご夫婦が、茨城県でタイ野菜を生産、ハイエースにぎっしり詰めて、夜になると売りに来るのだ。

タイ北部ウタイタニ出身のご主人サタポーン・スカーノンカナーパー（ニックネームはヒアタム）さんは、もともと車の運転手。奥様のソーサリーさんのほうはラオスの首都ビエンチャン出身。日本に来て看護師をしていたという。日本人の前夫とのあいだに28歳と22歳の息子、それに娘がひとりいるそうで、「もう孫もできちゃいました」とのこと。

タイ人とラオス人が日本で出会って結婚したわけだが、ふたりとも農業は未経験だったのに、「ビザのない友人が畑をやっていて、捕まって強制送還されちゃったんです。その畑をときどき手伝ってたんで、まるごと譲り受けて3年前に始めたんですねー」。とはいえまったくのシロウトだったので、「野菜が

上／店内ではタイ語のカラオケも歌える
下／二畳もないキッチンで手際よく料理をこなす

上／レッドカレー・ソーセージ（サイウア）。ビールのおつまみに最適です。　**中**／豚トロの炙り焼き。　**下**／コラートの焼きそば。一人じゃ食べきれないほどのボリューム！　**左**／ホルモンのサラダ。辛さは現地基準。

うまく育たないでしょ、そうすると葉っぱを持っていって近所の農家のひとに、これ、なに肥料使ったらいいですかー、なんて聞いて回ってました」。

そんな苦労が実って、いまではレモングラス、空心菜、タイバジル、カナー（芥藍菜《かいらんさい》）、パクチーなど、常時10種類ほどのタイ野菜を栽培中。毎朝6時に起きて、茨城県坂東市小山の畑で農作業に汗を流し、夜になると「火曜日は茨城から近い埼玉の春日部のほう、水曜日は上野、錦糸町、浅草、木曜日は赤羽というぐあいに、週に5回くらいは売って回るんです」。そうやって夜更けまで移動販売して、家に帰り着くのは夜中の2時、3時。ときには朝になっちゃうこともあるそうで、おまけに奥さんはラーメン屋でアルバイトもしているというから、どれだけ働き者なんだろうか。

タイ料理屋さん、アジア料理屋さん、それに近所に住むアジア人のお客さんが、ふたりのハイエースが到着する時間になると路上に集まって、ワイワイ言いながらビニール袋いっぱいの野菜を買っている風景は、これまたなんだか東京じゃなくてバンコクの住宅街みたいだ。

別に宣伝しているわけじゃないので、お客さんはすべてクチコミ。「新鮮で安いって評判になって、お客さんがだんだん増えてます」というので、僕もバジルと空心菜を買ってみた。いくらですかと聞いたら、「なんでも1キロ600円」。安い！　それにアバウト！

タイっぽくていいですねえ。こういうふうに、知らないうちに日本が少しずつ東南アジア色に染まっていくのって、すごくうれしい。

⊙ソンポーン
東京都台東区浅草5-37-1

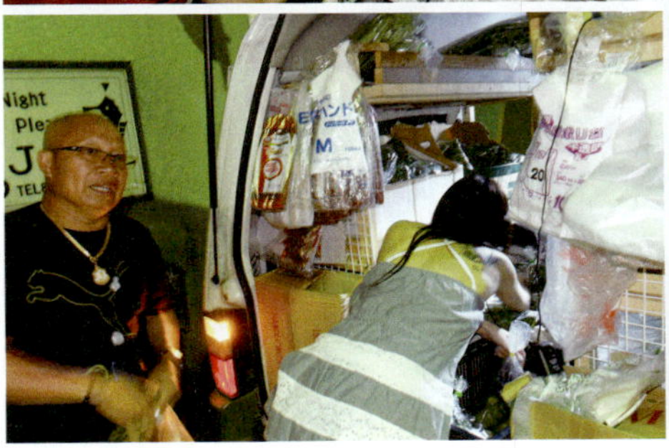

野菜以外にソーセージや豚肉、調味料も。

この量で一袋数百円！

錦糸町リトル・バンコク

錦糸町……と聞いて、どんなイメージが浮かぶだろうか。アジアン・タウン、楽天地、場外馬券売り場、風俗、そしてスカイツリー……そのどれもが正しくて、どれもが一面でしかない。錦糸町は上野と並んで、東京右半分を代表する重層的なメガ・タウンである。

いっとき、錦糸町は「リトル・マニラ」と一部で称された時代があった。南口の丸井の裏あたりには、飲食ビルの中にフィリピンパブがひしめきあい、路上ではなぜかパキスタン系の客引きが「シャチョウ、シャチョウ」と声をかけてくる、異様な光景が夜ごと展開していたものだった。

フィリピン娘の入国審査が厳しくなるにつれ、かわって目立ってきたのがタイである。それもフィリピンとちがって、夜の店だけでなく、語学教室、料理教室、レストランに食材店、マッサージ（錦糸町だけで30軒以上のタイ・マッサージ店があるとか！）などなど、これこそ「リトル・バンコク」と呼びたいタイ・カルチャーが、すっかりこの街には根づいているようなのだ。

歌舞伎町とかならわかるけれど、なんで錦糸町なのだろう。フィリピンは飲食・風俗だけだったのに、なんでタイはライフスタイル全般が広まっているのだろう。

地元のタイ人によると、「いまはタイのひとも減ってきて、かわりにロシアのパブとか増えてますよ」ということだが、数年前にはバンコクにアパートも借りていたほどのタイ好きである自分から見ても、錦糸町は東京でいちばん「タイの色」が濃い地域に間違いないと思う。足立区竹ノ塚がフィリピンで、高田馬場がビルマであるように。

前から気になっていた錦糸町のタイ事情を、この地に暮らし、商売しているタイ人に案内してもらいたい！　というわけでお送りする「錦糸町リトル・バンコク・ツアー」。そのスタートは錦糸町に、そして日本にタイ文化を紹介した立役者のひとりでもある、松本ピムチャイさんのお話から。「ピーケイサイアム」という会社を経営し、タイの野菜や果物、飲料などの食材を輸入するとともに、錦糸町・目黒・成田・新宿などに正統派タイレストラン『ゲウチャイ』を運営する、おそらく日本でいちばん有名なタイ人ビジネスパースンである。

松本ピムチャイさん。日本でいちばん有名なタイ人である

タイ教育・文化センター

錦糸町駅南口から歩いて3、4分。京葉道路を挟んで両国高校向かいにそびえ立つビルが『タイ教育・文化センター』だ。

駅から徒歩数分のタイ教育・文化センターのビル。京葉道路に面している

今年（2007年）は、日本国とタイ王国の修好120周年を迎える記念すべき年にあたり、さらには、タイ王国国王プーミポンアドゥンヤデート陛下のご生誕80年という大変に喜ばしい年でもあります。

これを記念いたしまして、タイ王国の文化を普及・ご紹介をするための場所としてタイ教育・文化センター（Thai TEC）を設立し、タイ語・タイ国料理・フルーツカービング・タイダンス・タイ国伝統マッサージといった各分野において厳格な修学課程の下、豊かな経験を積んだ講師を招き、体系立てたタイ王国の文化の普及・ご紹介を致してまいります。

とウェブサイトに記されているように、『タイ教育・文化センター』（通称タイテック）は、とかく一面的なイメージで語られがちなタイの文化を、もっと広く、正しい形で日本人に知ってもらいたいという、ピムチャイさんの長年の願望が具現化した施設である。詳しくはセンターのウェブサイトをご覧いただきたいが、タイ語コースのほかに、入門編からプロ養成コースまでを備えたタイ料理コース、フルーツカービング・コース、タイ舞踊コース、タイ・マッサージ・コースまで、各種の講座が毎日開かれ、それもリーズナブルな値段で受講できるようになっている。

語学や料理などを単独で教える場所はほかにいくらでもあるだろうが、これだけさまざまなクラスを体系立てて用意している施設は、在東京タイ大使館がそのような場所を持たない現在、日本でここ一ヶ所ではないだろうか。タイのことをきちんと学びたいという日本人にとって、このタイテックは重要な総合カルチャー・センターなのだ。理事長である松本ピムチャイさんに、お話をうかがった——。

私が最初に日本に来たのは1976（昭和51）年ですから、もう35年になります。人生の半分以上を日本で過ごしてきました。

私の両親は中国人で、タイに移住したんです。だから私はタイ人の華僑ですね。日本に来たのは、ファッションに興味があったので、東京で勉強して、タイで洋裁学校を開きたくて、文化服装学院に留学したんですね。そのうちに主人の松本と知りあいまして、結婚して、京都にお嫁に行ったんです。

でも、ご存じでしょうけど（笑）、京都で外国人がお嫁さんになるって、大変なんですよ！　いろいろ難しいことがたくさんあって……。2年間、ずいぶんがんばったんですけど、とうとうからだを壊してしまいまして。だって毎朝6時起きで家事やるんですけど、私が外国人だっていうので、おばあちゃんはこっちの顔を見てもくれない。ご飯食べるのもうつむいたままで……という状態でしたから。でも、からだを壊したときは「親御さんのところでゆっくりして、おいしいもの食べて、からだ治して、それで早く帰ってきてちょうだい」って言ってくれました。それでいちどタイに戻って、病院に通ったり、お寺で瞑想に励んだりしたんです

そのあいだは主人とも別居してましたが、やっと元気になったので、1988（昭和63）年に戻ってきました。京都じゃなくて、東京ですけど（笑）。その当時、日本のなかでは、タイってあんまりいいイメージがなかったんです。汚いとか、貧しいとか。それで、もっとタイの文化というものを日本のひとに知ってもらいたいと思って、いろいろ考えたんですが、まずは食文化を知ってもらうのがいちばんいいだろうと思って。当時はタイの食材なんてまったく手に入りませんでしたから、まず食材を輸入する会社（ピーケイサイアム）を作りまして、でも日本のひとはそれをどう使うかわからないから、レストランを開いたんですね。『ゲウチャイ』は1990（平成2）年に第1号店を錦糸町に作りました。

錦糸町を選んだのは、成田から近かったから。食材が通関したあと、ここなら近いでしょ。結局、タイ料理の命は食材なんです。いくらいいコックさんがいて、いいレシピがあっても、いい食材がなくちゃ、おいしい料理は作れない。タイ料理で、日本の食材で使えるのは白菜、もやし、キャベツ、玉子、それくらいで、たとえばレモングラスのかわりはないし、レモンだってタイと日本のでは、味がまったく変わってきますから。

でも、私たちが来たころの錦糸町は、ぜんぜんこんなじゃなかったですよ。北口には大きなビル、ひとつも

なかったですし。ロッテ会館（現・ロッテシティホテル）と楽天地ぐらいしか、大きな建物なかったから。いまは地下鉄もすごく便利になったので、錦糸町はひとが増えましたけど。

いま、タイが好きな日本のひと、たくさんいるでしょ。特に若い、それも女の子が。タイから日本に来るのは、ビザがけっこう厳しいんですが、タイに入国するのは厳しくない。私の従妹が入国管理事務所にいるんでよく知ってるんですが（笑）、タイでオーバーステイしてる日本人、多いですよね。でも、タイは厳しくないから、罰金払うだけで大丈夫。

ピムチャイさんが最初に店を出した北口の一角に、現在はピーケイサイアムの通販部兼食材店が。ここだけ見たら、バンコクの下町みたいだ

それで最初は遊びに行ってるだけなのが、だんだん、もっといろいろ文化的なことを知りたいというふうになってくるひと、多いんです。言葉もそうだし、料理や舞踏やマッサージとかも。なので、このセンターはもちろんそうだし、私としては錦糸町も、タイ人が多い街というよりは、日本人にとってタイを好きになってもらえる街、というふうになるといいと思うんですね。このセンターを作ったのも、それが目的ですし。

毎月なんども、時には週に2回もバンコクと東京を往復する、日本人より忙しいビジネス・ライフを送りながら、だれよりも真剣に、辛抱強くタイ文化の普及に取り組んできた松本ピムチャイさん。3月11日の震災のあとは、ピムチャイさんが音頭を取って、成田にあるタイ寺院ワット・パクナムの僧侶たちと共同で炊き出し隊を組織。大型バス2台でタイ人ばかり70数名、900人ぶんのタイ料理を積んで仙台郊外の被災地・多賀城市に出かけ、タイ料理を振る舞ったという。

⊙タイ教育・文化センター
東京都墨田区江東橋1-11-9 PKサイアムビル
http://www.thaitec.jp/

左上／タイの一村一品運動で生まれた、タイシルクのスカーフやバッグ、籠、靴、陶器などが、超格安で販売中　**右上**／アロマグッズも１Ｆで売っているので、ビルに入ると、レモングラスの香りが　**左下**／ピーケイサイアムでは、タイからあらゆる食材を輸入して、通信販売もしている。ピーケイサイアムが輸入代理店になっているものも多い　**右下**／チャーンビール（左）は、ピーケイサイアムが代理店になっている。タイの高級ワイン（右）もタイ本国で買うより安く売っている

左／１Ｆの受付コーナー。日本人の女性スタッフが対応してくれる　**右**／タイ三大王のひとり、チュラロンコーン大王（ラーマ５世）の生誕150周年プレートに並んで、リリー・フランキーさんの色紙が。リリーさん、実はタイ・マンゴーの日本発売20周年を記念してデザインされた「タイマンゴーマン」の生みの親なのだ

上／タイ料理教室。講師のクリッサナー・ウックリットラット（ダー）先生は、タイで長い歴史を誇る家政大学、スアン・ドゥシット・ラチャパット大学にて学士を取得した先生。日本で、この大学の先生から直接習える場所は他にないので、日本人にもタイ人にも大人気の講座。近所のタイパブのママも熱心に通っている。受講生は、女性だけではなく男性も、タイ人もいる。この日は特別クラスの講座。先生はタイ語で教えて、通訳の女性が日本語で説明してくれる
左／料理教室では、あらかじめ材料がきちんと用意されている。野菜類はもちろんのこと、タイ料理ではよく使われる石灰水など、日本では馴染みのない食材も少なくない

ひきつづきピムチャイさんと、タイ教育・文化センターのスタッフたちのおすすめにしたがって、錦糸町の「リトル・バンコク」を歩き回ってみよう。

ＪＲ総武線・総武線快速、地下鉄半蔵門線が乗り入れる錦糸町駅。商店街や飲食街としては、昔から南口のほうが賑わってきたが、タイ文化を味わうウォーキングツアーも、南口からロータリーを挟んで、丸井の裏側から墨東病院にかけて広がる江東橋３丁目、４丁目の一帯が中心になる。

錦糸町駅の東側（都心側）で北口と南口を結ぶトンネルは、奇妙なブルーの照明が常時点灯中。なぜに？と思いきや、「青色には人の副交感神経に作用して心を落ち着かせる鎮静効果があり……」ということで、犯罪防止につながるそう！　ほんとですか

三角公園の周囲にはラブホテルと、いわゆるソシアルビル（飲食店専門の雑居ビル）ばかりが立ち並ぶ。ひとつのビルの中に韓国、中国、フィリピン、タイ、ロシア（しばしば“インターナショナル”と書かれる）……外の看板を見ているだけでも、錦糸町の多国籍ぶりがわかろうというもの（ちょっとかたよった多国籍ですが）

落語でも有名な、本所七不思議のひとつ、錦糸町の「おいてけ堀」。釣り人が大漁に気をよくして帰ろうとすると、「おいてけ〜」という声が聞こえ、恐怖にかられて逃げ帰ると、魚籠には一匹も魚が入っていなかったという話

錦糸町タイタウンの中心とも言える江東橋４丁目の錦糸堀公園（通称・三角公園＝正確には台形ですが）には、「おいてけ〜」の声の主と言われる河童の像と、伝説のいわれが記されている

都内・近郊在住のタイ人や、タイ料理ファンにとって錦糸町は、レストランの多さももちろんだが、なによりほかでは手に入れにくい食材を買える場所として重要である。歌舞伎町、新大久保にもアジア食材店はいくつもあるが、錦糸町にはタイ料理に特化した食品店も数軒ある。タイ料理の食材に関しては、おそらく都内随一の品揃えなのだ。錦糸町タイタウン・ツアー、まずは東南アジア・テイストあふれる食材店を回ることから始めよう。

かなたにスカイツリーを眺める路地にまで野菜が並べられ、アジアの市場気分

YAOSHO

錦糸町のアジア食材店のうちでも、たぶんいちばん大規模な小売店がここ、大通りに面した『YAOSHO』だ。社長の佐藤昌樹さんのお話によれば、もともとは同じ通りの並びにあった同名の青果店で、タイやフィリピンの食材を少しだけ置いたのが始まりだったという。

それがいまから15年ほど前のことだが、たとえばタイ料理に欠かせない香菜（パクチー）にしても、青果市場で販売されるようになったのがちょうどそのころで、日本ではほとんど知られていなかった。そのため市場でも大量に売れ残っていたのを、安値で買って並べてみたら、「アジアの女性がひと束、ふた束ってどんどん買っていって、15束入りの箱が一日5から10ケースも売れるようになって、わけわからないながら増やしていったんですよ」。買ってくれる女性たちに食べ方を聞いてみても、返事もしてくれないまま帰ってしまう。「いま考えてみると、あのころの彼女たちは、日本語できないから、こっちの言ってることもわからなかったんですねぇ」。

そうやって始めた東南アジア食材が、いまではご覧のとおりの専門店となり、ひっきりなしに来店するお客さんで、店内は常に混雑。タイはもちろん、フィリピン、中国、韓国、インド、インドネシアの商品まで揃っているのだから、当然か。故郷の食材を求めて、かなり遠方からのお客さんも来店するそうで、「そういう方たちは、以前はアメ横に行っていたらしいんですが、アメ横は駅からちょっと遠いのと、店員が忙しすぎて対応が悪かったり、車が停められないとかで、錦糸町のほうに来られるお客さんが増えてきたんです」。ちなみに食材の売り上げでいちばん多いのはフィリピンものだそうで、お客さんも半分以上がフィリピン人。なのでフィリピンからは、食材を直接コンテナで輸入しているという。まさしく錦糸町を代表するアジアン・マーケットである。

⊙東京都墨田区錦糸1-4-11　http://hirasyo.co.jp/

上／店内はいつもアジア各国のお客さんたちで賑わっている　**下左**／現地の化粧品が買えるのも、女性たちにはうれしいだろう。右側は、フィリピン版ハーレクインロマンス！　**下右**／アジアのビールに、ペットボトル飲料まで現地もの

タイランドショップ（タイオリエント商事）

YAOSHOに較べると規模こそぐっと小ぶりだが、タイ料理ファンには人気の店が『タイランドショップ』。「タイ国輸入食材販売」の看板に並んで「タイラーメン」と書かれているとおり、ここは食材店でありながら、店の半分にはテーブルが並べられ、タイの家庭料理が食べられるという楽しい店。とりあえず買い物を済ませ、ひと休みがてら野菜炒めやカレーやラーメンで小腹を満たせたりする、なかなか使い勝手のいい店なのだ。

『タイランドショップ』ができたのは、いまから26年前のこと。最初はレストランとしてオープンしたのだが、当時はタイ食材を買える場所がほとんどなかったため、会社を設立して食材輸入を手がけるようになって、いまの形態に落ち着いたという。

店を切り盛りするヨコタさんによれば――「私がタイから日本に来たのは1987年で、その2年ほど前から（日本人の）主人が店を始めてたんですよ。そのころはこのへんなんて、デパートもなんにもなかったから。タイ人もこのへんにはあんまりいなくて、みんな遠くから来てくれたね。土日なんか、店に並ぶくらいの人数。買い物たくさんして、ご飯食べて、ひとり5、6万円使ってたから。いまでは昔より（食材が）安くなったでしょ。だからみんな、そんなに使わないけど。昔はタイから安く買ってきて、高く売れた。いまは高く買ってきて、安く売る(笑)。あんまり儲からないよ。

「うちより野菜とか安い店はあるけど、うちはものがちがう、イキイキしてるから！」と言われて、ビニール袋に入ったタイ野菜を見ていると、たしかにおいしそう！「昔は忙しかったからねー、店を終わってから新宿とかいろんなところに配達して、毎日2、3時間しか寝れなかったし、でもおもしろかったよ！」なんて昔話を聞きながら、タイラーメンや焼き鳥、焼きそばといった人気メニューをつついて和む。なんだか、バンコクの下町の食堂にいるみたいな気分になってきます。

『タイオリエント商事』という食材輸入元でもあるタイランドショップには、かなり珍しい食材も入荷されてくる

⊙東京都墨田区錦糸3-7-5
http://www.thai-orient.com/

「ドリアンも、昔は1個1万円か1万5000円くらいですよ、いまは4000円くらい」という女将さん

三角公園の周囲には、こんな飲食ビルがラブホテルとともに密集している。ほとんどがアジア系の店。初心者にはかなり敷居の高い雰囲気だ……

パアナオストアー

そんなビルの中に、実はタイ食材店やタイレストラン、タイパブも店を開いている。こちらはビル2階の一室で営業する食材店『パアナオストアー』。営業時間は夜7時から、翌朝5時まで！

⊙東京都墨田区江東橋4-6-15 YSビル2F

上／店売りだけでなく、近所のレストランなどにデリバリーもやっている。「配達も多いけど、わたし自転車乗らないから、ぜんぶ歩いて行くの、近いとこだけ」という店主のナワラットさん　**右下**／カウンターにはDVDの山が。「これはタイのドラマ。買いに来てくれるお客さんへのサービス。見終わったら、返しに来てくれからね」

パアナオストアーができたのは10年ほど前。お客さんはほとんどタイ人だそう。店内の雰囲気はタイそのもの

食材店巡りに歩き疲れたら、寄りたくなるのがタイマッサージ。錦糸町にはおよそ30軒あまりのタイマッサージ店があると言われている。日本式とか中国式とか、そういうのを除いた、タイだけで。街を歩いているだけで、ブロックごとに1軒や2軒はかならず見つかる感じで、これだけタイマッサージ店が密集している地域は、日本でほかにないのではなかろうか。

当然ながら、マッサージ店のなかには真面目な店もあれば、風俗系の店もある。技術もまちまちだから、これだけあるなかからどの店を選んだらいいのか、判断はかなり難しい。男であれば、入った店が仮に風俗系だったとしても、"楽しい事故"で済んでしまうかもしれないが、女性の場合は知らない店に入るのを躊躇してしまうひとが多いのではないか。

錦糸町タイ・コミュニティの重鎮、松本ピムチャイさんも、「あのひとはすごいです！」と太鼓判を押すのが、墨東病院そばのビル2階で開業する『パパーウィン』のメム先生だ。

パパーウィン

階段を上がって、入口で靴を脱ぎ入店すると、そこはワンルームのマッサージ店。見かけはごくふつうのつくりだが、先生の評判は地元タイ・コミュニティのあいだではかなり高く、先生に習いにくるプロのマッサージ師も多いという。

メム先生が来日したのは2000（平成12）年。「もう11年ですねー、いまでは私の店が、錦糸町でいちばん古いタイマッサージ店になってしまいました」という老舗である。

もともとお母さんがバンコクで高名なマッサージ師であり、「いま73歳で、まだマッサージやってるんですよ！」という家系。来日当時の錦糸町には、タイマッサージの店も「一軒あっただけ」という状態だったが、先生に習ったひとが、自分の店舗を開いたりして、いまではこんな過当競争になってしまったそう。そういう生徒さんは、自分の店のスタッフには自分で教えてしまう。先生からすれば孫弟子になるわけで、タイマッサージ店の"あたりはずれ"とは、マッサージ師がだれに習ったかによるところが大きいらしい。

『パパーウィン』のマッサージは、タイ古式とオイルマッサージ。古式はパジャマに着替えて、オイルは紙パンツで行う。部屋が狭いのでシャワー室はないのだが、使用するオイルがさらさらで、施術後はタオルでしっかり拭き取ってくれるので、まったく問題なし（体験済み！）。僕自身もかなりタイマッサージは好きですが、メム先生は古式、オイルとも、ほんとにすごい！　かなり以前の怪我まで的確に指摘され、いちどやってもらっただけで、体調の変化を実感する。

「タイマッサージは、辛くなったのを治すんじゃなくて、ほんとは疲れない身体をつくる予防医学なんですよ」と教えてくれたのは、ちょうど来店していた日本人のお弟子さん。「筋肉って縮む習性しかないから、縮めば骨が圧迫されるし、内臓も圧迫される。もちろん血液の流れも悪くなりますよね。それをマッサージすれば、血液の流れもリンパの流れもよくなるんで、内臓に負担かけませんよ、っていうのがタイマッサージ。だから世界中でいちばん気持ちいいマッサージって言われているんです」――そのとおり！　「こんな感じでやるんですよ」とメム先生にちょっとだけマッサージしてもらった担当編集者の、恍惚状態の表情をご覧ください。

⊙東京都墨田区江東橋4-15-4　栗山ビル2F
http://tai-massage.net/praphawee/

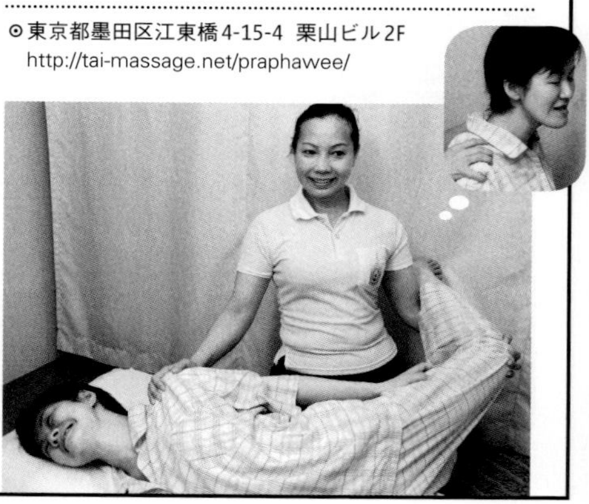

街を歩き、マッサージもしてもらったら、そろそろお腹が空いてくる時間。錦糸町界隈には、僕が知っているだけで10数店舗のタイレストランが密集しているので、どの店に入るか、よりどりみどりだ。

ゲウチャイ

タイ料理はいわゆる高級レストラン系から家庭料理、屋台料理まで、メニューにかなりバラエティがあるほかに、地方ごとに特徴があり、それがそれぞれの店のカラーにもなっている。錦糸町に数あるタイ料理店の中で、まず万人におすすめできるのが『ゲウチャイ』。前述の松本ピムチャイさんが、1990年に開いた店だ。 いまでは錦糸町店のほかに目黒、新宿など数店舗を展開する『ゲウチャイ』では、バンコクをはじめとして北部から南部までの、正統タイ料理のメニューがまんべんなく揃っている。スタッフは日本語も堪能だし、メニューの説明も丁寧なので、タイ料理初心者でも安心してオーダーできるはずだ。

⊙東京都墨田区江東橋2-15-4
http://www.keawjai.com/

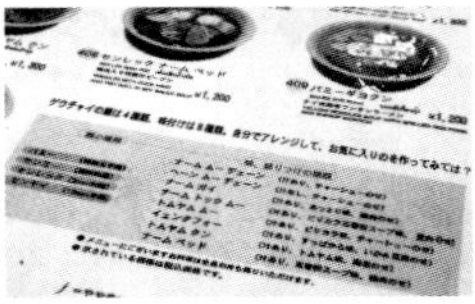

タイ人は麺好き。４種類の麺と、８種類の味つけがメニューに解説されていて、とてもわかりやすい。「メニューにある料理は全品持ち帰り可」というのもうれしい

人気メニューのうちから、ガイヤーン（焼き鳥）、トムヤムポテック（シーフードのトムヤムスープ）、ソムタムタイ（パパイヤサラダ、乾燥えび入り）

バンコクのビジネス街にありそうな、こざっぱりした雰囲気の店内

チャーンタイ

三角公園脇にあるのが「タイ国総菜屋台料理」の『チャーンタイ』。店の奥にはカラオケルームもあり。

⊙東京都墨田区江東橋4-12-3

入口に吊されたローストダックが、いかにも屋台の楽しい雰囲気を盛り上げる

ビアタイ

駅から丸井側に渡ってすぐ、週末となれば場外馬券場にたむろするひとたちで混みあう一角にある『ビアタイ』。２階はタイマッサージ店だ。

⊙東京都墨田区江東橋3-5-4

「『ビアタイ』はトムヤムクンがおいしいんです！」と、タイ教育・文化センターのスタッフには評判だとか

プアンタイ

三角公園裏、ラブホテルに隠れるようにひっそり営業する『プアンタイ』。ママがタイ北部のチェンライ出身ということで、バンコクよりスパイシーな東北タイ＝イサーン料理のメニューを楽しめる。

⊙東京都墨田区江東橋4-7-9-1F

キンパイ

前述の食材店『パアナオストアー』と同じビルにある『キンパイ』は、かなりの事情通しか知らないであろう穴場的タイレストラン。４階までエレベーターで上がり、そこからさらに階段で５階に向かう、というハードルの高いアプローチだ。

店内は高級クラブのようなムード。料理の傾向は？　と聞いてみたら、「全部！　お客さんがなに食べたいか聞いて、頼まれたものはなんでもつくります！」という力強いお答え。タイカラオケも、日本カラオケも完備。お客さんは日本人とタイ人が半々、あとはフィリピーナが少しということだが、外からでは発見不可能なので、ほとんどすべて口コミでやってくる。ちなみに「キンパイ」とは、店のマークにもなっている「ラッキーバンブー」の意。

⊙東京都墨田区江東橋4-6-15　YSビル5F

恐る恐るドアを開けてみれば、こんなにフレンドリーなママさんが迎えてくれる。しかも営業は夜８時から朝６時まで！　始発待ちにもいいかも……

お腹がいっぱいになったら、次は飲みでしょう……というわけで、タイパブに挑戦。錦糸町はタイレストランと同様に、タイパブ密集地帯でもあるのだが、『パアナオストアー』や『キンパイ』と同じビル内にある『TODAY』もそんなタイパブのひとつだ。

タイパブ TODAY

行ったことのないひと、特に女性にとっては「タイパブって、エロオヤジ専用でしょ」という誤解があるかもしれないが、かわいいタイ女性と飲むだけの、実は女性客でも楽しく飲んで歌って遊べる場所である。ま、そうはいっても、客のほとんどは日本人男性ですが。

『TODAY』のママ、アンナさんはタイパブのママ歴13年以上というベテラン。当然、日本語は完璧だ。

⊙東京都墨田区江東橋4-6-15　YSビル3F

お客さんが少ないと、こんなに楽しい席になっちゃうことも！　お腹が空いたらスパゲッティ、そうめん、タイカレーとか、いろいろママさんがつくってくれる

わたしはカンボジア国境に近いアランヤプラテートという町の出身なんです。いちど観光で東京に来て、それから3年ぐらい経って、今度は仕事しに来たんです。ずーっと錦糸町なので、私が知ってるのはここと、あとは正月にお守りもらいに行く鎌倉ぐらいですよ（笑）。

最初は丸井の裏にあるタイパブで2年アルバイトして、でも気が合わなくて自分のお店を始めたんです。名前は『ウェルカム』だったけど、2ヶ月ぐらい前に店が自分のものになったので、『TODAY』に変えたんですよ。

錦糸町のタイパブは、いま10軒ぐらいかな。前より減ってるんですよ。錦糸町から小岩に移ったり、オーバーステイで捕まりたくないから田舎（のタイパブ）に行っちゃったひとも多いしね。でも錦糸町はお客さんが減ったというより、ひとが減ったかな。夜遊びするひとが、最近はずいぶん減ってる感じですねえ。うちはひとり1万円くらいで飲めるし、初めてのお客さんだったら、お試し価格1時間5000円というコースもありますから、みなさんぜひ遊びに来てくださいね！

「うちはそんなに若い子いないですよ～」とアンナママ（前列中央）は言うけれど、こんな美女揃い

タイレストランでご飯を食べて、タイパブで楽しく飲んで、それでも遊び足りなかったら、最後に寄りたいのがタイ・カラオケ。お酒が飲めて、御飯も食べれて、タイや日本のカラオケが歌えて、しかも朝まで営業。そんな便利なお店が、錦糸町にはいくつもある。

タイ居酒屋　カラオケ　サンゴ

三角公園に面したビルの５階にある『タイ居酒屋サンゴ』も、そんなタイ・カラオケ屋のひとつ。踊り場から外に向かって垂らされたタイ国旗が目印だ。ちなみにこのビルには２階にタイパブ、７階にもタイレストラン（現在休業中）が入っているというタイ・ビルでもある。
『サンゴ』のママはヨシヒラさん。ご主人が日本人なので、名字が日本名になったそうだ。「うちは夕方６時から、朝６時までやってるんですよ！」というヨシヒラさんの店は、入ってみれば思いがけず広い室内。カラオケ絶唱用の小さなステージに、凝った照明までついていて、ちょっとしたライブハウス感覚だ。

これだけ広かったら、お客さんたくさん入りますねーと尋ねたら、「そうなの、でも広いから、家賃大変！」と溜息。15年前に来日して、お姉さんを手伝うかたちでタイ・カラオケの店を経営。５年ほど前にこの場所に移ってがんばっているが、３月11日の震災後は特に客足がばったり。「ぜんぜんダメよ〜〜」と嘆いてます。

夜中には踊っちゃうお客さんもいるくらい広くて、タイ語も日本語のカラオケも入っていて、御飯もちゃんと食べられて、ぜんぶでひとり3000〜4000円ほど。常連さんによれば「錦糸町でも、ここはかなり安いよ」ということなので、カラオケ宴会を企画中の幹事さんはぜひご一考を。

お店が終わってきたタイの女の子、タイ好き日本人、みんなでワイワイ飲んで歌って、おいしいタイ料理もつまんで大満足。気がつけばあっというまに朝方で、錦糸町駅から始発で帰れるし。ハメ外しすぎた方には、ER完備の都立墨東病院も徒歩２分ぐらいなのでご安心ください！

⊙東京都墨田区江東橋4-18-7　興亜ビル5F

左上／階段の踊り場にはちゃんとお供えが置いてあって、バンコクで飲んでる気分　**左下**／しっとり系のタイポップスを熱唱してくれたヨシヒラママ　**上**／壁に沿ってずらりとソファが並ぶ店内。かなり大人数でも収容可能　**下**／お腹が空いても大丈夫。本格的なタイ料理がメニューにずらり

東西線で行けるインド

都心から東西線に乗って、西船橋方面に向かう。南砂町で地上に出た車両が、中川と荒川放水路を越すと、次の駅が西葛西だ。

江戸川区西葛西は「リトル・インディア」と呼ばれるほど、インド人居住人口の多い町である。その数およそ2300人。日本に住むインド人の、およそ十分の一が西葛西に住んでいる。ただ、大久保のコリアンタウンや、横浜中華街とちがって、西葛西の駅を降りてもインドらしさはどこにもないし、カレーの匂いが漂ってくるわけでもない。目につくのはどこにでもあるチェーン居酒屋、量販店、銀行……ようするに、どこにでもある郊外風景でしかない。

その西葛西に、きょうは地元のインド人が集結するというので、参加させてもらうことにした。南口を出てすぐの公園で開かれる『ディワリフェスタ』である。

季節はずれの台風接近のおかげで日にちと場所を変更して、2010年は11月21日に開催されたディワリフェスタ。もともとインド各地で祝われてきた重要な春と秋の収穫祭、ホーリー（Holi）とディワリ（Diwali）を日本でも祝おうという趣旨で始まったこのイベント、今年で11回目になるという。当初は地元のコミュニティセンターを会場に、ほぼインド人だけで集まっていたのが、会場を屋外に移してオープンなかたちにしたのが3年前。つい最近のことなのだが、会場にはインド好き、カレー好き、ただお腹すいたひとなど、たくさんの日本人が詰めかけていて、もしかしたらインド人より多いんじゃないかというくらい。それほど短期間で、このフェスタは西葛西の“お祭り”として地元に認知されるようになったということだろう。

今年の会場になった『子供の広場』（総合レクリエーション公園）には、中央のステージを囲むように、都内各地のインド料理店や衣料、アクセサリーを売る屋台が立ち並び、お祭り気分を盛り上げている。屋台の中にはインド銀行や保険会社、インド占い、ヨガ、インターナショナル・スクール、さらにはボリウッド・カラオケ・コーナーまであって、地元インド人コミュニティのサイズと安定性を実感できる。

そうした屋台のあいだを忙しげに歩き回り、インド人にも日本人にもニコニコ話しかけている立派な白髪・白髭のインド紳士がいた。ジャグモハン・スワミダス・チャンドラニさん、1952年にインドのコルカタ（カルカッタ）で生まれ、1978年に来日。今年が在日32年というベテランであり、江戸川インド人会の会長であり、ようするに西葛西インド・コミュニティの最長老である。きょうはそのチャンドラニさんに、西葛西がリトル・インディアになるまでのお話をうかがった。ちなみにチャンドラニさんは流暢という域を通りこした完璧な日本語を操る、語学の達人でもある。

上／今年は台風で延期になり、いつもと違う駅前の公園で行われた。通称「恐竜公園」は、例年の会場の半分の規模ながら、ところ狭しと屋台が並んでいる。こちらは駅前のインド料理店、カルカッタの屋台　**右上**／西葛西インド・コミュニティの立役者、チャンドラニさん

上／子供が民族舞踊を披露

上／インド料理を堪能しているのは日本人ばかり。日本人が目立つ会場　中／ボリウッド・カラオケの店。インド映画の主題歌を集めたカラオケを熱唱するインド女性　下／若い夫婦が真剣に手相を見てもらっていた

わたしは貿易商なのですが、もともとデリー大学を卒業したあと、市場調査と、インド紅茶の輸入ビジネスのために来日したんです。1978年のことでした。最初は神楽坂にいまして、倉庫がこの西葛西のすぐ南の臨海町にあったので通っていたのですが、当時は東西線の駅も葛西駅しかなかったので、なかなか大変でした。葛西駅で降りて、バスで倉庫に通ってましたからね。それが79年に西葛西の駅ができたので、こちらに移ったんです。

その当時はインド人はもちろん私と家族だけ。それどころか、日本人もいませんでした（笑）。だってこのあたり、建物なんてなにもなかったんだから。そういう状況が一変したのが、2000年のことでした。その年に当時の森首相がインドを訪問して、IT時代を見据えた「日印グローバル・パートナーシップ」という構想が提唱されて、インドのIT技術者を積極的に日本に迎え入れようということになったんですね（注：1998年インドの核実験によって、日印関係は当時冷却していた）。それでビザが下りるようになって、いままでなかった規模で、インドからITエンジニアが大挙して東京にやってくるようになったんです。

来日した若い技術者たちはたいてい独身か、住む場所が見つかってから家族を呼び寄せようという単身赴任だったので、最初は日本企業の用意したホテルやウィークリーマンションに泊まるんですが、それでは寂しくなりますよね。それでマンションやアパートを借りようとするのですけど、インド人の賃借人には大家さんのほうが慣れてないので、なかなか貸してくれるところが見つからないんです。きちんとお給料を受け取っている技術者ではなくて、出稼ぎ労働者だと間違われ

たり。それに日本に来たばかりですから、保証人もいませんし。

当時、西葛西には私を含めインド人が4家族住んでたんですが（笑）、そのころから町で新しいインド人をよく見かけるようになりました。最初にインド人エンジニアを雇いはじめたのは金融関係でしたから、彼らの職場は大手町や茅場町周辺が多くて、西葛西は東西線で15分かそこら。いちばん便利だったんですね。

それで声をかけて2000年の8月に初めて、北葛西の行船公園で集まったんです。当日は30人以上のインド人が参加してくれて、こちらのほうがびっくりしてしまったんですが、そこで新たに来日したインド人の住宅問題が話題になって、インド人会を作ってサポートしようということになったんです。不動産屋、大家さんたちとの交渉のあいだにたったり、定住するひとが増えてからは教育や医療とか、そういう面でのサポートも必要でしょ。

そして住宅と並んでもうひとつ、単身赴任者に重要なのが食事でした。とくにベジタリアンのインド人にとって、負担にならない値段でちゃんとしたインド料理を食べられるところが、なかなか見つからなかったんです。それで、これも2000年からですが、西葛西の北口に空いていた居酒屋があったので、そこを借りて賄いみたいなかたちでインド料理を出しはじめたんです。最初はクーポン券のセットメニューだけで、昼間働いたインド人が夕ご飯をそこで食べられるように。そのうち、近所の日本人の方々が「私たちも食べたい」と言ってくれるようになって、それでレストランとして営業するようになりました。北口の店では北インド料理を出すようにして、そのあと南口でも物件があったので、そちらの第2店では南インド料理を出すことにしました。

レストランの名前を『カルカッタ』にしたのは、自分の出身ということもありますが、実は歴史的に見て、インド料理を世界中に普及させた、そのもともとはカルカッタに始まってるんですね。イギリスの植民地時代（の途中）までは、カルカッタがインドの首都でした。日本でも江戸時代は、参勤交代があって、江戸屋敷があって、日本中からひとが江戸に集まって、料理も日本中の郷土料理が集まったでしょ。インドも同じことで、インド帝国には4つの主要な料理の地域があるんですが、ムガール帝国からイギリスの手に落ちたとき、それがみんなカルカッタに集まっちゃったんですね。それで、フランス革命の時と同じように、王室の料理人が民間に出ていくようになって、それではじめて一般人がレストランという場所で、きちんとしたインド料理を食べられるようになったんです。それが今度はカルカッタから、世界中に広まっていったんですね。そういう歴史が、インド料理にはあるんです。

いまIT不況とか言ってるでしょ。でも西葛西のインド人は、増えてるんですよ。不況だからこそ、インド人エンジニアのほうがコストダウンになり、スピードアップになる。いままでは日本の大手企業が、まずA社さんに（仕事を）出して、それをA社さんがまたどこかに回して、そのあとにインドに回ってきてたんですが、いまではもとの企業から直接インド人エンジニアの手に渡るようになってきた。だってこの10年間、けっきょく現場で作業してきたのはインド人なんだから、なにもA社やB社を通す必要はないわけでしょ。

そういうわけでいまでもインド人は増えているので、サポートしなくちゃいけないこともたくさんあるんです。いま、インド人の子供のための学校が大島と瑞江にありますが、生徒が800人もいて、もう満杯なので考えなくちゃいけないし、来年には船堀に日本で最初のヒンドゥー寺院もできます。

まあ1万人ぐらいになったらまたちがうんでしょうが、2000人ぐらいではレストランや食料品店もビジネスというよりサービスの一環という感じです。でも、それがビジネスにつながればそれでいいし、つながらなければそれでもいい。コミュニティとして、助け合っていかないといけないんですから。

⊙ディワリフェスタ実行委員会事務局
（ジャパンビジネスサービス有限会社内）
東京都江戸川区西葛西3-3-15

⊙チャンドラニさんの店舗ウェブサイト
http://www.shanti-jbs.com/curry/

駅から歩いて3、4分。ビル2階のスパイスマジック・カルカッタ南口店。駅の反対側には北インド料理を出す北口店が

レストラン「カルカッタ」のマドラス・ターリ（南インドの盛り合わせ定食）。これで1100円（ドリンク付き）と超お得価格！

クリシュナ協会の店も

レトルトカレーの種類がこんなに！　買うしかありません

紅茶のつかみどりといったって、いちどにどれくらいつかめるんでしょう

豆の粉を使い、ヨーグルト風味のソースをかけ、パクチーで彩りをつけた「パプリチャート」などを売る屋台。これを食べられるインド料理店は多くない

南インド料理「マサラ・ドーサ」を焼く屋台

ナンを焼く窯も持ち込まれている

秋空の下、日本人とインド人とが入り混じって

6

サタデイ・イン・ザ・パーク

水元公園で小魚フィッシング

【葛飾区・水元公園】東京都立水元公園

葛飾区って……柴又の寅さん？　亀有の両さん？　キャラ以外にあまりイメージのわかない右半分の端っこの区だが、千葉、埼玉と隣りあう葛飾区は、荒川、江戸川、中川、綾瀬川など大小7つの川に接する「水郷」の地でもある。そして江戸川を渡ればもう埼玉県という金町駅から北に1キロちょっと、小合《こあい》溜《だめ》と呼ばれる溜池（遊水池）を囲むように広がっているのが東京都立水元公園。休みの日には東京を横断して車で遊びに行ってしまうこともあるくらい、僕にとってお気に入りの公園でもある。パリで言えば南東の郊外にあるヴァンセンヌの森という感じ……って言い過ぎか。

水元公園の素晴らしさは、なんといってもその広大さにある。面積約92ヘクタール。実は小合溜を挟んだ対岸は埼玉県のみさと公園（16ヘクタール）になっていて、橋で行き来できるので、それもあわせればゆうに100ヘクタール以上。これがどれくらいの広さかというと、東京ディズニーリゾートが、ランドとシーあわせてほぼ100ヘクタール。東京の公園で較べれば、新宿御苑、上野恩賜公園、代々木公園がいずれも50ヘクタールちょっと。その倍はあるわけで、東京23区でも堂々1位、最大規模を誇る公園なのだ(それでもロンドンのハイドパークや、ニューヨークのセントラルパークの3分の1〜4分の1だけど)。しかも新宿御苑などとちがって、入園無料ですから。

水元公園のもとになった小合溜は江戸時代に、八代将軍徳川“暴れん坊将軍”吉宗の命により、江戸を水害から守るための遊水池と、灌漑用水の減水地として開削されたもの。江戸が東京になって、昭和15年に紀元2600年記念として水元緑地が設立され、戦後すぐの昭和25年に“江戸川水郷自然公園”に指定されたあと、昭和40年に東京都立水元公園として開園した。ほかの大規模公園と同じく、災害時には防災公園としても機能するよう定められているが、最近では都内有数の放射線量が計測されたホットスポットとしても、名が上がるようになってしまった。

入口で貸し自転車をゲットして、端から端まで公園を一周してみると、さまざまなやり方で公園を楽しんでいるひとたちがたくさんいる。ジョギングしてるひと、スケッチしてるひと、草原でフリスビーしてるひと、犬を散歩させてる（させられてる）ひと、バードウォッチングしてるひと、メタセコイアの森でいちゃいちゃしてるひと、ひたすら寝てるひと……。そしてやたらと目につくのが、釣りをしてるひとたちだ。

水元公園にいちどでも行ったことのあるひとはわかるだろうが、公園入口に至る手前には「内溜」と呼ばれる池があって、ここは無料の釣り堀として有名。週末ともなれば、重装備でヘラブナを狙うベテランたちがずらりと池の周囲に並ぶ。道沿いには数軒の釣具屋も店を開いている。

でも、そういう本気モードの釣り人たちは内溜に置いといて、水元公園の園内はクチボ

ソ、タナゴ、手長エビといった小魚を釣ったり、ザリガニを獲ったりするのにすごく適した場所なのだ。23区内の公園で、こんなふうに釣りを楽しめるところ、めったにないですから。思い思いの装備で小魚釣りに興じてる地元の子供や、子供以上に熱くなってるオトナたちを見ていると、なんだか自分もやりたくなってくる。

ザリガニなら糸にスルメイカでも結んで垂らせばいいだけだが、公園の池でクチボソ釣るのにだって、大した道具はいらない。入口近くにある釣具屋の、店頭に並んでる簡単なセットと、エサを買えば準備完了。釣具屋のひとに「初心者で、簡単なの欲しいんですけど」と言うと、1メートルほどのプラスチック竿に、ウキとオモリとハリがすでについてるセットを勧めてくれるはず。これが500円かそこらで、エサの赤虫が200円。あとは釣った魚を入れるビニールバケツでもあれば、それでオーケーだ。

公園中央の小合溜はもちろん、園内にうねうねと延びる水路や湿地帯のどこでもいいから、てきとうに釣り竿を垂らすと、てきとうに小魚がかかってくれる。もっとたくさん獲りたかったら、網を使ってもいい。そんなことしても咎められないほど、水元公園は魚影が濃いということでもある。

役所が管理する公園というのは、とかく細々とした規則が定められていることが多いけれど、水元公園は僕が知るかぎり、東京23区内でいちばん自由に遊べる大公園のひとつだ。簡単な食事処が1ヶ所あるだけで、近代的な遊具なんてなにもないけれど、これだけ広くて豊かな自然があれば、それでもう充分すぎ。耳に障るアナウンスの騒音も、ここにはほとんどないし（対岸のみさと公園はけっこううるさいです）。

1、2時間釣りして遊んで、飽きたらセット丸ごと近くで遊んでた子供にあげちゃって、ぶらぶら帰り道を歩きながら、葛飾区民が急にものすごく羨ましくなってきた。こんなになごめる場所が家の近くにあったら、毎日どんなに楽しいだろう。水辺をジョギングしたり、週末は弁当と本を持って木陰で一日過ごしたり。

金町駅も、同じく公園から近い亀有駅も、JR常磐線に地下鉄千代田線が乗り入れているので、都心まで直通。大手町までたったの25分だ。引っ越しを考えてるひと、どうですか！

内溜添いにある数軒の釣具店のうち、元禄釣り具店はいちばんの老舗。初心者用の、クチボソ釣り用のプラスチック製の釣り竿を買う。550円

⊙東京都立水元公園　東京都葛飾区水元公園3-2
http://www.tokyo-park.or.jp/park/format/index041.html

内溜には、年季の入ったプロっぽい釣り人が列をなす。年齢層、高い。一人で何本もの竿を操る

左／入口でレンタサイクル（二時間200円）を借りる。自転車じゃないと、広すぎてとてもまわりきれません　**中**／エサの赤虫は、ユスリカの幼虫。こんなにいっぱいで200円。釣る気満々で、電動ブクブクつきのビニールバケツを買いました

左から／水元公園名物「アイス胡瓜」。一夜漬けのキュウリを冷やしたもの。汗をかいたあとに食べると、おいしそう→一転して、水元公園の日曜日は、ファミリーが多い→竿だけでなく、網で捕っている親子→こんな大きなミドリガメも釣れる。彼はそのあと、亀を水路にリリースした

見回せば、この広い公園をいろんな楽しみ方で楽しんでいる人が。テントやビニールシートを広げてピクニックしているファミリーやスケッチをしている人たち。至るところで釣り人が釣り糸を垂れている

ほんとうにここは東京でしょうか

小合溜を渡った対岸は埼玉県三郷市の県営「みさと公園」

右／オオオニバスの池。花の季節に来れば見事だろう。他に花菖蒲園も有名　**上**／バードサンクチュアリがあり、観察舎から、鳥たちの様子をのぞくことができる。カワウや、サギの姿が見えた

それにしても広い。芝生の一角ではドッグランというか、ドッグレースを楽しんでいる団体もいた

遊具らしい遊具は、ほとんどない。ファミリーで園内をサイクリングするか、バーベキューに興じるか。バードウォッチングをするか。ひたすら寝るか。メタセコイアの森の中で恋人といちゃつくか

『そなエリア東京』で首都直下地震にこころの準備を……

【江東区・有明】東京臨海広域防災公園

ゆりかもめ、あるいはりんかい線で有明方面に向かうと、車窓に広がる埋め立て地の人工的な景観に、いつも見とれてしまう。ものすごく大きな建造物と、ものすごく大きな街区。ものすごく大きな高層マンションもあるのに、まったく欠如した生活感覚。東京都は、本気でこんなところに魚河岸を持ってくる気なのだろうか……。

見本市でおなじみの東京ビッグサイトと、有明テニスの森に挟まれた街区に、東京臨海広域防災公園という施設があることを知るひとはどれくらいいるだろう。そこが、面積13ヘクタール以上におよぶエリアで、しかもいざ首都直下型地震が起きた場合には、緊急災害現地対策本部となり、首相官邸とホットラインで結ばれたオペレーションルームが置かれる、いわば大地震に襲われた東京を救う最前線の基地となることを、どれだけのひとが知っているだろう。

去年7月にオープンしたばかりの『そなエリア東京』は、その現地対策本部用の建物を使って、都民の防災意識を高めてもらおうという“体験型防災教育ミュージアム”である。管理センターの保條光年さんによれば——

ご存じかもしれませんが、首都直下地震が起きる確率は、これから30年以内に70％と言われています。そのための対応策としてできたのが、この施設です。そうした大地震が起きた場合、まず首相官邸に緊急対策本部が置かれるんですが、こちらが現地対策本部となって機能します。2階の見学窓から、その一部であるオペレーションルームが見られますが、この現地対策本部が中心となって、さまざまな救援活動の調整を行う——たとえば食料とか飲料水を、どこから持ってきてどこへ配ろうだとか——そういう、いわばベースキャンプとなるんですね。

結局、いろいろ決定するのは首相官邸ですが、自衛隊や消防などがテントを張ったりして、前線本部となるのがこっちということです。だから敷地の一角にはがん研有明病院がありますが、これも地震が起きたときに、医療対応をしてもらえるという条件で誘致したものなんです。

3月11日の東日本大震災では津波が大変な被害をもたらしましたが、東京湾では過去、2メートルを超えるような津波が来た記録がないんです。有明のこのへんは、海抜が平均で8メートルあるので、津波に対してはまず安全だろうと。それでここには大地震に耐えられる耐震バースがあるので、この船着場を経由して資材を輸送できるし、ヘリポートがあるので空からの輸送もできる。あと晴海通りがここと霞が関の首都中枢まで8キロほどの距離で結んでいるので、位置的にもよいのではないかと。実際、こないだの地震でも、このあたりは液状化も起きませんでしたし、大きな被害はまったくありませんでした。ふつうは避難場所に避難してくださいということになるんですが、お台場は全域が「地区内残留地区」という、ようするに避難する必要がないとされる地域なんですよ。　なので、いざ地震が起きた際はそうした現地対策本部として機能するんですが、ふだんは防災のことを学習してもらう施設として運営しているわけです。それにこれだけ広い場所なので、ふだんはまったくふつうの公園と同じように開放してますから、遊びに来たり、スポーツしに来たりするひとたちがたくさんいます。ま、ヘリポートがあるんで、木陰は少ないんですが(笑)。

施設に来てくれるお客さんは、やっぱり団体さんが多いですね。防災関係の団体、自治会の自主防災組織とか。あと小学校の社会科見学。子供のころから防災の知識を身につけてもらえればいちばんなんですが、1階の「防災体験ゾーン」は、特にリアルに作ってあるので、あんまり小さいお子さんだと、怖がっちゃうこともありますね。もちろん、個人の方も大歓迎なので、どんどん来館していただきたいですが。3月の大震災のあと、5月ぐらいまでは来訪者も少なかったんですが、そのあとは逆に大変関心が深まっているようで、来館者がずいぶん増えてるんです。

ゆりかもめの有明駅を降りた目の前。「そなエリア」のエントランスをくぐると、すぐに「防災体験ゾーン」のゲートがある。まずは係員から任天堂DSを渡され、この施設のために特別に作られたプログラムに従い、要所要所でクイズ形式の質問に答えながら、「再現被災市街地」と名づけられたエリアに踏み込んでいく。地震が起きてからの、生存を決定づけると言われる最初の72時間を、いかに自力でサバイバルするかというシミュレーションなのだが、これがけっこうリアルなつくり、音や映像も加わって、とりわけ東日本大震災のあとでは真剣にならざるを得ない、現実感覚にあふれている。

「大きな地震のときでも、最新のビルのオフィス内にいれば安全である？」「喫茶店の中が火事だ。消火器ですぐ消そう。消火器の使い方で正しいのはどっち？　①ホースを火元に向けてからピンを抜く。②ピンを抜いてからホースを火元に向ける」「震度5程度以上の揺れを感知して自動的にガスをストップしたガスメーターを復帰させる方法は？　①点滅している赤ランプを押す　②復帰ボタンをぐっと押して離す」などなど、DSのディスプレーに次々とあらわれる質問に悩みながら、薄暗いフロアを歩き回っていると、かなり有益な事前トレーニングを受けている気持ちになる。

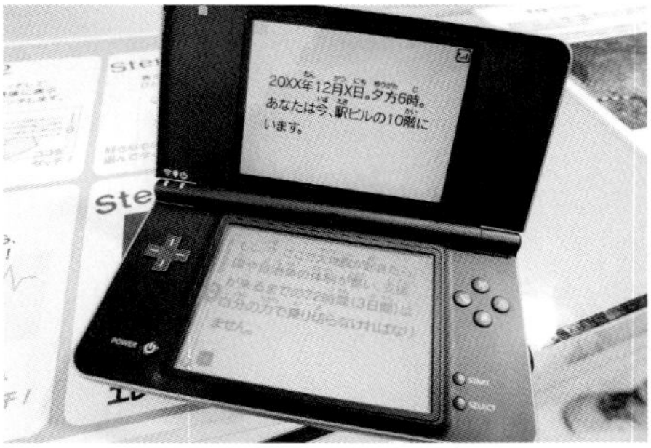

防災体験ゾーンの入り口で、任天堂のDSが一人一人に渡される。「東京湾北部で冬の夕方6時、M7.3の地震発生。そのとき駅ビルの10Fにいたあなたが、72時間を生き延びられるか」を体験する

まず、エレベーターに乗る。10Fから降下中に地震発生！　エレベーターが揺れる！　ちょっと怖い。エレベーター内の電気が消える。「大きな地震がありました。落ち着いて行動してください。余震の危険があります。注意して行動してください」というアナウンスが。「停電しています。誘導灯に従って、落ち着いて出口に向かってください」「出口に殺到すると大変危険です。外は大変危険です、落ち着いて避難してください」などの駅ビル店内のアナウンスに従い、従業員通路を通って、市街に出る。ここからDSが次々問題を出してくる。クイズに答えながら、一連の知識を学ぶ仕組み。DS「商店街でガラスが大きく割れた店を見つけよう」ガラスが割れている店は……え〜と、クリーニング屋さんです。DS「正解」

☎(11)1129
西口駅前不動産
↑この先
03-9919-2103
西口駅前不動産
↑この先
2-3

再現被災市街地エリア。かなりリアルにつくられていて、さらに、余震の音、ものが落ちる音、ガラスが割れる音、サイレンなどの音が、「非常時！」という気持ちをあおる

街頭スクリーンでは、フジテレビのニュースがずっと流れ続けている。「東京震度６強、埼玉６強、千葉６強、震源地は東京湾北部。八王子、熊谷、つくば……で震度５強。宇都宮、水戸、山梨、静岡で震度５弱。津波の心配はありません。只今すべての路線がストップしております。バス、鉄道が運転を見合わせております！」ニュース放映中にも、緊急地震速報が流れる。「緊急地震速報。強い揺れにご注意ください」

家具の固定をしていなかった部屋（左）は、足の踏み場もない状態。家具の固定をしてあった部屋（右）は、被害が少ない

被災市街地を抜けると、シネマステーションがあり、「振動実験の映像」と「首都圏でM7.3が起きた場合を想定した映像」を見る。振動実験は、神戸の揺れや南海地震を想定した場合の神戸市内における高層ビル30Fの揺れを再現して行われた実験。また、補強のある家とない家の比較、伝統木造住宅、高層住宅、キッチン、橋脚などの振動台実験映像。地震想定映像では、発災時、空から首都圏中枢部を見る。建物火災による焼失数、65万棟。揺れによる建物全壊数、約15万棟。高速道路はすべて渋滞して、車両火災も起きている。電車が脱線して、人が右往左往している。一般道路は大渋滞。帰宅困難者数、約650万人

オフィス（上）やコンビニ（中）もある。コンビニの中は商品が散乱状態。火災が発生している店（下）もある

⊙東京臨海広域防災公園
東京都江東区有明3-8-35
http://www.ktr.mlit.go.jp/showa/tokyorinkai/

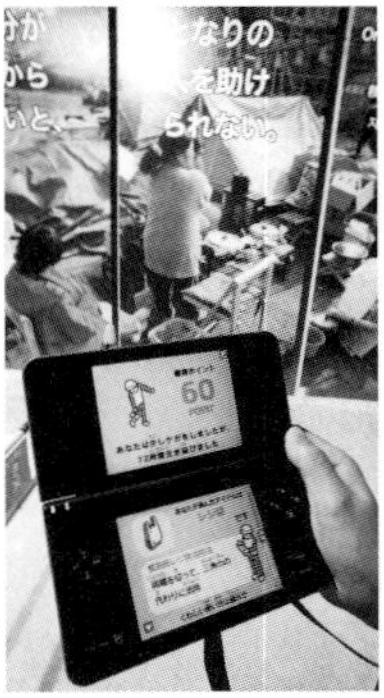

左／シネマステーションを出ると、そこは避難場所エリア。ここでDSの判定が出る。「獲得ポイント60！　あなたは少し怪我をしましたが、72時間生き延びました」という結果が出ました　**右**／DSクイズでの獲得ポイントによって、72時間後の状況を判定される

「再現被災市街地」ツアーのあとは、防災学習ゾーンでいろんな知識をお勉強。応急手当の方法や、手作りおむつ、ペットボトルで作る家具の紹介、ゴミ袋で防寒をはかる方法、ガムテープを伝言板として活用するやりかたなどなど、これがまた役に立ちそう。さらには世界各国の災害対策グッズで、お国柄の違いに感心したり、こちらは災害時にほんとうに使用されるオペレーションルームをガラス窓越しに見学したり（いざとなったら、ここに入れるのはほんのひとにぎりの人間だけですからねえ）。正直言って、予想よりもはるかに充実した体験型教育スポットでありました。しかも入場無料だし！

ちなみにこの有明界隈には、「そなエリア」以外にもパナソニックセンター東京の「リスーピア」という、理科と数学を勉強する施設があったり、毛利衛さんが館長の「日本科学未来館」とか、東京都下水道局の「虹の下水道館」、東京都水道局の「東京都水の科学館」、東京都港湾振興協会の「東京みなと館」、東京ガスの「がすてなーに」などなど、10館あまりの教育施設というか、ミュージアムが集中している。丸一日使ってもぜんぜん回りきれない、お台場って実は東京有数のエデュテイメント・スポットだったのだ。

上／避難エリアは、災害時に必要なもの、役立つもの、役立つ知恵などが展示してある。これは身近なものを利用したシェルター。車のカバーと植木鉢と、洗濯バサミ、マット、物干しざお、紐などでテントを作る　**下**／ペットファニチャー。ペットボトルで、テーブルやいすを作ったものを展示

非常用持ち出しキットの中身は、その国の災害の種類や、国の事情によって、かなり違う

「緊急災害現地対策本部」のオペレーションルームが見られる

①フィリピンのものは、ずいぶんシンプル……着替えと、水と懐中電灯だけ？　②アメリカのキットは、食料を重視
③日本の各種非常用キットのなかで興味をそそられた「防災クマさん」。クマさんがリュックになっている

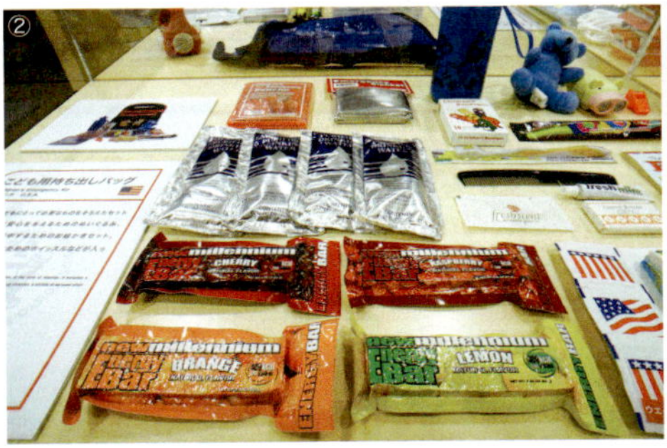

上野公園のビフォア＆アフター

【台東区・上野公園・池之端】上野恩賜公園

新宿御苑、代々木公園、日比谷公園……東京都心部には意外に大規模な公園が多く、それが住み心地のうえで、大阪や名古屋との大きな違いだったりもするわけだが、上野公園だけにはほかのどんな大規模公園ともまったく異なる、複雑なイメージが絡み合っている。

正式名称を「上野恩賜公園」、地元民からは昔から「上野の山」と呼ばれてきた、総面積約53万㎡に及ぶこの公園には、日本最大級の博物館や美術館があり、動物園があり、音楽会館があり、芸術大学があり、徳川家の墓所である寛永寺をはじめとする歴史的建造物もあり、ボートが漕げる池も野球場もあり、江戸時代からこのかた、現実のドンパチを伴った唯一の内戦＝戊辰戦争の舞台でもあり、多数の死傷者で血塗られた場所でもあり、そして都内最大級のホームレスが集まり暮らす場としても知られてきた。ほかの公園にはありえない光と影が、この場所では江戸の昔から交錯してきたのである。

昭和の高度成長期、バブル時代と、日本が好景気に沸くたびに、東京の「右側の顔」ともいえる上野公園は、なかば強引に大幅な美容整形手術＝フェイスリフトを受けて、その姿を変えてきた場所でもある。いまから10年ほど前には、現在押上に建設中の東京スカイツリーの原案のひとつでもある「新東京タワー構想」なんてのが浮上、これはいま工事中の大噴水エリアに高さ600メートルのタワーを建てようという計画で、幸いなことにいつのまにか立ち消えになってしまった。

今年（2011年）4月に厚労省が発表したデータによれば、調査開始以来初めて大阪を抜き、日本でいちばんホームレスを多く抱える都市となった東京（東京2672人、大阪2500人……しかしこれは職員が巡回、目視で確認した人数の集計なので、実態とはかなり差があるはず）。上野公園にも東京文化会館や西洋美術館に向かう文化好きのひとたちと、動物園に急ぐ家族連れと、ブルーテント前の木立にロープをかけて洗濯物を干しているホームレスが、お互い我関せずふうに入り交じって、それが僕などにとっては上野公園ならではの魅力だったのだが（大阪の天王寺公園はすでにその魅力を失ってしまったし）……久しぶりに上野公園を訪れてみると、そこはブルーテントのかわりに工事の囲いがそこかしこを覆う、またしても大改装の真っ最中なのだった。

上野公園を管轄する東京都建設局は、2007（平成19）年に『上野公園グランドデザイン検討会』（委員長：進士五十八元東京農業大学教授）を設置、「上野公園の将来像と10年後を見据えた具体的取組の方向性」の検討に入る。翌年発表されたのが、『上野公園グランドデザイン検討会報告書』。いまでも建設局のウェブサイトから閲覧可能だが（http://www.kensetsu.metro.tokyo.jp/kouen/grand_design/houkoku/images/zenbun.pdf）、その冒頭にはつぎのような「グランドデザインのねらい」が記されている――

上野公園は、上野の山と呼ばれる台地と不忍池からなり、寛永寺の創建以降約400年の長い歴史と伝統の上に築かれている。

上野公園には、桜の名所や不忍池等に代表される個性豊かなみどりや水辺景観が形成され、都民の貴重な憩いの場となっている。寛

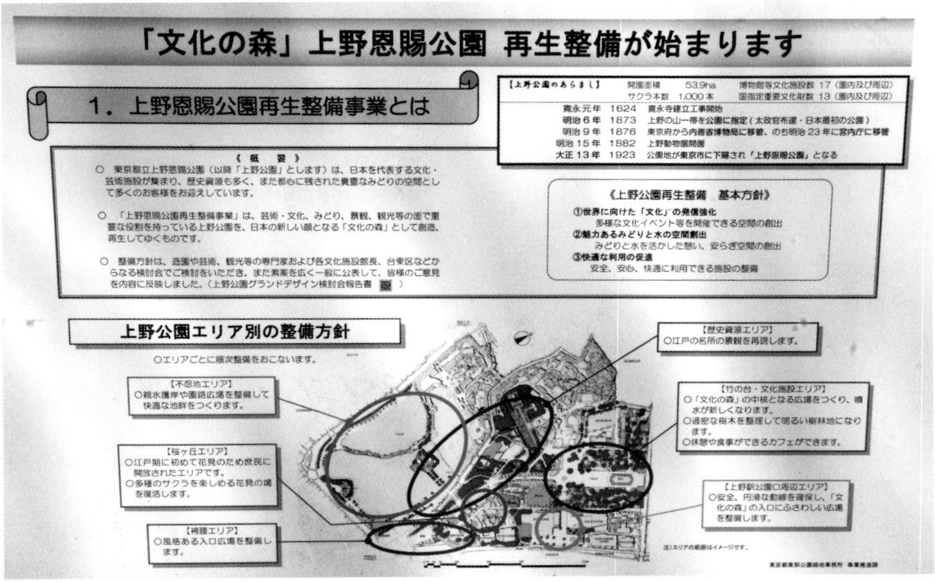

園内各所に張り出されている「文化の森・上野恩賜公園再生整備」計画。エリアわけはこのとおり。歴史資源エリアの、「江戸の名所の景観を再現します」って、恐くないですか。

永寺清水堂をはじめ江戸時代の建造物や史跡等の歴史的資源に恵まれるとともに、日本を代表する世界有数の博物館や美術館、動物園など多くの文化施設が集積し、日本の文化・芸術の中心として、また、東京を代表する観光地として、つねに国内外からの来訪者で賑わいをみせている。

※註　本書では、都市計画上野公園の区域のうち谷中霊園地区を除くエリアを「上野公園」という。

近年、世界各国において観光が重要な産業として位置づけられ、経済の活性化のみならず、国や地域を越えた人々の交流による国際的な相互理解を促進し、世界の平和と発展にきわめて多くの役割を果たすようになっている。

それに伴い、様々な都市において、文化・芸術をテーマとした都市開発や大規模イベント開催による国際文化交流、観光客誘致等が盛んになっている。東京でも、六本木等において都市の再開発等にあわせて新たに誕生した複数の美術館が連携し、文化・芸術をテーマに、飲食・ショッピングを含めたまちを活性化させる取組が行われている。

21世紀は、大都市のあり方そのものが国の命運を左右し、地球の未来を決定する「都市の世紀」であると言われている。東京は成長のステージを経て成熟を遂げようとしており、さらに機能的で魅力的な都市につくり変える先進的な取組により、21世紀の新しい都市モデルを世界へ発信し、諸外国との交流や連携を深め、これにより、日本の再生だけでなく世界の平和と繁栄を築いていくことが期待されている。そこで、東京都は、平成18年度に「10年後の東京」を策定し、2016年のオリンピック開催を視野に入れ、東京の目指すべき姿と、それに向けた政策展開の方向性を示す都市戦略を明らかにした。その中で、上野公園は、芸術・文化、みどり、景観、観光等の面において重要な役割が期待され、文化の森としての再生が求められている。

「六本木」とか「文化・芸術をテーマに、飲食・ショッピング」とか「2016年のオリンピック開催」とか言われた時点で、すでにヤバい匂いが漂ってきませんか。

具体的な計画では谷中墓地をのぞく上野公園全域を、

A　竹の台・文化施設エリア
B　JR上野駅公園口周辺エリア
C　寛永寺清水堂など歴史資源エリア
D　桜ヶ丘エリア
E　袴腰エリア
F　不忍池《しのばずのいけ》エリア

の6エリアにわけて、順次改装・整備が進行していく予定。すでに竹の台と呼ばれる大噴水のあった一帯は、丸ごと工事用のフェンスで囲まれてブロックされている。そのお隣でこれまた大規模改装により休館中の東京都美術館とあわせ、2012年まではこのままらしい。

ちなみに前述の報告書には、現在の上野公園の問題点が、こんなふうに挙げられている――

・歴史的資源や、かつて見られた歴史的景観が損なわれ、来訪者が歴史や文化を感じにくくなっている。
・歴史的建造物の保存管理が行き届いていない。
・下町文化を紹介する魅力ある催し等、ソフト面での施策が不十分である。
・来訪者への歴史や文化の案内や周知が不十分である。
・竹の台の噴水池が歩行者の動線を分断しているほか、鬱蒼とした樹林等により文化施設の存在が分かりにくい。
・各文化施設が柵で囲われ公園との一体感を阻害し、開放的ではない。
・展示や催しに関する情報が共有されておらず、上野公園全体としての情報発信がなされていない。
・桜の老木化や蓮の密集により名所としての魅力が低下している。
・樹木が密生し、暗く鬱蒼とした樹林となっている。
・来訪者が散策をしたり、くつろぎ憩える場所が少ない。
・不忍池周辺の建築物の高層化や高密化が進み、かつて不忍池が持っていた広がりのある景観の魅力が稀薄になっている。
・JR上野駅公園口と公園が分断され、来訪者は安全で快適に公園にアプローチできない。

文化庁はル・コルビュジェ設計の国立西洋美術館を、ユネスコ世界遺産に推薦したが、2009年の審査の結果見送りとなって、今年ふたたび平泉、小笠原諸島とともにユネスコで再審査。園内のあちこちに、やたらとノボリが立っている

上野駅中央口と公園口を結ぶ連絡橋として、2000年につくられた「パンダ橋」。ものすごく立派な石に、ものすごくひどいデザインの文字が彫り込まれた、微妙すぎる石碑が脇にあるので、見ておこう。ちなみにこの石は接触変成岩という種類だが、「シロとクロのコントラストの面白さからパンダ石と呼ばれています」。そうなんだ！

上／いまは工事フェンスに囲まれてしまい目立たない隅っこで、フェンス越しにヨドバシカメラを見つめる西郷隆盛と、愛犬の薩摩犬ツン　**下**／東京文化会館から見た、竹の台広場の工事中エリア。広大な区画がフェンスで囲まれてしまっている

・鬱蒼とした樹林により、夜間、安心して利用できない。
・車いす対応をはじめとするユニバーサルデザインの導入が立ち遅れている。
・文化施設や公園施設等に関する情報提供が不十分である。
・来訪者が、みどりの中で、ゆったりと落ち着いて休憩や食事等を楽しめない。
・ホームレスや違法屋台等により快適な公園利用が損なわれている。

国立博物館側から見た広場はこんな感じ

　これを逆に読んでみると、検討会と東京都が考えている「未来の上野公園」の姿が見えてくる。歴史的資源をもっと目立つようにして、動線をもっとすっきりさせて、情報発信スポットをたくさん作って、うっそうとした樹林をすっきりさせて、オープンカフェとかレストランを増やして、ホームレスや“違法屋台”を一掃して……ね、なんとなくイメージが目に浮かぶでしょ。それはお洒落で快適ではあるけれど、いままでの上野公園が隠し持っていたダークでミステリアスな魅力を完全に一掃してしまう、ただのクリーンな都市型公園文化施設の姿だ。
「震災なんだから花見なんてするな」と言い放った都知事のもと、オリンピック招致には完敗したくせに、上野公園の大規模改装工事は着々と進行中。このまま行けば、あとほんの数年で、僕らの知っていた上野公園は、すっかり別人の顔になってしまいそうだ。

　いまなら、まだ袴腰（不忍口からの階段エリア）の似顔絵描きもいるし、少なくなったとはいえ木立のあいだにはブルーテントもあるし、動物園のそばのレトロな子供遊園地や、「カレーライス、親子丼、おでん、清酒、ところ天……」と懐かしいメニューを揃えた東照宮脇の売店も、公園内でおそらくただひとり公式に家を構えて、寛永寺の「時の鐘」をいまでも毎日朝・昼・夕の3回ついている「鐘つき」が住む家もある。

　朝から酔っぱらってるオヤジもいれば、西郷隆盛像前で記念写真を撮る老夫婦もいるし、週末の代々木公園ではちょっと見かけない、微妙なファッションや座り方がよく似合う若者たちや、頬を紅潮させた修学旅行生もいる。日曜日の新宿御苑にいる外国人は欧米人が多いけれど、こっちの外国人は圧倒的にアジア・中東系だ。

　懐かしくて、あったかくて、汚くて、夜はちょっと危なくて。古き良きダウンタウンの象徴のような上野公園が、むりやり別人に整形されてしまう前に、隅から隅までじっくり歩き回っておきたい。

⊙上野恩賜公園　東京都台東区上野公園・池之端3
http://www.kensetsu.metro.tokyo.jp/toubuk/ueno/index_top.html

見た瞬間に入りたくなる、懐かしさ満点の「東照宮第一売店」。名物はそうめんにカレーをかけた「カレーそうめん」！　ぜんぜん辛くないです

上野の山を血で染めた戊辰戦争で、敗れた彰義隊を弔う「彰義隊墓所」。山岡鉄舟揮毫の墓石がある

この墓所に、明治時代からつい先年まで、元彰義隊士・小川興郷の子孫が墓守をしながら、墓所脇の家に暮らしていた。不忍口から階段を上がってすぐの場所に、人家があったのである（右側が墓守・小川さんの家、2002年撮影）

一時は横山大観がオーナーだったことでも知られる貸席（日本料理）韻松亭のすぐ裏手、精養軒手前の木立にひっそり隠れているのが「時の鐘」。芭蕉の句にある「花の雲　鐘は上野か浅草か」に詠まれた鐘がこれである。江戸時代から時を告げる鐘として知られ、現在は大観から鐘楼を引き継いだ日本画家・山本道香の子孫が、鐘楼脇の家に住みながら毎朝6時、正午、夕方6時の3回、定時に鐘をついている。江戸時代そのままの音色で「時」を告げつづける鐘は、もちろん東京でここ一ヶ所しか残っていない。ちなみに彰義隊の墓守がいなくなった現在、時の鐘を守る山本家は、上野公園に公式に暮らす唯一の住人という

一時は壊滅状態かと思われたが、震災以降、ちょっと増えてきた気もするホームレスのブルーテントが、木立のあいだにちらほら

孤軍奮闘の昭和遺産

【台東区・上野公園】**上野松竹デパート**

変わりつつある上野公園の現況をお伝えしたが、その上野公園＝上野の山の、上野駅不忍口と向かいあう側面に、かつて3つのビルが並んで建っていたのをご存じだろうか。いまはアメ横側のひとつが工事中で、いちばん奥はすでに改築済みの新ビル、真ん中だけが昔のままの姿を保っている。これが「上野松竹デパート」だ。上野駅のホームや、車窓からもよく見えるので、「なんだ、あれ？」と思っていたひとも多いかもしれない。

上野駅が「北の玄関口」だったころ——それは1991（平成3）年、東北新幹線が東京駅まで延伸したときに終わったのだろうか——東北方面から東京にやってくるひとたちが駅を降りて、最初に目にする光景がアメ横入口から、この公園脇のビル群にいたるパノラマだった。

いま工事では跡形もないアメ横側の角には上野百貨店、別名を西郷会館と呼ばれる、赤いアーチの外壁が印象的なビルがあった。2階にはおそらく上野でいちばん有名だったレストラン『聚楽台』が入っていて、そこは座敷席まである上野最大級の“ザ・大衆食堂”だった。「聚楽」と書かれた、外壁の巨大なサインを覚えているひともいらっしゃるだろう。

1952（昭和27）年に竣工した西郷会館は、もともと終戦後から広小路周辺に広がっていた闇市の露店を移転させる目的で建てられたものだった。オープン時には土産物屋や飲食店など38店舗が入居したという。住所が台東区上野公園1－2となっていることからもわかるように、本来は東京都の所有になる公共用地。そこで飲食店など民間企業が長年商

工事中の西郷会館（左）の奥が上野松竹デパート。かつては東京有数の混雑地帯だった

売をしてきたわけで、その意味では戦後史をずっと引きずってきた物件でもある（これは基本的に、並び建つ2棟も同じはず)。そのため建て替えも、計画は早くからされていたものの、なかなか着工できないでいたが、2008年になって聚楽台も閉店、ようやく建て替えが始動し、2012（平成24）年に新しいビルが完成予定。ちなみに解体された西郷会館を設計したのは土浦《つちうら》亀《かめ》城《き》。フランク・ロイド・ライトの弟子でもあった、高名なモダニスト建築家である。

上野松竹デパートを挟んで、西郷会館の反対側には現在、『バンブーガーデン』と名づけられた、ガラス張りのお洒落な複合飲食ビルが建っているが、ここはもともと『上野東宝ビル』という、その名のとおり東宝系の映画館が入った建物だった。

東宝の直営館として、1954（昭和29）年に建てられた上野東宝ビルには、上野東宝劇場と上野宝塚劇場の2館が入っていた。昭和30年代の映画最盛期には、ゴジラ映画をはじめとする東宝の人気映画シリーズで、連日大盛況だったという。映画館が閉館したのは2003（平成15）年、その2年後にはバンブーガーデンが竣工している。

そしていま、3つのうちで唯一、昭和の香りを残したまま生き延びているのが、真ん中にある上野松竹デパートだ。「デパート」と名前がついてはいるが、上野駅のホームからもよく見える3階が『上野囲碁センター』、2階は閉鎖中で、1階に100円ショップなどの商店テナント、そして1階の一部と地下1階が古書店という、奇妙な組み合わせになっている。

上野松竹デパートが完成したのは1953（昭和28）年のこと。前述したように、ここも上野公園内で東京都の所有地だが、1951（昭和26）年に映画館を建設する目的で使用許可が下り、松竹とゆかりの深い建設会社・矢島建設が施工、いまも建物の所有権は矢島建

京浜東北線ホームから見たバンブーガーデン（右）と上野松竹デパート（左）

設が持っている。

その由来のとおり、上野松竹デパートには4つの映画館が入っていた——閉館直前は「セントラル1〜4」となっていたが、その前は上野松竹・上野映画・上野名画座・上野セントラルの4館であり、そのうち上野松竹以外の3館は、いずれも成人映画館だった。

一部の映画ファンには周知の事実だが、かつて上野は「成人映画の聖地」であり、上野エリアだけで8館もの成人映画専門館が営業していた。いまはたしか、新装なった上野オークラ劇場1館だけ。日本初の「バリアフリーの成人映画専門館」として、3スクリーンの真新しい映画館だが（そのうちのひとつ、上野特選劇場はゲイ映画専門館）、昭和50年代の全盛期に較べれば寂しいかぎり。ちなみに往時は上野松竹デパートの上野映画と名画座が、ピンク映画入場者数の全国1、2位を独占していたのだという（458ページ参照）。

ひとつの建物で『男はつらいよ』と日活ロマンポルノが同時に上映されて、それぞれ満員のお客さんを集めていたころを想像すると、ちょっと楽しくなるが、建物の正面、2階部分には現在でも長方形の、映画看板を収めていた枠がそのまま残っていて哀れを誘う。隣の上野東宝ビルとあわせて、ここに6館もの映画館がひしめきあっていた時代は、日本映画の黄金時代とともにもう、遠くに過ぎ去ってしまった。

上野松竹デパートの1階をいま使っているのは100円ショップ、ドラッグストア、宝くじ販売ブース、それにお土産物から大人のオモチャ、さらには催涙スプレーからスタンガンまで販売する特殊な専門店まで、かなり不思議なラインナップになっている。奥のほうには上野らしく（？）画材店まで入っているし。

工事の囲いには西郷会館の完成予想図が……

2階の上野松竹は閉館のままだ

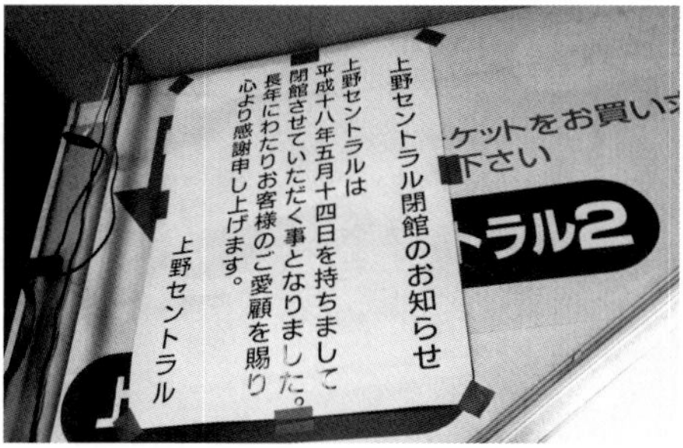

ビルのあちこちに、映画館だったころの痕跡が残されている

3階は『上野囲碁センター』、朝から晩まで遊んで800円！
という、ものすごくリーズナブルなオトナの遊び場だ

村田薬品では、お薬のほかにネクタイからレンズ付きフィルムまで（SDカードとかじゃなくて）、幅広い品揃え

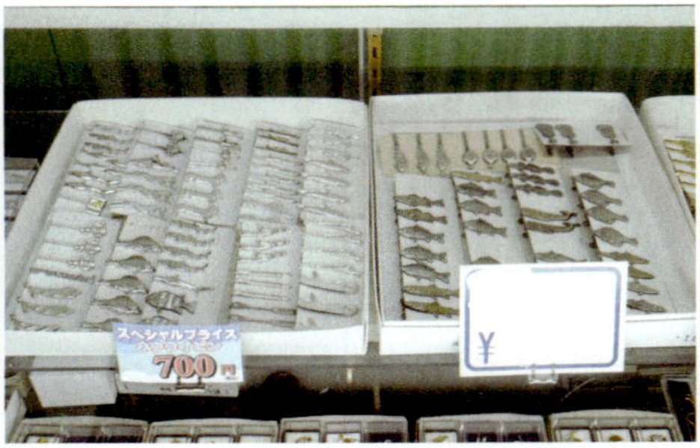

サカナのかたちのネクタイピン700円……ちょっとほしいかも

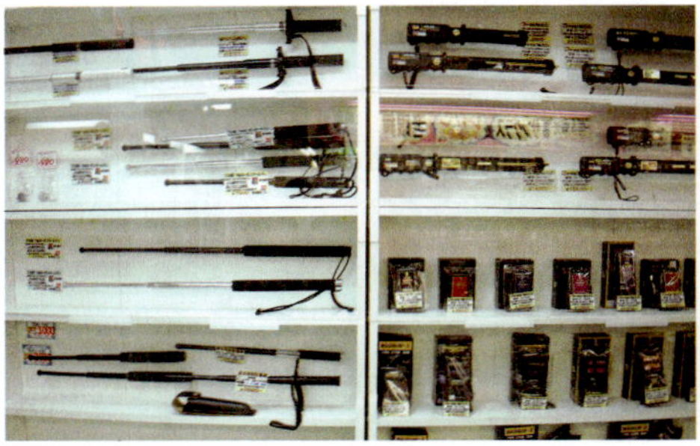

警棒にスタンガン！　店員さんの説明に、熱心に聞き入る女性客もいた

薬品店のショーケースには、コンドームや強壮剤がずらり！

奥まったエリアには画材店も潜んでいる

大人のオモチャ屋さんもあり、品揃え充実でした

そんな1階店舗街の、前は映画館入口だった左端の1画と、地下のフロアを使っているのが『上野古書のまち』。複数の古書店が集まって店舗を形成する、ミニ古書店街だ。前々から、ここに来るたびにその広さと、倉庫みたいな雰囲気と、あまりに統一感のない（だからおもしろい）本棚構成に興味津々だったのだが、今回は『古書のまち』の仕切り役である、とかち書房の佐藤さんにお話をうかがうことができた——

ここはもともと、いま工事でなくなっちゃってる西郷会館に、15年ほど前に出店したのが始まりなんです。そのときは12の古書店が集まってスタートしたんですけど、こちらに移ってから現在は11店舗ですね。北千住「なざわ書店」、中央区「文雅堂書店」、多摩市「訪文堂書店」、経堂「小野田書房」、浅草「白鳳書院」、荒川「高木書店」、江戸川「志賀書店」、神田の「風通信社」「とかち書房」、中野の「金沢書店」と、店舗を持っていない「三崎堂」の11書店になります。ずいぶんバラバラですけど、上野からのアクセスじゃなくて、古書店どうしのつながりでこうなったんです。

西郷ビルのときは裏のほうだったんで、建物はぼろぼろで汚いし、お客さんもいなくて、だれも商売やらないよという雰囲気だったんで、最初は悩んだんです……外の人通りだけはすごかったけど。偽造テレカのイラン人が、たくさんたむろしてた時代ですよ。

でも、いざやってみたら、長距離のお客さん、京成の奥のほうから来たようなお客さんが、ずいぶん買ってくれたんですね。それも、神保町とはぜんぜんちがうものが売れたんです。神保町は、まあ古本（好き）のプロが来る感じですよね。上野は一見のお客さんの比率も高いですし。

ひときわ目立つ「本」の看板が、かつて映画の看板があった場所に掲げられている

映画館入口だった階段が、見事なまでに本で埋まっている

セントラル4への階段だった場所が、1階レジ部分

だから本の傾向も、神保町とは意識して変えてましたよ。たとえば上野には、美術系の大きな豪華本とかを、一生懸命並べてたんです。あと、全集もの。神保町ではもう、あんまり売れなくなってしまったような全集類。たとえば漱石とかそういう、基本的なもの。そういうのがよく売れたんですねえ。

上野駅の正面ですから、前は出張やいろんな会合で上京した学校の先生とか、そういう

一見、どこのエリアになにがあるのか、ぜんぜんわからないカオス状態が『古書のまち』の魅力。エロ系と岩波の「中国詩人選集」が並んでいたり 「アダルトミセス」と「岩田専太郎作品集」みたいな絶妙のマッチアップとか『お尻倶楽部』とかのバックナンバーもしっかり揃ってたりする

ひとたちも、よく買ってくれてましたね。（買い上げ本を郵送する）段ボールの宛先を見るとわかるんですよ、地方の先生がたが多いんですね。

ご覧になってわかるように、11店舗の傾向は、完全にバラバラです（笑）。人文書の隣がアダルトだったりするのは、けっきょく11店舗で平等にスペースを分けましょうということで、コーナー別、ジャンル別にしなかったんですね。だからぐちゃぐちゃになっているんですけれど、それをおもしろがってくれるひとも、けっこう多いんですよ。だから各書店にも、隣のことは気にせず、自分の棚は好きなようにやりなさいと言ってるんです。

西郷会館の工事が終わったら、当然ながら次は最後に残った上野松竹ビルの建て替えとなる。佐藤さんによれば、「まだ具体的な計画はわからないんですが、契約は1年更新にしてくれと（大家さんに）言われてます」ということなので、もう風前の灯火であることは間違いないだろう。

ちなみにこの上野松竹デパートと、その両隣の2軒（1軒は工事中だが）。いずれも屋上部分が、上野公園になっている。ホームレス対策か、松竹デパートの屋上は立ち入り禁止になっているが、駅に面した柵のあいだから覗くと、公園の山にへばりつくような、その特殊な構造が見えておもしろい。ここもまた、ガラスとスチールのお洒落ビル群になってしまう前に、くまなく探検しておくことを強くおすすめする。

⊙上野松竹デパート
東京都台東区上野公園1

いまは立ち入り禁止になっている、上野駅不忍口に面した公園エリア。これがビルの屋上だとは……
近寄ってみると、屋上が公園の一部になっていることがよくわかる。ビルをいわば人工地盤として利用、
公園を拡張する優れたアイデアだった

競艇場でアートに溺れた日

【江戸川区・東小松川】**江戸川競艇場**

平日の朝10時過ぎ、都営新宿線船堀駅前には、すでに長蛇の列ができている。江戸川競艇場への無料シャトルバスを待つ人々だ。

競馬、競輪、オートレース、競艇と4種類ある公営競技のうちでも、競艇には独特な雰囲気が漂っている。出走者数を比較しても中央競馬が十数頭、競輪が9車、オートレースが8車であるのに較べて、競艇は6艇。それだけ投票券の順列組み合わせが少なくなり、したがって競馬のように極端な高額配当が出ないかわり、初心者にとっては予想を楽しみやすい。バスに並ぶ寡黙なファンを見ていても、“酸いも甘いも噛み分けてきました”オーラが顔からも身体からも、着衣からも漂う年配男性がほとんどだ。

1955年オープン、すでに半世紀を超える歴史を誇る江戸川競艇。全国に24ヶ所ある競艇場のうちで唯一、河川をそのまま利用しているユニークなボートレース場だ。しかし全国的な公営ギャンブル離れの荒波を受け、江戸川競艇も経営環境はけっして明るくない。いま競艇場に通ってくれるファンだけでなく、新たな客層の掘り起こしが急務である——というわけで、江戸川競艇は3年ほど前から、意表を突いたプロジェクトを立ち上げている。『ボートレース江戸川アートミュージアム』(略称EKAM)と題されたそのプロジェクトは、競艇場のさまざまなエリアにアート作品を配置し、レース開催日に「EKAMアートツアー」も開催。それまで競艇には興味のなかった、まったくちがうジャンルのお客さんを呼び込もうという、ギャンブルファンもアートファンもびっくりの斬新企画だ。

アートツアーは午前11時に、ふだんは入場料4000円を払わないと入れない特別観覧フロア『プレミアムラウンジ・遊』からスタート。ツアーと言っても参加人数は最大10名までの少人数。しかも専属のツアーコンダクターがつきっきりで、2時間近くにわたって作品をひとつひとつ丁寧に説明してくれるという、ふつうのミュージアムでは望むべくもない濃厚サービスだ。

入場料4000円の『プレミアムラウンジ・遊』

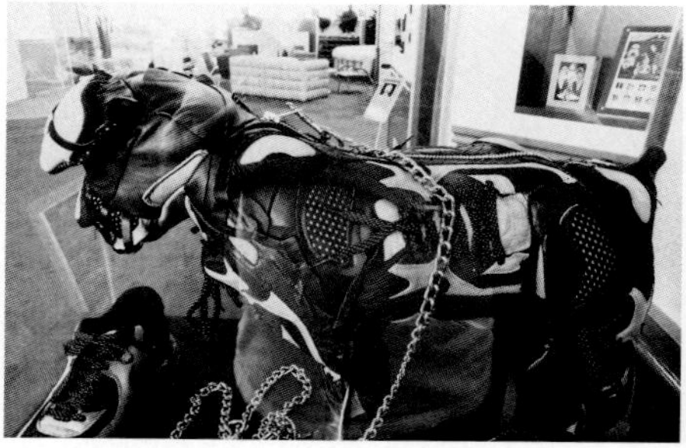

NIKEのAIR MAX Dog。デニムで有名なロンドンのファッションブランド「Vinti Andrews（ヴィンティアンドリュース）」がスポーツ用品メーカー「Nike」とのコラボレーションにより特別に制作した“Air Max Dog”はフレンチブルドッグ。Air Maxを3〜4足使ってつくってある

プレミアムラウンジの一角に設けられた作品展示コーナーは「コンテンポラリー・エリア」と名づけられた「現代アート」を飾るスペース。しかし現代美術かと思って気を引き締めると、意外な肩すかしを食らうことになる。からくりオルゴールで有名なムットーニ

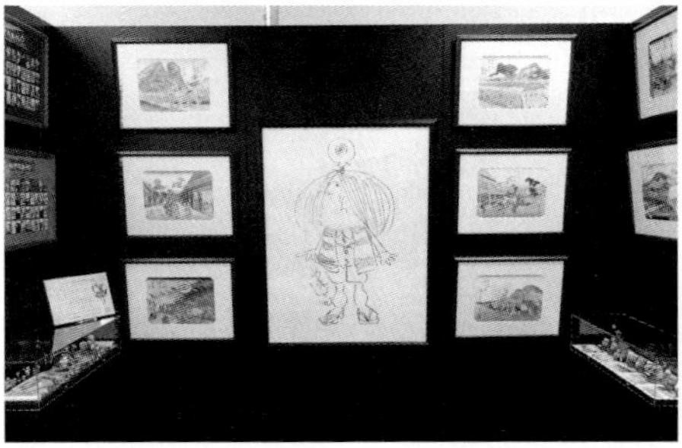

水木しげるコーナー。大妖怪絵巻「妖怪道五十三次」（版画）と、直筆の「等身大鬼太郎」サイン画、妖怪花札、フィギュアなどが置いてある

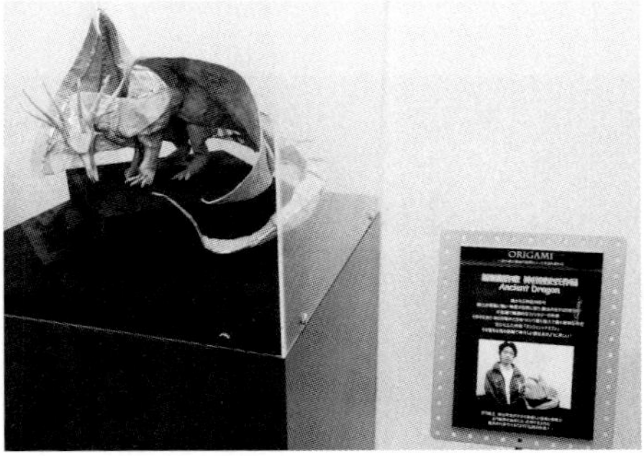

TVチャンピオン5連覇中の折り紙王・神谷哲史の「エンシェントドラゴン」。2m四方の和紙で折ってある

部屋の中にはムットーニの他のオルゴール作品も

アートツアーのコンダクター、村里さん（左）ドリームロボットの「マッシロー」（命名・和田アキ子）。太陽光発電で動く。ハズレ券を食べてくれるが、耳が動くと小吉、足が動くと中吉、両方動くと大吉。ロッキー山脈に生息するシロイワヤギを模して作られた

（こと武藤政彦）、TVチャンピオンの折り紙王・神谷哲史《さとし》、創作万華鏡に楽器を模したハンドメイド・シューズ、さらには水木しげるコーナー、ガラス製バイオリン、バルセロナの飴ジュエリーなどなど、「現代美術」というより「現代の」美術が、無節操とも言えるほどのミックスで並んでいる。ただ眺めるだけではなくて、万華鏡など作品によっては係員のインストラクションのもと、ひとりずつ体験もできるので、おもしろいし楽しいのだが、全体像を把握するのは至難。呆然として高級ソファに座り込めば、目の前の舟券購入カウンターにウォーホルの版画が無造作に掛かっていたりして……。

気を取り直して1階の一般観覧席に降りると、そこは『レトロ・エリア』。入場料100円の一般用入口脇に立つ、懐かしき大魔神2体を手始めに、昭和の郵便ポスト、ホーロー看板、「最後の映画看板絵師」と呼ばれる久保板観による名作映画看板、さらに舟券自販機の上には一枚ずつ『男はつらいよ』のポスターが掛かって、「好みのマドンナを選んで、その窓口で購入できます」なんて仕掛けまであり。レースコースに面した観客席には、水木しげるの妖怪画が並ぶ「鬼太郎遊歩道」もあるし、別のコーナーには「はずれ投票券を食べてくれるヤギロボット・マッシロー」（命名・和田アキ子）もいたりして、見どころ満載。そしてそのすべてに、まったく目もくれないままレース結果を表示するディスプレーを食い入るように見つめる人々。ここにもまた、異様なコントラストがある。

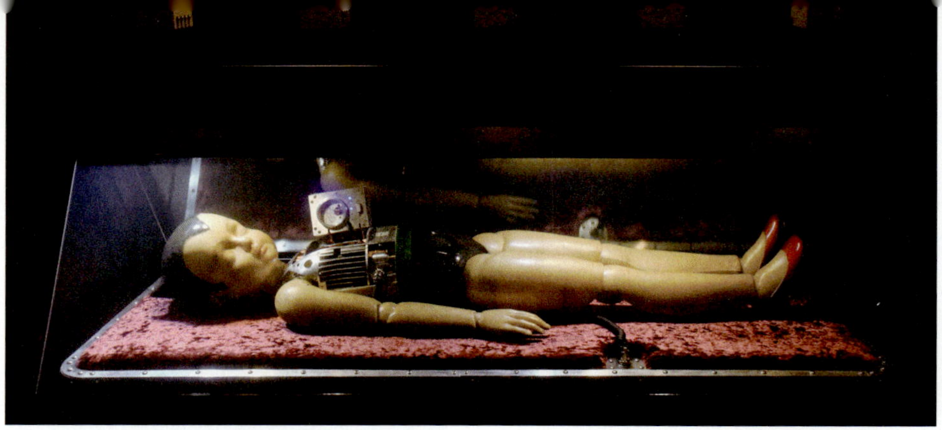

造形作家・荒木博志作品、眠れるアトム「ASTRO　BOY」。アトムは等身大。肌は、防弾チョッキに使われるケブラーという素材で作ってある。ケブラーは競艇選手の着る服にも使われている素材。危険を伴う競技であり、競艇選手の中にはカナヅチの人もいるので

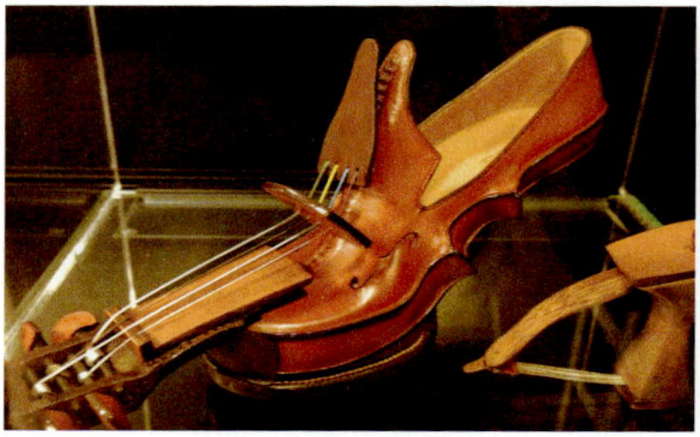

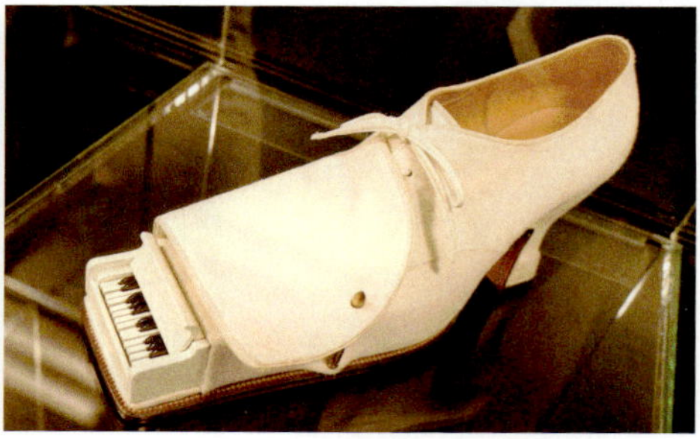

すべての靴の製法の中で最高峰に位置するといわれる伝統的な製法「ハンドソーンウェルテッド製法」。その第一人者の靴職人・江川治が展示会用に製作した「楽器シリーズ」。ピアノの靴は、オルゴールつきになっていて、鳴ると鍵盤が動く（ちなみに曲は「イマジン」）

1906年創業のバルセロナの有名菓子店エスクリバのキャンディーリング。飴がジュエリーに変身したまさに食べられるアクセサリーART（アートミュージアムHPより）。70度にならないと溶けないので、本当につけても大丈夫。でも、なめても甘い味はしない。70度にならないと溶けないから、噛み砕くしかない

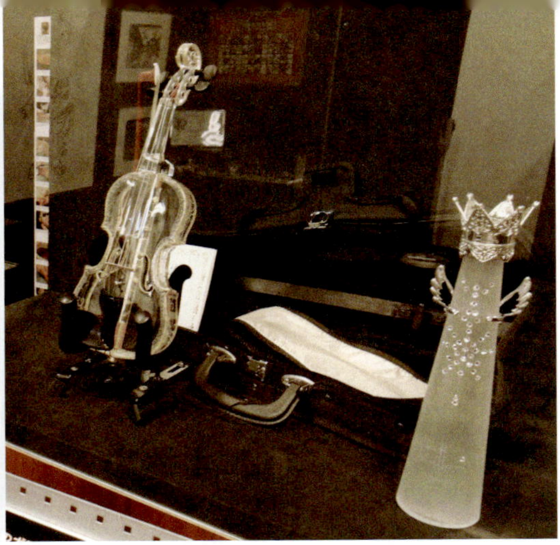

彫刻家・大森暁生作品。アンティークな額の中を美しい蝶が漂う「Butterfly in the frame」と、「デビルの黒い薔薇」薔薇も蝶々も半分だけで、鏡に映すことで、ひとつの薔薇・蝶に見える。鏡のように見えるのは、ステンレスを磨いたもの

日本が世界に誇る高度なガラス工芸技術を持つ、あの「ハリオグラス」が技術と芸術の融合をテーマにして制作しているガラス楽器シリーズ。その中でも最初に手掛けられた世界初のガラス製バイオリン「玻璃王バイオリン」(アートミュージアムHPより)。手吹きガラスで作られている。弦は本物で、弾ける。右のミネラルウォーターを入れる瓶はスワロフスキーのガラスがあしらってあって、ハリウッドセレブの御用達とのこと

左／万華鏡界のカリスマ作家、山見浩司作品。金閣寺の形をしているが、これも万華鏡です。　**右**／小さな祠のような展示部屋の中に展示されているのは、ムットーニ作品。人形が持っているのは本物の真珠（白蝶真珠）。スティービー・ワンダーの「YOU＆I」のカバー曲にのせて人形が現れる、3分57秒のカラクリ・ミニシアター

レトロ・アートを鑑賞しつつ、ボートレースも水面近くで観察したあとは、ふだんは入場料2000円の特別観覧席『エグゼ』に移動。和食レストランでランチをいただいたあと、『ジャパニーズ・エリア』と題された「和を感じる空間」で、カリスマ左官職人の土壁アートや、世界各地の土を使った土団子、曜変天目茶碗、神戸の洋菓子店が作った「バウムクーヘンの壺」など、これまたバラエティに富みすぎのコレクションを鑑賞。最後にラウンジ内の個室にて、競艇の基礎知識や投票券の買い方についてのレクチャーを受け、ツアーが終了となる。所要時間約2時間、入場料に食事代まですべてコミコミで参加費たったの1000円！　もちろんそのまま舟券を買ってレースを楽しむこともできるので、アートに興味のないひとにも、レースに興味のないひとにも、これはかなりお得なパッケージだ。

3年前に企画が始まったときには、ヤギロボットとムットーニしかなかったのが、いまやこれだけの充実コレクション。ツアーを予約するお客さんのほとんどは、スタッフのお話によれば「ボートファンではぜんぜんない、アート好きの30代から50代の女性がほとんど」。しかもレース開催日しかツアーも開催されないので、常に予約はいっぱいという状態らしい。

ムットーニのからくり人形や万華鏡の美に酔いたい女性客のみなさんが、そのまま舟券を握りしめて熱狂するボートファンになるとは思えないけれど、こんな意外な場所で、こんな意外な作品に巡り会えるというのは、たしかにうれしい驚き。おまけに、わけわからないまま購入してみた舟券が当たっちゃったりしたら、さらにうれしいんですが……。

⊙江戸川競艇場　東京都江戸川区東小松川3-1-1
http://www.edogawa-kyotei.co.jp/
アートツアーについての情報は
http://www.edogawa-art.jp/

特別観覧席『エグゼ』内のギャラリーに展示されている、左官職人・挟土（はさど）秀平作品　「大地の卵」。
不思議な色と光沢があるが、100%土でつくられた団子で、すべて土の色

上／プレミアムラウンジから外に出て、一般の入口に。大魔神像と武人像が一般客を迎える。昭和41年公開の映画『大魔神』を再現。映画の中での大きさと同じ、身長4．5メートル。　**下**／プレミアムラウンジから見渡す競艇場

昭和29年の赤いポスト。意見箱として活用しているが、ほんとの郵便物を入れてしまう人も

一般入口付近はレトロ・エリア。昭和30年代のホーロー看板や、ペコちゃん、ビクター犬。しかし、そんな展示品たちを、だれも見ていない

上／階段脇には、昔の映画看板がずらり。久保板観の作品。昭和16年生まれの、日本最後の映画看板絵師で、青梅市の観光スポット「青梅宿映画看板街道」の看板も全て板観の作品。5色の泥絵具を、膠でといて描くのは、乾いてもマットで鮮やかなので。江戸川競艇場では30枚以上収蔵。 **下**／投票所の上には「男はつらいよ」全48作のポスターがずらり。好きなマドンナの下にある窓口を選んで買う人もいる、とか

妖怪道
五十三次之内
平塚
水木しげる
このあたり化け物多し
あの世まで八里

昭和10年生まれの銭湯背景画家・丸山清人作品。ペンキで4、5時間で描いてしまう。昔は掛け持ちで銭湯絵を描いていた

ウインズ側から見た初音小路入口

初音小路に吹き渡る風は、古き良き浅草の香りがする

【台東区・浅草】**初音小路**

お会いしたことはないのだが、よくポエトリー・リーディングの会を催している詩人で安田倫子さんという方がいて、このひとの作品に『路地の入り口』というのがあった。

あさくさは
浅草寺が地主になってる借地が多くて
自分の家が借地だったと知るのは
引っ越してからずっとたってからだった
境内のはずれのアコちゃん家、
おじさんの「おちゃんちゃん」は
お坊さん兼浅草寺病院の副院長だった
花やしきの近くにあった見世物小屋、
勘崎ん家の食堂のある道だから、
あの辺は余裕で遊び場だった
花やしきは　ユカリのおじいちゃんが建てたから
ユカリと一緒にいつも乗り放題だった
でも露出狂のおじさん多くて・・・
浅草寺の境内のところどころに
小さな影は分散していた
大人たちは自分の子供を
よその親に安心して任せ
自分の親はいつでも店先で
よその子供を叱っていた
商店街の横丁でさえ逃げ隠れできない
明るい路地だった　が
やんちゃな子供たちは
残酷な遊びを観音様のおひざもとで
こっそり覚えていった

＊全文はhttp://www6.ocn.ne.jp/~eigakan/document/d-poet/Yasuda/Yasu_01.htmlで

こういう、歓楽街と生活の場が完全に同居していた不思議な環境。それがかつての浅草の魅力だったのかもしれない。いま再開発の波が押し寄せかけている浅草で、昔ながらの空気感をかろうじて保っている、たぶん唯一の場所。それが場外馬券場ウインズと花やしきに挟まれた一角にある『初音小路』である。

平日の初音小路は閑散としたものだ

ゴールデンウィークごろには見事な花をつける藤棚が、十文字の通路にすっぽりかぶさる初音小路。たった数十メートルのブロックに、2階建ての飲食店が軒を連ねている。平日はひっそりと静まりかえる小路。週末は朝からどの店もシャッターを開け、外にテーブルとパイプ椅子を出して、馬券を買いに来る客にビールやホッピーや、おでんや焼き鳥を出す。慣れたお客さんたちは店頭に置かれたテレビの競馬中継を見ながら、グラスを傾けつつ競馬新聞をにらみ、ぐっと気合いをこめて立ち上がると、飲みかけのグラスを置いたまま馬券を買いにウインズに向かう。店のひともちゃんと心得ていて、お客さんが帰ってくるまでグラスも皿もそのままにしておいてあげる。そうして夕方まで盛り上がったあと、競馬客を当て込んだ店は早々に店じまい。そのあと長い夜は、開けるのにとてつもなく勇気が要りそうな、妖しげな気配を漂わせるスナックの時間だ……。

初音小路の真ん中に店を出す『松よし』。美人女将の阿部久美子さんは、この場所で生まれ育ち、いまも初音小路を仕切る肝っ玉母さん。初音小路のことなら、このひと以上に詳しいひとはいないはずだ。

気っぷも面倒見もいい、松よしのママ・阿部久美子さん

初音小路の歴史とともに歩んできた藤棚。久美子ママのお父さんが、お富士さん（の植木市）で藤を買って植えたという

もともとはあたしのお父さんがね、この初音小路を作ったんですよ。父は戦前、宮内庁の公務警察に勤めていて。母も郵政省で働いてたんですけどね。それで終戦後、浅草は焼け出されたひとでいっぱいだったでしょ。それで父が、いまで言う脱サラして、このあたりの人間をまとめて面倒を見て、テキ屋商売をさせたのね。

それが東京オリンピックのころに、美観を損ねないようにって、屋台の撤去が決まっちゃったの。それで、テキ屋さんたちは困るでしょ。で、父が代表になって、ここ（初音小路）の土地を浅草寺から借りたんですよ。小さく区切って、昔からやってた人たちに分配してね。そのときに父が音頭を取って組合を作って。いまでも観音様（浅草寺のこと＝観音菩薩を本尊とすることから、そう呼ばれるようになった）には、組合で地代を集めて納めてるんですよ。だからいままでいちども、家賃の滞納なし。空いてる店があっても、組合で立て替えて払ってるんです。

なんたって、このへんの土地はみ〜んな浅草寺のもんですから。いまJRAがあるとこだって、もとはヒョウタン池っていう、池だったのを潰して作ったんだし。ここの小路だって、だから私道なのよ、全部。道路ひとつ直すのだって、藤棚が傷んでるのを修繕するのだって、観音様の許可がなくちゃ、手もつけられない。それでいま、浅草寺さんはどうも浅草を美化して京都みたいにしたいらしくてね。テキ屋さんを減らそうとして、あっちこっちにやたら植木を植えたり、屋台のテントが立てにくいように砂利道をアスファルト舗装にしたり、お店出しにくいように休憩場所作ったり。いろいろやってるんですよ。でもあたしに言わせりゃね、んなこと言ったって三社が近くてホームレスがいっぱい寝てんのにね、京都みたいな街並みどころじゃないだろっつーんだよ。浅草は浅草の良さがあると思うわけね。

それでね、初音小路ができたころは浅草全盛

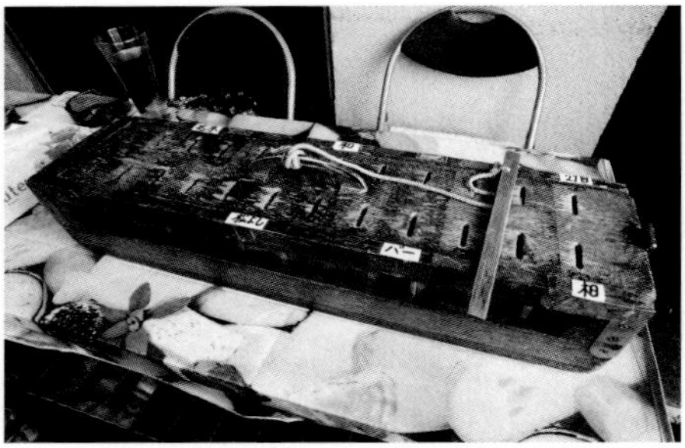

時代っていうか、ほかに遊び場がないようなときだったから、とにかくひとは多かったですよ。平日の朝から、飲み客でにぎわってねえ。毎晩毎晩、夜の12時で店を閉めさせるのが大変だったんだから。でも、ここは組合がきちっとまとまってるから、ヘンなことはなかったしね。ヤクザも入ってこれないし、吉原が近いんだから、飲みに来たお客さんをちょっと2階に上げて……なんてことがありそうだけど、そういうのも絶対許さなかった。月にいちど、組合の寄り合いがあるから、そこでチェックが入るわけね。

だいたいの店は1階で商売して、2階で暮らしてるんだから、小さな村みたいなもんよね。みんな、どこの店でだれがどうしてるか、ちゃんと見てるし。だからうるさいよぉ。だれかが具合悪いっていや、みんなで病院へ運んだりね、ご飯持ち届けたりね。そんなの、浅草でも珍しいんでしょうね。どっかガタガタすりゃあ、すっとんで行くしね（笑）。そういえば、うちの父の代から「日掛け箱」ってのを作って、無尽をやってるのよ、いまだに。ウチが胴元になってね。箱を毎日、各店に回して、お金を入れて貯めておくの。それを月にいちどの寄り合いで開ける。それを酒屋の支払いとか、家賃に回すひともいるしね。いまどき、こんなことやってる飲み屋街なんて、都心ではここだけかもねえ。だからこの通りはゴミも全部、シール貼って出してるし、お祭りのときは組合でオニギリ800ヶとお茶とお新香を出す。そういうつきあいはきちっとやってる。浅草でいちばん古いけど、いちばんきちんとしてると思いますよ。

代がかわってる店が多いから、いま古いのはうちと花本さん、三枡屋さん、そんなもんかな。あとはみんな死んでるか、生きててもほかへ移って店だけ貸してるか、途中から入ってきてるか。あと当時から働いていた人たちがそのままやってるか。スナックは、最近はホモさんの店が多いわね。夜、電気が点いてるのはホモさんの店よ。性格は女と一緒だからね、いざってときは頼りにならないけど（笑）。でも、いまはホモさんの店も競馬のある週末なんか、朝から開けたりしてますよ。

ホモさんたちも大変らしいのよ、いまの不景気は。「家賃払うの一緒なんだから昼間からやっていいでしょうか？」なんて聞かれたりして、早くやるぶんには構わないよって言ってやんのよ。なかには他に働きに行きながらやってるひともいるわけよ。家賃払わなきゃいけないから。最初はね、みんなマンション借りて住むのよ、ほかにね。でも両方の家賃って大変じゃない。だったら上に住めるんだから、家賃ひとつで済むじゃない。それで最終的に上に来ちゃって住んでるってひとが多いのよ。それと相方がいる時はマンション借りてるんだけど、別れちゃってひとりになってっていうひともいて、ドラマがあるのよ（笑）。

ああいう人たちの商売は、ほかとちょっと違って、出会いの場所を作るみたいなとこがあるでしょ。そういうんで昼間からやってるひともいるし。ほんとは組合で月2回、第2と第4の火曜日が定休日って決めてるんだけど。いまそういうこと言ってらんないんだよね。たとえばホモさんたちは、その業界ではほとんどが火曜日が休みなんだって。だから火曜日をやりたいと。そういうのは前もって寄り合いの時に言ってくれれば、許可するわけよ。だから火曜日やってるお店が何軒かある。そのへんは臨機応変に変えてはいるんだ。

あたしが店を継いだのは、母親が死んだ平成18年からなんで、あたしはそれまでほかの店をやってたんだけど、母は死ぬまで店に出てて、しっかりしたひとでしたねえ。だって昔はね、とにかく家出してきて、みんな上野に着くわけでしょ。まだ15、6の娘が。おさげ髪でボストンバッグで、すぐ判ったから、家出してきたってのが。で、タクシー乗るでしょ。タクシーの運転手さんにどっか働くところを聞くと、運転手がウチへ連れてくる。そっから親元へ連絡してやるわけよ。だから、ウチは日本全国いろんなところから来てたよ、ほんとに。

昔は母子家庭で育った女の子が、親のために働いて仕送りする、なんてのが普通だったから。給料日になると親が給料もらいに来る、そういうご時世だったもの。映画みたいだけど、実際にあったのよ。そんなのがいっぱいいて、見て育ってきてるからねえ。だけどウチの父親っていうのは、食べるものは働く人間も家族も一緒だったから。一升釜でごはん炊くでしょ、テーブルに出しっぱなしなの。いろんな人間が来るから、来た順に食べてってく。表から浅草警察の人間が来て、裏からヤクザ者が来る、そういうウチだったの。

だから子どものころは、友達に来られるのがイヤだったねえ。何屋さん？　って言われるのがイヤで。あたしが小学校のころは、行く場所もない若い衆がいっぱいいたから、それを知ってる酒屋の2階とかに部屋借りてやって、そこにみんなを置いてやってたの、父親がね。そうするとあたしに、学校行く前に寄って、みんなを起こしていけって言うの。それがイヤでイヤでねえ。だけど、それでみんなに屋台とか商売させて。商売をさせるっていうのが、父親の基本だったから。

父も母も、その血を継いでるあたしも、面倒見るのが当然だと思ってるんでしょうねえ。親の代からそうだけど、ウチにはいつもかならず、だれか居候がいるし。だれもいないときは、ないね。いまもそのへんでホームレスしてたのを、ひとり置いてるし。去年は府中刑務所から出てきたのを居候させてたのが死んで、こっちで葬式あげてやって、北海道の親に電話してやって、そしたら91のお婆ちゃんで引き取りに来て。今月一周忌終わったんで挨拶に来て。そんなのばっかりよ。

ホッピーにおでんをつまみながら、シートに記入

だから浅草もね、それは商売してるほうから見たら昔のほうがよかったんだろうけど、（客の中には）給料袋持ったまんま飲みに来ちゃって。船乗りなんかも多かったけど、一回航海終わると何百万でしょ、それを丸ごと使っちゃってね。そういうのもいっぱいいたよ。ほんと給料袋そのまま持ってきて使っちゃって、一銭もなくなって帰るなんてのが、けっこういたから。その時代はね、それで通ったんだろうけど、いまは銀行振り込みだからねえ、男も小っちゃくなったなと思うんだけどさ。でも、あたしのもひとの親だからさ。ウチの亭主には言ってるけどね、「飲みに行くときは、みっともない飲み方しなさんなよ。たとえ1杯でも1万置いてきなさいよ」って。でも、ウチの娘の亭主がそんなことやったら、文句言うけどね、ワハハ。まあ、そんなふうに金を使うひとも、少しはいるんだね。

ウチの母親がよく言ってたんだけど、「金はね、汚く稼いでもね、使う時きれいに使えば金は活きるんだ。金を儲けるってことは汚いもんだと、汚く稼いでもその金をきれいに使えば金は活きる」って。だから金は使い方なのね。ウチの母親も父親も、そういうところは徹底してたねえ。

それでいまだにね、あたしんとこにはどうしようもないやつが、「ねえさん、助けてください」って来るんだよ、たくさん。よろず相談所だもん。看板掲げたいくらいよ。ホームレスだの、アル中のオヤジだの、水道まで止められたやつだの、クスリだの、いろいろだけどね。福祉でお金入っても、それをまた全部使っちゃうから、ウチで預かってやったりもするしね。口コミとか、刑務所で（ウチのことを）聞いてくるのも、けっこういるらしくて（笑）。

狸の宴

メニュー
お酒

そういうやつらは、助けてやるんだけど、きっちり怒るよ。ときどき、怒られにウチに来るんじゃないかって思うくらい（笑）。あんまりひどいと出入り禁止にするでしょ。そうすると、そのうちに寂しくなって、また来るわけよ。ちょろちょろちょろって、そのへんの木の陰とかから、こっちを見てたりして。あたしに怒られてるうちが華だと思ってるんだろうねえ。だいたいきょうみたいな平日の昼間っから飲みに来てるのは、仕事してねえだろ馬鹿って言ってやんの。真面目に働けって。そういうひとたちって家族と縁切っちゃってるから、そうやって言ってくれるひとがいないのよ。友達なんかも、利害関係が絡んでくるでしょ。やっぱり寂しいのよ。どんなに馬鹿でも悪くても、まだ友達がいるほうがいいと思うよ、あたしは。

⊙**浅草　松よし**　親栄飲食組合　初音小路
東京都台東区浅草2-7-21

ほんの少し昔の東京にタイムスリップ

【台東区・上野公園】下町風俗資料館

水面を見事におおう蓮……の枯れ草が寂寥感を盛り上げる上野不忍池。湖畔にたたずむ白塗りの建物が、下町風俗資料館。1980（昭和55）年に開館して、今年で30周年を迎える老舗の資料館である。いまは全国各地に「昭和の暮らし再現館」みたいな施設がたくさんできているが、下町風俗資料館はその先駆けともいうべき存在。「田舎の民具は資料として残されても、都市生活者の日常を記録・保存しようという施設がまったくない」ことに危機感をいだいた区民や文化人の声に行政が動くかたちで、昭和42年に委員会が発足。メンバーには小生夢坊《こいけむぼう》（漫画家、随筆家）や平櫛田中《ひらぐしでんちゅう》（彫刻家）なども入っていた。

昭和49年ごろから広く寄贈をつのって、それをただ展示ケースに並べるのではなく、“情景展示方式”と言われるようなシーン・メイキングのスタイルをとることができたのは、学芸員の石井広士さんによれば「設立に関わった方々が、関東大震災前の暮らしを実体験として知っていたから」。震災、戦災、乱開発という3回の大変革を経験してきた人々が参加することで、再現された情景はリアリティの強度を増すことになった。

1階丸ごとと、2階の一部を使ってセットされた情景展示エリアは、通常のミュージアムのようにただ見るだけではなく、入場者が展示の中に入り込み、情景の一部になることができるようにつくられている。靴を脱いで畳の部屋に上がり込み、ちゃぶ台のお茶セットにかぶせた手ぬぐいを持ち上げてみたり、箪笥を開けて中の着物を見て、触って、そこに住んでいるはずの人間の気配を感じ取ることができるのだ。

路地には毎朝打ち水がされ、台所でみそ汁を作る鍋には、これも毎朝シジミが入れられて、箪笥や押し入れの中味も季節ごとにきちんと替えられる。アワビのからに入れられた石鹸、物干し竿の洗濯物、電柱に止まったセミのぬけがら……そんな細かなところからも、まるで90年前の、この町で暮らすひとのように、スタッフがこの場所をいつくしみととのえていることが感じ取れるのだ。

上野駅から歩いて数分、入場料も300円と格安、しかも不忍池畔という絶好のロケーションにありながら、下町風俗資料館の入場者はここ数年、減少気味だという。名前だけは知っていても、近すぎて行ったことないというひとも多いはず。とりあえず、行ってみてください！　展示ディテールのこだわりには、ほんとびっくりするから。地方からの団体客と、外人観光客に独占させておくのはもったいなさすぎます。

⊙下町風俗資料館
東京都台東区上野公園2-1
http://www.taitocity.net/taito/shitamachi/

●学芸員の石井さんと歩く下町風俗資料館

1Fは「震災前の下町の生活」の情景展示で、入口から最初に入ってもらうのが、高級鼻緒の「奥山商店」です。出し桁づくりの商家建築。出し桁は重い屋根を支えるためと、通りに面した商家の見栄えをよくする意味もありました。表の戸は、引き戸ではなく「上げ戸」（シャッター方式で、上に上げる）。戸袋不要で、間口が広くなります。店には、職人が鼻緒をつくるスペースと、販売スペースがあって、偶数月の第２日曜日にはほんとうの鼻緒製作職人が、奇数月は江戸凧など、いろんな職人が来て、実演してもらってます。軒にはツバメが巣を作りやすいように台が作ってあり、もうすぐ節分ですから「ヤイカガシ」（柊+豆ガラ+イワシの頭）を挿してあります

奥山商店の、鼻緒の販売スペースです。柱時計は現在の時刻に合わせてあります。日めくりも今日に設定してあって、生活を客観的に見るのではなく、中に入って体験してもらうためです

長屋の井戸場です。洗濯板の表と裏の波型が違うのを知っていましたか？　表は、洗うために、石鹸水が流れ落ちないようにU型。裏は濯ぎ用に、水がよく流れ落ちるように∩型になっているんですよ。情景展示の中に置くことで、坐っての作業が想像でき、これは重労働だったということがわかるんです。石鹸を置く貝殻にはちゃんと穴があいていて、石鹸がふやけないんですよ！

長屋の路地です。右側が、おばあさんと娘が住む女所帯の駄菓子屋という設定になっています。左奥は、小唄の師匠の家という設定です。ほら、三味線の音が聞こえますね。駄菓子屋の隣家では、夏の浴衣を洗い張りしています。これは、袖。物干しの下に置いてあるのは、ユキノシタ、万年青といった植木ですが、明治初期、万年青は投機の対象になっていたそうです

駄菓子屋店内には、当時の駄菓子やおもちゃの実物を置いています

いまは冬なので、炭火の炬燵を出しています。ちゃぶだいの上には湯のみと急須を置いています

押し入れの中には陶器の湯たんぽ、炭火アイロン、蚊帳、布団、柳行李……中に、実際に夏物の着物がしまってあるんですよ

箪笥の中には、冬の袷と綿入れが入っています。箪笥の上に文箱。箪笥の下には裁縫箱が置いてあります。裁縫箱の針がなくなっていないか、毎朝点検します

下駄の歯も、住む人が履き古して、チビているものが置いてあります

鉄鍋の中には、味噌汁。今日の具は、しじみですね

小唄の師匠のうちの玄関です。竹でつくった物干しに、足袋が干してありますね

震災以前の長屋は、すべてサイズが小さいんです。間口も狭いし、入口も低い。人間のサイズが違っていたんですね

電柱には、蝉のぬけがらが……。わかりますか？

飯炊き釜は屋外にあります。煮炊きの燃料は、薪です。その右は、昔なつかしいゴミ箱です

震災の頃には、下町でも、トイレは戸別になっていました。これは駄菓子屋の、トイレです。雑巾は、毎朝、濡らしてしぼっておきます

2Fに行きましょう。これが僕の一番のオススメ資料、「蠅取り名人の新聞記事（1939年8月2日付）」と、実際の「蠅取り器」です。当時、毎年夏に「蠅取りウィーク」というものがあり、この年の蠅取りウィークでは、一週間で8521万2409匹の蠅が捕まえられた。中でもトップは、著述業小塚貞義氏宅のツヤ子夫人で、一週間に32万匹。これは、二つのガラス製蠅取り器を置いて、蠅をおびきよせるためのエサとして「魚のはらわた」を、「蠅をとる水を、石鹸水」にしたところ、それだけかかったという記事なんです

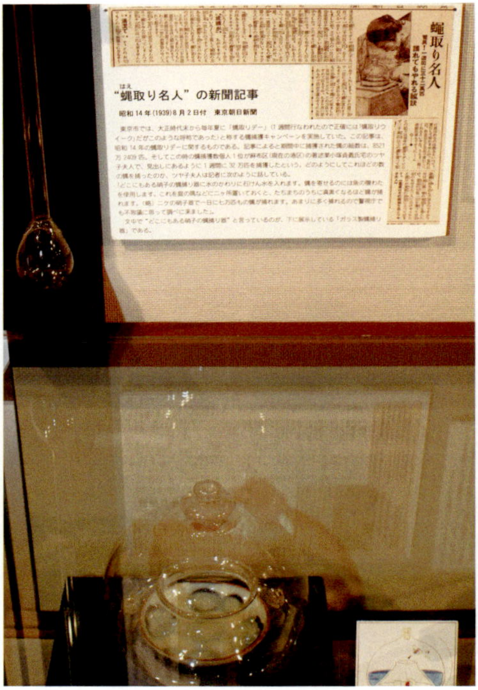

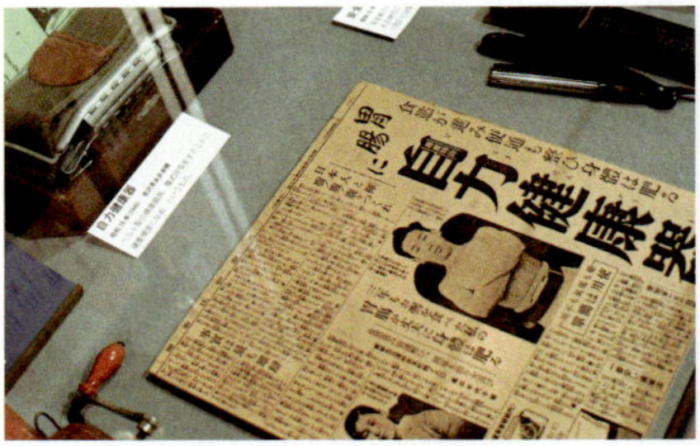

これも僕のオススメ資料「自力健康器」の記事です。「自力健康器」といっても、ただのベルトで、当時腹式呼吸が大変カラダにいいとされて、その腹式呼吸を意識させるためだけのシロモノなんです

昭和のお風呂屋さんの番台です。これは蔵前にあった本当のお風呂屋さんからの寄贈です。実際に番台に上がることもできますよ。男性のお客さんは、よく上がりたがります

昭和30年代の住宅の情景展示

震災前の子供たちが遊んだ遊具も展示しています。季節に合わせて、今月はお正月の遊具です

震災前の下町の暮らしの形を伝える、生活道具なども展示しています

森繁久彌さんと水の江瀧子さんがなくなったので、急遽作った森繁・ターキー追悼コーナーです。有楽座に森繁が出ていた頃のプログラム、ターキーの舞台デビューのプログラムを展示しました

カフェ下町、営業中です

荒川区に響くタイの祈り

【荒川区・荒川】タンマガーイ寺院東京別院

三河島、日曜日の朝10時前。地名の響きは江戸の昔を思わせるが、歩いてみればきわめて無個性な街並みの一角、明治通りと交差する尾竹橋通りに面したビルの入口に、大きな紙袋やビニール袋を抱えたひとが次々に吸い込まれていく。そのほとんどはタイ人だ。ここはワット・プラ・タンマガーイ（タンマガーイ寺院）という、タイの仏教寺院の東京別院だ。

バンコク郊外、かつてタイへの玄関口だったドンムアン国際空港近くに320万平米に及ぶ広大な敷地と、宇宙船のようにSFめいたデザインの巨大な本山を持つタンマガーイは、創立が1970年。まだ40年という新興勢力でありながら、いまもっとも急成長している仏教団体である。重要な儀式のおりには本部に10万人以上の信者が集結し（付属の調理場ではいちどに1トンの米を炊けるという）、タイ国内のみならず世界23ヶ国に55以上の別院を開くまでになっている。

日本でも2000年に東京別院が開設されたのを皮切りに大阪、長野、栃木、茨城、神奈川、埼玉、山梨、名古屋と9ヶ所の別院がすでに活動していて、その信者のほとんどがタイ人というから、日本各地のタイ・コミュニティの広がりと結びつきにちょっと驚く。しかもそれらの別院は本来的に在日タイ人のために、タイ人僧侶によって運営される寺院であって、日本人に対する勧誘活動はまったくといっていいほど行っていないにもかかわらず、寺院は日本人にも開放され、すべての儀式にだれでも参加できるし、日本語による瞑想プログラムなども完備されている。もしかしたら、日本の一般的な寺院より、よほど自由で、外に向かって開かれたシステムかもしれない。

入口で靴を脱ぎ、スリッパを履いて階段を上ると、そこが2階の大広間。10時になると、ずらりと並んで座った、多くは白装束の信者のあいだを縫うように、タイを旅行したことのあるひとならおなじみの黄色い僧衣をまとったお坊さんたちが、托鉢用の鉢を抱えて回り出す。タイでは早朝、こうした托鉢の風景がよく見られるが、ここは東京荒川区。朝6時に鉢を抱えて歩き回るわけにも行かないので、こうして院内で托鉢の儀式を行っているわけだ。牛乳、砂糖、調理油、米……ひとによって喜捨する品物はいろいろだが、大きめの鉢もすぐ一杯になって、それを大きなビニール袋に移し替えながら僧侶の後に続くスタッフが間に合わなくなってしまうほど。

喜捨托鉢式が済むと、こんどは3階の本堂に移動して、壇上に並んだ僧侶への参拝があり、朝の読経が始まる。僧侶の脇に吊されたスクリーンには、タイの本山での読経の様子を、リアルタイムでライブ中継する映像が流れ、一体感が増幅される。

読経に続いて、タンマガーイ寺院の特徴とも言える瞑想の時間が始まる。座禅のように堅苦しいものではなく、ひとりひとりが楽な姿勢で、楽な呼吸でゆったりと瞑想の時間を楽しむ、リラックスしたスタイル。基本的にはタイ語で行われるが、取材させてもらった日は日本人の参加者もけっこういたせいか、僧侶が日本語で語りかけてくれた——

右手の上に、左手を軽く載せましょう。あしゆびをリラックスさせましょう。らくに……ゆっくりと……ほんとに、ゆっくりと。どうですか？　全身リラックスしましたか？

カラダ、楽になってから……ゆっくりと……どうですか？　いま、みなさんは、ひとりで坐っている、感じられますか？

そして、いま、みなさんは、睡眠に、沈まないで、坐っているとイメージしましょう。身体と心が楽になるでしょう……どうですか。軽くなりましたか。ゆっくりと……ほんとに、ゆっくりと、行います。

みなさんは、しゃぼん玉の中心に坐っていると感じましょう。どうですか？　2メーターの水晶玉の中心に、いま坐っています……身体と心が楽になりましょう。風船のように、しゃぼん玉の中心に坐っている……どうですか。

身体の中心から、ゆっくりと、となえましょう。「ゆっくり」という言葉をとなえましょう。睡蓮の上に浮かんで、しゃぼん玉の中心に心が集中することができるように、願っています。ゆっくり、ゆっくり、ゆっくり……

深く、柔らかい僧侶の声に導かれながら、1時間あまり。ヨガのように脚が痛くなることも、座禅のようにうしろから叩かれることもない。ただ、ただリラックスして、こころを空っぽにする時間。それが終わったら2階に下りて、キッチンに並べられた昼食を、思い思いに選んで食べる。カレー、スープ、揚げ魚、ご飯からデザートまで、すべて信者たちが朝から院内のキッチンで手作りした、タイ家庭料理ばかりだ。「よかったら、ぜひいっしょにどうぞ」と誘われたのに甘えて食べてみたら、タイで食べてる味そのまま！　もちろん、お金なんか取らない。

おいしい家庭料理をたっぷり食べて、おしゃべりもして、ハラがこなれたら午後の説法と、もういちど瞑想タイム。そうして午後4時ごろに、すべてのプログラムが終わる。朝から夕方まで、丸一日に近い時間をこの院内にいながら、彼らは日曜日を過ごすのだ。

町屋、上野、錦糸町……東京右半分に住んで働くタイ人女性たちと、彼女たちに連れてこられる日本人のご主人。たくさんの子供たちも。こういう場所でみんなリフレッシュして、また明日からのタフな毎日に向かっていくのだということを、この場に参加してみるまで、僕はまったくわかっていなかった。そしてこういう、宗教施設というものが本来まず第一に果たすべき役割を（葬式だの墓地の分譲だのじゃなくて）、日本国内に7万5000あるというお寺の、どれほどがいま、この時代にちゃんと果たせているのだろうか。タンマガーイ寺院の運営に関わる日本人スタッフと、タイ人の僧侶にお話を聞いてみよう。

第一日曜日は、もっとも信者が集まる日。喜捨を受ける僧侶。信者は、僧侶のために生活必需品を用意してきたり、寺が用意したものを買ったりして、喜捨をする

女性信者が多い。タイ人女性と結婚した日本人男性の姿もちらほら。上座仏教の正装は白服。信者は上下白い服装の人が多い
この地域に、それを専門に売る店があるそうだ

水、野菜、油、砂糖、お茶、果物……喜捨されるのは、日々の生活に必要な食べ物。僧侶が前にやってくると、目の高さにささげ持ち、喜捨する

読経の時間。僧侶は信者の方を向いて、経をとなえる。仏壇は果物とお菓子とジャスミンの花で彩られている。花をつけた女性が、仏壇に供え物をささげる

スクリーンが降りてきて、衛星放送でタイの本山の読経がライブ中継される（カタカナで日本語の字幕も出る）

台所では、僧侶や信者のための、昼食の用意の真っ最中。日曜日は、信者は一日、ここですごしていく。バイキングスタイルで用意される昼食は、精進かと思いきや、魚や肉もある

吉野周治さんはタイと日本を行ったり来たりしな　　タンマガーイ寺院の運営を手伝
んはタイ人の奥様
農業を営んでいる

わたしはふだんタ
に住んでいるんで
が、家内がタイ人
して、1年半ぐら
日本に、日本語の
強に来ていたんで
ね。それでたまた
、このお寺（東京
るようになりまして。
ピリチュアルなも
ったんです。でも、
うちに、いまは僧侶
スタッフと友人に
り彼がもともと東大
博士号が取れると
離れて、タイに戻っ
る）ことにしたとい
が提唱する瞑想とは
と、勉強してみる気

内はタンマガーイの
短期出家を3回経験
りしたというか、よ
イの瞑想って、日本
正反対なんですね。
、寝る寸前のリラッ

瞑想って、こころを一点に集中することですよね。でも、無念無想なんて、達人の域に達しないとできることじゃありません。日本の瞑想はとかく理論が先行しすぎたり、座禅みたいに緊張する姿勢を保たなくちゃならなかったりと、とにかく難しい。

やってみるとわかりますけど、いろんな妄想が頭に浮かびますよね。それを無にするのは、とても無理。そうじゃなくて、妄想でいいですからひとつに絞って、それだけを思い浮かべる。そうしながら、「ゆっくり」でもなんでもいいです、くだらなくていいから言葉をひとつ、こころのなかで唱えてみる。妄想のイメージと言葉、そのふたつ。それだけに集中するようにしていくと、くりかえすうちに瞑想が気持ちよくなってくる。

このお寺を知って5年になりますが、これだけ信者が増えるの、よくわかります。だって自分で瞑想の良さを体験できるから。それでその良さを、こんどはひとに伝えてあげたくなる。

釈尊は（瞑想の良さを実感できるのに）早いひとで7日、ふつうのひとで7ヶ月、遅いと計り知れない、と言われてますけど、ここの瞑想法だと、大人より子供のほうが、はるかに入りやすいんです。教えると、だいたいすぐに入れちゃう。おもしろいですねぇ。

このお寺には、タイ人の奥さんに連れられてくる日本人男性も多いんですが、彼らの中でもすでに達人の域に達している方が、何人もいらっしゃいます。去年から短期出家の日本人コースを始めたんですが、それにも参加されて。

ご存じかもしれませんが、タイ人の男性は一生にいちど、かならず短期出家をします。男性の成人式みたいなものですね。外のことをどんなに勉強しても、こころの勉強をしなければ一人前の人間になれないという考え方です。ここで始めた日本人コースは、その短期出家をすべて日本語によって体験してみようというものです。

タンマガーイのタイ本部には世界各国から短期出家を受け入れるコースがありますが、日本人コースも期間はほぼ3週間。そのあいだ、瞑想から托鉢といった修行全般を体験してもらうわけです。日本からタイまでの航空運賃は負担してもらうのですが、あとは寺院内の宿泊費、食費などすべて含めて、費用は1万円だけ。ほんとにそれだけです。

第1回のコースには世界的に有名な仏教学者の先生も参加されたのですが、その方はもう30年以上もご自分で座禅をされてきたのに、タンマガーイのコースでの瞑想体験にびっくりされて。それで、日本ではすでにお坊さんの戒律というものがなくなっていますが、この先生は戒律の重要性を実感されて、日本に戻られて以降、タイの僧侶と同じように僧服を着て、食事は朝食・昼食だけで午後はなにも食べない、お酒も飲まないという生活を続けていらっしゃる。それくらい、強烈な体験ができてしまうんですね。瞑想って、ほんとうにすごいものです。

吉野さんによると、東京別院ができたのはもともと、別院の住職補佐であるターナブット僧侶が15、16年前に東京大学哲学科の大学院に留学、インド哲学を修めていたときに、僧服を着て世田谷の学生寮から大学に通っていたのを見たタイ人が、瞑想指導を受けに寮に来るようになったのが始まりだとか。その当時は日本にタイ寺院はひとつもなかったので、たくさんのタイ人が集まるようになったものの、すぐに寮に入りきれなくなって赤羽に瞑想所を設立。そして10年ほど前に現在の三河島のビルを購入することになったのが、別院の成り立ちだという。いま別院で瞑想指導を受け持つスネット僧侶も、10年前というからちょうどその当時に来日したベテランだ。

来日10年のスネット僧侶

私が日本に来たのは1999年のことです。来日の4年前、大学3年生のときに出家しまして、僧侶になったんです。大学の中に仏教青年会というクラブがあって、それに2年生のときに入って、3年生で短期出家がありました。20歳でしたが、そのときに私、出家したんです。もともとは2ヶ月間くらいの短期だったんですけれど、続けるのかやめるのかは自分の希望（次第）なので、私は続けたいと思って。それで、珍しいことですが大学を途中でやめて、僧侶になったんですね。出家の当時はもちろん両親も友達も大反対でしたが、1年ぐらい経ってから、みんな賛成してくれるようになりました。

日本に来て、赤羽にあった瞑想所で布教活動を始めたんです。タンマガーイは、いまでもそうですが、日本人に向けてはぜんぜん布教活動をしないので、相手はもっぱら在日タイ人でしたが。私、そのころは日本語がぜんぜんできなかったので、日本語学校に2年間通いましたね。

いまは日本各地に別院が9つ、僧侶だけで25、26名おります。日本の大学に通って勉強している僧侶もたくさんいますが、仏教用語ばっかりで日常会話がうまくならないので（笑）、日本人のかたに瞑想指導や法話もできないでしょ。それで、最近はお寺全体の日本語能力を上げるために、無料のタイ語講座を開いてるんですよ。毎週水曜日と土曜日に。これは全国の別院でやってまして、おかげで僧侶の日本語能力も上がってきました。

きょうは日曜なので大きな集会ですが、いつもは朝10時ぐらいに托鉢、といってもここは東京ですからタイみたいに道を歩いて回ることはできませんので、信者の方が持ってこられる喜捨を屋内で受け取るだけですが。

それで11時45分から瞑想です。タイの本院と衛星放送でつながっているので、タイの住職の声で一緒に瞑想します。それが1時ぐらいまであって、2時から3時までは法話。そのあとまた瞑想があり、5時ぐらいまでかかるでしょうか。それから片付けして、終わりですね。

平日も、信者さんたちはけっこういらっしゃるんですよ。その方たちが厨房に入って、僧侶のために食事を作ってくれるんです。それを僧侶が食べて、祝福の言葉とともに信者の瞑想を指導するんです。

これだけの団体なので、日本のいろんな仏教関係の方、瞑想に興味のある方など、いろんな方がいらっしゃいますし、日本のお寺とも交流があります。でも、タイの僧侶と日本の僧侶のいちばんの違いは、やっぱり戒律のあるなしでしょうね。タイ人のあいだでは、僧侶は戒律を守るのでふつうの人間と違うという尊敬のこころがあるんですが、日本では

仏陀が実践されていた「タンマガーイに至る瞑想法」を再発見されたプラ・モンコンテープムニー大師の像

住職に瞑想を指導したクンヤイの肖像を刻んだペンダントなども売っている

昨年から、短期出家コースを設けて実施中。約一ヶ月のコースで、なんと、参加費、1万円！

お坊さんもふつうのひともいっしょでしょ。

仏教には大乗仏教と南伝仏教（上座部仏教）と2系統あって、日本は大乗仏教の国であることはご存じのとおり。しかし大乗仏教のうちでも、戒律のないのは日本だけなのだという。

明治5年に発令された「今より僧侶の肉食・妻帯・蓄髪を勝手たるべき事、但し法要の他は人民一般を着用しても苦しからず」という法令によって、日本のお坊さんたちはおおっぴらに肉を食い、妻を持ち、頭も丸めなくていいようになった。仏教徒の数から言えば中国と並んで世界最大の仏教国である日本は、そうして仏教研究と葬式仏教ばかりが突出する、不思議な国になってしまった。

日本人への布教活動はいっさいしないのに、いろんなひとが話を聞きに、瞑想を体験しに集まってくる場所。タンマガーイの僧侶と信者たちが作り出す真摯で、アットホームな雰囲気の向こうに、日本の仏教業界が抱える根深い問題が見えてくるような気がする。そもそも釈尊が悟りを得たのは、勉強でも研究でもなく、瞑想からであったのに。

タンマガーイ東京別院では、月曜から金曜までの毎日、午後1時半からだれでも参加できる瞑想の時間が設けられている。土曜日は午前10時から、そのあとヨガ教室もある。ヨガだけはインストラクターに参加料500円を支払うが、瞑想はすべて無料。土曜日は瞑想、ヨガのあと「タイの家庭料理でお昼ご飯をどうぞ」という太っ腹ぶりだ。さらに毎月2回、西新宿の野村ビル前にある常圓寺という日蓮宗の大きなお寺で瞑想会も開いている。これまた参加費無料。興味のある方は、mixiの「タンマガーイ寺院」コミュ、「瞑想」コミュ、「ほほえみの国タイ」コミュのイベント、トピックスなどで最新情報をチェックしていただきたい。いちどでも足を踏み入れてみれば、日本のお寺にありがちな敷居の高さとは正反対の、すばらしく開放的で家庭的な雰囲気に、日本人ならだれしもが驚くはずだから。

⊙タンマガーイ寺院東京別院
東京都荒川区荒川3-78-5
http://www.dimcjp.org/

左／大根をカービングし、着色して作った花。これも仏壇に供えられていた。　**上**／取材した僕たちにも「どうぞたべて行ってください」と、差し出された

東京の郊外風景を水の上から眺めてみれば

雨の日の午前10時45分、北区と区境を接する板橋区の北端部・小豆沢《あずさわ》。河岸の船着き場には、ほぼ満員のお客さんを乗せた、平べったい「水上バス」が待っていた。起点の両国を朝9時に出発したこの船は、すでに1時間半かけて隅田川から新河岸川を上ってきたのである。

公益財団法人・東京都公園協会の東京水辺ラインが運航するこの水上バスは、小豆沢で折り返したあと、これから夕方5時までの時間をかけて、新河岸川から隅田川を下り、千住、浅草、両国を抜け、浜離宮から東京湾に出てお台場をぐるっとめぐって、葛西臨海公園から今度は荒川に入り、平井を抜けて、隅田水門からまた隅田川に戻り、もういちど隅田川を下って両国に戻る、「江戸東京ぶらり旅」と名づけられた長いクルーズに出航するのだ。

東京23区の全体地図を眺めてみると、左側にほとんどなくて、右側にたくさんあるものに気がつく。それは川の存在だ。23区の左側にあるのは、大田区と神奈川県を区切る多摩川ぐらいだが、右側を見れば新河岸川が隅田川になって、その先には荒川があり、中川と新中川があり、さらには千葉県との境に江戸川がある。東京右半分はリバー・シティでもあるのだ。

隅田川やレインボーブリッジ周辺で、屋形船宴会を楽しんだことのあるひともいるだろう。隅田川や荒川から東京湾にかけては、東京都の水上バス以外にも、屋形船のような民間の観光クルーズがいくつもある。ただし、隅田川から新河岸川の上流まで行けるクルーズは、この東京水辺ラインが運航する「江戸東京ぶらり旅」と、やはり両国を朝9時に出発して、こちらは夕方6時に両国に帰ってくる「いちにちゆらり旅」の2コースしかない。

その大きな理由は荒川区で隅田川をまたぐ千住大橋にある。橋桁から水面までの高さが4.5メートルと、隅田川に架かる橋のうちでもっとも低い

「江戸東京ぶらり旅」に使用される水辺ラインの水上ボート

コース全域にある水上バス乗り場から、待ちかねたお客さんが乗船してくる。予約さえしておけば途中乗船、下船が自由なのもうれしい

雨の日でも船内から風景を堪能できるよう、ガラス張りで明るい船内

河川流域でいちばん目につくのが高層住宅群。このあたりが新しい東京のベッドタウンなのだと実感する

新河岸川と荒川に挟まれた赤羽桜堤緑地は、映画に出てきそうな風景

新河岸川と荒川をつなぐ岩淵水門を右に見る。ここからは新河岸川から名称が隅田川に変わる

隅田川でいちばん橋桁から水面までが短い千住大橋

隅田川の水上クルーズは、さまざまな角度からスカイツリーを眺められる利点もある

千住大橋は、水辺ラインが所有する平べったい船舶でないと通行できないのだ。ちなみに3月11日の大震災では、千住大橋の上を歩いていたひとが、隅田川の波しぶきをかぶってびしょ濡れになったという報告もあった。

東京スカイツリーに両国国技館、浅草のアサヒビール本社、聖路加ガーデンをはじめとする湾岸エリアの高層ビル群、そしてレインボーブリッジやお台場など、いかにもな観光スポットは、たしかに隅田川の千住より下流に集中している。その意味では「千住の上流なんて、なにがあるの？」と言われても仕方ないが、しかし！　観光名所はひとつもないかわりに、千住の上流には川べりの高層住宅や、工場や廃棄物処理場や、スーパーマーケットや公園や土手や……つまりは見事なまでのサバーバン・ランドスケープが広がっている、というか拡散している。

電車やバスからでは近すぎるし、首都高速を走るのでは速すぎて、こうした「東京の中の郊外」をパノラマで見られるチャンスはなかなかない。ゆったりと川を走る水上バスの周囲に流れゆく郊外風景は、ヘッドフォンでダウンテンポのテクノとか聴きながら眺めたりしていると、なかなかに気持ちよいヴィジュアル・トリップでもある。

水辺ラインはもともと、1990（平成2）年に東京都が水辺公社という財団法人を作ったのが始ま

住宅造成も花盛り。しかし王子神谷で「巴里の園プロジェクト」と言われても……

水辺には高層住宅以外にもいろんな生活がある。釣り人もいれば……ブルーシートの家もある。なかなか快適そうに見えるお住まいもあったりして

上／渋い遊園地ファンに人気の荒川遊園　下／川べりはまた、グラフィティ・アートのギャラリーでもある

り。その設立目的は「河川愛護思想を広く普及啓発することによって河川や水辺環境に対する都民の理解と関心を深めることが必要であり、その一環として、優れた水辺環境と気軽に触れ合う機会を積極的に提供する」というもの。その触れ合いのためにスタートしたのが水上バスの運航で、1995（平成7）年度からは東京都公園協会に引き継がれ、2010（平成22）年に公益財団法人になっている。

おそらく阪神淡路大震災のあとからは、「水辺環境との気軽な触れ合い」だけでなく、震災時における避難者や帰宅困難者の輸送、緊急物資の輸送等の任務も追うことになって、実際に今回の東日本大震災では、3月中盤から震災特別便を運航。両国・浜町・千住を結んで、電車の本数が減ったぶんの補完の役を1ヶ月以上果たしていたという。船舶の形状が平べったくなっているのも、水深の浅いところに入っていける点で、防災面に将来役立つはずだ。

水辺ラインは現在『こすもす』（定員200名）、『あじさい』（定員140名）、『さくら』（定員140名）と3隻の水上バスを所有。今回ご紹介した「江戸東京ぶらり旅」のほかに、両国・お台場クルーズ、TOKYOベイやレインボーブリッジ周遊、さらにはトワイライトクルーズまで、長短さまざまなコースが用意されている（詳しくは公式ウェブサイトをチェック）。民間の屋形船のような揚げたて天ぷらとか、カラオケみたいなサービスはもちろんないので、時間の長いコースでは各自食事を持参することになるのだが、そのさっぱり感が、景色を堪能するにはかえって好ましい。

ニューヨークでもロンドンでも、パリでもバンコクでも、大都市の水上交通にはまた独特の味がある。水辺からの目線で眺める都市は、陸上とはまったく異なる印象があって、見えるものがただのオフィスビルや、どうってことない街並みであったとしても、それはそれですごく楽しい。

たいした宣伝をしなくても、わかってるひとはわかってるようで、千住の上流をめぐる水辺ラインのコースは、いつも予約でいっぱいだそう。1ヶ月前から電話で予約を受け付けるそうなので、東京初心者も、もう充分知ってるつもりの東京のランドスケープをいつもとちがう角度から眺めてみたいひとも、気合い入れて予約に挑戦していただきたい。

上／水上バスのベース・ステーションになっている両国の発着場。新国技館の目の前だ。発着場内部には、乗船を待つあいだに利用できるよう、資料を集めたライブラリーやギャラリー・コーナーもある。 **下**／両国発着場のお隣は、朝青龍の『ワールドちゃんこ』。顔ハメ写真コーナーもあって楽しかったが、残念ながら閉店の模様

⊙**東京水辺ライン**　東京都墨田区横網1-2-15
http://www.tokyo-park.or.jp/waterbus/

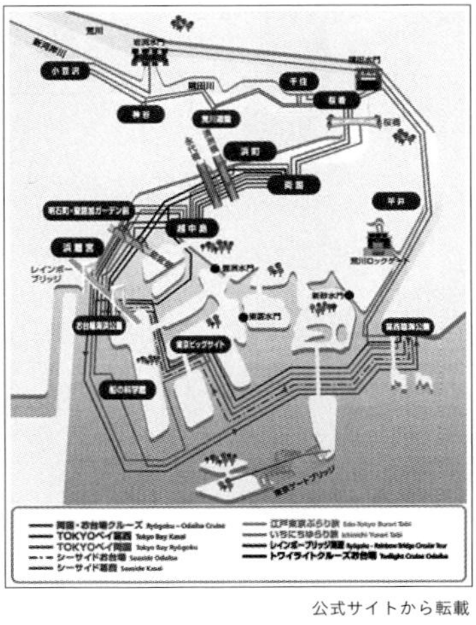

公式サイトから転載

土足厳禁！
くつのまま、のらないでね。

ウィー・アー・ザ・チャンピオン

7

下町プロレス漂流記

住宅街の手作り道場で女子プロ観戦【足立区・六木】

JWP女子プロレス

プロレスの聖地といえば後楽園ホールだろうが、最近は有明のディファや新木場のファーストリング、板橋区立グリーンホール、北千住シアター1010、鶯谷の東京キネマ倶楽部など、東京右半分の会場が多い。サッカーや野球が似合うのは左半分かもしれないが、プロレスにはやっぱり右半分がよく似合う気がする。

プロレス全体が地盤沈下の現在でも、女子プロレスの衰退にはこころが痛む。ビューティ・ペアやクラッシュ・ギャルズのころは、ゴールデンタイムのテレビ中継が当たり前だったのに、いまや地上波のテレビ中継はゼロ。観たい人は、わざわざ会場に足を運ばなくてはならない。

日本のプロレスの起源は力道山がデビューした1951年ということになっているが、実はその3年も前の1948年、終戦からたった3年後に、一足早く女子プロレスが日本に初お目見えしたことは、意外に知られていない。「レッドスネーク、カモンカモン」でおなじみ、東京コミックショウのショパン猪狩と、兄であるヴォードビリアン・パン猪狩によって、三鷹市の小さな道場で旗揚げされたのがその歴史の始まりだった。ちなみに「日本最初の女子プロレスラー」は、猪狩兄弟の妹、猪狩定子である。

猪狩兄弟の女子プロレスは、東京での初舞台が日劇小劇場だったことからもわかるように、スポーツというより、かぎりなく見世物に近い興行だった。そのせいもあって、まもなく警視庁に禁止されてしまうのだが、その後の女子プロレスはスポーツと見世物の境界線を行ったり来たりしながら、男子プロレスとはひと味違う世界観を築いていく。そしてテレビ中継がなくなり、スポーツ新聞にもさっぱり取り上げられなくなった現在でも、試合のある日を楽しみにして、リングサイドへと駆けつけるコアなファンは、ちゃんと存在しているのだった。

JR常磐線亀有駅からバスに乗ること15分、バス停から徒歩2分という静かな、というより鄙びた住宅街に、JWPの道場がある。

1992年に旗揚げされたJWPは、キューティー鈴木、福岡晶などの人気レスラーを生んだ、2010年で創設19年目になる老舗団体である。当初、埼玉の三郷に道場を構えていたが、7年ほど前から選手の陣容を一新、足立区の住宅街に道場兼事務所を構え、現在にいたっている。

熱烈ファンお手製のコラージュボード

クリスマスが近い日曜日の午後、道場で行われた「道場マッチ」を観戦に行った。「JWP女子プロレス」のノボリが寒風にはためく会場に近づくと、徒歩やママチャリで入場口に向かうひとが、けっこういる。スポーツ観戦というより、なんだか近所のコンビニに買い物に行くぐらいの気楽な感じだ。

フルサイズのリングがほとんどの空間を占める道場と、外に並べられた椅子席は満員御礼のにぎわい。立ち見のお客さんもけっこういて、あとで聞いたら118人の入場者があったという。

会場の外には各選手の幟が並ぶ

テレビ画面はともかく、後楽園ホールや日本武道館のような会場とちがって、選手と観客は至近距離にいるから、迫力は最高。家族連れもけっこういて、会場は基本的にほのぼのムードなのだが、それでも場外乱闘になったりすると、かなりスリリングな場面が出現する。いくら無名の選手中心とはいえ、こんなふうにプロレスを体験できるなんて、けっこうぜいたくだ。これで料金は3000円、しかし足立区民なら1000円！　小中学生はなんと100円ポッキリ!!!　これって、オペラグラスが必要な大会場で、高いカネ払って観戦する有名団体の試合より、かえって楽しくないですか？

いまJWPを率いるベテラン選手のコマンド・ボリショイさんに、試合後お話をうかがうことができた。

マスクの下に苦悶の表情を浮かべるミス・パーフェクト、闘獣牙Leon

都築　いまは創設何年目ですか。

ボリショイ　えっと、18年。

都築　18年！　それはすごい。こちらの道場になって何年ですか。

ボリショイ　7年です。

都築　それまではどちらにいらっしゃったんですか。

ボリショイ　埼玉県三郷です。三郷に道場があって、事務所が上野にあったんですけど、いまはここが事務所兼道場。

都築　そうですか。この場所を選んだのは、どんな理由ですか。

ボリショイ　色んなところを探してて、たまたまあったのが足立区だったんです。足立区は坪（単価）が安いかもしれないですね。

都築　道場マッチって定期的にやってらっしゃるじゃないですか。お客さんもすごいフレンドリーでいい感じですが、ここでやり続けることで地元のファンって増えるものなんですか。

ボリショイ　最初はそんなでもなかったんですけど、ちょっとずつ増えてきました。みなさん、よく来てくれて。

都築　やっぱり団体にとって、地元感みたいなのは大切なんですか。

ボリショイ　はい、地域密着ですね。昔はそうではなかったと思うんですけど、自分たちで7年前からそういうふうにして。やっぱり近所の人の理解もないと、道場もうまくいかないし。

常時新人募集中！ 年齢不問、スポーツ歴不問！
来たれ、心身共に健康な女子たち！

都築　そうですよね。「なにやってんだ、あそこ」みたいになっちゃいますよね。

ボリショイ　「いつも悲鳴が聞こえて、大丈夫か？」みたいな（笑）。

都築　ファンの方が近くに増えたら、こんなにいいことはないですね。いま道場マッチって、年にどれくらいやってるんですか。

ボリショイ　年に12回。

都築　毎月1回！　近くに住んでたら楽しいですね。

ボリショイ　季節にちなんでテーマを作って。12月ならクリスマスとか、1月だったら新年とか。だいたいいつも3試合でやります。それで足立区民の人は1000円なんですよ。子供は100円なんです。

都築　すごいですよね。びっくりしました。

ボリショイ　だからファミリーでお昼に出かけて、ごはん食べようかっていう感じで、1時間半くらい一緒に楽しんでもらって。

都築　後楽園から板橋からいろんなところで試合をしてますけれど、道場だと別な感じがしますか。

ボリショイ　そうですね、プロレスって怖いとか、野蛮なイメージがあるけど、道場だと楽しめる要素が多いかもしれないですね。リングから落ちたらケーキを食べなきゃいけないとか（笑）。プロレスラーじゃなくても、わかるようなつらさとか（笑）。おでん食べなきゃいけないとか、いろいろ（笑）。

都築　そういうの、後楽園じゃできないですもんね。

ボリショイ　できないです。そうやって来てくれたひとたちが、道場で選手の意気込みを聞いて、足立区から遠くまで足を運んでもらったり。

都築　いままではテレビで観るくらいだったのが、ここでプロレスのおもしろさを知るということもあるわけですね。

ボリショイ　むかしテレビで観てて、いまはもうテレビやらないから「あれ、近所にあるの」って、また好きになってくれる。

都築　女子プロ界全体がたいへんな時代のいま、道場を持つって大変でしょう。試合後の撮影会とか、いろんな工夫もしてらっしゃいますよね。

ボリショイ　ええ。撮影会とかも、ほかではやってないです。道場だからで、はい。後楽園ホールとかだと、よくあるのが売店の付近とかで、選手とツーショットでポラロイドで撮って1000円だけど、道場に来たら時間に制限がないので、みんなで集合写真で500円。

都築　ファンにとってはうれしいですよ、それは。道場で試合のない日はトレーニングだと思うんですが、そういうときにファンが見学に来たりということもあるんですか。

ボリショイ　それはないです。普段は閉めてますから。でも、毎週火曜日と水曜日の夕方4時半から、プロレスラーになりたい女性に開放してます。JWPプロレス教室って、選手と一緒に練習したりします。

都築　そうなんですか。それはプロ志望の、選手になりたい人が来るんですか。ふつうのトレーニングとかじゃなくて。

ボリショイ　はい、そうです。

都築　道場といっても維持運営が大変かと思いますが、選手の方たちは昼間に別の仕事もしている方が多いんですか。

ボリショイ　いえいえ。みんな道場に勤めてます。自分たちで運営してるので、会場を押さえたりとか、チケット発券したりとか、グッズを作ったり発注したりとか、在庫管理したりとか。こういうの（売店や会場の設営）とかも、全部選手が準備してるんですよ。ふだんから、こういうのをやりつつ練習もして。

都築　バイトするヒマもないってことですね。

ボリショイ　はい。何人かはいますけど、基本的にバイトはしてないです。時間がとれないですね。

都築　そうなると手作り感がいやおうなく出てくるから、大きな団体の大きな試合とはちがった雰囲気ができますよね。

ボリショイ　良し悪しなんですけれど、ただ、いまはメジャー級のことを求めるより、JWPのプロレスをしてもらうことが最優先だから。

都築　ボリショイさんとしては、みんなでトレーニングしたりグッズを手作りしながら、団体を作っていこうという想いがあるんですか。

ボリショイ　いやぁ、スタッフを雇えないので。だれかがやらなきゃいけないから「じゃあ、みんなでやろうよ！」と。そうすれば、お互いの苦労がわかるので、はい。

都築　フロントがあって、選手があってというのとはちがってきますよね。

ボリショイ　いい時はいいんですけど、悪い時は不満をぶつけあうようになっちゃう。いまの体制で7年。ここからまた大きくなってくれば、いろんな障害が出てくると思いますけど。ただ、7年前に新生JWPになったときは5人でスタートしたのが、だんだん選手も増えてきたし、ジャガー（横田）さんとかにもゲスト参戦してもらって。こんな感じで、みんなでがんばってるんです。

ファン垂涎のJWP公式オリジナルグッズ！

グッズ以外にも選手たちが作った料理やケーキも販売されている

⊙ **JWP女子プロレス**　東京都足立区六木3-6-4
http://www.jwp-produce.com/

[12月23日（水・祝）JWP道場マッチ13時] 観衆118人（超満員） ＊HPより

❶タッグマッチ　15分1本勝負…蹴射斗、黒木千里 vs 阿部幸江、米山香織

❷タッグマッチ　15分1本勝負…日向あずみ、倉垣翼 vs KAZUKI、闘獣牙Leon

❸サンタだらけのバトルロイヤル　時間無制限…出場選手：JWP全選手

❶→○阿部幸江 & 米山香織（12分58秒、旋回式ダイビング・ボディプレス→片エビ固め）蹴射斗 & 黒木千里●

雄叫びをあげる蹴射斗と黒木千里

米山香織のスリーパーホールドが黒木千里を捕らえる

❷→○日向あずみ & 倉垣翼（14分13秒、ウィングクラッチホールド）KAZUKI & 闘獣牙Leon●

※場外に落ちた選手はクリスマスケーキを完食するまで試合に戻れないルール

場外に蹴落とされる剛腕ファイター、倉垣翼

❷→○あずみサンタ（13分35秒、オーバー・ザ・トップロープ）阿部サンタ●

退場順…Leonサンタ、蹴射斗サンタ、翼サンタ、KAZUKIサンタ、米山サンタ、黒木サンタ、春山サンタ、ボリショイサンタ

※残り5選手となった時点でクリスマスツリーが投入され、リング上のツリーを倒すと失格となる特別ルール

試合の後はサンタ姿のJWPオールスターと楽しい撮影会

西日暮里にアメリカン・プロレスの深淵を見た！【荒川区・西日暮里】

フリーバーズ

力道山が相撲を捨て、1951年に東京で興行を開始したのが日本のプロレス元年。そしてその3年前に女子プロレスが旗揚げしたことは前述したが、力道山がアメリカでプロレスを学び、女子プロレスも進駐軍相手の興行として始まったという、その成り立ちを見てもわかるように、もともとプロレスはアメリカが本家本元のショー・スポーツだった。

日本と状況は似ているが、アメリカに数あるプロ・スポーツのうちでも、プロレスは微妙な位置にある。選手の学歴を見ても、大学を出ていないと実質的にプロに入りにくいフットボールやバスケットボールがまず頂点にあって、野球やホッケーがそれに続き……ピラミッドの最底辺に位置するのがプロレスだ。観客の知的レベルも、選手の知的レベルに比例する……とは言わないが、アメリカのプロ・スポーツ界でプロレスはいまも昔も差別待遇を強いられてきた。

日本でもここ数年、WWE（もともとWWFという団体名だったが、同名称の世界自然保護基金に訴えられて改名）が来日興行したり、ケーブルテレビで放映があったりして、日本の団体とはひと味ちがう試合のスタイルや観客の熱狂ぶりに、ファンになった人も少なくないだろう。しかし日本でもメジャーな団体の陰に無数のインディーズ団体があるように、アメリカにもWWE、TNAなどの超メジャー団体とは一線を画す、数多くのインディーズ団体が全米各地で細々と生き延び、血と汗と涙を流している。そういう、日本にいてはなかなか知ることのできないアメリカン・インディーズ・プロレスのDVDや各種グッズを専門に扱うネットショップが『フリーバーズ』だ。

「アメリカン・インディーズだけの店は、日本でウチだけです！」と言うオーナーのタカ中山さんを、西日暮里のマンションの一室に訪ね、お話をうかがった。

チャンピオンベルトのレプリカ（かなり重い！）、コレクションしているフィギュア、チーム3Dのブラザー・ディーボンからもらったメガネ、試合で使われた有刺鉄線（痛そう！）、そして商品DVD。　パソコンひとつの仕事場の周りには、ポスターや、買い付けの旅で偶然出会うことができた、WWE会長ビンス・マクマホンとの貴重なツーショット写真などが

僕は新潟の村松町（現・五泉市）で生まれたんですが、子どものころからプロレスが大好きで、テレビ中継にかじりついてました。テリー・ファンク、アブドーラ・ザ・ブッチャー、ザ・シーク……全日本や新日本の黄金時代ですね。新潟にはプロレスの興行は年に一度ぐらいしか来なかったので、もっぱらテレビ観戦でしたが。

家業がニット工場で、自分が三代目だったので、東京の大学に行って、卒業して都内の会社に3年ほど勤めてから新潟に帰って、実家の工場を継いでたんです。

それが2000年に結婚しまして、新婚旅行でラスヴェガスに行ったら、泊まったホテルの近くにWCW（CNN創立者のテッド・ターナーが設立し、1990年代に人気を博したメジャー団体）の直営レストランがあったんですね。まったく偶然なんですが、うれしくなって入ってみたら、グッズをいろいろ売っているコーナーもあって、こういうことができたらいいなー、って思いはじめたんです。

それまではアメリカより日本のプロレスが興味の中心だったし、アメリカの試合は地上波のテレビでは放映してませんでしたから、帰国して即、スカパーと契約しました。まだネットで中継を見るというようなことができなかった時代ですから。WWFがすごく盛り上がりはじめたころでしたから、当時アメリカのプロレスが見たくてスカパーと契約した人、多かったと思いますよ。

実家の稼業があるので、半年ぐらい悩んだんですが、ついに家族に打ち明けたんです。当然、全員が大反対。賛成してくれたのは妻だけでした。妻はそんなにプロレスのファンでもなかったんですが、むかしクラッシュ・ギャルズが大好きだったそうで……（笑）。それで1年ぐらいかかって、ようやく両親を説得して、2001年に東京に出てきました。

最初は実際の店舗を持ちたいと思っていろいろ方法を探ってたんですが、ちょうどそのころインターネット通販のシステムが一般的になってきて。自分の扱う商品は、むしろ通販向きかなと思ったのと、そのころプロレスの通販専門店はほとんどなかったので、通販のみ、それもアメリカン・プロレスのみで立ち上げようと決めたんです。日本のプロレスものは、コネとかいろいろないと、シロウトじゃ難しいでしょ。

自分は好きなだけでコネも経験もまったくないですから、とにかくまずアメリカに行きました。ニューヨークにWWFの直営店があったので、そこに飛び込んで商品を買って、あとは試合を見て回って会場限定のグッズを買って。妻にレンタカーの運転役をやってもらって、自分は地図を見る係。英語もぜんぜんできなかったんですが、なんとか卸値段で売ってもらうよう交渉して、現地で商品を買い集めては日本に持って帰って売る。それでまた現地に行く。そういうふうな仕入れの旅を、2001年から5、6年間は続けてましたね。年に5、6回は行ってました。東京に来て、最初は目白にいたんですが、2003年からは西日暮里に引っ越して。ここなら京成で成田まで近いから。それだけの理由なんです。目白からとでは、成田まで1時間ぐらいちがいますから。

2005年かな、WWEの直営店が日本にできちゃったので、そのあたりから方針転換して、インディーズ専門にしました。直営店と競ってもしょうがないですし、インディーズの試合にはメジャー団体とはちがったおもしろさがありますから、それをみんなに知ってもらいたいという思いもあった。

見てる人はご存じでしょうが、WWEみたいなアメリカのメジャー団体は、選手同士の因縁とか、すごくストーリーラインを重視した、ショー的なスタイルなんですね。でもインディーズのほうは、マイク・パフォーマンスとかじゃなくて、試合そのものを大事にする、“ジャパニーズ・スタイル”です。だからインディーズの団体や選手には、日本のプロレスをリスペクトする感じって、けっこうある。

アメリカでもインディーズ団体はテレビ中継なんてないから、ナマの試合が活動の中心ですよね。だから試合の場所まで行かなきゃいけないんだけど、だいたいが地方、というか田舎の会場です。お客さんも、ヘタすると20～30人

タカ中山夫妻。奥さんもクラッシュ・ギャルズファンだったそう。右側の椅子も試合会場から持ち帰ったもの

とか。
でも、だからこそ雰囲気はすごく家庭的というか、コアなファンに支えられているわけですから、みんなフレンドリーですし、「日本から来た」なんて言うと、びっくりされる。バックステージに入れてくれたり、リングサイドで写真撮らせてくれたり……こっちは小さなデジカメしか持ってないんですが（笑）。そんなこと、WWEとかでは考えられないですから。そういう団体のDVDを仕入れて販売するのが、いまではウチのメインの仕事になりました。

インディーズ団体は、日本でもそうですが、まず地域密着型ですよね。だから、ふつうのアメリカ人、それもブルーカラーの人々の日常が、とてもよく見えてくる。それにもうひとつ、団体の中にはものすごく過激なのがあって、たとえばウチでよく売れるCZW（Combat Zone Wrestling = フィラデルフィアに本拠を置く団体）なんていうのは、デスマッチがすごい。もう、蛍光灯とか画鋲とか、有刺鉄線とか、バーベキューのフォークに工業用ホチキスに電動ノコや芝刈り機まで！　それも選手側が用意してるのだけじゃなくて、観客が「これ使え！」って持ってくるのまである。当然、選手は全員、血だらけです。つねに流血。「ウルトラヴァイオレント」がモットーですから。

なので、もちろんテレビ放映なんてありえないし、屋内の会場はだいたい使用禁止。州によっては、興行自体が禁止されてるところもあるくらいです。DVDを見てもらえばわかりますが、屋外の会場にリングを設置して、そのまわりを観客が取り囲んでるのは、独特な雰囲気ですよね。流血だけどアットホーム、みたいな。そういうDVDを仕入れて売って、それで夫婦ふたりが生活していけてますから、インターネットはほんとにありがたいです。

タカさんオススメ 3 点のジャケット

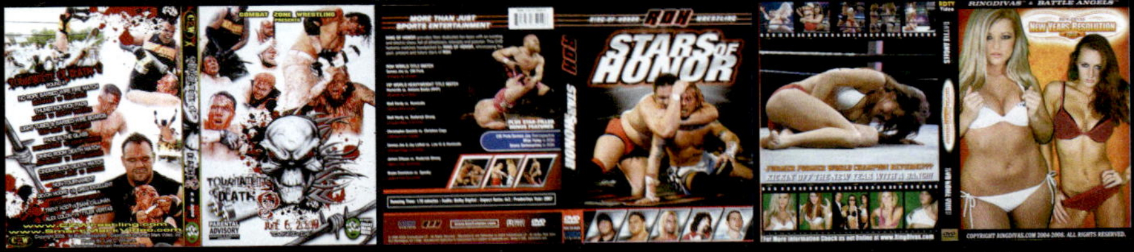

左／CZW「この人たちは血を流すのが好きなんですよ」。注射針を口の内側から刺す！　右上は、蛍光灯をビニールテープで束にしての攻撃。**中**／ROHは、アメリカで三番目に大きな団体。**右**／リングディーバと名付けられた、女子プロDVD。

中山さんに「まず、このへんを見てください」とおすすめされたDVDを3本ほど買ってきたので、さっそく鑑賞したけれど、まあすごいです、とりわけCZWは。アメリカのテレビ番組で伝説的な人気を博した『ジャックアス』という、シロウトが無茶苦茶な課題に挑戦するのがあるのを、ご存じの方も多いでしょう。CZWはそれをさらに、血と暴力方面に特化して過激にした感じ。流血マニアにはこたえられないものがありますねー。アメリカの、ほんとうの田舎メンタリティというのが、期せずして完璧に表現されてるし。

考えてみれば成田空港へのアクセスでは、西日暮里のような京成沿線東京右上エリアは「東京で外国にいちばん近い街」になる。家賃も物価も都心部よりずいぶん手頃。千代田線もあるから都心へのアクセスも容易だし。東京と外国を行ったり来たりする人にとっては、表参道や代官山より西日暮里のほうが、生活に便利なのかもしれないと思うと、ちょっと愉快になってきませんか。

⊙フリーバーズ　東京都荒川区西日暮里1-50-9
http://www.freebirds-shop.com/

ベイエリアに血の雨が降った夜

【江東区・新木場】新木場ファーストリング

いまからもう何年前になるだろうか、プロレス全盛期の「聖地」といえばまず後楽園ホールがあり、そして武道館や東京ドームまでがいっぱいになる時代があった。

いま、プロレス業界は瀕死と言っても過言でないほど、元気を失った状態である。ほとんどテレビで見る機会もなく、有名団体ですら巨大会場を満席にするのが不可能な状態にあって、東京都内でプロレスを観戦できる場所が、都心から右半分のエリアに移りつつあることをご存じだろうか。

熱心なプロレス・ファンには「なにをいまさら」と嗤われてしまいそうだが、いま定期的にプロレス興行が開かれているのは、後楽園ホールもあるけれど、それよりもディファ有明、新木場ファーストリングといった、湾岸エリアのイベントスペースだ。北千住や新宿あたりのライブハウスが会場になることもあるが、定期的に興行が打たれていて、しかもプロレスや格闘技がメインという場所は、まずディファとファーストリングの2ヶ所だろう。

会場面積1000平米を超え、客数も1200人前後を収容できるディファ有明はプロレス、格闘技のほかに音楽関係や、最近ではコスプレ・フェスティバルなどにもよく使われる。いっぽうの新木場ファーストリングは、中央にリングを設置した状態で370席と、収容人数がディファの3分の1。そのぶん会場レンタル料金も3〜4分の1と手頃な価格のため、中小団体の試合会場としては、こちらのほうがおなじみ。そしてプロレスというスポーツ興行は、有名選手が多数登場するメジャー団体だけがおもしろいのではない。無名の選手

極悪海坊主＆宮本裕向＆佐瀬昌宏

たちが、文字どおり血と汗と涙まみれで闘うマイナー団体の試合にこそ、醍醐味があるとも言えるのだ。

有楽町線に乗って、新木場駅を降りれば徒歩２、３分。倉庫街のなかにひっそり明かりをともすファーストリングに久しぶりに足を運んでみると「スーパーＦＭＷ」の試合が行われていた。大相撲力士として九重部屋に入門後、全日本プロレスでレスラー・デビュー、そして大仁田厚とともにＦＭＷを旗揚げした、あの「鬼神」ターザン後藤が率いる、小さいながらもコアなファンを持つ団体である。

有刺鉄線電流爆破デスマッチなどでファンの度肝を抜いた旧ＦＭＷを出自とするだけに、スーパーＦＭＷの試合も外人女子プロレスラー、男女混合、ニューハーフ、さらには女性演歌歌手のミニライブまで、お祭りの見世物にも似た場末の興行感覚を盛り込みながら、メインイベントは「有刺鉄線ボード画鋲ラダーデスマッチ」。ターザン御大みずから有刺鉄線の束に叩きつけられ、からだじゅうに無数の画鋲を突き刺され、血まみれになってリング上で咆哮してみせる。

2時間以上に及んだ全試合が終わってみれば、リング周辺のパイプ椅子は度重なる場外乱闘のせいで見事にぐちゃぐちゃ、フロアには点々と血がしたたり、観客たちの靴がその血だまりをこすっていく。5000円かそこらの料金で、これだけリングのそばで試合を観戦できて、場外乱闘のたびにあわてて席を立ったり、試合を終わって息も絶え絶えのレスラーの肩を叩いてみたり、そんなふうに至近距離でプロレスを楽しめて、ある意味、試合に参加するヨロコビを覚えてしまうと、大会場で有名レスラーのファイトをオペラグラスで見るのが、やけに退屈に思えてくる。

その創生期から、スポーツとエンターテイメント、競技と見世物のはざまを歩んできたプロレスというユニークな興行。こういう小さな会場の、小さな団体の試合に、そのいちばん純粋なかたちがあらわれているのかもしれない。

株式会社ウエストコーポレーションが運営する新木場ファーストリングは、2004年オープン。もともと吉本興業の「吉本女子プロレス」が、業績不振でウエストコーポレーションのグループ会社に引き取られ、練習場所を兼ねた興行スペースが必要になって作られた。吉本から「JDスター女子プロレス」と名を変え（JDとはジャンヌ・ダルクの頭文字）スタートした女子プロはすでに活動休止、いまは会場のファーストリングだけが残っている。都心から交通のアクセスがよく、24時間営業が可能で、音を出しても周囲に迷惑がかからない場所——という条件で、新木場が選ばれたそう。現在はプロレス、格闘技のほかにテレビ番組の撮影や、プロレスラー、ファンの結婚式二次会場などにも使用されている。

⊙新木場ファーストリング
東京都江東区新木場1-6-24
http://www.1st-ring.com/

羽沙羅に技をかけられそうになったチェリーボム。ヘイリー・ヘイトレッドが助けに向かう

ミスターポーゴに鎖で首を絞められ、意識朦朧のニューハーフレスラー・鮎川れいな。もちろんミスターポーゴの反則負け

メインイベントは「有刺鉄線ボード画鋲ラダーデスマッチ」

場外で大暴れするターザン後藤

有刺鉄線ボードにボディスラムで叩きつけられる

いたるところに血の跡が……

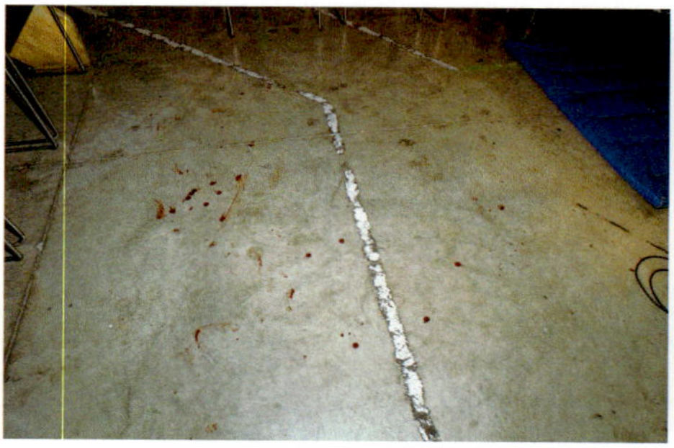

額から流れる血が痛々しすぎ

そこまでしなくても……。でもお客さんは大喜び！

無数の画鋲にもボディスラム

背中に突き刺さる画鋲。不気味に微笑むターザン後藤

客席の椅子が次々にリングに投げ入れられ凶器に

割れたビンビールで切腹のパフォーマンス

雄叫びをあげるターザン後藤の姿に観客は
リングを取り囲んでマットを叩く

PEPSI
DyDo
www.dydo.co.jp
南

和様ギャングスタとしての極道ジャージ

【台東区・浅草】

生かしちゃ貰えぬこの身体
ハイにさせる45口径
引き金に手をかけ　時が来る
前に広がるあの世の光景
鼻垂れだったガキの頃から
バスの後ろで騒ぎを起こし
ハイスクールじゃバカで問題児
叩けば埃の出るカラダ
今じゃ立派な札付きだ　けど
誰が俺を責められる
イタミをなくすハッパだけが
オノレを救う唯一の煙
ズタズタになって　道を外れて
転がり落ちる　お構いなしさ

"Pain" by 2Pac（www.2pacjapan.net より）

思いっきりオーバーサイズのトレーニングスーツ（ジャージ上下）。斜めにかぶった野球帽。足元は登山もしないのにティンバーランドのブーツ。それに肩凝りしそうなゴツいゴールドのアクセサリー……。言わずと知れたギャングスタ・スタイルの正装だ。

こんなところにも、と驚くような小さな町の電柱や壁にも、いまや地元のヒップホップ・グループのライブ告知が貼ってある。日本全国、そしてパリからバンコクからヨハネスブルクにブエノスアイレスまで、いまやヒップホップ・カルチャーと、その「制服」としてのギャングスタ・ファッションは全世界的な「スタイル」として、すっかり定着した感がある。

しかし！　ブロンクスやイーストLAでギャングスタ・ファッションが生まれたのと同じころ、日本の片隅で「和様ギャングスタ」とも呼ぶべき、まったくオリジナルな漢《オトコ》のファッション・デザインが生まれたのを、君は知っているか。

ギャングスタと同じような、ジャケットもパンツも裾を絞らないルーズなシルエット。黒一色、白一色など、基本的にシンプルな色づかい。なのに、背中や胸にはものすごく場違いな、大判のブルドッグとかのイラスト！

そう、「ヤクザ・ジャージ」とか「極道ジャージ」と呼びならわされる、トレーニングスーツなのに「トレーニング」という語感からもっとも遠くに位置する、異形のスポーツ・ファッションだ。

『GALFY』、『LOUIS VERSUS』などと欧米っぽいブランド・ネームを持ちながら、実はすべて純日本メーカー。それも東京ですらなく岐阜が中心という、ローカル・ヒーローによる、ローカル・ヒーローのためのデザイン——そこに「極ジャー」の真価がある。

アメリカの改造ハーレーを真似るばかりの、日本の田舎のロウライダーたちのように、アメリカのラッパーを真似るばかりの田舎のヒップホップ少年たちは、自分のいちばん身近にある、いちばんオリジナルなスタイルにまだ気がついていない。田舎のアンダーグラウンドな人たちは、とっくの昔に気がついているというのに。

ギャングスタのオーバーサイズ・ジャージが、もともと武器や盗品を隠し持ったり、サイズの合わない刑務所の制服を想起させることを通じて「ワルのイメージ」を構築するという、明確な目的意識にもとづくスタイルだったように、アメリカの黒人にとってああいう服装をすることには、まず周囲に自分の立ち位置を知らせるメッセージが含まれていた

薄紫におなじみのドッグ・マークが乗った、ルイバーサスの夏物セットアップ（上下セット）。モデルは劇団花車・姫勘九郎さん

LESHURON SPOR

でもギャングスタのオーバーサイズ・ジャージは、大半の日本人にとっては「ただのブカブカのジャージ」にすぎない。いくらウエストを下げてジーンズを穿いても、それは「サイズの合わない刑務所の制服を思わせるスタイル」ではなく、単にだらしない着こなしにすぎない。すべてのひとが知識を共有しない場所では、服装はメッセージを伝えるメディアになりえないのだ。

アディダスやナイキのXLジャージではなく、背中にでっかい犬のマークを背負ったジャージを着てみれば、すぐわかる。商店街を歩き、店に入ってみればいい。周囲の人々の怯えたような、それでいて突き刺さるような視線。これが「メッセージとしてのファッション」というものだ。20年以上前、初めてギャングスタ・ファッションを生み出したブロンクスやイーストLAのキッズたちが受けた視線も、それとまったく同じものだったのだ。そして反体制、反権威としてのヒップホップ・カルチャーとは、そういうものだったはずだ。

日本のヒップホップ・キッズは、どうして日本が生んだ、ほかのどこにもない日本独自のヒップホップ・ファッションに目を向けないのだろう。極道ジャージという和様ギャングスタ・スタイルは、手を伸ばせばすぐそこにあるものなのに。

それではどんな店が和様ギャングスタ・スタイルを作ってきたのか、このあとその現場を訪れてみる。

出演：姫勘九郎　飯田豊一　春日井梅光
撮影協力：浅草木馬亭

左ページ／アクリルと麻混紡の七分袖サマーセーター、ブランドはレシュロン・スポーツ
モデル：『裏窓』の編集をされ、『「奇譚クラブ」の絵師たち』『「奇譚クラブ」とその周辺』など、100冊以上の著書のある作家、飯田豊一先生

龍飛鳳舞

薄手のポリエステル100％で涼しげな夏のセットアップ。ともにルイバーサス

左ページ／ゴブラン織りを思わせる重厚な表地に、裏地をあわせた冬物セットアップ。ブランドはクワドロ
モデル：飯田先生＋日本浪曲協会副会長・春日井梅光師匠。いつも浪曲を演じておられる、浅草・木馬亭の舞台にて

メンズショップいしやま

「メディアはメッセージだ」とマクルーハンは言ったが、身につける衣服もまた、自己を表現するメディアであり、メッセージとなりうる。

上から下までユニクロで固めたひとが、ユニクロのデザインのようにノーマルで「値段のわりに品質よく」て人畜無害であるように。そう無言のうちにアピールしているように。アメリカのヒップホップ・キッズがXXXLのジャージ上下にベースボールキャップで、みずからの所属するカルチャーを表明しているように。そして我が国の正統なるギャングスタたちが、極道ジャージでその立ち位置を、大股開きで誇示しているように。

日本が生んだ最強のギャングスタ・ファッション、極ジャーの現在を探る旅。今回は長きにわたってカラフルなお客さまたちに極ジャーを提供してきた、老舗ショップを訪れる。浅草・奥山おまいりまち商店街に店を構える〈メンズショップいしやま〉にて、オーナーの石山ご夫妻にお話をうかがった。

WINS裏の角という好立地にある石山洋服店、正面。看板には「ステージ衣装」「メンズファッション」とある

ファミリーで店を支える石山さんご一家

スーツ、それもダブルが復活しはじめている

わたしたちは結婚して43〜4年になるけど、もともとうちの親父が戦後すぐに始めた洋服屋を引き継いだんです。まだAOKIみたいなチェーンがなかった時代でしょ、うちも紳士服を専門に扱ってたの。当時は背広は紳士服店、洋品は洋品店という時代だったから、ちゃんと店がわかれてた。だからうちはコートと背広が中心で、洋品は少しだけしか取り扱ってなかったね。この通りには兄弟も店を出していて、全部で4軒になるんだけど、それぞれ経営も別だし、品揃えもちがうんですよ。

昔はね、サラリーマンは浅草のほうに背広を買いに来てた。それが、AOKIのような量販店ができてから、買う人が少なくなっちゃって。それでも親（先代）からしたら、紳士服がお店のポリシーだったから、洋品店に変えるときは大変だったね。背広が売れなくなってきたから、ディスプレイスペースを動かしたら怒ったのなんのって、「オレんとこは紳士服屋だ！　洋品屋じゃねえ！」ってね。そういう時代でした。でも、なぜか最近は背広がちょっと復活してきてね。それも、ダブルの背広が売れてるんです。たいていの店はシングルしか置いてないでしょ。うちはダブルを置いてるから、探して買いに来るんだね。黒のダブルは礼服だから、どこでも置いてあるけど、イロモノは少ないからねえ。

浅草が流行ってた当時はね、この通りもいまの3分の1くらいの幅しかなかったの。その狭い道に、露店の煮込み屋がずらっと軒を連ねてて。このへんは商人が多いでしょ。ボーナスなんて出ないかわりに、休みのときに洋服を買って、（雇い人を）故郷に帰すんだね。背広を買ってだとか、コートを買ってだとか。こいつに作ってやってくれ、みたいな感じでオヤジが若いもんを何人も連れてきたりね。田舎へ帰す時は、いい格好をさせるっていう時代だったんだよ。そのころは「ズボンの裾上げ15分　背広の丈詰め30分」って売り文句で、かなり好評だったんですよ。

おもての看板にあるステージ衣裳というのも、そのころから。もともと背広と上着と、コートをやっていたでしょ。そのころ上着用の生地で、花柄の別珍とか、千鳥でも大きい千鳥とか、そういうのを作るのがすっごくうまい会社があったの。そこから仕入れてやっていたのが、舞台衣裳。ほかにそういう舞台衣裳を作ってる店がなかったからね。カラオケとかがまだない時代だから、芸人さんは派手なもの、派手なものって探して、着てたんだ。まあ、いまは舞台衣裳専門のお店がけっこうできちゃったから、これだけで食べていくのは厳しいけど。

だいたい浅草に来るひとたちは、まず新仲見世のほうに行くでしょ。ここまで足をのばすひとが少ないから、新仲見世より値段の安いこっちの通りの店を見つけると、みんな喜ぶんだよね。それで通ってくれるようになったり。いまでは新仲見世のほうは、若いひと向けになっちゃったし、中年向けはこっちばっかりだよね。

紳士服店から洋品店にかえたのは、そうだなあ、子どもが小学校入るか入らないかくらいだから、30年くらい前だね。そのころから、背広の需要がだんだん少なくなってきて。サラリーマンが買いに来なくなったし。だからシャツ屋、こういうジャージみたいなのを売る洋品店にしたんですけど、やってけなくって閉めちゃった店も多いですよ、このへん。（店舗を）借りてるところは、もう全部辞めてるから。やってけないって！　うちなんかは、自分のうちだから家賃払うわけじゃないので、続けてられるけど。すごく売れるのよ。すごく売れるけど単価が低

洋服店としての出自を示す看板が店内に残る

ディスプレーはサイズごとにまとめられ、選びやすい

左／スタンドカラーの白スーツは根強い人気がある　**右**／見る角度によってカラーが変わって見えそうな、レインボーのシャツ

左／舞台用のカラフルなスーツも豊富な品揃え　**右**／舞台用に便利なラメ入りのワンタッチ・ネクタイ

いから、売れてもやっていけない（笑）。2、3年前までは土日働けば、あとは休んでてもいいような感じだったけどねえ、いまは厳しいですねえ。

昔はセーターでも高いのから売れたんだけど、いまはもう高いのなんて、作ってもないから。やっぱりユニクロができてから、単価下げないと売れない。もっともうちの昔からのお客さんは、ユニクロには行かないわな（笑）。うちは浅草まで来れないお客さんにだって、ちゃんと全部直して、日本中に送ってるし。年取って動けなくなっても、「オレが生きてるかぎり、ここで買うから」って言ってくれるお客さんが、けっこういるんですよ。

それでジャージなんだけど、まあ30年以上前からあるんだよ、ああいうのは。いまはけっこうおとなしくなってきてるの。前はもっと派手だったよ。景気のいい、バブルのころ。ここ数年は、後ろ（背中）に絵柄が入ってるのはイヤというお客さんが増えて、抑えめの商品を入れるようにしてるんです。

一昔前は、これくらい大きく絵柄が入っているデザインが主流だった。犬のマークなども、一時に較べて小さめのものが好まれるようになった

うちはとにかく、ジャージに関しては（量）買うからねえ。問屋を通さないで、メーカーと直取引したりしてる。まあ最近は、問屋がみんな潰れちゃったってのもあるんだけど（笑）。神田のほうなんて2、3年前までは、朝起きて行くでしょ、クルマの後ろが見えないぐらい、（商品を）積んで帰ってきたんだけどね。そういう問屋がみんな店を閉めて、マンションになっちゃった。

下手な問屋よりたくさん買うんで、メーカーにもいろいろ言えるんですよ。問屋が減ってきたので、どうしようかねえって言ってたら、（うちが）買うの知ってるから、作ってるほう（メーカー）から直接、売り込みに来てくれるようになって。

でもね、直取引にも、いい面と悪い面があるんですよ。問屋さんからなら、枚数そんなに買わなくても、無いサイズだけ買えばいいんだけど、直接だと電話で頼むでしょ。少しばっかりじゃ悪いかなと思って、まとめて頼んじゃうから。それが当たればいいんだけど、外れた時にはねぇ。いまのところ外れてはいないんですけど、ウフフ。

こういうの作ってるのはね、東京もあるけど、いまは地方が多いね。岐阜とか大阪とか。そういうとこのメーカーが、口コミでうちに来るのね。メーカーによっては、ひとつの会社がいろんな名前で商品作ってるところもあるし。複雑なんだけど、若者ファッションとちがって、作っているのはほんと、普通のおじさんですよ。それに地方のメーカー、特に岐阜はね、お店からの要望をすぐ聞いてくれて、「こういうの」っていうと、すぐ作って持ってくるのね。

あと、うちはもともと洋服屋でしょ。だから丈詰めとかお手のもんだから、ジャージだってなんだって、お客さんが待ってるうちに丈を詰めてあげる。都築さんだって、それを喜んでくれてたよね。まあ、ふつうのスポーツ・ファッション店とかじゃ、やってもらえないでしょう。

だから丈だけじゃなくて、うちはなんでもやるの。もともとジャージに半袖や半ズボン、七分丈なんてなかったから、ふつうの長袖長ズボンの商品を買ってきては、うちでカットして半ズボンや七分丈に直してたの。それが売れるから、そのうちメーカーでも作るようになったんだよ。いまでも夏になると「これ半ズボンにしてくれ」って、うちで買った長ズボンを持ってくるお客さんもいるよ。もちろん、やってあげる。だって暑いんだから、切ってあげればいいんだよ！

所狭しと並ぶコレクション。最近は若者向けの和柄Tシャツも増えている

渋谷や原宿のファッショナブルなお店で、アディダスのジャージ上下とかを買うとする。かっこいいけど、しょせんアメリカの黒人とは足の長さがちがうから、どうしてもぶかぶかのお引きずりになってしまう。そういう不便が、石山さんのような叩き上げの職人が生きてきた世界では、通用しない。長ければ丈を詰める。暑ければ袖を切る。ハイ・ファッションの業界人が聞いたら気絶してしまいそうな「お直し」が、浅草では当然とされてきた。

たとえばコム・デ・ギャルソンの長袖シャツを買って、「暑くなったんで半袖にしてください」なんて、ショップに持っていけるだろうか。考えてみれば、僕らがいままで大枚をはたいてきたファッション・ワールドとは「デザイナー側の論理」であって、「着る側の論理」じゃなかった。デザイナーの意図に、いかに忠実にこたえるか、それが「できる着こなし術」だった。

そういう「卑屈な着こなし術」にうんざりしたとき、君の前には新しいファッションの世界が立ち現れる。そして、そういう新世界を提供できるのは、表参道でも原宿でもなく、浅草なのだ。

⊙メンズショップ　いしやま
東京都台東区浅草2-3-22
http://www.omairimachi.jp/shop/13/weblog.cgi

「和柄」の聖地としての亀有巡礼

【足立区・中川】**ロデオブロス**

たとえばジーンズの太股に桜吹雪が散っていたり、アロハシャツにドクロやコウモリが躍っていたり、Tシャツの背中で見返り美人が微笑んでいたり……いわゆる「和柄」というジャンルが、ストリート・ファッションにある。

表参道や代官山のハイソなブティックでは見かけないが、日本中の男の子たちや女の子たち、特に男の子たちが通う街場の店ではかならず、誇らしげにショーウィンドウに飾られている、そういうストリート・ファッションの世界では過去10年近くにわたって、和柄が変わらぬ人気を保ちつづけているのだが、そんな和柄の、おそらく日本でいちばんコアな品揃えを誇っているショップが、実は亀有にあることをご存知だろうか。

ほとんどの日本人にとっては『こち亀』以外にはなんのイメージも浮かばないであろう亀有駅に降り立ち、徒歩5分。環状七号線沿いの、およそ「ファッショナブル」という言葉からはかけ離れたグレーな街区に、突如現れる「JEANS RODEO CASUAL」というアメリカン・フレイバーたっぷりのネオンサイン。ここが和柄の総本山『RODEO BROS』なのだ。

エントランスを挟んで大きなショーウィンドウがふたつ。右側にはドクロや錦鯉をあしらったアロハが、左側にはロカビリーやバイカーズ系のシャツ類がずらりとディスプレーされている。そして一歩店内に踏み込めば、けっして広くはないその空間はありとあらゆる和柄のモチーフをあしらったシャツやジーンズやスカジャンで百花繚乱。伊達というか、傾奇《かぶき》というか、婆娑羅《ばさら》というか、とにかく普通のブティックやセレクトショップではとうてい味わえないワクワク感、そして「これ、自分が着たらどうなっちゃうんだろう」というスリルにいきなり持っていかれる、そんな空間なのだ。

「絡繰魂」「泥棒日記」「備中倉敷工房」「SCRIPT花旅楽団」「龍桜」「さとり」「錦」「EVANGELION」「胤富仁帝」（インフィニティ！）、「鬼デニム」「竜図」「衣櫻」「GO-COO!!」……お洒落なショップやファッション誌では見ることも聞くこともない、しかし和柄の世界では人気のブランドが壁を、棚をずらりと埋めて、それは壮観である。

「でも、いまは（和柄）ブランドの数も20ぐらいになっちゃいましたが、4〜5年前の最盛期には60ぐらいのブランドを扱ってましたからね」と涼しい顔で話してくれたのは、ロデオブロスの創業者である三原英吉さん。息子さんとスタッフたちにサポートされながら、いまも店頭で接客に忙しい毎日を送っている。

三原さんが生まれたのは広島県の、岡山県との県境近くの山地、神石高原町《じんせきこうげんちょう》。岡山、広島と言えば現在ではジーンズの生産地として世界的に名を知られているが、もともとは学生服の生産が盛んな土地であり、その学生服市場が停滞してから作業着、さらにジーンズの生産に移行していったのだという。

三原さんもまた高校卒業後、広島の作業着メーカーに勤め、東京営業所に配属。昼間は営業マンとして働きつつ、夜学で産業能率短大に通う生活を送っていたが、営業の一環で足立区竹の塚にある米軍放出品を扱う卸店に出入りするうち、そこの社長さんに気に入られ、「おまえ、店をやらないか」と引き抜か

これぞ和柄、というシャツをスタッフの方たちに着てもらった。
似合うから好き、なのではなく、好きだから似合うのだ！

れて独立。「私も当時は20歳そこそこで生意気盛りでしたから、社長に『ただの店長じゃイヤだ、5年間は休みもいらない、給料も安くていいから修業させてもらって、そのあとは独立させてくれ』と談判して、『そんな生意気言うなら、やってみろ！』と言われて、自分の店を持ったんです」と、当時を懐かしむ。いまからもう40年も前のことだ。

もちろん、店はもともと和柄を扱っていたわけではなく（そんなものは存在すらしていなかった時代だし）、最初は米軍の放出衣料を専門に扱い、そこにジーンズのユーズドものが入っていたことから、開店後10年ほどたってジーンズ系に移行。そこからさらに、ブランドで言えばマックレガーなど、路面店の男性洋品店よりはむしろデパートで扱うような、高級な男性衣料にシフトしていった。「そのころはバブルの絶頂期で、ほんとにすごかったんです」と三原さん。いまはすっかり静かになってしまった亀有界隈だが、当時は「新小岩、錦糸町、亀有って感じの遊び場で、（北野）武なんかもよく、すぐそこに焼肉食べに来てましたけど、芸能人も多く通った遊び場で、飲み屋からソープランドまでぜんぶ揃ってたんですよ」。

ロデオブロスにも、当時はそんなバブリーなお客さんがたくさん来てくれたという。「一緒にしちゃいけないけど、土建屋さんとか、ちょっとアブナイひと、遊び人が来て、『オイ、オヤジ、いまから飲みに行くんだけど、どれがいい？』って、立ってるんです。じゃあ、これとこれとこれでどうって揃えて、『7万円』っていうと、さらっと買っていく。言ったとおりに一式、『オレが選ぶんじゃなくて、オヤジ、やってくれ』って。それで1時間もすると、また戻ってくる、ほとんど裸で。『いやぁ、女の子に、それいいわぁって全部とられちゃった（笑）』って。それで『さっきのとおんなじようなの、くれ』って（笑）。お前が選んだのがよかったんだって。ほんとは、別に俺が選んだのがいいんじゃなくて、女の子がうまいこと言って、『いいわね〜社長さん、それ』って言って、『じゃあおまえ、やるよ』みたいに、剥がされちゃうんですよ。ほんとにいい時代でした。表のウィンドーに、案山子でかかってるじゃないですか。一日で全部替わりましたから。朝かけかえて。夜には全部売れて、替わってたんですから」

しかしバブル崩壊とともに、そんな夢のような時代も過ぎさり、ロデオブロスも苦境の時期を迎えることになった。「バブルのころは、これで55歳になったら田舎に帰ってのんびりしようとか話してたんですけど、けっきょく蓄えはぜんぶ吐き出しちゃいましたね」と三原さん。「仲間でも自殺したやつもいれば、潰れたやつもいっぱいいて、自分もどん底まで落ちたんですが、そのころちょうど、たまたまテレビの取材が来たんです」。

その取材は店の紹介ではなく、アクリル板を使ってシャツをポンポンとすばやくたためる、アメリカの便利グッズを扱うコーナーだった。番組の趣旨は、そんな便利グッズとベテランの洋品店スタッフが、シャツをたたむスピードを競うというたわいないものだったが、収録の際に「あんまり店がごちゃごちゃしてるから、背景に当時出だしたばかりの和柄っぽい商品を、映りがいいなと思ってちょっとディスプレーしたんですよ」。そうしたら、放映後に「番組を見たといって、けっこうお客さんが来てくれたので、これはと思って、和柄をメインにする方向にシフトしたんです」。

それまでは高級紳士用品を扱っていたのが、

当時は海のものとも山のものともつかない和柄を揃える方針にシフトチェンジ。それがいまから15年ほど前だが、さらに10年ほど前からは、「自分も産業能率短大でちょっとコンピュータのことを学んでたんで、そのうちぜったい時代が来るだろうからと、見よう見まねでネット販売も始めて」、そのネット販売がいまではロデオブロスの主要な売上げを占めるまでになったという、いさぎよい思いきり。

「いまは一時に較べて和柄もピークを過ぎたので、撤退する店やブランドも多いんです」と、三原さんは話す。「でもうちは、ほかを探してもないからって来てくれるお客さんが多いので、辞める気はありませんし。逆にメーカーさんに『どんなものがいい？』って聞かれるから、『こういうものを作ってくれれば』って言いますし、そうなったらメーカーが仮に300作ったとしたら全部押さえよう、500だったら半分押さえようというふうにするので、自然と他店との差別化ができるんですよね」

　和柄のアイテムと言えば、東京では一般的に上野が候補地として頭に浮かぶが、ロデオブロスには上野から流れてくるお客さんが少なくない。上野の店ではメーカー側も調整して、競合する店舗に商品を納めないようにするから、いろいろなブランドを見るには、たくさんの店を歩き回らなくてはならない。それに、ロデオブロスでは「男性ものはふつうS・M・L・XL・2XL……と6サイズくらいあるんです。そうすると真ん中のL、LLをたくさん取って、Sと3Lなんかは少ない。でもうちは大きくなるほど多く取るんで、3Lがヤマなんです」というユニークな仕入れのポリシーのため、東京周辺はもとより関西からも「地元の店に買いに行ったら、東京のロ

ロデオブロスの創業者・三原英吉さん

デオじゃないとないよと言われて、そのまま高速道路に乗って買いに来るお客さんが、いっぱいいるんです」という。

　海外からのお客さんも、ウェブサイトのおかげもあって年々増えるいっぽうで、アジア全域、ロシア、ヨーロッパ、アメリカまで、全世界からオーダーが「ほとんど毎日来ます」という繁盛ぶりだ。「先日も中国のお客さんが来て、うちで何十点、金額で20～30万円ぐらい買って、『これからアメ横行きます』って言うから、どうぞどうぞ、ありがとうって言って帰したら、しばらくしてまた戻ってきて、『（品揃えが薄いから）アメ横はダメ！』って、また20万円ぐらい買っていかれました」。そのすぐあとには、今度は「ロシアのショッピングモールに出店しないか」という誘いも来たそうで、ファッションメディアがまったく関知しないうちに、「和柄」がこれほどグローバルな人気商品になっていたことには、驚かざるを得ない。

「でもうちはいまや息子が担当するネット販

売が中心で、だから（納品書や領収書の）プリント代がすごくかさむんです。毎月１万枚近くプリントするから、レーザープリンターのトナー代だけで、月に10万円ぐらいかかっちゃうんですよ！」と苦笑する三原さん。しかしこの慢性的な不況の中で、とりわけファッション産業には逆風が吹き荒れ、売上げの低下を不景気のせいや、時代のせいや、店のロケーションやデザインのせいにする業界人が大半を占めるなかで、これだけ辺境の地で（失礼！）、これだけ元気な店と出会えたのは、うれしい驚きだった。

けっきょく、商売は「自分の売るものを愛すること」に尽きるのだろう。忙しく、しかし楽しげに狭い店内を行ったり来たりしながら、お客さんに熱弁をふるう三原さんやスタッフたちを見ていると、「好きなものを探して、売って生きていく」ことの尊さを、あらためて教えられた気がする。

⊙ **RODEO BROS**　東京都足立区中川4-28-13
http://www.aun-wa.com/

上／錦鯉に骸骨……ユニークな和柄のアロハが並ぶ。着用にはかなり勇気が必要とされるTシャツも豊富にあり
下／店内は天井まで商品でいっぱい。ワンポイントのコウモリなど、凝ったデザインが購買意欲をそそる

全面刺繍の豪華なスカジャンは、秋冬にかけて押さえておきたいアイテムだ

上／龍のモチーフをあしらった彫金は、ロデオブロスのスタッフ、植野雅春さんによる新ブランド『ZIVAGO』（ジヴァゴ） **右**／和柄と並ぶロデオブロスの主力商品が、ロカビリーやバイカー系。実はひとつのメーカーが、ブランド名を変えて極道ジャージに和柄、バイカー系まで生産しているケースがけっこうある。トレンドの変化にすばやく対応する柔軟なビジネス・スタイルは、小さな企業ならではのスピード感からしか生まれないのかもしれない

アメ横のラッパーズ・ディライト

【台東区・上野】

上野駅から御徒町駅までの、歩いても数分の距離に400軒以上の店舗がひしめきあうアメ横。終戦直後の闇市の混沌とした雰囲気をいまだにひきずりながら、平日でも一日十数万人、年の瀬ともなれば50万人あまりの買い物客で超満員になる、東京屈指のショッピング・ゾーン。おしゃれ情報誌やファッション・メディアにはなぜか取り上げられない、アツアツの物欲グルーヴがこの街にはいまも脈打っている。

「ノガミ（上野の逆読み）の闇市」と呼ばれていた終戦直後の闇市が、上野駅の乗客向けに芋アメなどを売るので有名になって「アメ横」、さらに駐留米軍の放出物資を扱うようになってアメリカの「アメ横」と称されるようになったのが昭和20年代後半のこと。当時300軒近くあった飴屋の、一日の売り上げが1億円を超すこともたびたびだったというから、単位面積あたりの売り上げで言えば、まちがいなく日本一のマーケットだったろう。

東京消防庁から「防災危険地域第一号」のレッテルを貼られるほど老朽化した、迷路のような店舗群が整理されて、現在のアメ横センタービルが完成したのが昭和57（1982）年のこと。地上5階、地下2階建て、三角柱の異様な外観は、「アメ横の混沌とした雰囲気に似合わないなあ」と当時、米軍放出品で有名だった中田商店などに通っていた僕は、違和感を持って眺めていたのを思い出す。

安カバンを積み上げた店の隣には茹でダコを叩き売りする店、地下に降りればほかではなかなか手に入らないエスニック食材の店、そして上階にはアダルティ……というかオッサンオバサン・テイストの洋品店、貴金属アクセサリー店などが渾然一体となっていたアメ横センター。ビッグ・サイズのアメリカン・カジュアルウェアを揃えた3階の『FUKUYA』にはときどきお世話になっていたが（デブには頼もしい味方！）、久しぶりにエスカレーターを上って3階に行ってみると……そこはサウスブロンクス、というのは大げさだが、いきなりヒップホップ・テイストの店舗群になっていた。

ヒップホップ・ファッションには欠かせないキャップの専門店もあれば、CD屋もある。壁に貼ってあるポスターも、完全にヒップホップ・テイストだ。通りを挟んだガード下のアメ横プラザの中には、いささか怪しげなヒップホップ系トラックスーツ（ジャージ上下）を売るアフリカ系黒人の店が最近増えてきたけれど、アメ横センターの店舗にはちょっと雰囲気のちがう、「ヒップホップ一途です」的な真面目さが見え隠れしている。いったい、いつからこんなことになったのだろう。どんなひとたちが、お店をやっているんだろう。そしてヒップホップなのになぜ渋谷ではなく上野なのか。3階に店を開く『Cap Collector One』と『Castle Records』の2軒に、買い物がてらお話をうかがってみた。

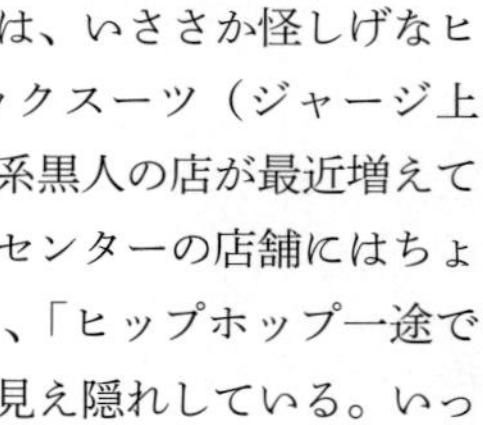

上野駅からアメ横に入ってすぐ、異様な外観がいまだに目を引くアメ横センタービル

種類も、サイズも豊富なキャップが整然と並ぶ店内『Cap Collector One』

ヴァイナルはなし、CDオンリーがいさぎよい、ヒップホップ専門のキャッスル・レコード

Cap collector one

●花輪徹治さんのお話

もともとうちは、茨城の土浦でヒップホップのキャップ・ショップを開いたんです。もう10年前ですが、土浦では初めての専門店でした。ヒップホップというと渋谷って感じかもしれませんが、うちらのような茨城県の人間にとっては、東京といえば上野。輸入物をめいっぱい買うんなら上野という意識があって。渋谷とかはめんどくさいんですね。埼玉や千葉からは、上野のほうがアクセスがいいですから。なのでお客さんも草加、越谷、松戸、柏、千葉……そういう方面の人たちが多いです。

センタービルには2階にヌビアンというセレクトショップが1軒だけ、若者系であったんです。上野はいまでも人出が多いし、不況だからって家賃が下がってるわけじゃないので、なかなか出店は難しいんですが、このビルは世代交代というか、昔から商売してきた方たちがちょうど辞めて、店舗に空きがけっこうあったんですね。なんだかフロアに立っても寂しい感じでしたが、それでうちが入ったのが4年前でした。そしたらヌビアンも3階に移ってきて、隣にはキャッスル・レコードが入ってきて、今年の6月にはうちがキャップ・ショップの向かいに『c-collective』という衣料の店も出したので、いきなりヒップホップ・フロアになっちゃったんですね。

たしかにガード下のアメ横プラザにも黒人系の店が増えてますが、あれはどちらかといえばヒップホップ・カルチャーじゃなくて、ビッグサイズもの。図体が大きい人向けという感じでしょう。うちの店には若い子も来ますが、上野という場所柄、いろんな感じの人が来てくれて、間口が広いんですね。見た目、全然ヒップホップ好きじゃないようなひとや、けっこう年齢が上なひともいて、でも話を聞いてみると、実はヒップホップ好きだったりして。サラリーマンでも、ふだん着ている洋服は違うけれど、こういう系統の音楽が好きだったり、というひとがけっこういますし。もう、見た目でジャンルわけする時代じゃないですねえ。

根強い人気を誇るメジャーリーグもの

最近はハットにも人気が出てきた

6月にオープンしたばかりの『c-collective』。

Dickieなどワークもの、つばの短いアンパイア・キャップ、キャラクターものまで、チョイスに迷う品揃え

メジャーリーグベースボール唯一の公式キャップ製造メーカーでもある人気ブランド・NEW ERA（ニューエラ）の正規輸入品を中心に、オリジナルや別注ものまで幅広いセレクション

昔はよくアメ横来たんだよ、というひとも、けっこう来るんですよ。アメリカの輸入物を、アメ横で買っていた時代のひとたちが。もちろん、雑誌を見てくる人もいますし。うちの店は、他店とはちがう商品を置いているし、仕入れの経路もちがうから、安いんです。渋谷だと“オシャレ”というのがいちばん先に立つでしょ。でもこっち（上野）は、それより商売っ気バリバリという感じだから。内装をきれいにするわけでもないし、20％引きにするよ！　とか、おんなじ物をマルイで売っていても、マルイは値引きしないけれど、こっちは引いちゃう。下町だから商売、ショーバイです！

うちにはアメリカのショップとはちがうオリジナルや、別注ものもたくさんありますから、渋谷では手に入らないものを探しに来るマニアックなお客さんもいますが、キャップって、だれでもオーケーなところがあるでしょ。最近はハットを買いに来るお客さんも増えてますし、大きいサイズも揃えてますから、ヒップホップ・ファン以外にも、「帽子屋さん」という感覚で買いに来る年輩のお客さんもいるんです。

ただ、上野は商品はあるけれど、クラブがないでしょ。遊ぶ場所がないんですよ。イベントもできないし。だから、これから徐々にそういうあたりが盛り上がっていくのかもしれませんね。

⊙ **Cap Collector One**
東京都台東区上野4-7-8アメ横センタービル3F
http://www.capcollector.com/asp/cgi-bin/shop.php

UNDEFEATEDはじめ、渋めのブランドが揃う

日本のヒップホップにこだわりぬいた、特異なセレクション。自主制作で、手に入りにくい作品も数多く、大量購入の危険性大

Castle Records

●岩崎剛さんのお話

うちはもともと飲食がメインの会社なんですが、自分がずっとラップをやってたんで、こういう店をやりたくて。それで、ヌビアンに先輩がいたこともあって、ここが空くのを待ってたんですよね。それで2009年の5月にオープンできて、まだ1周年です。

ヒップホップの世界にいましたから（もとICE DYNASTYのメンバー、現在はG.Oという名でソロ活動中）、宇田川町とかには知り合いが多いんですけど、上野はだれもいなくて（笑）。でも、それが逆においしいかも、と思ったんです。だれもやってなかったから穴かなあ、と。

うちは最初から、ヒップホップに特化してます。アーティストとも直接やりとりをして、商品を揃えて。ネットでけっこう発信しているので、それで店を知って、自分のも置いてくれと言ってくれるアーティスト、自主レーベルもけっこうあるんです。

通販もやってますが、まずネットより先に店舗を立ち上げたんですね。もちろん最初の数カ月は大変でして、ネットで店舗をアピールしたり、『Castle TV』とか言って自分たちでビデオ使って、アーティストに飛び込みインタビューしてネットで流したり。まあ、ギャグでやっているようなもんですが、それでアクセスが増えて、お客さんが店舗に来てくれるようになりましたから。やっぱり店舗に直接来てもらいたいですし。

うちのお客さんは土日が多くて、地方からもけっこう来るんです。栃木とか、福島とか。けっきょくCDを買う人って、パソコン詳しくないんですよ。パソコンやらない人が多いですから。なのでネットだけで新着商品とか言ってても、ダメなんです。店舗があれば、お客さんと直接やりとりできる。持ち込みもけっこうあるので、直接アーティストと会ってみて、若いやつらと情報交換したりできるでしょ。やっぱり店舗があるのは大きいです。

うちでは、たとえばミックステープなんかもそうですが、流通を通っていないものが多いんです。タワレコとかアマゾンで買えるものって、流通に乗っているものですよね。だけど、やっぱり手にとってみないとわからないでしょ。うちでは、流通に乗ってる商品より、自主制作もののほうが売れますから。

アメリカではもうダウンロードばっかりですよね。こっちもどうなるかはわからないけれど、できるところまではやるつもりです。CDを買ってくれるのって、若い子よりもオトナが多いんですが、やっぱり中学生がなけなしのお小遣いを出して買ってくれたりすると、うれしいですよねえ。最近では、『罵倒』というMCバトルもスポンサードするようになりました。これは2007年から始まった、下町エリア限定のMCバトルで、ようするにフリースタイル（完全即興）で相手を罵倒して、お客さんの判定で勝者を決めるというイベントです。東京のこっちがわ（右半分）には、なかなかイベントをできる環境がなかったでしょ。そういうなかで、小さなライブハウスや、フィリピンパブなんかも使ったりして、なんとかシーンを盛り上げようとしているひとたちがいて。それで、最近ではこっちがわにもクラブができはじめて、毎週どっかでイベントやってる感じになってきました。だから、これからが楽しみですよね！

⊙ **CASTLE RECORDS**
東京都台東区上野4-7-8アメ横センタービル3F
http://www.castle-records.net/

G.Oという名のラッパーでもある岩崎氏（左）と牧野氏（右）。両人とも葛飾出身のダウンタウン・ボーイだ

東京上野成田　繋ぐ 直通
京成 LINE　走る青砥で LIVE
第一現場はきつぶす TINBER
町に貼るフライヤー　昔居たメンバーは
何やってんだ?　GET UP　まだ闘う
城東 NO.1　ホーミーが口ずさむ
DJ　回す持ち込みのターンテーブル
口癖出来るぜ　やれば何でも
酒屋で貰うビールケースがステージ
近隣の苦情　CLOSE は 0 時
・・・・・
ラフにタフに RAP　広げてく
各地やる前と今じゃ開く天と地の差
WHAT'S UP　口だけはいらねぇ
去った奴にはねぇ
今も背負うプライド　継続は力なり
俺なりの定義　遠回り　近づくイメージ
気付けば三年　振り返る暇ねぇ
今では下町 NO.1 の EVENT
TOKYO 124 BLOCK TO BLOCK
地面を蹴り上げる
ゼロからの叩き上げ　根を張る B-BOY
MY NAME G.O　次は両国に残す歴史

"32バース RUNNING" by G.O（CD『LIFE』より）

DEN
ストリート文学
SEEDA
1999/2009
SQUASH SQUAD
JBM
LOUD
PONY
Verseday
SEI-ONE
GEEK
EGOLOGY
L-VOKAL & DAG FORCE & DJ SHU-G
¥2,600

ICE DYNASTY
2nd Album
C.O.L.D.
JBM LOUD
PONY
GEEK
EGOLOGY
OLD TO THE NEW VOL.2
あるま
Alf Alpha
熊井吾郎
Theo
SEEDA
Night Prowl

下町を歌うヒップホップ・ジェネレーション

【台東区・上野】F.I.V.E. RECORDS

2010年8月11日、1枚のCDがリリースされた。『錦』というタイトルの、そのCDはイントロを含め19のラッパー／ヒップホップ・アーティストによる、19のトラックが収録されたコンピレーションである。F.I.V.E. RECORDSという、これが最初のCDだという新しいインディーズ・レーベルからのリリース。そして19人のだれも、テレビやFM放送でヘヴィ・ローテーションされるような有名アーティストではないこと。『錦』の存在をまだ知らないひとも、少なくないだろう。

F.I.V.E. RECORDS PRESENTS V.A.「錦」

『錦』をプロデュースしたのは上野アメ横のCDショップ〈キャッスルレコード〉の店長として毎日店に立ちつつ、「G.O」の名でヒップホップ・アーティストとして長く活動してきた岩崎剛さん。ジャパニーズ・ヒップホップの中心地である渋谷を拠点とする「ICE DYNASTY」のクルーとしてパフォーマンスを続けながら、みずからの出身である東京下町を強く意識した曲作り、イベント開催などを重ねてきた。若い音楽好きにとってレコード／CD真空地帯だった上野でのショップ・オープンを、東京下町ミュージック・シーンをブーストするための第1段階だとすれば、『錦』から始まるCDリリースは、その第2段階といえる。

東京右半分の新しいスポットや人物を取り上げてきたこの連載で、1枚のCDをこうして紹介するのは異例かもしれない。『錦』をみなさんに知ってもらいたかったのは、このCDに収められた19人がすべて下町＝東京右半分で活動しているアーティストであり、19のトラックがすべて自分たちが住み暮らす下町をテーマに歌っているから。言い換えればこれは19人のラッパーたちによる、ヒップホップという形式を取った19の物語であり、東京下町短編集なのだ。渋谷、大阪、仙台、札幌など、さまざまな地域で活動するアーティストを集めたコンピレーションCDは珍しくないが、曲のテーマまでその地域に絞ったCDというのは、いままで見たことがない。もしかしたら日本のヒップホップ史上、初めてのプロジェクトではないだろうか。

たとえば元プロボクサーという異色の経歴を持つ「はなび」というラッパーがいる。2004年から活動を続けている彼が、70年代の世界的ヒット曲『ベイビー・カム・バック』(Player) をサンプリングしたバックトラックに乗せてラップする『花火』は、こんなリリックだ——

いつかの少年　地元では噂の狂犬
ALL　DAY　アルコールでブチあがっては
暴言吐いて　公然ワイセツ
当然　痛い目にあったって余裕で
「OK、もっと楽しい遊びしようぜ。」
正面しか見てない両目、

あのままなら向かってたアブネー方向へ
高校をやめ追っかけたちっぽけな可能性、
今思うとホントバカな挑戦
ボンクラからボクサー、路上からリング上へ
当たる照明、ただただ呆然
頭の中真っ白だった緊張で
一生忘れねーヤツラの応援
意識が戻って、突き上げた両手
余裕で行ける気がしてた頂上へ!
そばに居る仲間信じ
前だけ見てガムシャラに突っ走ってく
先なんてわかんねー人生
はなびのようにパッと咲いて散ってく
ココに居る仲間信じ、酒飲んで
笑って生きて死んでく
先なんてわかんねー人生
はなびのようにパッと咲いて散ってく
いつかの少年　1RKO ですっかり有頂天、
毎晩飲んで　すぐ逃げた減量であの時は
もう過去の栄光へ　何もないドン底で
聞えたのはやっぱり仲間の声
立ち上がりまた新たな挑戦
ハンパ者がマイク持ちステージ上へ
そこには信じられない様な光景
せまい世界抜け出したら No name
とにかく遠吠えするだけのショーケース
学歴なんてムダだって証明
「発言に注意」ってムリ　これが本音
やっと見つけた自分なりの表現
胸には、つねにある感謝と尊敬
やめる訳には行かねんだ、ココで
また当たる照明、もう迷う事ねー
いつかの少年も今では地元に貢献
ムダじゃなかったあの日の公園
キョウダイや後輩、アニキとの競演
本気で聞いてくれるオーディエンスとの共鳴
もう、色んなモン卒業して、とことん
一緒に飲もうぜ、それぞれのホームで
そのまま大勢巻き込んで
くつがえしてく根底
自分で決めたゴールへ

自分が生きる街のことを、自分の言葉で、HIPHOP、YO！　みたいな英語は極力使わないで表現してくれ、と岩崎さんはそれぞれのアーティストに要請したという。はなびにかぎらず、だから『錦』に集められたラップは、どれも生まれ育った下町への愛情と、仲間へのリスペクトと、好きな音楽で生きていくことのタフネスとが歌い込まれ、切実にリアルだ。

向島をベースに活動する若いラッパーNOBSERI は、『灰唄』でこう歌う。

あの時あの場所でまた会いましょうの場所
今じゃパーキング 変化してく街並み
高層ビル内はありきたり
競争にせかされ焦る街
背伸びしても何も見えちゃいない
対等になる為の間違い
どうにもならないとこまで来ちゃう

廃れ当然無くなる行列
まばらで懐かしむ人の群れふと思いだし
目を瞑れば脳裏に焼き付く風景
昔とは変わる View
何かが変わり何かが残る
昔とは変わる View
終わりじゃない新たに始まる

※この街の味や匂い
残すべくために撒いた色
時の流れ止まないまさに非情
下町の細胞　よみがえる ZION

T.O.K.Y.O 墨田
スカイツリーのふもとに不時着
22years ここが棲家
HIPHOP のもと集まるむじな
この街の盛衰見てきた視点
10 年前と比べりゃだいぶちげー
本屋のジーさん　駄菓子屋のおばちゃん
あのゲーム屋　みんなどこ行った?
生き抜く術営業 24 時間
冷めた深夜どこかさびしーな
ここは東の 6 号沿い
walkin' 飲み込む排気ガス
何があっても消えない愛着
何はなくとも生きてく My　Life
仲間とともに肩に乗せ担ぎ上げる
いつかは楽になれる
※繰り返し

南千住異国増えるバックパッカー
でかくも疲れた大人の背中
向島昔からやってる馬鹿
この道足跡残す生き様
現実灯す寂しげな街灯
スミダリバー向かう灯りの無い方
閉まりきるシャッター増える毎秒
廃ビルの谷間毎夜チャリこぐ
瞬く間に変わる表情
東京 DTP 交わるダイアモンド
やがては舞い戻る愛すべき街
こいつで巻き起こす愛すべき街
※繰り返し

葛飾区新小岩で活動する、2009年ファースト・ミニアルバムを出したばかりの若いラッパー・O-JEEも、『LANDSCAPE』で生まれ育った下町の心象風景を歌っている。

足立の number サイドシート
深く座り込んであの信号 light
巽交差点光るネオンはギャンブル外は小雨
くぐるガード下駅前ロータリー南口総武線
黄色い見慣れた train
新小岩生まれのフウテン
昭和平成変わる風景
じーちゃん世代見てきた戦争
傷残る公園ももうねぇ
今じゃ介護施設や保育園
おもうまま遊んだ少年
馴染みの駄菓子屋行こうぜ
腹満たすブタ麺で OK
金ねーし遊びなら泥警
駆け回る壁よじ登って
民間侵入ばれて怒られて
知らねーオヤジに追いかけられて
逃げるまた壁を越えて
シッシシッ下町葛飾新小岩来てみーな
フウテンの寅さん俺もそうさ
変わる風景何処もそうさ
シッシシッ下町葛飾新小岩来てみーな
案内するぜ徘徊今日も土手の夕日が綺麗さ
平井大橋渡れば

団地の光りが暖けぇな
朝が来るまで遊びてぇな
まずわ乾杯立ち呑み屋
駅前は立ちんぼやリーマン
マック前くわえてるシーガー
スラロープ座り見渡した
夕暮れ時の商店街はルミエール人が溢れる
北口溜まったゲーセン
メダル拾って遊んでたっけ
中華なら大王行こうぜ
海老チャーハン旨いぜ変わらねぇ
ラーメンなら成竜行こうぜ
どれもこれも変わらねぇ味
シッシシ下町いつでも来いよ
俺の町葛飾最南部新小岩
雨もやんだし川行こうか
今日も土手の夕日が綺麗さ

『錦』のなかでただひとりの女性ラッパーであるCOPPUの『父へのアンサー』は、生まれ育った家庭環境と街の空気感が一体となった、19のトラックのうちでもっともパーソナルな作品のひとつかもしれない。「下流社会の縮図」とメディアに揶揄されて名を知られるようになった、足立区竹の塚という東京下町のなかでも指折りの荒廃したエリアで生まれ育ち、しかしタフでセクシーなフィーメイル・ラッパー的イメージから遠く離れた、ごくふつうの女の子の人生観。それを彼女はこんなふうに歌う。

足立が私の産まれた町
この町でよくある様々な事情
人と人が生む理想と現実
赤裸々に語る言葉の旋律
鉛筆走らせ記憶を確かめる
母と子２人始まった暮らし
辛いと思うことは一つもなかった
不思議と不安や恨んだことはなく
ふっとした時に顔が浮かぶんだ
時はいたずら ひたすらに過ぎて
ゆくけど どんな想いでいますか?
母を悲しみから解き放ち
時は経ち人生ってものを学び
父よ血の繋がりは消えないが
胸を張ってあなたの娘だって
声を上げ今もなをここに立ってる
つぎはぎだらけの思い出に
記憶を注いで 時を戻して
『一度きりの人生どうか謳歌して下さい』と
見上げる空
名前と少しの思い出残して
今年でもう何年会ってないだろう
振り返るとまた繰り返す絶えず
積み重ねる葛藤が放たれる
分かってる少し曲がったレールの上
同じ空が続いてる
複雑な心裏腹に振る舞う
過去と現在が今スクランブル
人と人親も子も皆一緒
一人っきりで生きてる訳じゃない
私の中で生きてる思いと

残した感情が胸に響いてる
月日を重ねてやがて年老いて
ゆく前に今は 娘として
どこかへ消えた大きな背中
別の道を選んだ父へのアンサー
つぎはぎだらけの思い出に
記憶を注いで 時を戻して
『一度きりの人生どうか謳歌して下さい』と
見上げる空

たとえば渋谷には下町エリアの数百倍のヒップホップ・アーティストが集まっていると思うけれど、それじゃあだれかが「渋谷のヤツらを集めて、渋谷をテーマにしたコンピを出そう」という動きにはならない。それが下町だとできてしまうのは、岩崎さんによれば「こっちは街と人間の距離が近いから、同じ場所で生きる一体感が生まれるのかもしれません」。名を上げよう、成功しようという人間が日本中から集まり、あっというまにのし上がったり消えていったりする渋谷と較べて、「下町はやっぱり田舎に近いんですよ」と笑う。渋谷は遊んだり、お金を稼ぎに集まる場所だけど、下町は生活する場所。東京というメガシティのなかの、ひとつの地方都市なんじゃないかという岩崎さんの感覚が、東京右半分を歩けば歩くほど、僕にもぴったりくる。

CDを出す何年も前から、岩崎さんたちは地元のヒップホップ・アーティストを集めてライブ・イベントを開いてきた。「いまは何カ所かクラブやライブハウスができてきたんで楽ですけど、始めたころはそういう場所さえなかったですから、竹の塚のフィリピンパブとかに頼んで、ターンテーブルとスピーカー持ち込んでイベントしてたんですよ」という苦労を経て培われてきた絆。アーティストとオーディエンスの一体感。それはたしかに渋谷ではなく、いま日本のヒップホップ・シーンを支えている札幌や仙台や新潟や名古屋や、そのほかたくさんの地方都市が生み出しつづけるのと同質の、「ローカル・ミュージック」としての可能性なのだろう。

CDの最後を岩崎さんはラッパーG.Oとして、『TOKYO SKY TREE』という曲で締めくくっている。

掴め成功 / 雲の上　辺り見渡す
そこは別世界　見渡す東京
こんなシーンを待ってたぜ
DOWNTOWN SWING G.O
CHANGE THE GAME
街の中　雑踏　かすかなチャンス
作り手ピンチをチャンスに変える
このご時世
芯が折れた奴が消える , 閉まったシャッター
ネオンが消える 誰も言えない
変える景色、誰が言える
街の MC 居るぜアンダー　からオーバー
俺の声を　この街がオーダー
底辺から成りあがり
そんなもん、したら負け後づさり
迷い　進む右、左
街と背中を照らす粋、 雅

※光浴び空越えるタワー
スカイツリー輝き出すよダウンタウン
見上げ思い出すの　街と街と繋ぐ橋
(I can't forget it, I can't forget it,
I can't forget it)
This is the downtown anthem.
時を重ねて進む This way
TOKIO 歩く道
Downtown swing　夢近い 2012
(we're don't stop we're don't stop
we're don't stop)
This is the downtown anthem.

今も生きる　この街で散る
つかむ死ぬ前に　塗り替える地図
東京迷い　されてきた翻弄　城の東で
開花する本能 息を吸い込んで吐く
一語一句描写　偽りは無く 街に不必要
見え透いた嘘　不正を雲に
政治家もクソ 偽善の正義
2PAC のチェンジーズ　どっちが本物だよ
兄弟 試行と錯誤　背負うか?覚悟
腰ばき NIKE　走る　アスファルト
見上げる空　そびえるツリー
積み上げるシーンと曲がらない芯
映るこの眼には　その先が
写せオイ　メディア　下町がエリア
※繰り返し

新たな歴史　刻む NEW ページ
表紙は俺だ CHECK2012
昔の事を思い出しジョーク
並べツリー横　ハマーで通る 変わる環境
見えない成功の中　生きる術覚えて成長
その土台が俺の希望
掴む栄光よりも STAY　GOLD
街の路上から目指した頂点
街のゴロツキに送る処方箋
街を描写　嗄らす声　代弁
ホームレス減った　東武沿線
この街の匂い　風は吹いてる
この街を背負い　ココで生きてく
今は未完成　2012 年
描いたビジョンとツリーが完成
※繰り返し

ウェブサイトからダウンロードしたリリックを読みながらCDを聴いていると、いま、言葉によるほんとうにリアルな表現は、頭でっかちで弱々しいだけの純文学ではなく、こういう場所で育まれているのだと実感しないわけにいかない。印刷された立派な詩集ではなく、場末の狭苦しい、小汚い深夜のクラブで、マイクを通して紡ぎだされ、その場で消えていくポエトリーのちから。

無名の詩人たちの言葉の、ほんのかけらにでも興味を持ってもらえたら、ぜひライブでその全貌を体感していただきたい。

⊙ F.I.V.E. RECORDS
http://www.castle-records.net/products/detail.php?product_id=1049

金歯にダイヤ埋め込んで、君もきょうからラップスター！

【台東区・上野】**グリルズジュエルズ**

Rob a jewelry store
and tell 'em make me a grill
uh, uh
Had a whole top diamonds
and da bottom rows gold
Yo we bout to start an epidemic wit dis one
Ya'll know what dis is so so def

いまアメリカでいちばん人気あるラッパーのひとりであるネリーは、『GRILLZ』というヒット曲をこう歌い出している。ここで言う「グリル」とは、料理の名前ではなくて、歯にかぶせる「装飾用金歯・宝飾歯」のこと。1980年代初頭にニューヨーク・ブルックリンの「金歯屋」エディ・プレインによって発明されたと言われ（myspaceの自己紹介ページには、興味深い画像や動画が満載！ http://www.myspace.com/eddiesgoldteeth）、パブリックエネミーのフレイヴァ・フレイヴなど、東海岸のラッパーたちの熱い支持を得て、全米に広まった。

オーバーサイズのスポーツウェア、野球帽、スニーカーやティンバーランド・ブーツ、「ブリンブリン」と呼ばれる極大ジュエリーといったヒップホップ・ファッションのうちでも、グリルは最強のアピール度を誇るアイテムである。自然の歯と見分けのつかない、ナチュラルな色の差し歯が審美歯科では一般的になっているいまの世の中で、ふた昔ぐらい前のイメージしかない“金歯”という危険なブツに、さらに宝石まで埋め込んだりして、隠すのではなく見せつけるための差し歯を作ってしまう——それはいかにもヒップホップらしい、反逆精神にあふれたスタイルと言えよう。

ほんの少し前までは寂れた都心のエアポケットのようだったのが、JR東日本が高架下を『2k540 AKI-OKA ARTISAN』なるデザインショップやカフェのアーケードに模様替えして、急にオシャレな女子っぽいエリアになりつつある（嘆息）上野御徒町。その2k540のお向かいにありながら、「うちの店は影響ありませんから！」と即答してくれる気合いがうれしい『GRILLZ JEWELZ』は、ヒップホップのグリルをオーダーメイドで製造販売する、たぶん日本で唯一の専門ショップだ。

オーナー＆デザイナーである秋山哲哉さんが、世田谷の自宅兼工房でグリルのインターネット販売を始めたのが6年半ほど前。御徒町に店を出してから、もう4年ほどになるが、いまだに競合店はひとつもないという——

たたずまいが全く異質なGRILLZ JEWELZ

もともと僕は宝飾の職人だったんです。ペンダントとかの、アクセサリーを加工する仕事で。その前は食品関係のサラリーマンをしてたんですが、ジュエリーが好きだったのでそっちがやりたくて、転職しました。

ヒップホップはもう、中学生のころからボビー・ブラウンとか聴いてて大好きだったので、宝飾の職人をやっていたときに、アメリ

秋山さんは、見事な金無垢のグリルを装着して迎えてくれた

カの雑誌でグリルの広告を見つけて、自分でも欲しくなったんです。日本では、アメリカに歯型を送って、グリルを作って返送という方法で販売しているところはあるんですけど、国内で作って売ってるところはなかったので、じゃあ自分でやっちゃおうかなと。

グリルの製造販売とは、ただ商品を売るわけではなくて、「日本でもグリルが欲しい！」というようなコアなお客さんをまず見つけて、歯型を取って送ってもらい、できた製品を返送するという、手間のかかる商売である。お客さんとしては当然、オーダーする前にサンプルを見たいわけで、「初めのうちはそのたびにお客さんのところにサンプルを持って見せに行ってたんですが、やっぱり店舗でサンプルを並べられるところがあればいいなと思うようになって」、御徒町にスペースを見つけた。東京でヒップホップと言えばまず渋谷が思い浮かぶけれど、家賃が桁違いだし、もともと御徒町は宝飾の街。線路の東側には問屋が密集する日本最大のジュエリータウンなので、職人も集まっているし、仕入れにはいちばん便利。「でも、店を出したころはガード下に落書きがたくさんあったりして、古びたいい感じだったんですが、最近ちょっとこぎれいになりすぎちゃって」と笑う。

グリルの他、オーダーメイドのジュエルの受注、時計の販売、G-SHOCK!のカスタマイズなどもしている

インターネットでの評判や専門誌の取材記事、口コミなどで『グリルズ・ジュエルズ』を探し当てたお客さんがやってくると、まず秋山さんはたくさんのサンプルや写真を見せながら、そのひとの好きなデザインをいっしょに練っていく。「最初は1本だけという方が多いんですが、いちど作っちゃうと物足りなくなって(笑)、どんどん増えていくというケースもけっこうありますよ」。

デザインが決まったら歯型を取って、2週間ぐらいでグリルを完成させてお客さんに渡す。値段は金だけのシンプルなもので1本1万円ぐらいから。それに「本数と石代」で値段が上がっていって、「前歯全部に石を入れて、となると数十万にはなっちゃいますねえ」。

お客さんはもちろんヒップホップのアーティストやファン、それも圧倒的に男性が多いそうだが、「カップルで来店されて、彼氏さんが作るので、自分も1、2本作ろうという女性もいらっしゃいます、犬歯だけとか、あんまりどぎつくならない感じで……（笑)」。

さすがにグリルをしたまま御飯を食べるのは厳しいそうだけれど、タバコや飲み物は、嵌めたままで大丈夫だそう。使い終わったら、洗浄して携帯用ケースに入れておくのは、入れ歯と同じメンテナンスだ。傷や汚れ・シミがついたら、店でちゃんときれいにしてくれるそう。思ったほど難しくはないのだが、虫

壁一面に、グリルを装着した口もとの写真が

歯になって治療したりしてしまうと、歯形が変わってしまうので合わなくなっちゃうらしい。ヒップホップもスタイルを突き詰めていくと、ちゃんと歯磨きしなくちゃならなくなるんです！

いくらヒップホップが好きでも、グリルまで行くファンはごく一部です。だから店もうち以外に増えないですよね、作るのも難しいし、手間かかるし。アメリカのものも買ったことありますが、国内でうちが作ったものとは、仕上げの繊細さがぜんぜんちがいますから。でもグリルはタトゥとかとちがって、自分でいつでも取り外しできるんだから、もうちょっと一般に広まってくれるとうれしいんですけど。

YOU THE ROCK★を始め、アーティストの顧客も多い〈グリルズ〉。最近ではヒップホップ以外に、ビジュアル系のバンドメンバーや、アパレル系の店員さん、それに……「実はそのスジの方面にもけっこう好きな方がいらっしゃるんです」。ちなみにそのスジ方面が好むのは「圧倒的に金無垢！」だそうで、国は違えどギャングスタ・スピリットは一緒なんですねぇ。

⊙グリルズジュエルズ
東京都台東区上野3-4-1飯岡ビル1F
http://store.grillzjewelz.jp/

壁一面に、顧客である有名アーティストたちのグリル写真が並んで壮観。外から見るとびっくりする

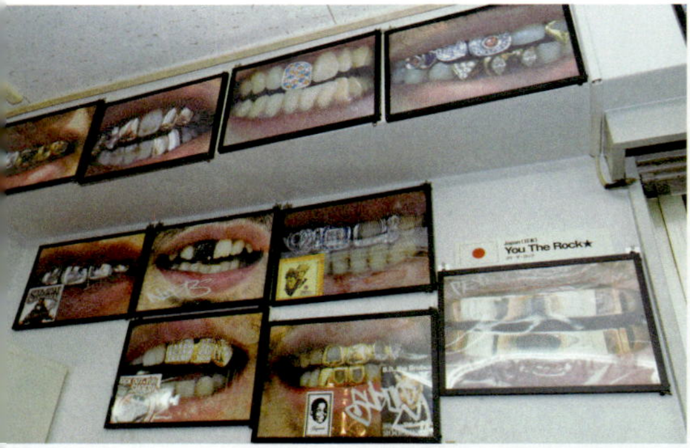

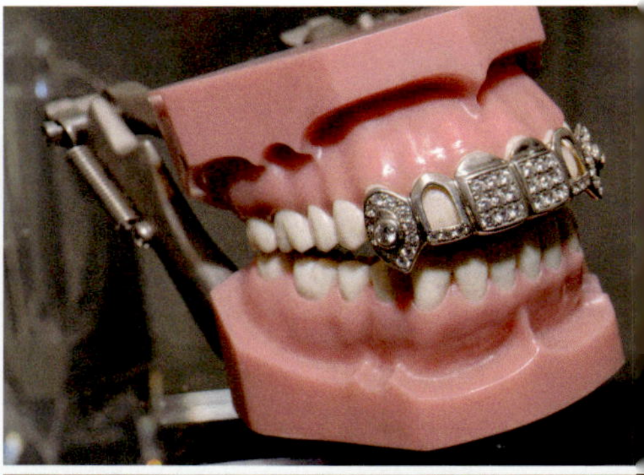

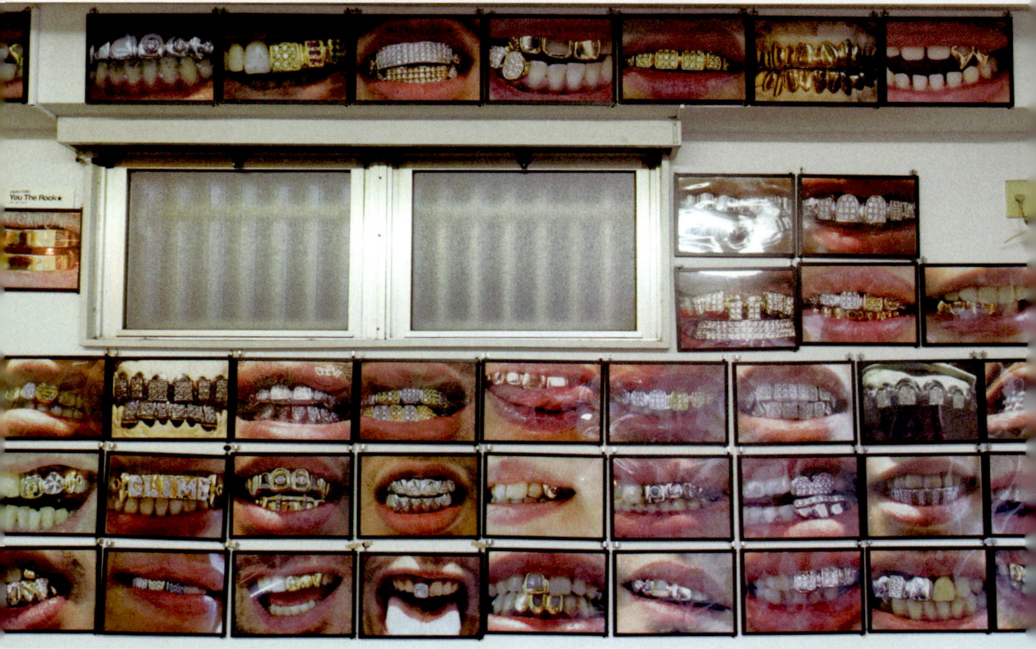

庶民派ステーキひとすじ、ビリー・ザ・キッド社長の幡野秀喜さん

大衆ステーキの原点で400グラムに挑戦！

【墨田区・立花】**ビリー・ザ・キッド**

夜空に輝くテンガロンハットのカウボーイ。そして「大衆ステーキ」！の力強い文字。むかしもいまも『ビリー・ザ・キッド』は、腹を減らした肉食愛好家たちのオアシスだ。

1977年に墨田区立花で創業。以来変わることのないメニュー。夕方6時から深夜3時までという営業時間。カントリー＆ウェスタン風の内外装。もう33年間にわたって、ずっしり腹に溜まるステーキを、寸分変わらぬスタイルで我ら大衆に提供してきた。いまやビリー・ザ・キッドは全25店舗。亀有、錦糸町、駒込、新小岩、東陽町、大山、西葛西、日暮里と、そのほとんどが東京右半分に集中している。

右半分の胃袋を支えてきたビリー・ザ・キッドの創業者、幡野秀喜さんにお話をうかがうことができた。場所は思い出深い１号店の墨田本店。入ってくるなり、調理場に「おれにもビール持ってきて！」と声をかける姿は、とても今年67歳に見えない、エネルギーのかたまり。やっぱり、ステーキ食べてきたおかげなのでしょうか。

陽気なカウボーイが目印

わたしは宮城の出身でね、気仙沼なんかのそばだったから、とにかく魚がおいしいところですよ。だから魚で育ったんだね。それから東京に出てきて、まあいろいろ仕事を渡り歩いてジプシー生活みたいなことをしている時分に、肉を食べるようになったんだけど、もうこんなにおいしいもんが世の中にあるのか！　と衝撃を受けたね。当時はトンカツなんていったら贅沢品で、肉ったって茶碗蒸しにひとつかふたつ、鶏肉のカケラが入ってるぐらいのもんだったけど、それでもおいしいと思ったねえ。

料理は建築現場の飯場、あれで賄いを作るうちに覚えました。建設作業で腰を痛めたのもあって、バーテンとかいろんな仕事をしたあと結婚して、体力的に楽な仕事がいいなあと思って、新小岩で大衆食堂を始めたんですよ。それも昼はやらずに、夜から朝までの店ね。ところが朝には閉めるつもりが、タクシーの運転手さんとか夜勤明けで来ると、だらだら昼過ぎまで呑んだり食ったりするわけ。そうすると、昼ぐらいまでやらなきゃなんない。休みだって、シャッター閉めてても店の前でみんなしゃがんで待ってたりするんだから、そうすると閉めてられないじゃない。そんなこんなで、大衆食堂がぜんぜん楽じゃないってわかったんですよ（笑）。

そのころね、世田谷のエル・アミーゴっていうステーキとメキシコ料理の店があって、いまもあるんだけど、そこがフランチャイズ店を募集してたんだね。それで77年ごろはちょうど200海里漁業専管水域とかの問題があって、こりゃあこれから魚の値段が上がるなと思ったんだ。それに若いひとは魚より肉を求めてたから、これからはおいしい肉を安く出せたらいいかなと。

それで看板料を払って、エル・アミーゴのフランチャイズで店を始めたんだけど、経営方針が合わなくて、半年もたたないうちに独立。それでビリー・ザ・キッドを始めたんですよ。当時はいまとちがってね、肉は高級品、ステーキなんていったら「贅沢！」っていう時代ですよ。

メニューはオープンから変わらない

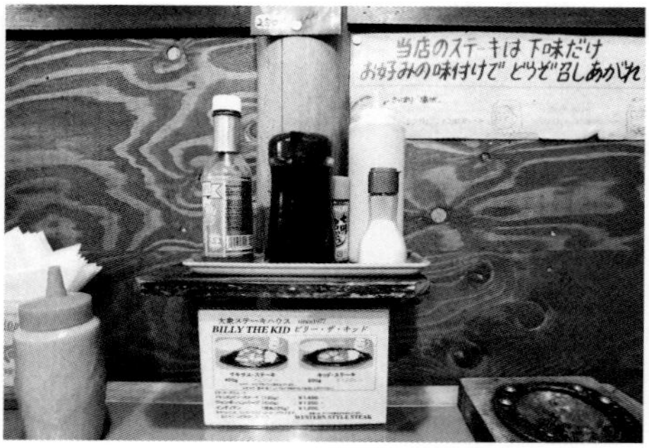

上／味付けはお客様次第。オススメはにんにくしょうゆ味
下／激辛！　メキスープ

これが400グラムの「テキサスステーキ」!!　見てください。このボリューム感！

肉といっても、すき焼きみたいなのが主流だったでしょ。そういうときに、うちはなんとか、おいしい肉を安く提供して「大衆ステーキ」という、これは僕が作ったネーミングですが、そこにこだわりたかったんですよ。

当時は輸入肉といっても、沖縄の米軍基地から流れてきた冷凍肉があったぐらいで、おいしいのはぜんぜんなかった。それでいろいろ探して、うちはアメリカじゃなくて、オージービーフね、オーストラリアのチルドを使うことにしたんです。穀物飼料で育てたオーストラリアのチルドビーフは、冷凍とはうまさがぜんぜんちがうんだよね（注：チルドビーフは摂氏0度前後の熟成適温の低温で冷蔵することによって、輸送期間中に熟成が進み、うまみが破壊されない）。

でも、ここは下町だしね。ステーキ屋、それも大衆ステーキなんて見たこともないっていう場所だったから、最初は大変だったねえ。客は（一日に）ひとりかふたりしか来ないわ、肉は固いとか言われるわ、アメリカン・コーヒーを出したら「こんなケチったコーヒー出しやがって」と店の床に撒かれたり。それでもがんばったねえ。いまとかわらない400グラムのステーキ、500グラムのハンバーグを最初から出してたんだけど、まあお客さんは量と値段で驚くけど、食べきれなかったりする。慣れてないから。それでも、「残したっていいから出すんだ！」って意地張って、変えずにやってきましたよ。ステーキで「大衆」なんておかしいって、ずいぶん言われたけど、怒られようが嫌われようが、それで通してきましたね。

開業したころは、まず店を知ってもらわなくちゃって、ウェスタンハットにガンベルトまでして、家のあった立石から店まで通ってました。そうすると子どもたちが「カウボーイのおじさん！」なんていって追いかけてきたりね。なにせカネがないんだから、店も手作り風で。わたしらの時代は、洋画といえばウェスタン映画でしょ。それで、ああいう開拓時代みたいな、うらぶれた感じが出せたらいいなと思って。板を打ちつけたまま、みたいな。大工はそういうのがわかんないから、どうしてもきちっと作っちゃうんだけどね。それをこっちが直したりしながら、こういう感じになったんです。だって大衆ステーキでしょ、気取ったってしょーがないんだから。醤油にニンニクかけて肉を食べられるような、下品な（笑）食べ方ができるってのが、いいんですよ。だから椅子だって、ビールの樽に、コーヒー豆入れる南京袋をかぶせたりして。そしたらそれがまた、好評だったりね。きちんとした店じゃ、落ちついて食えないじゃない。だからうちはどの店も、ガラス張りじゃないんです。あれは、外からは見栄えがいいけど、中のお客さんは落ち着かないでしょ。いまのレストランとは逆行してるけどね、ワハハ。

そうやっていまは25店舗。O-157とかBSEと

上／ビリー・ザ・キッド墨田本店　店内　下／古き良き時代のアメリカを感じさせる写真が掛けられている

上／ガラスを通して厨房の様子がわかる　下／テーブルの上には馬車の車輪。壁にはモデルガン（？）も

か、大変なことだらけだけど。うち7店舗がわたしの直営で、あとはうちで3年修業したら、のれん分けしてやるって言ってるんです。うちはメニューが少ないでしょ。レストランじゃないんだから。よくすすめられるけど、カレーだってやらないぐらい。だからすぐ覚えられる。それにうちは社員教育ってのを、しないんですよ(笑)。「仕事ないの、じゃあきょうから来るか?」なんて感じで雇ったやつがたくさんいるね。当然、マナーが悪くって、お客さんに怒られることもあるんだけど、「ウェスタン風だから、それも男っぽくてちょうどいいでしょ」って言ってるんだ(笑)。日本人だけじゃなくて、パキスタン人や中国人も、ずいぶんたくさん手伝ってくれましたよ。

各店舗で米だの酒だのは勝手に仕入れてるんだけど、肉だけはヘンなの出されちゃ困るからね。こだわって一括仕入れしたのを、この本店から出してます。だから東京のこっち側(右半分)に店が多いのも、単純な理由で、ようするに本店から肉を配達できる距離ってことなんですよ。

まあ、いまは健康ブームで、肉をたくさん食べるのが悪いみたいなイメージでしょ。うちもつらいですよ。肉好きっていうのはね、うちのお客さんでも400グラムのを2枚、ぺろりと平らげちゃうひともいるんだけど、肉ばっかり食って、野菜をあんまり食べないひとが多いからね。それはよくないんだけど……でもテレビなんか見てると、肉を褒めるのに「わぁ、柔らかい!」なんて言ってるでしょ。あれはおかしいんだよ。肉は、柔らかいのとおいしいのはちがうんだから。煮込めば、どんな肉だって軟らかくなるんだから! 食べておいしいかどうかは、固さじゃないんだよね。味があるかどうか、なんですよ。日本人は魚文化が長かったでしょ。魚にはずいぶんうるさいけど、肉に対してはまだまだ、理解が不足してると思いますねえ。

見事、完食! ごちそうさまでした

1977年から幾度か値上げされたといっても、いまだに400グラムのステーキに、ライスとサラダとコーヒーがついて2950円、500グラムのジャンボハンバーグ・セットなら1200円! 飲み物だって生ビール570円、バーボンウィスキー520円、ジョッキワインが315円! という驚異的なリーズナブル・プライス。毎日はさすがに無理だけど、年に何度かはどうしても行きたくなる。こういう店が近所にあると、それだけですごくうれしいのだ。

⊙ステーキ・ハウス ビリー・ザ・キッド 墨田本店
東京都墨田区立花5-2-3
http://www.billy-the-kid.co.jp/

いまでこそ総武線の快速も停まらず、新小岩と市川の両隣に挟まれて、いささか影の薄い静かな街・小岩。都心方面から総武線に乗ると、隅田川を越え、荒川・中川を越え、さらに新中川を越えて辿り着く小岩の、そのすぐ先はもう千葉県。まさしくここが東京のイーストエンドである。

いまでこそ話題に上ることも少ないが、かつて小岩は「東の銀座」とも呼ばれた一大歓楽地であった。もともと小岩は終戦直後から闇市が駅前に広がり、それが道路整備によって、現在の中央通りを流れていたドブ川（用水路）に板を渡したバラックづくりの「ベニスマーケット」を形成。いっぽう駅から南に行った二枚橋には、進駐軍用につくられた慰安施設（RAA——日本政府による売春宿ですな）の『東京パレス』が威容を誇り、それが東京屈指の赤線地帯へと発展。そして高度経済成長期に突入すると、夜の駅前では同じ城東地区のライバル錦糸町をしのぐ数の高級クラブが酔客獲得を争い、お値段のほうも銀座と同格。「ハリウッド」チェーンを筆頭とするキャバレーもひしめき、たいへんな賑わいだったという。

そんな、在りし日の小岩の栄華を反映しているせいかどうかは定かでないが、小岩駅周辺には古き良き喫茶店のスタイルをしっかり踏襲する、昔ながらの喫茶店がいくつも生き残っている。モーニングがあって、新聞や雑誌があって、タバコも吸えて、コーヒーもあればビールも飲めて……。

いまや日本全国で喫茶店文化を破壊しつつあるカフェ・チェーンではなく、オサレな“カフェ”でもない、あたりまえの、ふつうの喫茶店。タバコが煙くても、コーヒーの量が少なくても、ワイファイとか使えなくても、ときにはそんな昔ながらの喫茶店で、コーヒー飲んだりナポリタンを食べたり、スポーツ新聞を読みながら居眠りしたくなる。

隠れた「純喫茶タウン」として、喫茶店文化愛好家にはよく知られた街である小岩。数ある名店のうちから特選の数軒をご紹介しよう。まずは小岩駅北口から歩いてすぐの『喫茶店　木の実』から。

小岩駅北口から徒歩数分、小岩で一番古い純喫茶、木の実

雰囲気のある入口カウンター付近

緑ゆたかな店内

木の実

駅前にヨーカドーがそびえる北口を降り、都心方面に歩くこと数分、2階建ての和風住宅のファサードを赤・白・青のタイルと瓦で山小屋ふうにデザインした、不思議な和洋折衷建築が見つかるはず。それが1955（昭和30）年オープンという、古い喫茶店が多い小岩でもいちばんの老舗『木の実』だ。

狭い道路の片側に『木の実』、向かい側にはこれまた古そうなサウナ。その絶妙な対比にしばし見とれてから、貫禄たっぷりのドアを押し開けて入店すると……そこは思いのほか広く明るい、そして緑あふれる空間だった。

鮮やかな配色のビニールレザーの椅子に、手作りの座布団。壁のあちこちにかけられた油絵。いく鉢もの観葉植物と、いくつもの空気清浄機。石張りの壁面。天井を切り取る三角形のデザイン。それは懐かし純喫茶と言うよりも、アメリカの田舎町で50年も60年も営業している店のような、フィフティーズ感覚あふれるテイストだ。

ていねいにドリップされたコーヒーをすすりながら、『木の実』のマスター・山本義一さんのお話に耳を傾けてみよう——

上／天井の三角形のデザインや、雲や木々をイメージしてデザインされたブースの仕切りの鉄の飾りなどは、すべて製鉄会社の技術職だった父親の手によるもの　**左**／入り口扉の上のガラスのデザイン　**右**／ビニールレザーの椅子に、お手製の座布団が

カウンターの中で忙しく立ち働く、オーナーの山本義一さん

石壁も、店内に飾られた油絵も、同じく父親が

いま、あなたたちが座ってる向かいの、あの席ね。あそこに昔はいつも椎名誠さんが座ってたんですよ。この、すぐそばに下宿があって、毎日のようにいらしてましたね。

うちが開店したのは1955（昭和30）年です。いまとは線路を挟んだ反対側の南口に、15坪ほどの店を父が始めたんです。

父は製鉄会社の技術屋だったんですが、あるとき腎臓を悪くしちゃって、長期休養してるうちにお給料が半分になっちゃったので、家族を養うために母親が商売を始めることにしたんですよ。

最初、母はお味噌の専門店をやろうと思ったんです、お味噌が好きだったんで。それで商工会議所に相談に行ったら、「これからスーパーが出てくるんだから、味噌なんかダメだ！」と言われて、喫茶店ならシロウトでも始められるし、現金商売だからということで、喫茶店になったんですね。

母が37～38歳のころでしたが、その母も実は昨年亡くなりました。93歳でした。昔は「ミス三越」に選ばれたほどの、たいへんきれいな母親だったんですが、最後はからだがまったく動かなくなってしまって、私がずーっと24時間介護していて。なにせ仕事もいっしょでしょ、365日ずーっといっしょでしたから、単に母親というんじゃなくて、同志でもあった。だから、いまだに私、その悲しみを引きずってましてねえ……がんばらなくちゃとは思うんですが。

とにかく喫茶店をやることになって、そのあと父も回復して会社にまた通うようになって、それからは共働きですね。1964（昭和39）年には北口の、いまの場所に引っ越しました。ここは42坪ですから、ずいぶん広くなりました。

なにせ父が鉄の技術屋でしたから、店内の造作はぜんぶ、父のお手製です。こういうの、自分でできちゃったんですね。でも、それじゃ（建築）許可が下りないから、知り合いの工務店にハンコだけ押してもらって、あとはぜんぶ、自分でやってました。ちなみに、壁の油絵もぜんぶ、父の作品です。「売ってくれ」って言われることも多いんですよ。

ただそのころ、わたしは学者になろうと思ってたんです、実は。慶応で小沢一郎くんなんかと同期で、いっしょにがんばってたんですよ。小沢くんは司法試験を受けるつもりだったのが、お父さんが亡くなったので議員になったでしょ。わたしは学者になろうと思って大学院で学んでいたんですが、店が広くなって、母親ひとりではとうてい手が足りなくなって、やむをえず店を手伝うようになったんです。

うちが北口に移ってきたころは、まだヨーカドーもなかったぐらいで、このへんはなんにもなかったんです。それが1970年代の喫茶店ブームのころになると、小岩駅の周辺だけで八十数軒の喫茶店ができてました。インベーダーゲームとかの、テーブルゲームが流行ったころですね。

それでますます競争が厳しくなると、勉強しながら手伝うぐらいじゃとても追いつかなくなって、弟の和勇

も加わって、兄弟で本格的に店をやるようになりました。あのときに店を放り出して、自分の道を進むという選択もあったんでしょうが、でも、どんなに忙しくても笑顔を絶やさなかった母と、定年になって80歳で亡くなるまで毎朝、開店準備を手伝っていた父の姿を見ていると、「自分だけ」というような考えには、とてもならなかったんです。母親が一生懸命やってくれたことを、むやみにつぶせないじゃないですか。いまだに、（小沢一郎から）たまに電話がかかってきては「山本、なにやってんだ、おまえは。おまえの夢はどうしたんだ」って叱られるんですが。学問の道に進めなかった悔しさはいまでも忘れないけど、でも、喫茶店を継いで後悔はしてないです。

　うちはサンドイッチやスパゲッティ、ピラフなど、食べ物もずいぶん人気メニューがありますけど、まあ、なんといってもいちばん大切なのはコーヒーですね。

　よく専門店ていうと、焙煎機を置いて生の豆を焙煎してるでしょ、モクモク煙出して。あれ、おいしそうに見えるんですけど、それはちがうんです。たとえばUCCなんて、富士の裾野にものすごい大工場がある。何十億円もするドイツ製の焙煎機があって、鑑定士がいて、厳密に管理してる。店に焙煎機置いて、モクモクやるくらいじゃ、技術的に絶対かなわない。だから店としては、どうやっていい豆を仕入れるかが勝負です。キーコーヒーと、UCCと、アートコーヒーを競合させて、いい豆を仕入れる。長くやってる店だから、そういうことができるんですけどね。

　コーヒーはとにかく、いい豆ですよ。お寿司屋さんでも、いくらいい握り手がいたって、材料がうまくなかったら、うまくないでしょ。それと、よくサイフォンで淹れてるコーヒー専門店がありますが、あれは絶対よくない。ドリップっていうのは、油を浮かせるんですよ。慶応の先生が『きょうの健康』っていうNHKの番組で言ってました。コーヒーの中にも脂肪分があって、サイフォンやエスプレッソだと、悪玉コレステロールがぜんぶ入っちゃう。だからドリップがいいんです。

　いま、健康志向でしょ。チェーン店に押されて経営は大変ですけど、でも、うちはからだにやさしいコーヒーを、これからもずっと出していきたいんですよ。

⊙木の実
東京都江戸川区西小岩1-20-20

白鳥

駅南口を出てすぐ左側、ロータリーに面した果物屋の2階にあるのが『白鳥』。駅から徒歩5秒という最高の立地だ。かつて高級クラブやキャバレーがひしめいていた小岩駅周辺には、果物屋と呉服店がとても多かったと地元の古老からうかがったことがあるが、この果物屋もそんな一軒だったのだろうか。

フルーツが積まれた店先の脇、昔ながらのショーケースに収まったクリームあんみつや生姜焼きやナポリタンに激しく惹かれ、急な階段を急いで登ると、そこは昭和のまま時が止まったような正調・純喫茶空間だった。山と積まれた漫画雑誌、ゲームテーブル（稼働中！）、ネスカフェの大瓶に挿された生花……駅に向かって大きく開いた窓から差し込む日差しが、午後の眠気を誘う。

『白鳥』がオープンしたのは1976（昭和51）年。もう35年になる老舗だ。母娘で経営するこの店の、娘さんである鈴木綾子さんにお話を聞いてみた——。

1Fのショーケースを見て入るお客さんも多い

うちの父は祖父母の経営していた工場で働いていたんですが、母がお店やりたいということで、私が中学生のときにここを借りて、喫茶店を始めたんですね。もちろん、初めての水商売でした。私が手伝うようになって、いまは5時に交代で母が出てくるんですけど、今年72歳でまだ現役なんですよ。

小岩は古い街だし、昔は銀座に並ぶくらい飲み屋さんがいっぱいあったので、それはもう、夜はにぎやかなものでした。バブルのころまではずうっと、終電までお客さんが途切れなかったんですけど、いまはもう10時くらいになると、お客さんの足が途切れちゃうんで、寂しいですね。

外資系のカフェとか、ドトールみたいなチェーン店がたくさん出てきて、喫茶店経営というのはすごく大変なんですが、うちはとりあえず場所がいいので、常連さんのほかに待ち合わせや商談に使われるふりのお客さんも、けっこう多いんです。開店当時から変えてないので、内装もちょっと古い感じがするんですけど、それがいいっていうお客さんもいらっしゃるんですよ。

⊙**喫茶　白鳥**
東京都江戸川区南小岩7-26-2

上／内装も、曲線を生かしたなつかしい雰囲気　下／ゲームテーブルの存在が、時代を物語る

珈琲　らむぷ

駅南口から、『白鳥』と反対の右側（新小岩方面）に歩いて行くと、こちらも1、2分で見つかるのが『珈琲　らむぷ』。商業ビルの1階なので遠くからは目立たないが、近寄ってみると壁面に設置された、見事な彫金のオーナメントが“只者じゃない”オーラを激しく放っている。

しかし貫禄たっぷりのドアを押して入店してみれば、思いがけず広々とした店内の、壁際にのびるカウンター内で忙しく立ち働くマスター・向後《こうご》真儀《まさよし》さんによれば――

ヨーロッパ調のインテリア。壁色は、煙草のヤニなどで色づいて、さらにレトロ感を増している

うちは1976（昭和51）年に開店しましたから、もう35年ですね。だから内装もヨーロッパを意識して作ったんですけど、長年の煙草のヤニで、レトロになっちゃってるでしょ（笑）。

もともとうちは墨田区でして、父はまったく畑違いの仕事をしていたんですが、若いころから喫茶店が好きだったようで、夢だったんでしょうね、自分の店を持つのが。それで、親戚に同業の方がいたので、ノウハウを教えてもらって、それでこちらに店を開いたんです。その開店当時から、私も父を手伝ってずっとやってきました。いまは朝8時に姉が店を開けまして、夕方早めから私がバトンタッチして、だいたい夜12時ぐらいまでやってます。夜は照明をちょっと暗くして、お酒呑む方も増えますし、音もジャズがメインになるので、ときには12時に終わらないこともありますけど。

うちはモーニングからしてボリュームあるし（トースト、サラダ、茹で玉子、ハム、フルーツ2種類、ドリンクつきで550円！）、昼間もランチタイムだけじゃなくて、午後3時、4時に食べに来る方も多くて、みなさん好きに店を使ってらっしゃる感じですね。うちみたいな店は地域密着型なんで、歩きや自転車で来る常連さんがほとんどですねえ。

小岩は物価が安いし、都心までJRであっというまでしょ。なんでも手に入るし、暮らしやすいんですよ。街が古くて、それがまた好きで住んでる方が多い。小岩を離れないひとが。そういう古くからの住民がたくさんいるから、喫茶店も古いままのが残ってるんじゃないかと思うんですよね。

⊙**珈琲　らむぷ**
東京都江戸川区南小岩6-31-8

らむぷは食事メニューが充実、この日も、食べているお客さん多数。モーニングセット、「トースト、サラダ、茹で玉子、ハム、フルーツ２種類、ドリンクつきで550円。それ以外にマスターのサービスで、トマトが乗ったり」が大人気だという

営業中
本日のサービ
ベトナム
HOME WHERE THE IS
引

モルダウ

同じ駅南口を出て左側、サンロードを入ってすぐ右側にあるのが『モルダウ』。昔ながらの商店と、けばけばしい新規参入組が入り交じる商店街のなかで、ひときわ古風な外観が異彩を放っている。

レースのカーテンがかかったガラスドアをそっと押し開けて入れば、そこは「小さな昭和」と呼びたい、まさしく時が止まったような空間。なにもかもが映画のセットのようでもあり、ずっと昔に招かれた友人の実家のようでもあり……。

小さいが、外とは違う時間が流れている、ほっとする店内

「うちは取材なんて受けるようなもんじゃありませんけど、写真撮るくらいはどうぞ」とおっしゃっていただけたので、とりあえず写真でその雰囲気を味わってください。もちろん、お客さんならフリーでも歓迎なので、古き良き純喫茶ファンは必見。とても上品な初老のママさんと、静かな白猫が迎えてくれます。

レースのカーテンのかかった扉

⊙珈琲紅茶　モルダウ
東京都江戸川区南小岩7-27-7

8

ステアウェイ・トゥ・ヘヴン

キャバレー遊びで昭和気分満喫

【足立区・千住／北区・赤羽】

ロンドン、ハワイ、ハリウッド……これ、みんな昭和30～40年代に最盛期を迎えた、日本のキャバレー・チェーンの名前である。思えばそれは、外国の地名がまだ、夢を誘ってくれる時代でもあった。

日本におけるキャバレー、というか欧米の「cabaret」と日本の「キャバレー」はぜんぜん別物なので、これはもう日本独自の社交遊興施設と呼んでいいと思うのだが、その源流をたどると明治時代のカフェに行き着く。しかしながら現在のようなダンスフロアと洋装のホステスという組み合わせの店舗が生まれたのは、太平洋戦争の敗戦からわずか13日目に発足したＲＡＡ＝（進駐軍用）特殊慰安施設協会という、「日本婦女子の純血が性に飢えた進駐軍兵士らに損なわれ」ぬよう設立された、要するに「性の防波堤」だった。

食堂部、慰安部などと並んで設けられたキャバレー部によって、その年の11月には銀座松坂屋地下に〈オアシス・オヴ・ザ・ギンザ〉なるダンスホールがオープン。相前後して開かれた新しいスタイルの店舗によって、日本人は「明るく楽しく飲んで踊る」楽しみに目覚めたのだった。

昭和6年、東京・大井町に生まれ、中学2年で敗戦を経験、のちに「キャバレー太郎」と呼ばれることになったキャバレー王・福富太郎さんが、喫茶店や中華料理屋の住み込みを経て、苦労の末に最初のハリウッドを開店したのが昭和35（1960）年3月。いま新橋駅西側のニュー新橋ビルがある場所にできた『踊り子キャバレー　新橋ハリウッド』がそ

「ハリウッド」にふさわしく、デートリッヒの写真がでかでかと

れである。

今年がキャバレー人生50周年となる福富さんの波乱の人生は、すでに著書などでよく知られているが、新橋に続いて昭和38年には池袋ハリウッドをオープン。ビルの2階から5階まで4フロアを使った初の立体店舗で、敷地1000坪、ホステス800人という大型店だった。

翌年にはいま博品館になっている銀座8丁目角にビル一棟丸ごと、1階から5階までを使った銀座ハリウッドを開店。これも延床面積1000坪、ホステスも1000人近い超大型キャバレーとして大評判になった。ひと晩にお客さんが1500人も押しかけ、並んで入れなくて大騒ぎという状態が、しばしばあったという。

しかしオイルショック、風営法改正、そしてディスコやスナックなど、夜遊びの業態変化に伴って、キャバレーは昭和39年のオリンピックあたりから数を減らしていった。昭和52年の時点で東京都内には700軒のキャバレーがあったというが、いまはいったいどれくらい生き残っているだろうか。最盛期には数十店舗あった福富さんのハリウッドも、いまは赤羽、北千住、池袋の3店舗しか残っていない。その3店のうち、ふたつが北区と足立区。現代のキャバレーは、やっぱり東京右半分が似合うのだろうか。

風営法でキャバレーは店舗面積が66平米以上、ダンスフロアがそのうち5分の1以上なくてはならず、明るさも厳しく定められている。生バンドに合わせてホステスと踊る、というような業態の店が、この時代に大流行というのは考えにくいのだが、いま3店舗残るハリウッドも、銀座のど真ん中で奇跡的に営業を続ける『白いばら』も、いつも意外なほど混み合っている。それじゃあ北千住と赤羽のハリウッドをハシゴしてみよう。

ハリウッド　北千住店

昔ながらのオヤジ天国系飲み屋横丁に、最近は若者系のお洒落店がちらほら目立つようになって、これから雰囲気が変わっていきそうな北千住駅前。駅から歩いて1分もかからない、格好のロケーションにそびえるのがハリウッド北千住店。4階がキャバレー・ハリウッドで、5階が「ニューマブハイ」という名のフィリピンパブになっている。

ハリウッド北千住店がオープンしたのは1970年11月、大阪万博の年だ。直通エレベーター前でお客を待つ、制服姿のスタッフに料金を確認、エレベーターに乗り込んで5階で扉が開くと、「いらっしゃいませ！」の合唱とともに、エントランス脇の祭り太鼓がドドンと打ち鳴らされる。ひとり客なら1回、ふたりなら2回。これがハリウッド全店に共通の、名物ウェルカム・サービスだ。

広々として、しかしボックスのあいだは高めの仕切りで、お客さん同士が見えにくく配慮されている席に案内されると、さっそくホステスさんがやってくる。初めてなら馴染みのホステスさんを指名するわけにもいかないから、店の人にお任せすると、こちらに合ってそうな子を選んでくれる。そのホステスさんが平日でも50～60人、週末ともなれば80～90人は出勤しているというから、このご時世でたいしたものだ。年齢も20代から60代まで（！）豊富に取りそろえているので、どんな客層にも対応可。だってお客さんは70代、80代の人もいるのだから、あんまり年のちがう子が来ても、話題も合わないし。こういうところが、キャバクラとちがって楽しいんですね。

「どんなお客さんが来るの、年配の人が多いから遊び方もゆったりしてるんでしょ？」と隣に座ってくれた子たちに聞いてみたら、

グループ総帥・福富太郎氏

席についてくれた、ゆきなさん（上）と江美さん（下）。胸のバッジには、番号と名前と出身地が

フロアレディの皆さんは、席をたつとき、自分のグラスに、ナプキンのはしをちょっとひねってふたをする

上／これがハリウッド名物「カツサンド」
下／フルーツの盛り合わせ、豪華！

ここにも「マリリン」が！

同じフロアにはカラオケ・コーナーも完備！

「いーえ！　男の人は60代になっても、70代になってもいっしょ、だいたい7割のお客さんは、わたしたちを口説くために来てるんですから」と意外なお答え。入店する前にちゃっかり結婚指輪を外してくるひとも少なくないらしいが、「ゴルフとかしてるひとだと、焼けてないからわかっちゃうんですよねー、すぐに」(笑)。

キャバレーだから、ちゃんとダンスフロアもあるし、生バンドも入っているし、毎日のように演歌歌手やコメディアンのショータイムもある。「でもいまは、踊りに来るお客さんもずいぶん減ったし、歌手のひとが歌ってても、あんまり真剣に聴いてくれるお客さんがいないから、かわいそうになっちゃう」そう。そんな店じゃないのに、女の子が座ろうとすると、サッと手をお尻の下に伸ばしてきたりするお客さんも珍しくないそうで、ほんとにしょうがないですねー、いくつになっても、男という動物は。

そんなバカ話に興じて、なぜかキャバレーにはどこでもつきものの、おいしいカツサンドを頬張って（ちなみに北千住店では、ほかにイカの一夜干しとかがおすすめだそうです）、ナマの歌も聴いて、気が向いたら同じフロアにあるカラオケ・コーナーにホステスさんともども移動して歌いまくって、それでお会計のほうは、7時までに来店して制限2時間の「セブンコース」なら、おひとりさま5250円！　しかも焼酎・ウイスキーのいずれかボトル1本、またはビール2本に、お料理1品付き！　キャバクラなんかで、こっちの財布しか興味ないのが見え見えのキャバ嬢に、こっちが話合わせてご機嫌とって、それで何万円も取られちゃうより、ぜんぜんいいでしょ！

ちなみにハリウッド・グループ総帥である福富太郎さんのオフィスも、このビルの上階にあって、いまだによく、店に降りてきてはお客さんに挨拶して回ったり、飲んだりしているそう。2009年で78というお歳とは信じられない、すばらしいエネルギーです。

⊙ハリウッド北千住店　東京都足立区千住2-54
http://www.hollywood.ne.jp/

ウェルカム・サービスで叩かれる和太鼓

イベントは新海ゆりえさんの歌謡ショウ

電飾の美しい店内はかなりの奥行き。
奥がダンスフロアと、バンドコーナー

トイレ
BEER

ハリウッド　赤羽店

最近は清野とおるさんのヒット漫画『東京都北区赤羽』で認知度も高まり、そこかしこで話題の、しかしそれにしてはオシャレ若者がぜんぜん増えた気配のない赤羽駅東口に立ってみる。

目の前に広がるブロックまるごとのピンクゾーン。その中核にそびえたつのが健全グランド・キャバレーの雄、ハリウッド赤羽店。1967年開店だから、もう40年以上営業を続ける老舗だ。現在、池袋、北千住と3軒残るハリウッドのうちで、ここがもっとも昭和のキャバレー空間の雰囲気を色濃く漂わせる店でもある。

いにしえの高級ホテルのようにゆったりとしたエントランスを抜けると、ボックス席の向こうに吹き抜けのダンスフロアが広がる。専属の生バンドがダンス・ミュージックを奏でる頭上で、光吹雪をまきちらすミラーボール。広さは北千住店の3倍近くあろうか。行ったひとはわかるだろうが、歌舞伎町のクラブハイツが閉店してしまったいま、広さで言えば銀座の名店『白いばら』と双璧をなす、いまや東京屈指のスケールだ。

先週紹介した北千住店と同じく、ハリウッド赤羽店も豪華な雰囲気とは対照的に、サービスはきわめて庶民的。7時までに来店、制限2時間の「セブンコース」なら、ビール3本か焼酎・ウイスキーいずれか1本に料理1品がついて、おひとりさま5780円という、ものすごくお客様フレンドリーな値段設定だ。

ハリウッド赤羽店の在籍ホステス（フロアーレディーと呼ぶ）は150人ほど。平日でも60〜70人は店に出ているそう。お店に入りたての若い子もいれば、『赤羽キャバレー物語』という自伝まで出版した、もう20年以上無休で働き、ナンバーワンを維持している

赤羽店でも、一日二回、ショウがある

伝説のホステス千尋さんのような、業界の有名人もいる。

「あたしもね、実はお店に入って4日目なんです」と言うのは、席に着いてくれた“あんず”さん。「前はＯＬしてたんですけど、派遣切りにあっちゃって。別の会社に入ろうと、面接を30件以上受けたんですけど、落ちつづけて……。無職状態が3ヶ月以上になって、お金がなくなって、せっぱつまってここに面接受けに来たんです。彼氏が名古屋で遠距離恋愛中なんで、お金かかるし……。そしたら、その日から来ていいよって言われて。でも身分証明書を持ってなかったんで、その翌日から働きはじめたんです！」。

　そう、赤羽店にかぎらずハリウッド・グループは実のところ、働き口を探す女性には素晴らしく好条件な、というよりむしろ駆け込み寺のような、男にとっては羨ましすぎる職場なのだった。

　とにかく面接を受ければ、絶対に落ちない。かならず「定年まで働いて」と言われるし、

日本人じゃなくてもオーケー。いつ来ても採用してくれて、いつ辞めてもよくて、いつ戻ってきても、また雇ってもらえる。夕方6時出勤で、11時半で店は終わるから電車で帰れるし、子持ちのひとのためには託児所があって、格安の家賃で住める寮もある（10年くらい寮生活してるホステスさんもいるそう）。不況下のいま、働きたい女性にとって、こういうパラダイスって、ほかにありますか？

お客さんにも、働く側にも優しいシステムが、ハリウッド独特の居心地よさをつくっているのだろう。みのもんたが赤羽店の常連であることは有名だが、店内には総理大臣から大御所演歌歌手まで、ものすごい有名人の色紙がずらり。遊びをわかってるひとは、みんなこういうところを選ぶのかもしれない。

なぜかキャバレーの定番であるカツサンドが、ここでも名物だ。「お客さんが食べろ、食べろってすすめてくれるから、女の子たちはみんな太っちゃうんですよー。それで、いちどメニューから消えたこともあったみたいです（笑）」。

生バンドをバックに熱唱する演歌歌手の声に聴き惚れながら、焼酎をグビグビ、ナプキン巻いてアーンってしてくれるカツサンドを頬張って、懲りないオヤジ客のセクハラ話とかに爆笑して、気持ちよくなったらお会計。凍えそうな雨が降る中を、こちらの背中が見えなくなるまで、肌もあらわなドレス姿のまま、席についたホステスさんたちが見送ってくれる。

ちなみにハリウッド赤羽店の斜め向かいには、立ち飲み屋ファンには聖地とされる『いこい』が、朝7時から営業中。こういう町に沈没して余生を送るってのも、いいですねえ。

スターたちの色紙オンパレード。元首相の色紙も

ハリウッドは、お料理も充実。手の込んだモノが出てくる

赤羽店の「カツサンド」は、北千住店とは、また味も形も違う。カツサンドを、ナプキンでくるんで、はい、「あ〜ん！」

⊙ハリウッド赤羽店　東京都北区赤羽1-4-4
http://www.hollywood.ne.jp/

左／若き日のユーミンもご来店　**中**／トランポリンで遊べるコーナーまで！　「遊ぶ人は？」「いませんね」　**右**／徹底してハリウッド・スターのポスターが　**下**／入店状況が一目でわかるように

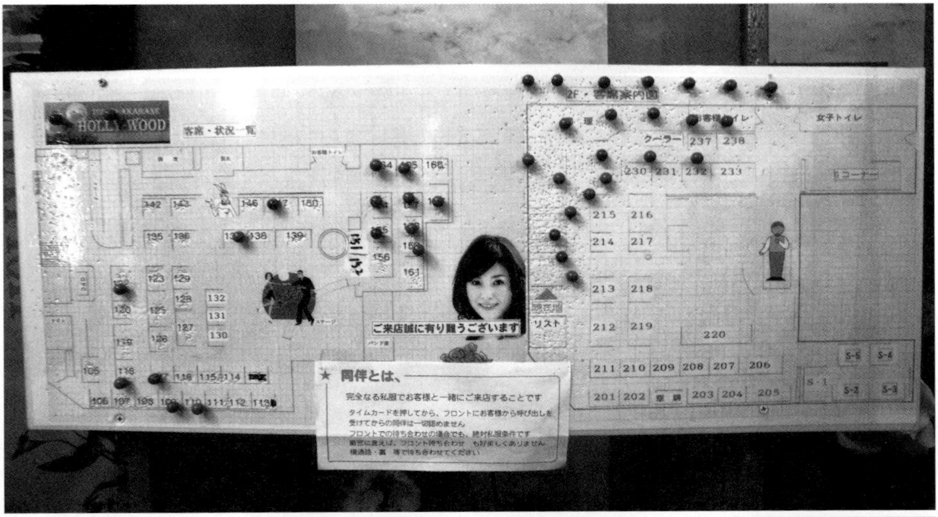

フロアボーイを呼ぶ時には、ライターをつけるのがお約束。「キャバクラ嬢になりたかった」あすかさん（左）は岩手県出身

フロアは広いが、こんなふうに高めの仕切りでボックスが仕切られている

いにしえの高級ホテルのようなエントランス

歌謡ショウの行われるコーナー。
歌手が、回り階段をゆっくりと
降りてくる

この日のショウは、演歌の濱田和歌子さんの熱唱

指の魔法に酔う一夜……

【文京区・湯島】手話ラウンジ　きみのて

丸々２年間にわたった『東京右半分』のweb連載の中で、浅草と並んでよく登場した場所が湯島。昼間のうちは単なる“上野のとなりの古い街”だけど、夜のとばりが下りるとともに歌舞伎町をしのぐアンダーグラウンド感にあふれ、客引きのオヤジや多国籍嬢も道にあふれ、ひじょうに魅力的かつデンジャラスな雰囲気。いくつになってもワイルドサイドを歩いていたい夜の冒険者にとって、いまのところ東京でいちばん楽しい街かもしれない。

そんな“なんでもあり”の湯島ではあるが、まさかこんな店が！　と驚かざるをえないのが、2010年10月にオープンしたばかりの『手話ラウンジ　きみのて』。そう、手話（と筆談）で聴覚障害者も健聴者もいっしょになって、かわいい女の子と楽しく飲める店なのだ。ちょっと前に銀座のクラブの「筆談ホステス」が有名になったけれど、あちらはあくまで健聴者のお客さんのためのお店であり、お仕事。しかしこちら『きみのて』は、お客さんも女の子も聴覚障害者がメインという、湯島どころかおそらく日本で唯一のシステムで営業を続ける、希有な店である。

春日通りと不忍池に挟まれた湯島飲食街のまっただ中、バーやスナックがたくさん入る飲食ビルの、1階のいちばん奥に『きみのて』がある。飾り気のないドアから店内はうかがい知れないし、はっきり言って入店までの難易度はかなり高い……が、いちどドアを開けてしまえば、中は意外なほど奥行きが広く、明るい空間。奥にはあでやかなドレスをまとった女の子が数人。もしかして高そう……と思って値段を聞いてみれば、これが「1セット60分　男性5,000円　延長30分2,500円　5回目以降の延長料金は無料（最大セット料金15,000円）、指名なし」と、意外なほどリーズナブルなお値段だった（キャバクラで貢がされてる男性諸君、実感わくでしょ）。

『きみのて』のオーナーは佐藤育夫さん。湯島という超激戦区で、しかも「手話ラウンジ」という超ピンポイントなテイストの店を開くのだから、よほどのキャリアと練り込まれたプランがあったのかと思いきや、意外なことに水商売はこの店が初めてだという——

春日通りの、上野広小路と湯島の真ん中あたりの路地を、上野側に少し入る。スナックなどの店ばかり入った雑居ビル。その１Ｆの一番奥に、『きみのて』がある。店の、ロゴがかわいい。この日は、聴覚障害者のお客さんも、健聴者のお客さんも

実はわたし、昼間は別の仕事をしてまして。水商売とはまったく関係ない会社を経営してるんです。なので、店というのもここが初めてなんですよ。湯島を選んだのは、単純に30代のころからこのへんで、ずーっと飲んでるからなんですが。でも最近の湯島は、ちょっとすごいことになってますよね。歩けないぐらい呼び込みが立ってるし。もう少し取り締まってほしいですね、店をやってる側からすると。たどりつくまでにお客さんが怖い思いするでしょう、柄が悪すぎますから。こないだたまたま歌舞伎町に行ったら、すごい健全な街に思えちゃいました（笑）。

街への思い入れから湯島という場所を選んだ佐藤さん。店を「手話ラウンジ」という形態にしたのも、それまで聴覚障害者のボランティア活動などに関わっていたのかと思ったら、そういう理由ではないのだった。

昔、菅野美穂が主演していた『君の手がささやいている』っていうテレビドラマがありましたよね、聴覚障害者の女の子が主人公の。あれがきっかけといったら、きっかけなんです。菅野美穂がもともと好きだったというのもあるんですけど、あれを見てて、手話をする女の子がなんか、かわいいなとずっと思ってて。それで、そういう店があってもいいのかな、と昔から考えてたんですよね。それまで手話とか全然知らなかったんですけど。

で、まあ年も年なんで、やるならいましかないだろうなと思いまして。手話スナックみたいなのだったら、お客さんも、こういう仕事をしたいっていう子もいるんじゃないかなと思ってましたんで。

で、いま店長をやっている彼が、ボランティアで障害者と接する活動をしていて、手話

手話で会話しているのを見ていると、かなり饒舌な感じがする。同じ手話でも、手の表情、指の動かし方で、人によってずいぶん違って見える。聴覚障害のないお客さんも、気軽に来て、楽しんでいる

ができたんですね。私も少しは手話ができるようになってたんで、いっしょに飲み歩いて、手話でカラオケ歌ったりしていたんです。そうすると、けっこう受けたりする（笑）。それで、まあこういう店もアリかな、みたいな。手話の店といっても、居酒屋さんみたいのはあるんですけれど、女の子がいるような店はないんですよ。自分としては初めてのことをしたかったんで、採算合うかもまったくわからなかったけど……冒険でしたね。やってみないことには、わからないから。

ひとがやってないことをやりたい、という思いで開店を決意した佐藤さん。まずは働いてくれる女の子探しから準備を始めたという。

とにかく、こんな店で働いてくれる女の子がいるのかどうかというのが、いちばんの問題でしたから、開店の1年ぐらい前から手話関連のmixiとかアメーバとか、ブログも店長が立ちあげて、お店をやりますよっていう情報を広めていったんです。そこで募集をかけたらいきなり8人くらい集まりました。聞こえない子が半分くらい、聞こえる子が半分くらい。男性からも意外に反応があったので、これはいけるかと思ったんですが、いざ開いてみたら、意外に来ないというのが現実ですねえ（笑）。

そうやってなんとか開店にこぎつけた『きみのて』。しかし、いままでにないものを立ち上げれば、当然「いままででいいひとたち」からの反発もある。まして佐藤さんは聴覚障害者ではなく健聴者。開店当初は、いろいろな苦労もあったという。

よくわからないままに店を開いたんですが、やっぱり聾《ろう》の世界って意外に狭いものですから、（開店の）噂はすぐに広がるんですが、悪い噂もすぐに広がっちゃう。来店して喜んでくれるひとと、来ないままに批判するひとがいますし。

批判というのは、つまりはまあ、障害を売り物にする、みたいな話です。要するに僕が聾者じゃなくて健聴者だってことが、いちばんネックなんですね。「聾文化」がわかってないって……でも、もともと聞こえる聞こえないっていうことは、あんまり意識してなかったんです。要は「手話」っていう言語を媒介にして、そういうお店があったらおもしろいなって思っただけで。つまりは手話の魅力を広めたいだけで、聴覚障害者のための施設を作ろうというような意識はなかったんです。たまたま手話を使っているのがそういう方々なんで、結果的にはお客さんの7割くらいがそうですけれど、営業する側としては、そんなに意識していないです。

だからうち、お客さんの3割は健聴者なんですよ。聴覚障害者どうし、健聴者どうしで来店される方がほとんどなんですが、健聴者のなかには手話に興味のあるひともいますし、ぶっちゃけ女の子に興味あるというひともいます。たとえばフィリピンパブとか行くときに、通じなければ一生懸命言葉を覚えるじゃないですか。身振り手振りでがんばったり。あれは手話みたいなもんでしょ。それと同じような感覚で、手話も一生懸命覚えようとするのかなって。だって健聴者のお客さんで話が通じないと、いきなり英語でしゃべったりするひと、いますから（笑）。

　聴覚障害者の中には、それまでふつうの女の子がいる店に行く機会があまりなくて、それでこういう店が「風俗産業」だからというだけで、不審感を持たれちゃうこともあると思うんですよね。けっきょく、ただの飲み屋だってことがわかってもらえれば、どうってことないと思うんですが。

　そんな不幸な誤解があるいっぽうで、もちろん『きみのて』が気に入って、通ってきてくれる常連さんもたくさんいる。ちょうど取材の日、飲みに来ていた常連の「かっぱ」さんにもお話をうかがってみた。佐藤さんの手話に助けていただきながら、筆談も交えてお聞きしたところによると、かっぱさんは『きみのて』に週1〜3回は通う、最強の常連さんだという！

　僕は飲みに行くのが好きで、長いあいだいろんなところを試したんです。でも、店に行っても女のひとと話しすることができないでしょ。メモのやりとりをするのは、楽しめないじゃないですか。門前払いされたキャバクラもあったし。仕事の上司に連れてってもらって銀座のお店にも行ったけれど、なんの話をしてるのかわかんないから、つまんないんです。けっきょくひとりぼっちになってしまって。フィリピンパブ、中国パブ、韓国……そういうところも行きましたけど、日本語すらわからないから、ローマ字で筆談になっちゃうでしょ。それじゃあ楽しくないし。

　そんなときにこのお店が開店したって友達からメールをもらって、来てみたら楽しかったんです！　女の子たちと時間を忘れてしゃべってて、もう100％楽しめて。仕事のストレスを忘れますよ。みんなきれいで、かわいいでしょ。そりゃキャバクラとか行けば、かわいい子はいますけど、コミュニケーションができないでしょ。100％は楽しめないんです。ここはしゃべれるから、最高なんです！

『きみのて』では毎夜、女の子たちによるショウタイムも設けられている。「歌あり、踊りあり、セクシーありのプチショータイム！」とウェブサイトには書かれているが、「さあ、始めますよ?!」という店長さんの声とともに照明が落とされると、まずはカラオケショー。マイクを持った歌い手と、脇には手話で歌詞を説明する子。ちなみにふたりとも聴覚障害者だ。

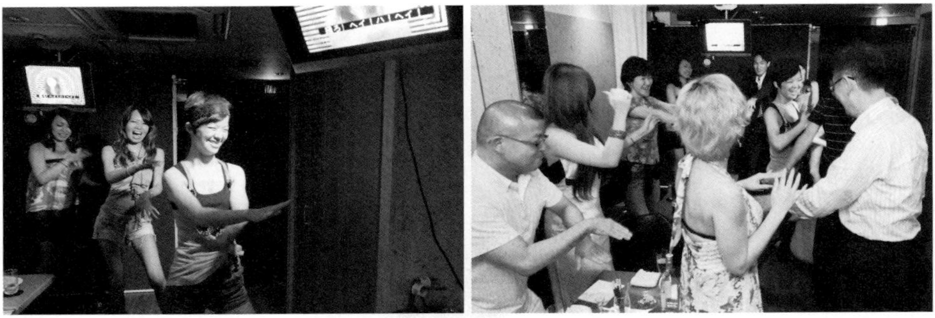

女の子全員でのダンスタイム。お客さんも全員加わって、踊る、踊る！

上／カーテンの向こうで、Show-coさんがガウンを脱ぐ。カーテンが開いて、パフォーマンスが始まる。至近距離で見るセクシーなダンスに、どきどきする　**下**／ショウタイムの最初は、カラオケショー。聴覚障害のある女の子が手話を交えてうたう

歌が終わると、今度は健聴者のダンサーで、手話パフォーマンスも経験豊富なShow-co《しょーこ》さんによる、ちょっとどきっとするセクシー・パフォーマンス。そして女の子全員によるダンスタイムがあって、そのままお客さんもダンスの輪に引っ張り込まれて、店内盛り上がりMAX状態！　高級ラウンジっぽかった空間が、いきなり熱いお祭り広場になってます。

健聴者がいたり、聾者がいたり、カラオケ歌ったり、もうぐちゃぐちゃなんですね、お客さん多いときには。みんなが混ざりあって。それが望んでいた光景なんです。聴覚障害者のひとたちって、けっこうカラオケ好きだったりするんですね。手話カラオケじゃなくて、ふつうのカラオケ。カラオケボックスならともかく、よその店じゃたぶん歌わないと思いますけど、ここではもう、気持ちよく歌えますから。

“障害”を持つひとだから、だれでも特別の助けが必要だと思うのも、障害者が女の子と遊ぶのに、ときには障害者自身ですら違和感を覚えてしまうのも、考えてみれば差別感覚の裏返しなのかもしれない。そういう複雑にからみあった感情を軽々と飛び越えて、みんないっしょに飲んで、歌って、酔っぱらって盛り上がってるひとたちが、ここにいる。それも取り澄ました街ではなくて、湯島という東京有数のデンジャラス・ゾーンの真ん中にあるということが、僕にはなんだかすごくうれしい。

「都築」という名前を手話でどうするのかを教わって、かわいい女の子たちの小さな名刺ももらって、ちゃんと外の道までお見送りもしてもらって、大満足の一夜。バイバイと手を振りながら歩き出したら、携帯電話を片手にヒマそうな中国人ホステスに、いきなりつかまりそうになった。ようやく振りほどいたら、今度は黒服の客引き数人に四方からすり寄られた。だから湯島って、いま最高におもしろいんですよね！

⊙きみのて
東京都文京区湯島3-42-9　ソワレ・ド湯島ビル1F
http://www.k3c.co.jp/kiminote/

デフリンピック（聴覚障害者のオリンピック）の、スノーボード元日本代表選手だった愛さん。キャバクラ嬢になりたかったが、今までは断られてきた。この店ではじめて、やりたかった仕事に就くことができた　**左**／筆談機。緑色の部分を動かすと、書いた文字が消えて、何度も書くことができる　**中下**／鼻の下に指２本。「スケベ」という手話

平成元禄の湯島によみがえる陰間茶屋

【文京区・湯島】若衆bar 化粧男子

小さな店ながら、お酒のラインナップはかなり充実している。「森伊蔵」の一升瓶！　梅酒のラインナップも充実、冷蔵庫には貴重な日本酒が眠っている

いまや東京屈指の魔都となった湯島かいわい。春日通りを挟んだ両側は、夜ともなれば可憐なつぼみに豪奢な大輪、淫花に毒花に徒花の色とりどり咲き乱れる、無国籍植物園と化す。

フィリピーナやタイ娘との待ち合わせによく使われるドンキホーテの裏手、雑居ビルの階段を降りていくと、『化粧男子』とプリントアウトされた紙をクリアファイルに入れたのを、画鋲で留めただけのドアがあらわれる。妖しすぎ……。ここが2010年12月にオープンしたばかり、たった5坪の店でありながら、すでに一部好事家の熱い支持を集める「男《おとこ》の娘《こ》」パラダイス、『若衆bar 化粧男子』である。

おそるおそる入口を開けると、奥に5人も座ればぎゅうぎゅうのカウンター・バー。そして手前にはコタツ！　靴を脱いで上がり、ドキドキしていると、すごくきれいな和服の若衆（女装男子）が、おしぼりとメニューを持ってきてくれる。見かけはみんな女の子だけど、からだは男の子。でもニューハーフ・パブじゃないからショーもなければ（そんなスペースないし）、オカマバーみたいな熱烈接客もない。キャバクラみたいなカネとからだの駆け引きもない。きれいな男の娘と、しっぽり会話とお酒を楽しむ。そういう、なかなかありそうでなかった店だ。ウェブサイトには、こんなことが書かれていた——

東京・湯島、男の娘の郷。当店はご当地、湯島……天神様のおひざ元。かつての陰間茶屋を「イメージした」、和風barでございます。

「陰間《かげま》」というのは、プロの歌舞伎役者「女形《おやま》」志望の役者の卵、舞台に出れず陰で修行している人、という意味です。彼らは女形の修行のため、女性として接客の仕事をすることが多かったのですが、それが大流行りしたので、いわばバイトだったのがだんだんその道のプロになる人が増えてきました。彼らの働く店「陰間茶屋」とはつまり、女装の美少年たちのキャバクラ兼ホストクラブ、といった感じです。今回のお店の名前にある「若《わか》衆《しゅ》」というのは、陰間の別名、もしくは陰間的なファッションをする人、くらいに思ってもらえばいいと思います（とても大ざっぱですが）。陰間bar、ではあまりにドキツイでしょ（笑）。あと、陰間っていうと若干ニューハーフっぽい、女性らしい感じがするけど、私たちはあくまで男、もっといえば「男《おとこ》の娘《こ》」なので、少年っぽい響きの「若衆《わかしゅ》」を名前につけました。

『化粧男子』の店主はMIYAさん。もともと「魅夜」という名前で『東京化粧男子宣言！』というイベントを企画したりして、テレビのワイドショーなどでもよく紹介されていたので、見たことあるひとも多いはず。その魅夜さんがMIYAと改名して開いたのが、この「若

衆bar」というわけだ。お店は店主MIYAさんに、毎晩かわいらしい若衆たちがひとり入っているのだが、お店に行く前にサイトでみんなのプロフィールを読んでみただけで楽しくなる。たとえばMIYAさんはこんな感じだし――

趣味：メイク研究・ダーツ
特技：大工仕事
資格：英検２級・東洋医学拳法１級　食品衛生責任者
最近ハマっていること：髪の巻き方に凝ること、変わり結びの研究
最終学歴：早稲田大学人間科学部人間工学専攻
略歴：大学在学中より演劇活動を始め、舞台のプロデュース・劇評紙製作・演劇祭のコーディネートなどに明け暮れる。また、フリーの大道具職人として、劇場・テレビ局・展示会場で働き、先輩の職人たちに「男気（おとこぎ）」を学ぶ。 卒業後、都内公共ホールの技術スタッフとして働いていたが、2008年6月より、「化粧男子」としてシフトチェンジ。夜の店で「女子力」を磨くために修行する。2009年、女性・男性を超越した至高の美を追求するイベント『東京化粧男子宣言！』を立ち上げる。現在、株式会社化粧男子　代表取締役。 国内最大の生放送サイト「ニコニコ生放送」において、数千人のリスナーを獲得する番組、「MIYA＠男の娘 メイク中（http://ch.nicovideo.jp/channel/ch774）」を放送。

着物姿が初々しい「みこと」ちゃんは――
趣味：為替、プラセンタ
特技：英語、独語、露語
資格：TOEICスコア800ほか
略歴等：早稲田大学政治経済学部卒業後、某金○庁入庁。官房業務、検査部門バックオフィスでの企画事務などに従事。退職後、銀座ホステス。
ハマっていること：美顔ローラー、着物の着付け

紫の袴姿の莉紅《りく》ちゃんは――
趣味：DTM(デスクトップミュージック)、カラオケ、韓国語勉強
特技：ピアノ
資格：電卓速度検定１級、エクセル検定表計算１級、ワード検定準２級、普通免許等
最近ハマっていること：バーで飲むこと、韓国料理を食べにいくこと^^
アピールしたいこと：お○ん○んのあるお姉さんは好きですか？笑　若衆だけど、心は女です。皆さん夜遊びにきてね^^

　というぐあい。どう、いきなり飲みに行きたくなるでしょ。そんな若衆を率いる店主MIYAさんに、オープンしてひと月ほどたった一夜、ゆっくりお話をうかがった。

いがらしゆみこさんのオリジナルの画。裏にはMIYAさんへのサインとメッセージが

MIYAさんと、店員の莉紅（りく）さん。
女子なみに腰が細い

もともと『東京化粧男子宣言！』というイベントをやってまして、たまたまそれを発案して、なんか勢いで始めちゃったら、メディアがたくさん来ちゃったんで、へえーと思って、これで商売できないかなって思ったんですけど、まあイベントって儲かるもんじゃないんで、これだけじゃダメだな、どうすっぺと思って、オリジナルの化粧品とかも始めたんですけど、たまたま飲食店はどうだっていう話が来たんで、やるか、と。それでやることになったんです。あと上野っていうのが、新宿よりも深い意味でセクシャルマイノリティの街なので、おもしろいなと思ったところもあります。実はニューハーフの風俗店っていうのは、ここがいちばん多いですから。まあ東京全体で見ても1000人もいないぐらいの、小さな業界ではありますが。

こういう仕事する前は、風俗店にいたりもしたんですけれど、自分が売れたらいいなと思ってはいたんですね。文字書くのは好きだったんで、本を書きたいなと思って、実際いくつか持って行ったりもしたんですけど、文藝春秋さんとか。でも、だいぶ落とされまして（笑）、駄目だなと思って。

トイレの入口も、きれいな和風のしつらえ

湯島の、小さな飲み屋やスナックが数多く看板を連ねる地域。雑居ビルの地下に、お店はある

それでもなんか、文化的なことがしたいなとは思ってるうちに、化粧男子宣言というイベントがおもしろいことになったんで。なんでイベントをやろうと思ったかというとですね、セクシャリティが……マイノリティなものってマイノリティ同士ですごく争う傾向があるもんで。たとえば「アンタたち女装と一緒にしないでよ！」とか、「うるさいわね！　おまえらみたいなカラダまでいじってるのと違うんだよ」とか、ホモの人らが「おまえらなんか女みたいな格好して、なんて気持ち悪いんだ！」とかね。あとは性転換している人が、していない人をさげすんだりとか。中途半端って言って。逆に、していない人が、している人を「男のくせに、女の仲間入りなんかできるわけないだろう」って批判したり。

そういう、マイノリティであればあるほど喧嘩になりがちなので、それはあまりうるわしくないなと思って。ただそういうなかで、みんなの共通事項ってなにかあるのかなと思ったら、『美をめざすこと』だったんですね。美しさを追求することは、比較的、みんながまとまれることなのかなーって思って。白日のもとに引き出して、コンテスト形式にしてみようと。中途半端に『顔がかわいい』とかじゃなくて、ちゃんときれいに歩けるか、踊れるか、そういうことを追求して、むしろ変身していくガジェットというか、仕掛けをおもしろがらせたら、メディアにも受けるかなと思ったんですよ。

まあ、面倒くさい話をすれば、元禄期からとか、

店は5坪ほどの小さなスペース。靴を脱いで上がると、カウンターと、炬燵がある。店主のMIYAさんは、こんなかわいいのに

昔から日本およびアジア圏全体に、そういうセクシャル的に宙ぶらりんな、真ん中の人たちというのは、神に近いとか、アイドル的に祭り上げる傾向があったと思うんですけれど、そういうものをよみがえらせたいな、というのはあります。そういう伝統に、ふたたび陽を当てたい。ストレートに男の生き方はこうだ、女の生き方はこうよ、という世界っていうのは堅苦しいですし、おもしろくないでしょ。

だって、こういうマイノリティの業界で、きわめていくのは専門家の人がやればいいわけで。「あたしがいちばんかわいいのよーっ！」っていう、怖い感じのひと、いますでしょ。私はそうじゃないところを開拓していって、みんな仲間なんじゃんというところを言いたい。だから正統性を求めるんじゃなくて、努力を求めるというか。つまり「to be」じゃなくて、「to do」で評価したいと思うんですね。もともと顔がよか

「格闘技やってた」とか

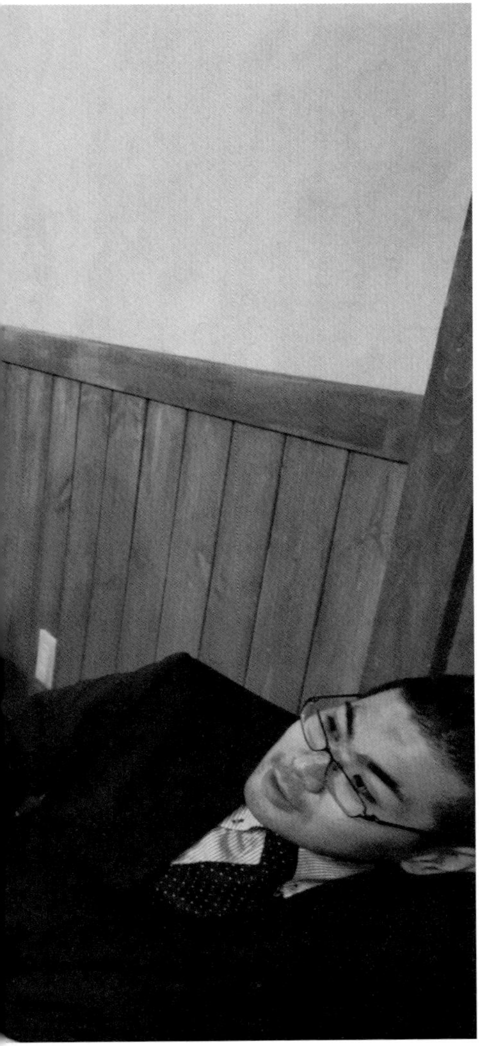

ったらいいのかって。そりゃ男も女も一緒だと思うんですけれど、もともと美人だったらなにやっても美人ねっていうんじゃなくて、私なんかもともとは目茶苦茶不細工ですから。

でも私、いじってないほうだし、シンプルなんで、別に大変なことしてるわけじゃないです。だって200万円くらいあったら、人間だれでもきれいになれますから。車一台買えるくらい金があったら、女になれますから。さして難しい

上／MIYAさんお手製のおでん、お客さんが持ってきてくれたさくらえび、梅干し……極上の焼酎とともに、こたつでいただく……なごみます
下／MIYAさんは、化粧品メーカーとともに、男女問わず使える化粧品ブランド「COSME BOY」を開発中。その試作品が、すでにお店には置いてある。抑毛・保湿効果があり、香りもいい

ことじゃないですね。下までやろうと思ったら、もうちょっとかかるけど。下だと車もう一台(笑)。ぜんぶ変えようと思ったら、ポルシェ買う金の半分あったら、ぜんぶ変えられます！
クルマに駐車場代がかかるのと同じで、維持費はかかりますけど。

だからここは男とか女とか、オカマとかニューハーフとか、そういう堅苦しい枠組みから外に出たくて、『若衆』って名前を勝手に作っちゃったんです。『女装』とか『ニューハーフ』とか、いっさい言わずに。「うちら若衆ですから勝手にやりますよ、化粧男子ですから」って。そういう、セクシャル的には自由な場所だと思ってるんです。

なのでお客さんも、ニューハーフが好きで、キャイキャイ騒ぐのが好きで来るっていうひともいれば、女装のひともけっこう来ます。最初は男モードで来て、しっとり飲んでて、「静かやな、こいつ」とか思ってたら、次は女装で来られるおっちゃんとか。ここではみんな平等なんで。

⊙若衆bar 化粧男子
東京都文京区湯島3-38-3　つくしビルB102
http://cosme-boy-bar.p1.bindsite.jp/

杜の妖精
BATH

プリティ・イン・ピンク

【台東区・上野】上野オークラ劇場

2011年現在の「ピンク映画」という存在を、どれくらいのひとが認識しているのだろうか。

ＡＶでなく、ピンク映画。日活ロマンポルノのような大手の映画製作会社以外の製作・配給会社によってつくられるポルノ映画をそう呼ぶのだが、かつては全国各地の盛り場にかならずあった数百というピンク映画館が、激減しながらもちゃんと生き残って、新作も製作されているという事実を、どれほどのひとが知っているだろうか。

ピンク映画の歴史を語り出すと、それは戦後日本映画のＢ面史をひもとくことになってしまうので、とてもここでは手がつけられないが、1962（昭和37）年の『肉体の市場』がピンク映画第１号ということになっている。その『肉体の市場』を配給したのが大蔵映画。新東宝を退陣した大蔵貢が同年に設立した新会社だった。

『肉体の市場』大ヒットを皮切りに、大蔵映画は70年代から80年代初期のピンク映画黄金時代には、日本最大のピンク映画製作・配給元に成長した。自社が経営する直営館や、外部の中小プロダクションを統合した子会社の「ＯＰチェーン」は、最盛期には都内だけで50館、一大成人映画館チェーンに発展していたという。

その大蔵映画グループが、いま保有する成人映画館は上野、横浜、宇都宮の３館のみ。製作部門の子会社であるオーピー映画がつくっているピンク映画が、年間36本。その36本が、いま日本国内で製作されるピンク映画のすべてであり、それが全国のピンク映画館に回っているわけだ。「大蔵が手を引けば、ピンク映画は消滅する」と業界で言われるとおり、映像昭和遺産とも言うべきピンク映画の灯を、ほとんど独力で守りつづけているのが大蔵映画グループである。

その大蔵映画が所有する３館のうち、旗艦とも言えるのが上野オークラ劇場。上野駅不忍口を出てすぐの好立地にある劇場は、夜ともなればクラシカルなネオンサインが輝き、小さいながらも見落としようのない存在感があった。そのオークラ劇場がついに閉館、というニュースに驚き、すぐそばに新劇場をオープンというニュースに、さらに驚いたのが2010年の夏。ピンク映画というジャンル自体が瀕死の状態にある中で、新しい小屋を建てるという、それはすばらしく思いきった決断だった。

「このあたりには昔、８つも成人映画専門館があったんですよ」と教えてくれたのが、上野オークラ劇場支配人の斎藤豪計さん。その中でも古株だったオークラ劇場がオープンしたのは1952（昭和27）年というから、もう60年前のこと！　もともとは東映の封切館「上野東映」としてスタートし、のちにオークラ劇場へと改名した。

「3月11日の地震でも、なんともなかったんですけど、やっぱり老朽化には勝てなくて……」と斎藤さんは語る。「でも、大蔵が手を引いたらピンク映画がなくなっちゃいますから、社内でも潰すという話にはならなかったんです」。そうして去年8月1日にプレオープンした新館は、不忍池に面した好立地。こんなところに成人映画専門館があるというのが、いかにも上野らしいとも言える。

シャープなデザインの新館が建てられた場所には、もともと『上野スター座』というポ

オークラ劇場
B1
特選シアター!
ADULT MOVIES
10m
オークラ劇場
新館
上野オークラ劇場　新館
上野特選劇場　営業中
500円
販売中

昨年８月の新館オープンとともに、60年の長い歴史に幕を下ろしたオークラ劇場旧館。いまも上野公園の脇で当時の姿のまま、壊されることなくひっそり眠っている。

現在は映画のロケなどに貸し出されることもあるという旧館を、今回は特別に見せてもらうことができた。天井の高い館内。急角度のフロア。シネコンではありえない２階席（それも通常より料金の高い、椅子間隔をゆったりとった特別席！）。そして威厳に満ちた映写室……。

在りし日の、あるべき映画館の姿を、ここに見ていただきたい。

こちらは映写室。機材は丁寧にメンテナンスされていた

上／どれだけ開け閉めすればこうなるのか……
左下／２階の特別席はゆったり　**右下**／スタッフ控え室。様々な撮影などにも使われるとのこと

ルノ映画館があった（のちに、一般映画館『上野スタームービー』に変わる）。２階には『日本名画劇場』と『世界傑作劇場』というふたつの小さな映画館が併設されていて、『日本名画劇場』は大蔵映画の一般的なピンク映画をかけていたが、『世界傑作劇場』のほうは「都内唯一のゲイ映画専門館」として、その道の愛好家のあいだでは、たぶん日本でいちばん有名なゲイ映画館だった。

ちなみに大蔵映画は現在、日本で唯一、ゲイ映画を製作配給している会社でもあり、オークラ劇場が新館に建て替えられたあとは、ゲイ映画館は横浜（野毛の光音座1）で引き続き観ることができるということなので、念のため。

むかしもいまも、上野オークラ劇場の特長のひとつは「365日、朝まで無休でオープン」という、すさまじい上映体制である。ピンク映画は１本がそれぞれ１時間という枠組みで作られているのだが、上野オークラ劇場では毎週３本の映画が、朝10時過ぎにスタート、翌朝５時まで上映されつづけているのだ。それは漫画喫茶がなかった時代の、元祖とも言うべき存在でもあったのだろうか。

「うちに来てくれるのは、ほんとにいろんなひとがいるんです」と斎藤さん。もともと年配のお客様が多いのだが、「そういうなかでも、毎日来られる方もいるんです！　その次は、週に半分くらい雨が降らなければ来るよという人たちがいて。雨だとおじいちゃん、外出るのが気が進まないんで。その次が、週に１回番組が替わってるんですけども、番組が替わるたびに週いちど来る方っていう感じですかね。そういう方たちに支えられてるので、新館はバリアフリーにしましたし。バリアフリーなんてピンク映画館では唯一ですよ（笑）」。実際、旧館の入口には３段ほどの階段があったのだが、それがひとりでは上れなくて、「スタッフが抱えたり、おんぶして入館を手伝うお客さんもいましたから」。

新館入り口脇の掲示板。手作り感あふれる劇場案内

わざわざビデオ屋に行くまでもなく、ネットのサイトでワンクリック、家までハードなＡＶがＤＶＤで届く時代に、そこまで苦労して、それも毎日！通わせるピンク映画の魅力とは、いったいなんなのだろう。毎日来る常連さんがいる映画館なんて、ほかにあるだろうか。

ＡＶではなくて、ピンク映画。そこにはＡＶ以上の過酷な条件で、「でも映画を撮りたい！」という人間たちが集まって、もがきながら作品を産み出しつづけている。ＡＶにも、そしていまのビジネス先行の一般日本映画にも満たされない思いを抱いている若い映画ファンが、年配の常連に混じって、オークラ劇場では去年あたりから目に見えて増えているのだという。

彼らがクチコミやブログなどで自主的にピンク映画の魅力を発信することで、上野オークラ劇場の客席はいま多様なお客様のミックス状態なのだそう。ロビーの一角では、映画監督が手作りしているパンフレットを手に映画談義に耽る若者たちがいて、別の隅ではこれまた映画館には珍しい、カップヌードルの自販機で買った「どん兵衛」を、静かにすすりこむ年配客もいる（「これを年越しソバにするお客さんだっているんですから……大晦日にはカップヌードル自販機の売り上げは伸びるんですよ！」）。

エロさでも、女優の若さや知名度でも、いまやＡＶにとうていかなわない、一般的には「終わったメディア」とされているピンク映画が、これだけ愛されていて、しかもファンが若返ってるという事実を、ひとりでも多くのひとが知ってくれたらと願う。野毛のゲイ映画館はともかく、上野オークラ劇場は女性客がひとりで入館してもぜんぜん問題ないし、現に女性客の比率も少しずつ上がっているそう。映画が好きなら、いちどはトライしてみてほしい。

⊙上野オークラ劇場　東京都台東区上野2-13-6
http://uenookura.blog108.fc2.com/

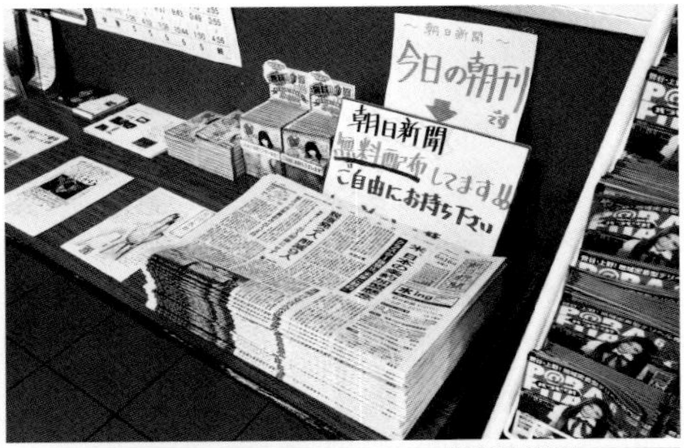

上／入り口を入って正面に設置された情報コーナー。ちなみに取材時に上映されていたのは、「発情花嫁」「変態本番」「美脚調査」の３本　**右上**／朝刊を無料配布。ロビーはコミュニティ的役割も担っている　**右下**／売店スペースでは手作りのチラシやパンフレットがところ狭しと並んでいる

小岩湯煙紀行【江戸川区・南小岩／葛飾区・奥戸】

外国から友人が来ると、よく健康ランドに連れて行く。箱根の高級温泉旅館なんかより、はるかに楽しくて、気楽で、近くて、安いから。ハレの空間としてセットアップされた虚構じゃなくて、花柄ムームーをだらしなく着たリアルな日本人の、いい湯加減のシアワセがそこにはあるから。そしてなにより、裸足でどこでも歩き回れて、どこでも寝っ転がれて、24時間過ごせてしまう、日本ならではのサービスと清潔さが外国人には信じられないから。

健康ランドの第1号店は昭和59（1984）年に開業した愛知県七宝町の中部健康センターと言われているが（ちなみにスーパー銭湯の第一号店も名古屋。愛知県民はクリエイティブな風呂好きなんですね）、関東エリアでは江戸川区船堀の『東京健康ランド』がいちばんの老舗で、2010年がたしか創業24周年。それに次ぐのが小岩の『湯宴ランド』で、こちらは平成2年オープンでもう21年目。同じ小岩エリア（最寄り駅は新小岩）には平成13（2001）年に開業した『東京天然温泉・古代の湯』もある。

船堀の『東京健康ランド』だって、小岩から車に乗れば15分かそこらで着いてしまうので、考えてみれば小岩エリアは東京屈指の「湯の里」だ。

というわけで、小岩エリアの2軒の健康ランドをハシゴしてみる。まずは小岩駅から徒歩2、3分という至便な立地にそびえる健康ランド・ビル『湯宴ランド』に入湯してみました。

湯宴ランド

もともとはスーパーマーケットだった場所にバブル崩壊後、新しい業態をということで開業したのが小岩・湯宴ランド。郊外型の健康ランドのような広い敷地が取れないので、地上7階建てと縦に伸びた、業界でも珍しいつくりである。

1階…フロント、岩盤浴フロア
2階…女性風呂のフロア
3階…喫茶フロア、女性レストフロア
4階…飲食フロア、男女レストフロア
5階…リラクゼーション、男性レストフロア
6階…男性風呂のフロア

と、ここまでは健康ランドならどこでもありそうな内容だが、『湯宴ランド』がユニークなのは7階の「観劇のフロア・湯宴座」。大衆演劇の人気劇団が1ヶ月がわりで昼と夜の2部公演を常時開催する、「湯上がり大衆演劇場」なのだ。

駐輪場はもういっぱい！

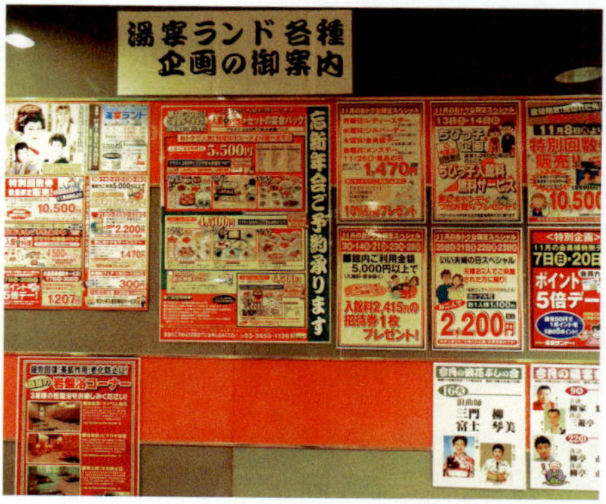

企画の案内が目白押し

観劇のフロア・湯宴座。会場はムームーを着たお客さんで満杯

岩盤浴コーナー。こちらは岩塩房［ヒマラヤ岩塩］。神経痛、婦人病予防、酸化防止ほかに効果があるとのこと

公演は毎日、午後1時半から4時までと、6時半から9時までの2回。昼の部と夜の部、各2時間半のあいだには、ビンゴゲームやら演歌歌手のショーやらが組み込まれていて、たとえお風呂に入らなくても昼から夜遅くまで飽きずに遊べてしまう仕組み。もちろん観劇は別料金、なんてことはないので、入館料だけでぜんぶ楽しめてしまう（岩盤浴だけは別料金）、ものすごくお得な遊び場だ。

だってお風呂に入って、大衆演劇も観て、ビンゴもやって、歌謡ショーも観て、仮眠もして、丸一日のんびりくつろいで2415円。月曜日のレディスデーは女性なら、金曜日のメンズデーは男性なら1470円。土曜日の「夫婦の日」なら、なんと夫婦ふたりで2200円ですよ！　こんな料金で一日中遊べる場所が、東京にどれくらいあるだろう。

「うちは他の健康ランドさんに較べても、お客さんの滞在時間が長いんです」と支配人さんも話してくれたが、朝10時に来館して風呂に入って、それからお芝居を観て、終わったらビンゴゲームして、夜の部のお芝居観て、帰るのが夜の9時すぎ、なんて12時間近く滞在するお客さんが、湯宴の常連さんにはたくさんいるそう。わかってますねえ、遊び方が。そういう長時間滞在のお客さんのために、駐車場だって6時間まで無料！　大盤振る舞いのサービスです。

あの、健康ランド独特のトロピカルなムームーや甚平ふうの上下を着て、回遊魚よろしく1階から7階までをぶらぶら遊んで歩く。お腹が空いたら喫茶や飲食フロアに行けばいいし、お芝居を観ながら飲んだり食べたりもできる。眠くなったらレストフロアで寝たいだけ寝て、目が覚めたらまたひと風呂浴びて……。小岩駅からたった150メートルという場所に、こんな極楽があったとは。

⊙湯宴ランド　小岩　東京都江戸川区南小岩8-11-7
http://www.yuenland.com/

11月の公演は「劇団　春」。演舞に見入る。春一座の和太鼓は笑いあり、迫力もあり

フロアの一角に設けられた売店。観劇のお供に

リラクゼーションのフロアでは台湾古式マッサージも
楽しめる。フィッシュセラピーもあります

飲食フロアでは和食・中華・折衷と様々な料理が
楽しめる。もちろんカラオケも完備

湯
大入御礼

東京天然温泉・古代の湯

小岩エリアの健康ランドをめぐる湯煙紀行。今回は『東京天然温泉・古代の湯』に入湯してみよう。

小岩のひとつ隣駅、新小岩の南口駅前ロータリーに立っていると、ほぼ5分おきに、見逃しようのない派手なイラスト入り送迎バスがあらわれる。その気がなくても、思わず乗車してしまいそうなほど頻繁な運行スケジュール。ここから『古代の湯』まではほんの10分ほどだ（送迎バスは新小岩のほか亀有、青砥、金町便もあり、小岩駅からはタクシーで10分ほど）。

健康ランドというより、郊外型ショッピングセンターのような巨大ビルの1階から4階までを占める古代の湯。「東京天然温泉」という名前のとおり、単なる健康ランドではなく、まごうかたなき天然温泉。地下1500メートルから湧き出る強塩泉である。ためしに口に含んでみると、なるほど海水と同じくらい強烈に塩辛い。

古代の湯は、東京でいちばん新しい温泉健康ランドでもある。もともと昭和30年代後半にできた『新小岩自動車学校』があって、同じ敷地内にゴルフ練習場、ボウリング場が開設され、2001年になって健康ランドが加わった。その翌々年にはお台場の『大江戸温泉』が開店しているけれど、あれはまあ健康ランドというより温泉テーマパークのようなものだろう。先週ご紹介した、同じ小岩エリアで22周年を迎えた湯宴ランドとは好対照である。

老舗・新興というだけでなく、内容を見ても『湯宴ランド』と『古代の湯』はまことに対照的。毎日2公演ある大衆演劇を中心に、アトラクションがびっしりスケジュールに組み込まれた『湯宴ランド』に対抗するように、

『古代の湯』の方針は「都会の湯治場」（支配人さん談）。「うちの経営者の方針として、ゆっくり寛いでいただくために、なるべくなにもやらない方向で行こうとしてるんです」と、健康ランドにしては意外なお話をうかがった。

『古代の湯』もオープン当初は有名歌手を招いた歌謡ショーを頻繁に開催していて、宴会場には往年の大スターたちと社長さんのツーショット写真がずらりと飾られている。こまどり姉妹、瀬川瑛子、山本譲二、千昌夫、宮路オサム、北原ミレイ、山川豊、渥美二郎、平浩二、岡千秋、敏いとうとハッピー&ブルー、山本リンダ、三田明、畠山みどり、井沢八郎、牧伸二、狩人、田端義夫、松山恵子、

風呂は２F。広い風呂場。湯は天然の強塩泉。檜風呂、露天風呂、寝湯、ジェットバス、バイブラバス、歩行浴、冷水などバラエティに富んだ風呂があり、アカスリコーナー、サウナも完備

小松みどり……写真を眺めているだけで、大晦日の東京12チャンネル演歌特番を見ている気分になれる。

「でもね、けっきょくショーにはどうしても飽きが来るんですよ」ということで、現在ではときどき地元の歌手のキャンペーンを入れているだけ。映画上映会も、カラオケ大会も、ビンゴ大会もみ〜んなやめてしまった。なので現在はアトラクションのほとんどない、まさしく都会の湯治場。「なんでなんにもやってないの？」と言ってくるお客さんもたまにいるそうで、通常の健康ランドがアトラクションや付帯設備競争に走りがちなのを見れば、『古代の湯』の経営方針はかなり挑戦的とも言えよう。

そのかわり、『古代の湯』の温泉は素晴らしい。強塩泉なので刺激が強いぶん、アトピーや冷え性、リウマチなどには特に効能があるようだ。温泉地の観光ホテルにも負けないサイズの風呂でのびのびして、カラオケも演芸もない静かな宴会場や喫茶コーナーで寛いで、こころもからだもトロトロに溶けたら、送迎バスで駅まで送ってもらう。

新小岩なんて、東京駅から電車に乗ればたったの14分。こんな都心に近い場所で、こんな温泉場気分に浸れるなんて。読みかけの文庫本ポケットに突っ込んで、いますぐ総武線に飛び乗りたい気分です。

⊙**東京天然温泉・古代の湯**　東京都葛飾区奥戸4-2-1
http://www.kodainoyu.jp/

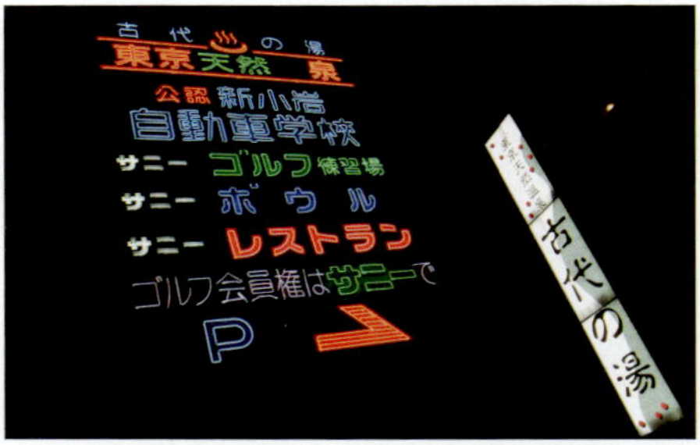

『古代の湯』には、自動車学校、ゴルフ練習場、ボウリング場も併設されている

一時期は、有名歌手を招いてのビッグショウを年に3、4回行っていた

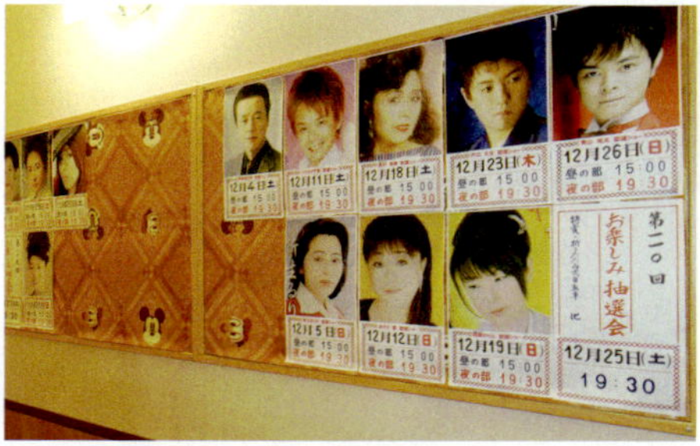

現在はほぼ毎週末ごとに、地元歌手や、お客さんからの推薦のあった歌手などがキャンペーンを行っている

派手な送迎バス。かなりの頻度で運行している

カラオケ大会をやっていた頃の歴代の優勝者の写真がずらり

上／３Ｆの喫茶コーナーにはゲーム機が多少置いてあるので、お子様も退屈知らず
下／580人収容の大宴会場。平日の夜は、こんなふうにのんびりした感じ。この舞台でカラオケ唄うのは勇気がいるでしょうね

プライベート・ライブラリーを耽読する　① 眺花亭

東北大震災で、ようやく蔵書の整理を真剣に考えることにしたひと、たくさんいるでしょう。いくら「本が命」とか言ってても、本棚が倒れて圧死の危険にさらされる状況では、説得力ゼロ。「そんなに買って、読めるのか」という家人の非難が、ひときわ身に沁みる今日このごろかと察せられます。

本は欲しい、もっと欲しい、でも置けない、でも図書館行ってもロクなのない、とお嘆きの趣味人諸氏にとって、最強の味方となるのが私設図書館。実は東京、それも右半分にはピンポイントのテイストに絞った、そして多くは営利度外視の私設図書館＝プライベート・ライブラリーがいくつもある。もしも自分の趣味にぴったりの、そんなライブラリーが見つかったら、もう自分で本を取っておく必要も、本棚に急いで突っ張り棒かます必要も、あらたに買いまくる必要もなくなる。読みたくなったら、行けばいいだけ。それはほとんど「だれか同好の士が、自分のために開いてくれてる書斎」だから。

谷根千と並んで、いまや下町ブームのメッカとなった人形町から、ひときわそびえる明治座ビルから隅田川を挟んだ対岸の墨田区千歳。こちらは河岸にマンションや倉庫が建ち並び、ブームとは無縁の静かなエリアだ。

隅田川を見おろすマンションの5階に、2009年1月オープンしたのが『眺花亭』。名前はお茶室か懐石料理店を思わせる風雅な響きだが、ここは「落語等の大衆芸能、音楽、東京の町歩き、酒場、喫茶店についての資料」を集めた、いかにも下町らしいと言えば下町らしいテーマの私設図書館なのだ。

築45年というマンションの一室ではあるが、コレクションは「本4000冊、雑誌1600冊、CD750枚、LP300枚」という、なかなかのもの。これくらい持ってるというひともいるでしょうが、これだけの本や雑誌を家に置いといたら、そうとう家族に嫌がられますよ。

演芸全般の書籍はもちろん、『本の雑誌』、『東京人』から『雑誌芸能東西』や『カジノフォーリー』といったマニアックな雑誌まで網羅され（リストの一部には「コンプリート」と記されて誇らしげ）、さらには河内音頭のLPに沖縄民謡、日本のロック、民族音楽のテープまでがラインナップ。館長である渡辺信夫さんの成長の記録というか、個人的な文化史をいきなり開陳されているようで、見ているうちにちょっとドキドキしてくる。

渡辺さんのお話をうかがってみよう——

ふつうのマンションの一室を、私設図書館にしている

ここはもともと、うちの実家なんです。この並び、マンション多いでしょ。この建物が最初にできたんですよ、45年前だから、マンションの走りですね。うちは親父が自動車の整備工場で工場長やってて、ここができてすぐ入居したんですね。そのころは対岸の、芳町の芸者さんがいっぱい入ってたと言ってました。就職で家を出るまで、両親と兄と、家族4人でずっとここに住んでました。両親はそれ以後もずっと住んでたんですが、近年亡くなりまして、この部屋は6、7年ぐらい空き部屋になってたんですね。

僕はいま60歳なんですが、大学受験のころに深夜放送がいちばん盛り上がってた世代なんですよ。ひとによって好みの番組があったと思いますが、僕はパックインミュージック派。それで、土曜日の深夜1時から3時まで、永六輔がやってたんですね。旅の話や、芸人の話を聞いてるうちにすっかり影響を受けて。人形町末広亭が閉館するって聞いて、1回だけ行くことができたのもいい思い出ですが、そうやって勉強しないでハマってるうちに1浪（笑）。

大学に入学してからも、落語会とか通ってました。大学にも落研とかあったんですけれど、もともと柳家三亀松が好きだったんです（都々逸、漫談など寄席の色物の名手）。ああいうの、やりたいと思ってたんです。ひどいね、そんな学生（笑）。で、落研行って「三亀松みたいなのやりたいんだけど」って言ったら、「うちは落語しかやってない。ダメだ」って断られて。

でも、いくら好きだからって、そっちの道に入ろうとは思わなかったんです。一時、三遊亭圓丈師匠がまだ、ぬう生だったころ、実験落語っていうのをやってたんです。で、アマチュアの新作落語を書く連中を集めて、日本ボールペンクラブっていうのをやっていたんですね、ペンクラブじゃなくて（笑）。あるとき落語会のあとの打ち上げで、圓丈さんに声かけられて「アナタ新作落語書けそうだ、書きませんか？」って言われて、ひやかしがてら集まりに行ったんですけれど、やっぱり才能がないっていうのが、すぐわかって。見る方がやっぱりいいなって。それからは見るほう専門で。

学生のときに聞いていたのは圓生、小さん、正蔵、柳橋師匠もいたなあ。講談も、永六輔から安藤鶴夫の影響で、木造の本牧亭（講談の寄席）がまだあったころに通ったりして。大学が理科大という理系だったんで、建設機械のキャタピラージャパンという会社に入って、工場の生産管理や生産技術、システム開発を担当するようになりました。

サラリーマンになったあたりで、それまでハマりすぎてたからか、落語や講談に少し飽きてきた時期があって、それで当時ちょうど出てきた芝居の、軽演劇っぽいもの、柄本明の『東京乾電池』や佐藤B作の『東京ヴォードヴィルショー』とか、つかこうへいとか、笑いのある芝居を追っかけ始めたんです。乾電池は2回目の公演くらいから、ヴォードヴィルはVANの99ホール（青山のVAN本社1階にあったイベントスペース）のこ

上／「東京人」「マージナル」「雑誌ハマ野毛」は揃っている
下／洋楽のレコード。民族音楽系も充実

上／音楽系雑誌も充実。「季刊ノイズ」はコンプリート
下／ひそかに充実しているのが、河内音頭と沖縄民謡の音源

ろから見てましたね。夢の遊眠社はあんまりぴんと来ませんでしたが（笑）。

ただ、仕事場が相模原になって、結婚もして、子供もできてとなって、公演を見に行くのがだんだん難しくなってきたんです。そうすると、どうしても本や音源を集めるほうにいきますよね。そうすると、どんどん本の置き場がなくなってきて、娘や息子の部屋の壁まで一面本棚になったりして……どんどん肩身が狭くなってくると。

それでね、仕事にもだいぶ疲れてきたんで、60の定年前でしたが2年半前に会社を辞めたんです。もう、そろそろいいだろうって。ま、奥さんへの根回しに3年ぐらいかかりましたが（笑）。

最初はブックカフェみたいなのをやりたかったんです。「地震が来たら、お父さんの本で潰されちゃう！」って子供にも怒られてたし。それで谷中のほうとか（物件を）探したんですけど、家賃が高いじゃないですか。それで、当時空いたままにしていたこの部屋なら、管理費だけで家賃もかからないから、ここでやってみようかなって。昔から喫茶店が好きだったんで、そういうふうにしたかったんですが、マンションの中じゃあ無理だろうなと思って保健所にも確認したら、漫画喫茶やネットカフェみたいに、サービスでコーヒーとか出すぶんには許可いらないって言われて、それでもうキッチンからなにから、昔住んでたままで、ここを開いたんです。

別に宣伝してるわけじゃないので、来てくれるのは昔の会社の連中や飲み屋仲間、あと深川のほうで古本市やった関係で、それで来ていただいた本好きの人、ネットでここを見つけて、演芸関係調べているんだけれども、と来る人……そんな感じで、まだひと月に十数人ですよ。だからほとんどボランティアですねえ、読書には最適の環境と言えるかもしれません（笑）。

これからね、ぼくらリタイア世代が増えてくるじゃないですか。そうしたときにね、年寄りが行く場所って意外とないんですよ（笑）。それこそ図書館に行くか、公園行くかというんで。そういうんなら、僕がここでこうやっていれば、本好きな人は来るだろうし、江戸博とかたまに来た時に寄って、とかね。深川のほう歩いたあとに、もあるだろうし。行くところない人がうちに来てくれっていうのを、最初から思ってて。意外とまだ、そういうひとは来ませんが（笑）。同世代だと、まだ仕事やっている人も多いし。ほんとはね、そういうひとたちに来てもらって、昔の芸人の話でもしながら、年寄りだけで盛り上がってようと思ってるんです（笑）。

⊙眺花亭
東京都墨田区千歳1-1-6　両国マンション500号
http://machimegu.jp/spots/564

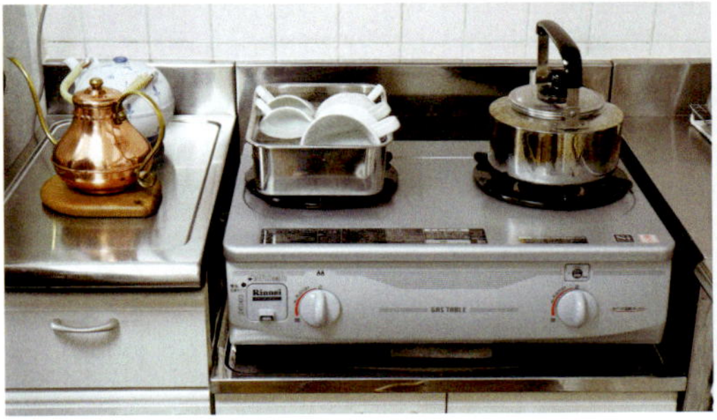

左上／もともとは永六輔さんの影響　**左下**／「ブックカフェをやりたかった」ので、来客にはコーヒーをふるまえるよう、準備が　**右**／一番ご自慢のコレクションは、「ローオンレコードの、初代京山幸枝若のラインナップ」。「いいでしょう、このジャケット！　幸枝若、好きなんですよ〜〜〜」

② マツダ映画社と『蛙の会』

北千住に次ぐ足立区の要所である綾瀬駅には、東京メトロ千代田線とJR東日本の常磐線が乗り入れ、1番から4番までのホームを共用しているのだが……その端っこに「0」（ゼロ）番線という珍しいホームがあることを、知らないひとも多いだろう。ここは千代田線の支線である北綾瀬行きの、3両編成の列車のみが使用するホームだ。

綾瀬—北綾瀬は全長たった2.1キロ。途中に駅もなく、始発駅と終着駅のみ。なんだか東京23区とは思えないローカル臭あふれる、地味すぎる路線である（地下鉄なのに高架だし）。一説によれば綾瀬車両基地を作る際に、沿線住民から条件として駅設置が要求されたというが、真偽の程は定かではない……。

そんな北綾瀬駅を降りて、住宅地の中にちらほら畑も混じる、見事なまでに地味な郊外風景のなかをてくてく歩いて行くと、突然現れる立派なビル。これが日本最大の無声映画コレクションを擁し、弁士も育成する特異な民間フィルム・ライブラリーであり、日本無声映画史の守護神でもあるマツダ映画社だ。

「私の父である活動弁士・松田春翠が1952（昭和27）年にこの会社を立ち上げたんです」と教えてくれたのが、父を継いで映画社の取締役を務める次男の松田豊さん。

「関東大震災と戦争で、日本の無声映画は失われてしまった作品が多いのと、行政のほうに古い映画を文化財として残そうという意識が希薄だったために、父がやむにやまれず集め出したんです。戦後すぐの昭和22、23年ごろから収集を始めたと思いますが、中には当時住んでいた家を売ってまで買ったフィルムもあったようで、その努力の甲斐あって現在では，部分的に残っているものも含めて約1000タイトルのフィルムが、私どもの会社に保存されています。製作された本数から見れば微々たるものですし、一個人のできる範囲ですから、もちろん限界があったわけですが」。

マツダ映画社は収集した作品をフィルム・レンタルしたり、ビデオ、DVDにして販売しているほか、1959（昭和34）年から『無声映画鑑賞会』というシネマクラブを立ち上げ、「無声映画を製作当時の上映形態、すなわち、弁士・伴奏音楽付

活動写真の弁士であり、映画フィルムのコレクターでもあった故・松田春翠氏。マツダ映画社の創立者である。手前にあるのはフィルムの編集器

1000タイトル以上におよぶ映画社のコレクションが収められた倉庫

数々の名作を上映してきた、年代物の８ミリ映写機

老若男女、多士済々の参加者で、広い会議室がいっぱいになる

きで上映することにより、活動写真本来の持つ楽しさ、素晴しさを多くの人々に広める」(公式サイトより)活動を、すでに半世紀以上も続けている。映画好きの読者諸氏なら、すでによくご存じだろう。

鑑賞会が始まった当時は、子供のころに無声映画を観たことのある人たちが、懐かしさから集まってきたそうだが、いまでは「無声映画の知識だけはあるけれど、実際に観たことはない」層がほとんど。もはやノスタルジーというよりも、「経験したことのないメディア」として、新鮮な目で無声映画を観ることのできる時代になって、会員も世代交代しながら、この歴史あるクラブを支えているわけだ。

「無声映画が発明されたのは欧米ですが、活動写真館に専属の弁士がいて、伴奏音楽とともに映画を盛り上げるというスタイルは、実は日本のほかには韓国とタイにしかなかったようです」と松田さん。当時、韓国は日本の植民地だったし、タイは日本人の興行者がフィルムを持ち込んだのが映画上映の始まりだったので、やはり日本の影響を受けていると考えられる。

「活弁が日本でのみ発達した理由には、日本人が話芸に親しむ民族だったというのもあるし、父は弁士の先祖は文楽だって言ってましたね」。そのように日本独自の“話芸”である活弁というものを未来に伝えていこうと、マツダ映画社では『蛙の会』という活動を、やはり半世紀以上も続けている。

無声映画鑑賞会と同じくらいの歴史を持ちながら、それほど世間には知られていない蛙の会を主宰するのは豊さんのお兄さん、松田春翠の長男である松田誠さん。「活弁や街頭紙芝居などの、伝統話芸の伝承を目指す話術研究会」である蛙の会は、毎月いちど映画社の会議室に集まって、所蔵の紙芝居(これも映画社はかなりのコレクションを保有している)や、無声映画に合わせて、話芸の練習に励むサークルだ。

「父が亡くなるまでは(1987年没)、父が教えていましたが、いまは基本的に参加者同士の研鑽という形で、だれか先生を立てて教わるというものではないです」という蛙の会。月にいちどの例会にお邪魔させてもらうと、「準備運動がわりの早口言葉」から始まって、紙芝居の実演、さらにはフィルムに合わせた活弁練習まで、3時間たっぷりの真剣なセッションが展開していた。「1ヶ月

いにしえの名画のオリジナル・ポスター
グラフィックも最高！

色あせながらも、映画黄金時代の勢いを伝える
ポスター・コレクションが壁に

1階入口ではDVD、書籍、ポストカード、会報をはじめ無声映画関連商品を販売中。書店ではなかなか見かけない稀少本も揃っている。映画社発行の会報『クラシック映画ニュース』。最新号の特集は女性作家特集「吉屋信子と水島あやめ　女性作家の遺したもの」。資料としても読み応えあり

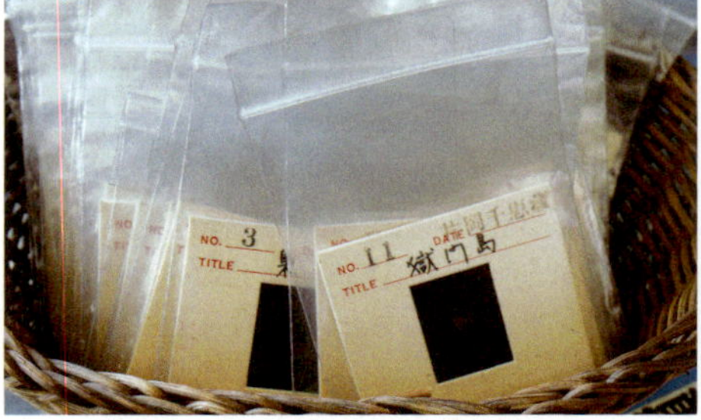

懐かしき映画フィルムのコマを、マウントに入れて販売中

DVDやVHSビデオの販売も行っている。創立者の松田春翠が弁士をつとめた映像作品、カセットテープもあった

あるんで、各自練習してきて、発表して批評してもらっては直して、みたいな形で」と松田さんは言うが、ちょこっとでも間違えると参加者から厳しい指摘が飛んだりして、かなり真剣な研鑽会の雰囲気。オトナのサークル活動、ぐらいに軽く考えていると、とんだ恥をかくことになる。

蛙の会のもともとは、かつて東京都主催で紙芝居師たちのコンクールがあり、弁士のかたわら紙芝居の編集に関わっていた松田春翠が優勝したのをきっかけに、入賞者たちが集まって「もっと芸を高めよう」と組織したのが始まりとか。「そのうちコンクールもなくなって、紙芝居屋さんもなくなってきたんで、映画の話芸と両方という形になっていったんですね」。

芸能の世界で活動するうえで、弁士の勉強もしておきたいというひと。老後の趣味の一環として、なにかひとつくらい身につけて、人前で披露したいひと。自分の仕事の向上に役立てられればと思って来る学校の先生とか、人前で話す仕事をしているひと。参加者は老若男女さまざまだが、国のお墨付きの伝統芸能ではなく、ストリートで生まれ消えていく運命の大衆話芸が、こうやって、こんなところで受け継がれているのは驚きだし、大のオトナが楽しく、真面目に紙芝居や活弁に夢中になっているのを見ていると、すごく羨ましくなってくる。

蛙の会は、無声映画鑑賞会の会員であれば、基本的にだれでも参加可能。興味のある方、人前で話すのが苦手な方、滑舌をよくしたい方、そして大正・昭和のストリート・カルチャーを愛する方々は、奮ってお問い合わせいただきたい。

⊙マツダ映画社　東京都足立区東和3-18-4
http://www.matsudafilm.com

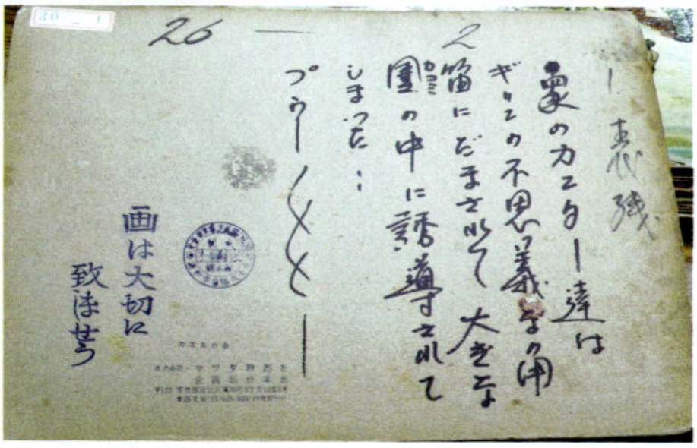

左上／紙芝居の実演練習。裏に書いてあるセリフと、表の絵柄を両方見ながら演じなくてはならず、意外に難しい。ストーリーものだけでなく、クイズ形式や判じ絵のような紙芝居もある。コミュニケーション・ツールとしての役割も　**左下**／「ふしをつけない」「間……と……速度」など、いちいち頷ける注釈あり　**右上**／映画社コレクションのひとつ、『ライオン児』。宇宙人ありジャングルありアクションありの、荒唐無稽きわまるストーリー。絵の楽しさも絶品でした　**右下**／裏の台本はこんなぐあい。何枚も束ねて舞台（収納と観賞台を兼ねた木箱）に入れて、順番にめくっていくので、１枚のボードに描かれた絵とセリフが対応しているわけではない。なので、演じるほうはセリフを読んで、表にあらわれている絵を確認しながら、お話を進めていかなくてはならない。紙芝居もまた、日本が生んだ独自の大衆文化であった

③ 女装図書館

買い物客で賑わう上野御徒町から、蔵前に向かって東に歩く。地下を都営大江戸線とつくばエクスプレスが走る春日通りを10分ほど歩けば、そこが以前にこの連載でも紹介した、「金沢・片町商店街に続いて日本で2番目に古い商店街」でありながら、ぜんぜん賑わってない佐竹商店街だ（208頁参照）。

昭和のまま時間が止まったような商店街を南に抜けてすぐ、清洲橋通りに面したマンションの4階に、去年8月にオープンしたばかりなのが『女装図書館』。昔ながらの秘密めいた女装クラブでもなければ、もちろん風俗でもない。若い世代の女装《じょそ》子《こ》、男の娘《こ》たちがもっとオープンに、気軽に集まって遊ぶためのしゃべり場、ベースキャンプなのだ。

ごあいさつ
女装をする人が、気軽に使える居場所。
女装して本を読んだり、
勉強したり、お話したり、
ただ、ぼーっとしたり。
じっとするのが苦手な子は
待ち合わせして、お出かけしたりも。
様々な人・もの・情報が集まる図書館という施設を
女装する人たちのためにつくりたいと考えました。
（公式ウェブサイトより）

図書館の司書、と呼ぶにはずいぶんラブリーな辰木ひかるさんに、お話をうかがってみよう——

上／こちらが、「女装図書館」ならではの業界本コーナー　**下**／18禁コーナーは、扉がついている。「高校生にもご利用いただけるようにしたので、いちおう扉をつけて、見えないようにはしているんです」

衣装も貸し出している。「ほとんどが、持ちこんでいただいたものなんです」

ここ、まだ開館してやっと半年ぐらいなんですよ、去年の8月からですから。「男の娘」カルチャーって、やっぱり秋葉原が中心なので、近い場所を探して、ここを見つけたんです。街の雰囲気がまったりしてるし、ひとがすごい多いと、女装している子って、自分がそういう格好していることに自信がなかったりするから、お外出たくても……ここだったらそんなに多くないし、みんなで連れだってお出かけとかにも出やすいかな、と。佐竹商店街を通ってしまえば、すぐ電車に乗ってどこか遠くへ行けるし。佐竹商店街、あんまり人通り多くないし（笑）。それでわたしがここに住み込むことになって、土日は司書としてお客さまをおもてなしして、ふだんはふつうに暮らしてるんです。

この近くにも老舗の女装クラブがあるんですが、まずそういうところって、なにげに高いんです！　行ったことはないんですけれど、料金表を見たことがあって、わーすごい値段！　と思って（笑）、尻ごみをしてしまったという。

あとは居場所……というのが欲しいな、と。こういうことをする子たちが、ただ集まっておしゃべりしたりとかする場所がいいなあって、そういう場所が作りたいっていうのが大きいですねえ。お金払ってメイクをしてもらうっていうんじゃなくて、ここに来ればそういうことができるよ、そういう子たちがいるよ、みたいな感じで、そういう感じで集まれればいいなって。

図書館って名前をつけたのは、単純に本が好きだっていうのと、女装ルームとかでもないし、ハッテンバとかってあるじゃないですか、そういう性交渉の場でもなくって、図書館って言ったら人は集まれるし、着替えてっていうのも要素に入るかなって。あと、図書館っていうと、モノや情報が集まる場所ですので、居場所になりたいという意味では、図書館ってつけるのがいいかなって。性的なものではなくて、平和に集まってっていうことができる場所。

だからわたし、そういう……女装業界っていうと変ですけれど、まったくそういうところを知らないで、ここを作ってるんですね。もともとお芝居とかダンスをやっていて、池袋でメイド服を着て、お客さんと一緒に街中を歩きまわるというパフォーマンスをやったのがきっかけで。すごい、出だしが一気にハードル高いというか、外、基本、みたいな（笑）。見られることを前提としてやってみたら、そういう可愛い格好をするのが、自分が好きなんだなあということに気づいて、どんどんこういうふうに……。

なのでここも、ほどよく開けてる感じでやりたいんです。開館中は、ニコニコ動画で生放送なんかもしてますし。私本人も接客というよりは、みんなで仲良くしているというか……利用者さん同士で、「お土産買ってきた～～」って、お茶菓子買ってきてくれて、私がお茶いれて、みたいな。人んちに「遊びに来て～～」ってわいわいやっている、という。

そうやってお話ししてるうちに、「外に行ってきま～す」って出かけるひとがいたり、それで戻ってきて、メイクを落として帰られるとか。でも、女装のまま来るかたも半分ぐらいいますから、それも普通の女装クラブとちがうのかも。

それに女装のイベントって、夜とかあるじゃないですか。オールナイトイベントだったりするので、そういうのに対応して、とりあえず営業時間は土曜の14時から、日曜の14時まで（笑）。利用者さんはここに来て用意して、みんなででかけて、こっちは「行ってらっしゃい！」したら一休み。朝になったらみんな帰ってくるので、そのあとここで休んで、みたいな使い方ですね。

女装を笑いたいひとには来てほしくないですけど、女装しない方でも、興味があってどうしても来てみたいっていう申し出があれば、それは来ていただいていいですし。女性のかたもいいですし。女装子同士や、女性の方と和気あいあいと楽しくできたらなあって感じなんです。

そういうところに、ニューハーフのお店みたいに女装子好きの男子が、ナンパ目的で軽々しく入っちゃうと、雰囲気壊れちゃいますよね。だからうちは、お酒も出さないし、『禁酒・禁煙・禁欲』！　ハッテンバとかはほかにありますから、ハッテン行為はなしよ、って。そういうのはなしで、ふつうに仲良くお話ししましょ、という感じなんです。

⊙女装図書館
東京都台東区鳥越1-22-5平岡ビル4F
http://t2library.com/

ウィッグの貸し出しもしている

左／図書館司書の辰木ひかるさん。初代館長（中央のカエル）と、二代目館長（その左右の小さいカエル）とともに　**右上**／ふつうのマンションの一室が図書館になっている　**右中**／図書室内PCコーナー。ここで毎週のように、ニコニコ動画の生放送を行っている　**下**／取材当日の利用者の方々。花園状態

9

フール・オン・ザ・ヒル

浅草の千の眼

【台東区・浅草】鬼海弘雄

鬼海弘雄は浅草のオフィシャル・フォトグラファーだ。渡辺克巳が新宿のオフィシャル・フォトグラファーであったように。

1945（昭和20）年、山形県寒河江市に生まれた鬼海弘雄は1973（昭和48）年から、もう38年間も浅草を撮ってきた。1941（昭和16）年、岩手県盛岡市に生まれた同じ東北人の渡辺克巳が、新宿を題材にした作品を初めて発表したのも1973年。ふたりともモノクロームのポートレイトにこだわりつづけ、ふたりとも青年時代のインドへの旅が、写真家として自立するための契機となり……そして渡辺克巳は2006（平成18）年に亡くなり、鬼海弘雄はまだ浅草を撮り続けている。

新宿と浅草という、東京のふたつの極を同時代に歩いた、東北生まれのふたりの写真家。

皮装束の男

でもふたりの共通点の多さと同じくらい、写真集から立ち現れるふたりの眼差しの違いもまた大きい。「風俗」にこだわりつつ、そこから透けてくる人間性をつかもうとした渡辺克巳と、「風俗」を超えて存在する人間性をまっすぐにつかもうとする鬼海弘雄。それはもしかしたら、そのまま新宿と浅草という土地の違いでもあるのだろうか。

今回の「東京右半分」はいつもと少し趣向を変えて、鬼海弘雄が捉えてきた浅草の顔を紹介しながら、作家本人に写真という磁力、浅草という磁場を語ってもらうことにしよう。

終戦の年に山形県寒河江市に生まれた鬼海弘雄。蕎麦と温泉で名高い、のどかな農村地帯に育ち、高校卒業後は山形県職員になるが、1年で辞職。東京に出て、職工、運転手、マグロ漁船乗組員など転々と職を変えながら写真の道を目指し、1987（昭和62）年に初写真集『王たちの肖像——浅草寺境内』（矢立出版）を出版する。

たくさんの衣装を持った女性

都築　鬼海さんはもともと、写真家志望じゃなかったんですよね。大学も哲学科でしたっけ。

鬼海　そうですよ、ぜんぜん写真家志望じゃないし、映像にも特別興味はなかったし。もともと県庁に勤めてたでしょ。一般職だったから、仕事の先が見えるというか、この線路がどこに届くかってわかっていたから。まあ、生意気盛りだったんで、東京に出てみたい、大学に行って4年間の執行猶予をもらいたいというのがあって。当時、三橋美智也も春日八郎も、東京なんかよくない、来るんじゃないよって歌ってたけど、それがおいでおいでって聞こえて（笑）。東京なら恋愛もできるぞってね。

都築　当時は学生運動の最盛期ですよね。

鬼海　そう、みんな学生運動に走っていくわけですよ。何回か誘われたけど、そんなハードなことは私にはできないと思った。でも、あまり勉強したいとも思わないし、とにかく4年間のアリバイづくりというか、なにか自分が燃焼できるものがないかと思ったときに、映画に出会ったんです。そのきっかけというのが、アンジェイ・ワイダの『灰とダイヤモンド』と、今村昌平の『にっぽん昆虫記』で。とにかく度肝を抜かれて、それから飯田橋の佳作座っていう映画館で映画を見るようになって。ほかにも岩波の小ホールとかフィルムセンターとか、ひとりでずーっと通って、年間300本くらいは見てましたね。まあ、哲学科に入ったのも、なんにもしなくていいっていう学科だったからですが（笑）、そこで私を教えてくれた瀬川行有（せがわ・ゆきあり）先生が、実は映画評論家の福田定良だったんですよね、入ったときは知らなかったんだけど。

都築　そこまで好きだったら、卒業後は映画制作に行くとか、評論家になるとか、そういうのは考えなかったんですか。

鬼海　考えた。映像にはものすごく興味があったし。でももう、五社は全然だめだったし、それで岩波映画を見たんですが、これはたまんない、専門職だって思って（笑）。でもね、映像って金がかかるし、仲間がいる。私は仲間とはやってられないから（笑）。

　もともと小さいころから、川に行って魚捕まえたり、ひとりで遊んでるのが好きだったんです。で、とにかく映画を作るのはちょっと無理だと。自分にその能力があるとも思ってなかったし。それで、なにしていいかずっとわからなくて、トラックの運転手とか、職工なんかをしてたんですよ。マグロ船とか。でも、それはなろうと思って、決めて乗ったんではないのよ。とりあえず食っていかなくちゃなんないから。半年とか1年、働くでしょ。そうすると少し貯まるじゃない。それで好きな本買って来てばあっと読んでて。カネが尽きると、スポーツ新聞拾って来て求人欄を読んで、また仕事を始めると。

都築　写真を始められたのも、そのころですよね。

鬼海　うん、それは古典的な表現方法だと、文学にしても絵画にしても、最初っから狭き門を通らないと、表現のスタートラインにも並べないですよ。ところが写真は、カメラという精密機械と、フィルムという化学の力を借りられるから、もしかしたら私にもできるんじゃないかと錯覚したわけです。

　それで、撮るんだったらとりあえず自分の居場所、体の置き場所を変えなくちゃと思って、マグロ船に乗ったわけですが、その前にダイアン・アーバスに出会ったんです。

　それまで写真は、単なる一事象の通過するものしか撮れないと思っていたわけ。だれがどこに行ったとか、殺人者はこういう顔だとか。そうじゃなくて、写真には見飽きないというか、何回も繰り返して見られる力があると、ダイアン・アーバスを見て初めて思ったのね。まず、選ばれたひとじゃなくて、市井のひとを撮るということからして。

　それでマグロ船を降りたときに、福田先生が口をきいてくれて、『カメラ毎日』の山岸さん（注：山岸章二。黄金時代の『カメラ毎日』編集長）から本格的に写真をやってみないかって言ってもらえて。それで最初に撮ったマグロ船で、7ページもらったんですよ。でも、現像もなにもできないから、山岸さんが紹介してくれたひとが一緒に現像してくれたんです。ちょうどそのころ、ようやくファインアートとしての写真、オリジナルプリントなんかがアメリカで出てきた時期でしたから、これから写真をやるんだったら、いままでのように印刷媒体の原稿としての写真だけ考えてるんじゃなくて、現像やプリントの技術を覚えなくちゃいけないって、現像所に放り込まれたんですよ。

　1972（昭和47）年にマグロ船に乗って、翌年に現像所に入ったんですが、毎日真っ暗な中で、酢酸臭い部屋にいると、とにかく外気が恋しくなるんです。それで日曜日ごとに、浅草に来るようになったのね。当時は船橋に住んでたんだけれど、乗換えてすぐだし。そうすると、村を離れた次男とか、トラックで知った仲間とか、マグロ船で知った仲間とか、そういう（自分と）似通った境遇のひとがいるわけですよ、たくさん。

　前に『にっぽん昆虫記』で今村昌平さんにびっくりしたのは、どこにでもいるようなひとたちを主人公にして、あんな壮大な物語を作れるのかというところだったんで、自分もそういうひとたちを主人公にしなければダメだと思ってたから。

都築　73年から現像所で技術を覚えつつ浅草に来るようになって、でも浅草の写真が本になるのが87年ですから、ちょっと間がありましたよね。

鬼海　それが写真を撮りだしてすぐ、APAっていう広告写真の団体の公募展があったんで、浅草で撮った写真をアレしたら、特選になったんですよ。で、写真って楽なもんだなあと（笑）、勘違いしたんですね。それまでは写真で食えるなんて思ってもなかったけど、いきなり賞をもらったんで、もしかして食えるんじゃないかと（笑）。

　それで、なんとかして身を立てたいと思ったんだけれど、私は全然つながりもなにもなかったし。そこでこう、右往左往するわけです。『ブルータス』に持ってって、ちょこっと載っけてもらったり（笑）。だけど、やってけない。だいたい毎回毎回テーマを設定して、あれを撮ったりこれを撮ったりって、たいした金でもないのに、そんな商売、疲れるだけと。

　それなら結局、ひとに戻るしかないだろうと思って。写真ごときとか、文学を書いているひとたちに言わせないために、やっぱり表現の核心にあるものは「ひと」。それはズラせないだろう、それを真正面から撮ろうと、またやりはじめたんです。

都築　じゃあ、いちど浅草から離れた時期があったんですね。

鬼海　うん、73年、74年はここ（浅草）に来て撮っていたんですよ。その後10年くらいは、たまに覗きに来るぐらいで。あとはいろんなアルバイトしながら、たとえば35ミリで、デパートの屋上にたむろしているひとたちを撮ったりもしてたんですけれど、おもしろくないんですね。

　で、そのうちにインドに出会うんです。最初に行ったのが79年ですが、そのとき非常に相性がいいとわかって（笑）。もともと金子光晴好きだったから、東南アジアを目指したんですが、やっぱりインドのほうが、土の根っこに近いっていう感じだった。それでインドを攻めようと。風俗じゃなくて、ちゃんと人間として撮ってみたいと。で、それからまたすぐ、82年に行くんですね。ちょうどかみさんと結婚して、子供も産まれたから、写真家としては子供には見せられる写真を撮っておきたいんで、ちょっと行ってくるって、7ヶ月インドに行ったんですよ。

都築　ちょっと行ってくるって、生まれた赤ん坊を残して7ヶ月（笑）。でもそれだと、生活も大変ですよね。

鬼海　いまだって大変ですよ！　そのときは自動車工場の期間工です、半年働いて。それがものすごくキツイんだよ。マグロ船もキツイけど、期間工もほんとうに、頭が真っ白になるくらいキツイ。考える時間なんてのは、なにもないくらい。あれは労働と言えるもんじゃないです。

　でも、すでにいちどインドに行ってるでしょ。だから、こんなもので行けるなら、あっちにさえ渡れば、まったく別の時間があるからって思えるんです。半年で、インドが呼んでる（笑）。それと人間はね、この現場を「見てやれ！」って思うと、自己客観するからね、キツイのが直接来ないですよ。人間はどうやって生きていったり、どうしてこういうシステムがあるんだろうとか思ってると、その中にいてもちょっと呼吸しやすいんですよね。

都築　そうやってインドに行きながら、また浅草を撮りはじめたってことですね。

鬼海　そうですね。だけど日本人っていうのは扁平な顔だから、ポートレイトにならないっていう通念があるわけですよ。それはアーバスの写真を見たら、一目瞭然じゃないですか。あっちはもう完全に、彫刻のようにきれいになっているじゃないですか。

　でも、そこでふと思ったわけですよ。人間本来の苦悩とか、生きるという営みがあるんだったら、それは絶対、ポートレイトにならないはずがないって。生きるっていうことは、モヤシのように促成の産物じゃなくて、かなりしんどいことだから、顔を持たないはずがないって思って、撮ったんですよ。そしたら幸いなことに、いちばん最初に撮ったのが、『王たちの肖像』の、あの大工さんです。で、「撮れる！」と確信したんですね。

都築　それにしても、戻ったのが浅草だったのは、やっぱり前の経験があったからですか。

鬼海　とにかく金がかからない（笑）。交通費さえあれば、おにぎり持ってくれば1000円で一日過ごせる。

　でもね、ここはほんとうにいい街で、金を使ってもいいし、使わなくても過ごせる街なんですよ。ひ

大工の棟梁　1985

とがむき出しで生きてるから、ちゃんと見てるとおもしろいし。やっぱ、山形に近いしね、浅草は（笑）。

都築　東北の玄関口ですか（笑）。

鬼海　たとえば新宿でビルのメンテナンスなんかやりながら、浮浪者を見てると、あっちはもらいが多いんですよ。酒なんかも集めると、けっこういい酒がボトルに半分くらいになる。だけど私はそういうところよりも、川のそばでテントを張るほうだろうなって。

　でね、あるとき思ったんですよ。浅草っていう、この場所でずうっと撮っていれば、それが即、インターナショナル、海外のひとたちに見せても「これが人間だ！」と言えるものになると。それをあっちこっち移動してしまうと、そうは言えなくなる。ここにこだわることで、場所が触媒になってインターナショナルなものが撮れると思ったんですよ。それは何人か撮ってからですけどね。

　ヘーゲルの言う特殊性と普遍性っていう……私、哲学科でしたから（笑）。

都築　なるほど。そういう構造を考えてから？

鬼海　考えないと、すごろくは成り立ちませんから（笑）。

都築　撮ってるうちに、なんとなく見えてくるというんではないんですね。僕なんかそっちのほうだけど。

鬼海　でも浅草じゃない『インディア』や『アナトリア』の仕事でもそうだけど、最初ぱっと行って、ひとばっかりバンバン撮るんですが、たとえばインドは宗教のこともあるし、女のひとなんか、なかなかカメラを向けられないですよね。

　でもそのうち、空気が皮膚を通してなじんでくると、相手がほとんど等身大のひととして見えてきて、撮れるんですよね。あっち（撮られる側）も構えなくなる。写真家っていうのは、そういうコミュニケーションの能力だと思うんです。

　こっちは卑下するわけでもなく、恐喝するわけでもなくて、対等に共有する時間を、「あなたも、ひとですね」っていう瞬間を撮るわけですから。で、いい挨拶もらったなとお互いに感じながら、すっとわかれる。

都築　そういう能力って、すごい大事ですよね。

鬼海　だから浅草で何年間も会って、撮り続けてるひとでも、ぜんぜん住所も知らないし、名前も知らないです。聞かないしね。

都築　深くつきあうわけじゃないと。

鬼海　それは、あるひとの代表として、あなたの影をもらっているだけであって、あなたそのものではない、と思うからね。ただし、撮った写真を見るひとに「彼ら」とか「ヤツら」とか思わせるようなものでは、絶対にダメなんですよ。なぜかっていうと、見ている側が、こういうひとにはなりたくないって思った瞬間に、想像力はストップするんです。

　実体がないところに想像力をばあっと働かせるのが写真なわけですよ。見るほうは写真１枚ずつと対面するでしょ。写真家はそこにいなくて。それが、ずうっと並ぶと、今度はうわーっと写真家っていう顔が見えてくるわけ。

　だから「威厳」というのが、私の写真には絶対に必要なんです。浮浪者を撮ってても、そこになにほどか、ナザレのイエスの苦しみを抱いているっていう感じにしないと、ダメなんです。

都築　それは作品としての仕上がりとかじゃなくて、鬼海さんがそのひとを見る眼っていうことですよね。

鬼海　そうですね。だって、架空の王国をつくるわけですから。だからポートレイトといっても、訪問販売みたいな形で、強引に数を撮るっていうのと、相手に話しかけて撮るのとでは、まったく別でしょ。『フォーカス』に出ているような写真をバンバン撮る写真家が、人間を撮れるかっていうと、それはぜんぜん違うと思うし。

　福田先生が最初に私の写真を見て、「こういうふうにひとが撮れるのか」って言ってくれましたけど、それがものすごい重要なことだとは、最近まで気がつかなかったんです。表現っていうものを、フラスコに入れて煮るんじゃなくて、ふだんどおりをさらしてOKっていうふうにするには、それがいちばん重要だと、最近になって思ったですね。

都築　それは長くやってないとわからない。

鬼海　長く損してやってないと（笑）。

都築　でもいまはたくさん本も出ているし、もう写真だけ撮っていればいいっていう環境なんでしょう？

鬼海　いまはなぜか写真よりも、文章の注文のほうが多いんですよ（笑）。8月7日に出た『文学界』でも、4ページ連載が始まったし。写真集が出るようになってからは、他の仕事はしてませんけど、40歳ぐらいまでは立ちんぼとかして、土方なんか行ってました。でも、一緒になったかみさんがわりとよくて、今月いくら持ってこいって、一回も言われたことない。金に対しては楽天的なんですね。

都築　それはすばらしい！　ちなみに鬼海さんは浅草に住んでるんじゃなくて、撮影するために通って、夜はちゃんと（笑）帰るんですよね。典型的な一日って、どういう感じなんですか。

鬼海　朝、10時17分登戸発の電車に乗って、11時17分にここに着くんです。着くとまずひと回りして、ホリゾント（背景にする壁）の状態を見まわって（笑）。何ヶ所か決まった場所があるんでね。汚れていたら、拭く（笑）。

都築　拭く！　だから鬼海さんの写真はバックがきれいなんだ。雑巾みたいなの持ち歩いてるんですか。

鬼海　ティッシュ（笑）。で、光を見て、この時間だったらあの壁、とか、あの時間だったらあの壁、とか。で、おもむろにカメラ出しますよね。で、首にかけると……モードに入るわけですよ。

都築　戦闘態勢ですね。

鬼海　カメラ持ってないと、絶対声かけたくないひとがいっぱいいるけど（笑）、カメラをパチッとすると、別な次元に入るんですよね。だから、けっこう時間があっても気が乗らないときとか、二日酔いで頭が痛いときは、絶対写真撮れないです。相手というより、まず自分との勝負ですから。

都築　被写体は散らばっているわけじゃないですか。人間だから動いているし。動いてないひともいるだろうけど（笑）。そうすると、猟場を歩きまわって？

鬼海　いや、門のところにずーっといて。ときどき歩きまわって裏のほうに回ってみたりして。そうやって一日いるうちに、何千人って通るんですが、撮るのはひとりかふたり。一日に3人なんか撮ると、「ツキが逃げるぜ」って感じがする（笑）。

　私の写真は35ミリのスナップと違いますから、10人撮ったら、たぶん8人は写真集に載るんです。まぐれってないのね。カット数も少ない。たぶんいままでに600人くらい撮ってきたと思うんだけど、フィルムで800本も撮ってないですよね。前は貧乏だったから、ワンロールで3人くらい撮ってた（笑）。

都築　お話を聞いていると、狩りみたいですね。

鬼海　だって散弾銃で撃つわけじゃないから。頭にないものは撃てないのよ。カメラという、機器がたまたま偶然に撮ってくれるなんていうことは、絶対ない。完全に頭で考えるものを、写真で撮る。

都築　しかし考えてみれば40年くらい、浅草とつきあっているわけですよね。定点観測というか。街の雰囲気や、人間の濃さも変わってきたと思いますか。

鬼海　それはもう。職業柄というのがなくなったからね。手に職というか、肉体労働が全然魅力なくなったじゃないですか。働くっていうことは、ほんとうはそういうことなんですけどね。でも浅草のうれしいのは、小売りがしっかりしてるでしょ。じいさんばあさんとか、家族でやってる個人商店がけっこうある。マクドナルドみたいに、どこいっても同じ形なんじゃなくて。ここには大きいスーパーマーケットもないしね。

　だから浅草の変化って、ゆっくりゆっくりなんだけど、浅草寺境内が広くなって、整備されてから、つまんなくなったね。昔は回廊まわりに浮浪者がいても、絶対に排除しなかったんですよ。いまは、入れなくしてるから。酒盛り始めたりするからって。回廊を開放するのは、三社祭とかほおずき市とか、限られた日だけでしょ。前はそうじゃなくて、知らないひと同士が参拝に来て、知らない者同士で話をしてたんですよ。しょぼくれた木もたくさんあって、その下にベンチもあって、ベンチのところで、みんなのほほ〜んとしていた。ところがそういう、滞留するのを嫌って、どんどん参拝客を流すようになってから、つまんなくなった。

　あと決定的な違いは、テレビとクーラーになってから、つまんなくなったってこと。家は暑いけど、浅草寺に来ると風通しがあるからって、家から出てきて、知らないひとと話すっていう贅沢があったのね、昔は。

都築　クーラーとテレビが、ひとを家の中に閉じこめたんですね。

鬼海　そう。外に出て、ひととしゃべるっていうのが、ひととしていちばん贅沢だっていうのが、どこかにあったんですよ。

都築　ほんとですね。しかしそれだけある意味、浅草と一緒に生きてきて、こっちに住もうという気持ちにはならなかったんですか。

鬼海　それは浅草って、私の仕事場ですから。仕事場には住まない。わざわざ来るっていうことが、私にとっては大切なことなんですよ。ふだんは写真機持って出歩かないし、写真撮るときに、写真家になるわけ。

都築　写真家にもいろいろありますねえ（笑）。浅草ではだらだら飲んだりもしないんですよね。

鬼海　カネがないから（笑）。でも、そんなことして、おもしろさをぜんぶ知っちゃうとダメだなあという感じがあるんですよ。

都築　その踏みとどまり方がすごい。もしぼくが同じことやるんだったら、ここで飲んでだれかと仲良しになって、だれか紹介してみたいなことになりますから。

鬼海　それはね、都築さんが街ッ子だから。私は田舎だから。まず臆病っていうのがある。知らない店に入るの、ほんとうに大変だもの、決断するまで。それなら吉野家のほうがいいと（笑）。

　でも、想像する部分がいいんですよ。なんでずっと街歩きしてるかっていうと、想像力ですよね。洗濯物を見れば、こういう家族構成でこういう……っていう。下町っていうのは、ほとんど生活をむき出しにするでしょ。それがすごくおもしろいわけですよ。一編の小説を読むような感じで。ところがマンションとか、高級住宅になると、なんの物語もしていない。ただ器だけ。

都築　入り込み過ぎないから、逆に想像力が働くんですね。

鬼海　そうです。

都築　僕はもともと鬼海さんの写真を見ていて、いろんな浅草の地元民とすごく仲良しになってるんだと思ってたんです。でも、お聞きすると、長話なんてほとんどしないという。だから、ときには知らないうちに、すごい人が写っちゃったりもするんですね。写真ができたあとで、「これ、こまどり姉妹だ」ってわかったりとか（笑）。

鬼海　姉妹のどっちかわかんないんですけど、上野の不忍池を歩いてたら、鳩にエサやってたんですよ。なかなか魅力的なひとでした。芸人としてどうこうじゃなくて、こう、立ち居振る舞いがすごくいい感じで。

都築　浅草の「ヨコハマメリー」みたいな、有名な立ちんぼのおばあさんもそうですよね。

鬼海　名前も知らないし、私も聞かないですし。でも、道で会うと「先生のおかげで有名になっちゃってねえ、ちょっと御馳走したいから」って言って、缶コーヒー買ってくる（笑）。3本御馳走になったから、今度は私が「マクドナルドでポテト御馳走します」って（笑）。

都築　でも、それ以上仲良くならないところが鬼海さんらしいですね。僕だったら、なんとかインタビューにもっていこうとする。

鬼海　だって彼女は彼女なんだけれど、彼女を彼女にとどめることは、まったくないと思っているわけですよ。もっともっと、だれにでもある一部分で、彼女は存在しているから。

都築　そうか、ポートレイトの真価って、そういうところですよね。

鬼海　だから彼女で知ってるのは、競馬好きだっていうことぐらい。

都築　知ってるじゃないですか（笑）。

鬼海　だって、いっつもバッグに馬券入っているんだもん（笑）。

東武伊勢崎線竹ノ塚駅からバスで10分ほどの、
築40年近い団地

ラジカセよ永遠なれ

【足立区・花畑】デザイン・アンダーグラウンド

演歌の取材をするようになってわかったことのひとつ、それは演歌業界、カラオケ業界においては、いまだにカセットテープが重要な位置を占めているという事実だった。演歌専門のレコード店に行けば、いまでもCDと並んでカセットのミュージック・テープが売られているし、店頭には録音用の空テープが山積みされている。いまやCDすらあまり買わなくなって、ダウンロードやiPodばかりに頼っている自分には、新鮮な発見だった。

レコード店主によれば、カラオケの練習をするのに、「1小節巻き戻す」といった細かい操作にCDプレイヤーを使うのはとても無理で、特に年配のお客さんにはカセットが好まれているのだという。たしかにそのとおりで、操作性のインターフェイスという観点からすれば、現在のCDプレイヤーやMP3プレイヤーよりも、アナログなカセットのほうが、はるかに優れている。

カセットを聴くのに必要なのが、ラジカセである。1960年代末に日本で生まれた偉大な発明であるラジカセ。ちなみに「ラジカセ」という名称を最初に使ったのは、カーステレオやカーナビ、レーザーディスクも世界に先駆けて商品化したパイオニアだと言われている。

ラジオが聴けて、カセットがかけられて、録音もできて、AC電源でも乾電池でも駆動するラジカセは、音楽が室内に縛りつけられることから一歩先に進んだ、画期的な技術だった。1980年代のアメリカにおいて、創生期のヒップホップ・シーンを支える存在として「ブームボックス」、「ゲットー・ブラスター」などと呼ばれ愛されたのを、覚えている方もいらっしゃるだろう。

そんなラジカセが、いまでは「CDやMP3プレイヤーを買えない、使いこなせない」、テクノロジー弱者のための“貧者のオーディオ”に成り下がり、あまりに子供っぽく見にくいデザインの商品だけが、かろうじて電器屋の片隅に置かれているのは、こころ痛む光景である。

1970年代から80年代にかけてラジカセが世界を席巻した時代の、重厚かつ硬質なデザインを懐かしむ声は少なくない。ただ、中古でそういうラジカセを購入しても、20年以上前に作られた製品だから、状態がいいはずはないし、メーカーが修理してくれるわけでもない。古物店やフリマで見かけても、購入に躊躇してしまうのは当然だろう。

足立区花畑の団地に工房を置く『デザイン・アンダーグラウンド』は、いにしえのラジカセの美に魅せられた、ひとりのインテリア・デザイナーが職を辞し、40代からの後半生を賭けて開いた、希有な「ラジカセ再生ファクトリー」である。

もうすぐ先は埼玉県という足立区北部の花畑から保木間にかけて並ぶ、築数十年の古びた団地群。花畑という地名があまりに不似合いな、その一角の1階が商店街になっている棟にデザイン・アンダーグラウンドがある。

平日の昼間なのに、ほとんどが営業していない雰囲気のミニ商店街のなか、1軒だけ目立つ乳白色のガラスドアを開けると、いきなりそこはラジカセやポータブルテレビや、部品類が山と積まれたカオス空間。棚で見通せない奥のほうに声をかけると、出てきてくれたのがみずから「工場長」と名乗るデザイン・アンダーグラウンドの主、松崎順一さんだった。

1960年生まれ、最近は『ラジカセのデザイン！』という、ご本人のコレクションを披露しつつラジカセへの熱い思いをぶちまけた写真集も出した松崎さん。「生涯一電気少年」とも呼びたい、その純粋な情熱あふれるトークをたっぷりお聞きした。

1階部分が商店街になっている。シャッターを閉めたままの店舗が多い中に、デザインアンダーグラウンドがある

ここ、場所からしておもしろいでしょ。足立区って、こういう団地がけっこうあるんです。築30年とか40年とか経っちゃって、当時は必ず団地の一角の1階に商店街があって。そこも同じく30年、40年経っちゃって、住んでいる方が60代、70代になっちゃって、買いに来る方が激減して、もう、ホントにシャッター通り商店街になっちゃっているんですね。まだ隣は魚屋さんで、反対の隣の隣は駄菓子屋さん。その隣が酒屋さん、やっているところもけっこうあって。でもその中で、こうやって空いちゃっているところがあるんですね。

ここはもともと、スナックだったんです。一段上がった奥がステージだったんです。だからスポットライトまでついているんです（笑）。エントランスの上にも、カラフルなスポットがついていて、スイッチ入れると赤とか青とか点くんですよ。ずうっと、つぶれてそのままの状態になっていて、ぼくは古い場所が好きで、ほんとうはリノベーションとか好きなんですけれど、ここは雰囲気がすごくよかったんで、家具だけ撤去して、そのまま使っているんです。

ぼくはもともと、生まれは三ノ輪なんですよ。山谷とかが庭だったんですね。だから昔から山谷で遊んでいて。浮浪者のおじさんたちと。もう、公園なんか、子供よりおじさんばっかりで。泪橋のあの辺は、道の真ん中で寝ている人とかいましたから（笑）。いまでも、その雰囲気はありますけれど。

いまもたまに遊びに行くんですけれど、朝がけっこうおもしろいんですよ、山谷は。朝市やってるんです、住んでいる人たちが。それがすごいんですけど、あすこで住んでいる人たちは、お金ないじゃないですか。だから日中は街に出て、周辺でいろんなものを漁ってきて、次の朝5時半から6時半くらいまで、そこで店出して売っているんですよ。コンビニで廃棄されたお弁当とか、賞味期限が切れた煙草とか。あとは、危ないDVDとか、いろんな、ありとあらゆるものを売っているんですよね、朝だけ。東京の西成みたいなもんかな。

朝はだいたい100円玉5枚くらいポケットに入れて行くと、いろんなもの買えるんです。すっごいディープなとこで。でもあんまりそういうこと、知っている方いないでしょ、そんなとこで、そんなこと行われているなんて。結局、仲間うちでお金や食べ物を融通しあうというか。だから売っているものが危ないもの、ヤバいものばっかりで。どっからこんなの出てきたの、というものばかり。

そういうところに、ぼくはけっこう溶け込んじゃうんです（笑）。そこで古いカセットテープとか、ミュージックテープを買う。ほんとに古い家電とかも。どっからそんなもの探してくるんだか、いろんなものがあるんですよねえ。古いラジオとか、ラジカセも出てくるんです。なので、朝、早起きしなくちゃいけないんですけど。ちょうど6時半から山谷の中央の公園で、ラジオ体操が始まるんです。そうすると一般のひとが集まってくるんで、その前までやっているんですよ。5時くらいから、わんさかわんさか、ひとがいる。で、一般のひとが来だすと、ぱあっと引くんです。そういう世界がまだ東京にある。そういう場所を探すのがけっこう好きなんですね、昔から。

もともと、うちの親父が電器オヤジで、少年時代からラジオ作って……当時ラジオって、作るとすごく高く売れたらしいんですよ。真空管式の。それを作っていて。ですからぼくが物ごころつくころから、親父がかたわらでハンダゴテ握って、ラジオかなんか作ってたんです。

でもそれは趣味で、本業は発明家だったんです（笑）。発明家というか、特許をとるのが好きで。いちおう仕事はサラリーマンなんですけれど、そのかたわら常になにかを発明して、特許を申請して、いろんな怪しいものを作ってたんです。実を結んだものは、なんにもないですが（笑）。結局、中途半端で。

そういうのを見て育っていて、ちっちゃいころから工作とか大好きだったので、小学校から図工・技術家庭・美術、生涯オール5です（笑）。作るのがほんとうに好きで。昆虫採集と、ザリガニ釣りと、あとはハンダゴテ握って、アキバ行って安いパーツ買ってきて、自分でつくるっていう。ハンダの匂いと自然の匂いが混在しているところが大好きで。そうすると足立区って、いちばんいいんですよ！

このへんってけっこう田んぼもあるし畑もあるし、川もある。カブトムシやクワガタも、ちょっと行くと採れるんですよ、埼玉に入ったほうとか。いま、ラジカセを仕入れに行くのも、メインになっている場所は埼玉なんですね。埼玉郊外の、だれも知らないような人里離

大好きなものに囲まれて「仕事は趣味！」と断言する松崎順一さん。アップル社の社員用のシャツを着ている

UNDERGROUND
MAKOTO SAITO

イベントなどでは、子供達に中の仕組みがわかるように、外側を取り払って見せることも

ラジカセの山のなかにビンテージのMacもちらほら

8トラックのプレイヤーや、水中でも聞けるラジオなど、レアな製品も

いろんなこと含めて仕事しているのが目に見える。昔のラジカセって、スイッチが入るといかにもメカっぽく動いて、音を出して、ちゃんと仕事してるっていうのが見える……そこが高齢の方にも安心感があると思うんですね。

だってカセットだったら、テープが1ヶ所ダメになっても、つなげばあとは大丈夫でしょ。CDとかMP3プレーヤーとか、1回傷ついちゃえばもう読めませんから。そこもまた安心感がありますよね。

いまは週末だけここを一般にオープンしていますが、場所が場所だけに、踏み絵のようなもんで、わざわざ来てくれる方はほんとうに濃い方が多い、イヤなんですよ〜〜〜（笑)。話しに来る方が多いから、来るとなかなか帰らない。でも、そういう方は食いついてくるんで、必ず買うんです。すごくいいお客さんなんですけれど、疲れちゃう。まあ、しょうがないかと思うんですけど。

海外のオタクの人も多いです。日本のラジカセって、実は日本人よりも海外にコレクターが多いんですよ。国内ではコレクションのジャンルがあんまり確立していないんですけど、海外では日本の家電、特にラジカセって、コレクターのクラブがいっぱいあるんです。

まず、ラジカセが生まれたのが日本ですよね。70年代から80年代にかけて、世界を席巻したラジカセって、ぜんぶ日本から輸出したものなんです。それプラス、地元の国で作っていたものがちょっとで、世界で使われていたラジカセの、当時はほとんどが日本製なんです。アメリカからヨーロッパから東南アジア、中国なんかもぼく、よく行くんですけど、中国にも80年代は、日本から大量にラジカセが輸出されたそうなんですよ。当時は高級品だったんで、北京なんかでもほんとに特権階級のひとが、日本のラジカセを社交ダンスのときに使っていたって聞きました。カセットテープで音楽流して、ダンスを踊って、酒飲みながら、とか。当時、ラジカセは日本で10万円くらいですから、海外でだともっと高いわけでしょ。そういうものを当時中国で買えるっていったら、ほんとうにトップというか、すごいお金持ちしかいませんから。だから中国も香港も、すごいコレクターがいるんです。

アメリカはどちらかというと、原形を留めておくっていうより、車にしてもなんにしても、カスタマイズしちゃうじゃないですか。だからラジカセもすごいんですよね。もう、コテコテになっちゃって。逆にヨーロッパは古いラジカセをそのまんま、大事に使っているという文化なんで。家にしてもなんにしてもそうですよね。昔のものをそのまんま、長年大事に使っている。だから、ラジカセも整備するアイテム、パーツなんかは、欧米のほうが入手しやすいんです。

日本は、古いものは廃棄してそのままっていうのばかりで。だから、日本ではほんとうに悲しいかな、日本で生まれたラジカセなのに、どんどんどんどん廃棄されて、さきほど言ったように中国とか諸外国、発展途上国に行っちゃうラジカセが多くて、ほんとうに悲しいんですよね。ラジカセって、たぶん日本が生んだ最高の、国産の家電のなかでもいちばん秀逸な家電だと思うんですよ。だから将来、日本の文化的遺産となってもおかしくないくらいのものだと思っているんですが。

だってブリキのおもちゃだって、いまや文化として認識されてますよね。家電って、そういうものがまったくない。まあ、逆にだれも目をつけてないからこそ、ぼくなんかができてるわけですが。もちろん、だれもやってないからやったんじゃなくて、自分がたまたま好きだったんで、のめりこんで仕事にしちゃっているだけですけど。

最初にこういうことを始めたときは、自分みたいなテイストの人間がどっかにいるだろうと信じてスタートしたんですけど、途中で何回も挫折しそうになりましたし。ハローワークに何回行ったことか……。うちの家内がさいわい理解してくれて……最初は呆れてましたけどね。いまは、それで食べていけるんだったらいいんじゃないの、という感じですが。

さいわい、お客さんがだんだん増えてきましたので、これからはラジカセを使って、こんなおもしろいことができるんだとか、こんな楽しいんだということを、美術館とかギャラリーとかいうスペースで仕掛けたりもしたいと思ってます。いまの時代だからこそ考えられる、ラジカセならではの可能性を知っていただいて、その付加価値としてラジカセを買っていただく。そのオプションとして、こういうものもありますよというふうに、いろんなものが入っているテープも作品として売りたいな、とか。

カセットのメディアで、いろんなおもしろい音が入っていて、それを買っていただいたラジカセで再生して聴いてもらうのと、あとは、もういちど生録とか、録音ブームというのを仕掛けたいなと思っていて。いま録音というのもテープではなくて、PCMレコーダーとかで簡単にできるんで、それとラジカセをうまく連動させたり……。ラジカセを使った、いまならではの新たな楽しみ方をどんどん提案していきながら、使いたいからこのラジカセが欲しくなってくるという、自然な流れができればいいかなと思うんですね。ラジカセがいくら「音がいいですよ！」とか言っても、じゃあどう使う

のかというのがないと、やっぱり一般的には理解していただけないかな、と。

だから、というわけじゃないんですが、ミュージックテープなんかも集めてます。世界のどこへ行ってもフリーマーケット、アンティークの蚤の市とかで一般家庭から出た、要らなくなったテープとか、ミュージックテープとかをかたっぱしから買い集めているんです。ぜんぶ使用済みの、いろんな録音が入ってるものが、ここには数万本ありますね。

なにが入っているかわからない、世界中のテープがあるんです。全部、中古のテープですから、たまに聴くと家族の談笑が入っていたり（笑）。エアチェックものとか、ほんとおもしろいです。古いテープのメディアって、すごいそそるんですよ。いろんな人が使っていたものって、なんか、それひとつひとつに、魂がこもっているみたいな感じがして。

イベントでも、たまにそういうのかけたりするんです。変なテープ、怪しいテープもいっぱいありますから、そういうのを聴くイベントをたまにやるんです。テープ寄席みたいな感じで（笑）、ラジカセ置いて。

そういうイベントをやると、来るのはラジカセ世代じゃなくて、若いひとたちなんです。結局、いまの家電ってスタイリッシュで、かっこよすぎるくらい、かっこいいじゃないですか。でもそういう家電って、愛着を持てないんですよ。もっと人間味のある、デザインした人の思いがつまっている家電というのは、若いひとにとっても魅力がある。持っていて楽しいし。

この時代の家電って、表情がたまらないんですよ。そこがすごく魅力で。だからどうしても蒐集したくなっちゃうんですね。もう使える使えないじゃなくて、デザインなんです。かっこいい！　即ゲット！……なんて感じで。いまの10代、20代の方はラジカセなんか見たことない、ラジカセそのもの、カセットテープすら知らないんで、良さや魅力を説明すると、うわ、かっこいい！ってなりますよ。

いまの若いひとが知っている家電というのは、ブラックボックスになっちゃって、中がどうなっているかわからないですよね。なので、ぼくはラジカセの魅力を語るときには、内部の配線とか、機械がこうなっているというのをかならずお見せするんですよ。メカがこれだけ詰まってて、当時、手仕事で作ってたんだっていうのも、魅力のひとつなんですよね。だからイベントでも、中身だけのものを持っていって説明するんです。

ラジカセはつくりがしっかりしすぎちゃって、取っ手はついているけれどメチャクチャ重い（笑）。なんでこんな重いの、とか若いひとは驚きますねえ。いまはiPod、軽いじゃないですか。だから「昔はこんなので音楽聴いてたの？」みたいな。でも、インテリアとしては絶対にカッコイイと思うんですよ。

いまってこういう、機械の匂いのするものがないでしょ。あ、こんなのが昔あったんだ、でも、いま見てもかっこいいじゃないって思ってもらえたら、それがいちばんいいと思ってがんばってるんです。まあ、これが仕事なのか趣味なのか、どんどんわからなくなってきちゃいましたけどね。

⊙ DESIGN UNDERGROUND
東京都足立区南花畑5-15保木間第5団地14-105
http://www.dug-factory.com/

浅草木馬館に生きる旅役者の世界

【台東区・浅草】**浅草木馬館大衆劇場**

火曜日、午前11時前の浅草・木馬館前。雨の中を、たくさんのひとが開場を待って並んでいる。性別も年代もバラバラのひとたちが、黙って傘を差して。

差し入れだろうか、自分の食事だろうか、両手に重そうなビニール袋をさげているひとも多い。平日の昼間に3時間半にもなる大衆演劇の舞台を観るために、このひとたちはどこから来たんだろう。歌舞伎座や国立劇場に並ぶひととは、あきらかに毛色のちがう、雨の中を黙って並ぶこのひとたち。

浅草寺の脇に通じる五重塔通りにあるビル。1階の木馬亭は浪曲専門、2階の木馬館のほうは昭和52年まで安来節（どじょうすくい）を常打ちしていて、そのあといまのような大衆演芸場になった。1970年代後半まで毎日どじょうすくいを踊って、客が入っていたというのがすごいというか、浅草らしいところなのだろうが、以来木馬館は大衆演劇の劇団にとって、音楽業界における武道館のような聖地となっている。東京にはほかに十条の篠原演芸場や、劇団をよく呼ぶ健康ランドもあるのだが、「木馬館に呼ばれるようになったら超一流」との思いは、大衆演劇にかかわるすべての人間に共通しているらしい。

大衆演劇の劇場は、基本的に月替わりで劇団の公演を組んでいる。ということは劇団からすれば、毎月別の場所で公演しなくてはならないということだ。毎月の1日から最終日か、その前日まで公演を昼・夜2回やって、そのあと舞台を片づけ、荷物をすべてトラックに積み込んで、翌月の公演地に向かう。そうして荷物を楽屋に入れて、すぐ新しい土地での舞台が始まる。夜の公演が終わって、そのあと稽古をすませたら、楽屋か舞台、ときには客席にまで布団を敷いて寝る。家族ぐるみで働いている劇団がほとんどだから、子どもたちだって毎月、新しい学校に転校だ。そういう昔ながらの旅芸人の生活が、この業界ではいまもかわらず営まれている。

この7月の木馬館にかかっているのは『劇団花車』。北九州で26年前に旗揚げした人気劇団である。座長は姫京之助と、長男の姫錦之助のふたり制。京之助座長は昭和33年に初代姫川竜之助の長男に生まれ、16歳で初舞台を踏み、初代藤ひろし劇団や藤山寛美在籍時の「松竹新喜劇」などで腕を磨いたのちに、劇団花車を旗揚げした。劇団名は故・藤山寛美の命名によるものである。

劇団花車は29歳の錦之助から猿之助、勘九郎、14歳の右近までの美形4人兄弟でも人気を博しているが、今回はお願いして木馬館の迷路のような楽屋にお邪魔、京之助座長と、一座を陰で支えてきた奥様の夢路京母さんに、大衆演劇という特殊な世界で生きることの喜びと哀しみをお聞きすることができた。

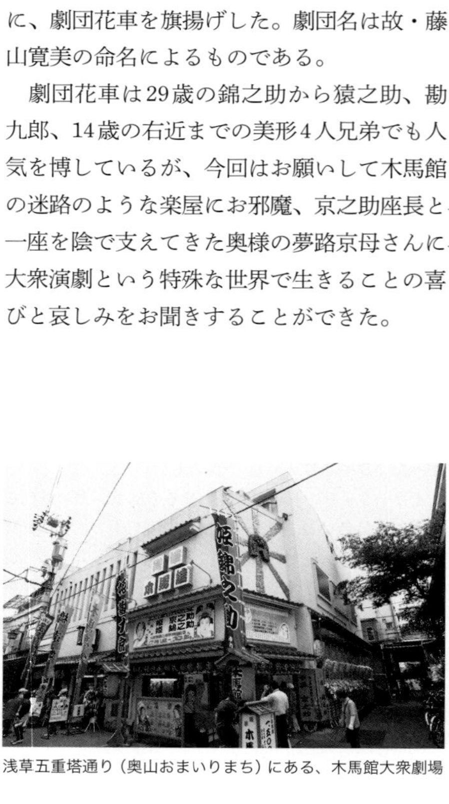

浅草五重塔通り（奥山おまいりまち）にある、木馬館大衆劇場

入口の趣深い看板は、専門の看板描きの人が、毎月描いている

●姫京之助座長のお話

北から南まで、毎月いろんなところに行くわけなんですが、まず正月が決まって、それからぽんぽんと1年間ぐらいが決まっていきますね。ちなみに今年（2010）のスケジュールはこんな感じです。

1月　**朝日劇場（大阪・天王寺）**
2月　**東洋健康センターえびす座（福島県郡山市）**
3月　**あずま健康センター（茨城県稲敷市）**
4月　**浜松健康センターバーデンバーデン（静岡県浜松市）**
5月　**つくばYOUワールド（茨城県つくば市）**
6月　**ファミリー湯宴ランド小岩（東京都江戸川区）**
7月　**木馬館大衆劇場（東京都台東区）**
8月　**篠原演芸場（東京都北区）**
9月　**八尾グランドホテル（大阪府八尾市）**
10月　**くだまつ健康パーク（山口県下松市）**
11月　**ヤングセンター（大分県別府市）**
12月　**夢乃湯（広島県福山市）**

昭和61年に劇団を旗揚げしたころは、もっと劇場中心に活動していたと思うんですが、いまは健康ランドが増えてきましたね。昔は劇場の数も多かったし、やっぱりぼくはこの木馬館に乗るのが夢で、目標でしたから。

やっぱりこういうところでやるのと、健康ランドでやるのとは、観てくれるかたもそうでしょうが、やるほうの神経もぜんぜんちがいますよね。（劇場は）完全に観に来ていただいている状態じゃないですか。センターは子供連れて、遊びがてらみたいなので、ほんとうに好きで観に来る人と、半分半分なんですね。センターに来ても、こっちがやっている階まで上がってこないで、お風呂と食事だけで帰る人も中にはいるでしょう。やる側としては、やっぱり劇場でやるのがほんと、いちばんいいです。センターだとお酒も飲んでいるし、おおらかにビール飲みながら観てることもあるじゃないですか。ぼくたちにしてみれば、観ることに集中してもらいたいですよねえ。

ぼくの父親も、母親も、お祖父さんも、この稼業でやっていたんです。だからぼくで3代、ぼくの子供達で4代ですね。ただ、ぼくが劇団に入ったのはちょっと遅くて、15歳からなんです。それまではばあちゃんに預けられて、田舎で学校に行ってましたんで、ときどきお父さん

若座長・錦之助さんと奥さんの姫乃ほたるさんの楽屋。長女の天花ちゃんは、すでに舞台に立っている

山のようなカセット。座長の舞踊ショウの音源集

衣装だらけで壁が見えない状態

舞台袖の照明関連機材

団花車
HANAGURUMA
KYONOSUKE

●座長の奥様・夢路京母さんのお話

あたし、実はこの世界をぜんぜん知らなかったんです。母が好きだったんですよ。うちの母と、座長のお父さんの劇団にいらした「女弁慶」さんという、女の人なのに荒事がものすごく上手な女優さんがいらして、その人が天涯孤独で親戚もいらっしゃらないので、うちの母って、そういう人の面倒みさしてもらうのが大好きな人やったもんで、病気になったらうちへおいでよっていう感じだったんです。

で、一時期うちに立ち退きとか地上げとかそういう事情があって、私が夏休み中、その女弁慶の婆ちゃんのところへ、「行っときよ」って預けられていたんです。いまでは考えられないですけれど、そのころあたしは他人と会うのが怖くて、とくに男の人と会うのなんてとっても怖くて。お母さんとふたりだったから。だから女弁慶の婆ちゃんの狭い楽屋にだけ、いたんです。そしたら座長の弟の春之助（現・劇団春座長二代目姫川竜之助）が、まだ5歳くらいやったんですけど、小さいから、どこのねえちゃんかなって、楽屋にのぞきに来て。私も子供は大好きだから、一緒に遊ぶようになって。ずっと部屋にいてもなんだから、外に出ておいでって言われて、春と一緒に喫茶店に行ったりするようになったんです。一緒にご飯食べたり。そのときに、春のお兄さん（京之助）が来て……。

そのころ座長は、お父さん（初代・姫川竜之助座長）の劇団に入ったばっかしですね。この世界に入って1年くらい。あちらが16歳、あたしは13歳でした。で、もう花形さんやったんで、

姫乃ほたる。役者でありまた、若座長の妻の役割もある

２幕目は、お芝居。「身代わり忠治」。ニセ忠治役の姫京之助座長（左）と、巖鉄役の若座長・姫錦之助。お芝居もショウの演目も毎日変わる

ああ、優しい人やなあと思って。いろいろ気にかけてくれたり、お土産くれたりして。それで「お兄ちゃん、優しいねえ」って、春に言ってたんですよ。そしたら春が「オレの兄ちゃん、すごいんぞ、オレの兄ちゃん、京之助じゃあっ！」って、また兄自慢を……可愛かった。で、お前をオレの子分にしてやるから、ずっと姫川劇団におっていいぞって（笑）。春のお墨付きを得て。で、いたら、なんだかそういうふうに……好きだなって思ったんですかね。だから、いまでも間違えて昔の呼び方、兄ちゃんって呼んでしまうんです。でも、そんな感じからずっと一緒になっていったんで、ここからが夫婦ですっていうのがあんまりないと思いますよ。

それから座長が師匠（山戸一樹）に弟子入り修業に行って、ずっと会えなかったんですよね。18歳で戻ってきて、藤ひろし劇団で九州を回ることになって、そのころからまた会いだしたんですね。そのあいだはずうっと、電話だけですよ。

でも、あたしと座長は同じ若松（北九州市）の出身なんです。だからもう全然、なんやろな、会えんでもずっと待ってましたね。一緒になる気持ちで。そう言ってもらってたんで。絶対にこの人を日本一にするためには、なにをするべきかってことばっかり考えてました。生活に対する不安は、全然なかったです。

それより、あたしのお母さんのほうから「あの兄ちゃんはね、座長になる人よ。だから、アンタは甘えた（甘えっ子）だから無理やけ、あきらめなさい」って言われました。想像もつか

んくらい、大変なことが山ほどある世界、お母さんは知っとる。アンタには無理やからって。あたしは夢見る夢子だったんで、それは無理って言われて……ところが、無理って言われたら、やってやるって思ったみたいです、その時は。

だから、ずうっと勉強してました。しょうもないふつうの素人の女の子もらっただけやんかって言われたくないから、勉強しましたねえ。図書館へ行って、昔の人の形はどういう形なんか、とか衣装のデザインとか、どんな音楽で踊らせたいとか。

昔っぽいもののまんまではなくて……新しい見せ方みたいなものを探す感覚があったんですね。座長の師匠、山戸一樹先生やその奥様の大東あけみ師匠を見て、そういう感覚を感じていたし、「これがすごいことなんぞ」って教えてもらったんで、そういうことできるかもしれんという気がしてたんですね。そのころスーパーのダイエーに勤めてたんですが、レコードショップのほうに回してもらって、いろんな音楽聴いたり、このひとの役に立つ部署ばっかり……。呉服コーナーに派遣されたら、安い反物いっぱい買っとくとか。だから準備期間が長かったですね。一緒に暮らし始めたのは、座長が劇団を組んでからですから。

旗揚げの前は藤山寛美先生のところにお世話になってたんですが、そのころあたしは家で子供育ててたのみです。たまに会いに行っても、会えない。寛美先生がこの人を離さないんで(笑)。私はずっと若松に住んでいて、子供を育ててました。長男次男が小さいころまでは、ずっと隠れた感じで。

なんたって花形さんですから、すごかったんですよ。やきもち、いうんですかね。一日82回くらい、イタズラ電話がかかるんです。無言で切られるときもあるし、「別れなさいよ!」「アンタ、京ちゃんの女やろ」なんて言われたり。寛美先生のところにいるときより、その前、藤ひろし劇団で花形になって、「九州に姫京之助というのがおる」という噂になって、ぐんと上に向いたときに、すごかったですねえ。

それで座長が26歳のときに旗揚げして、あた

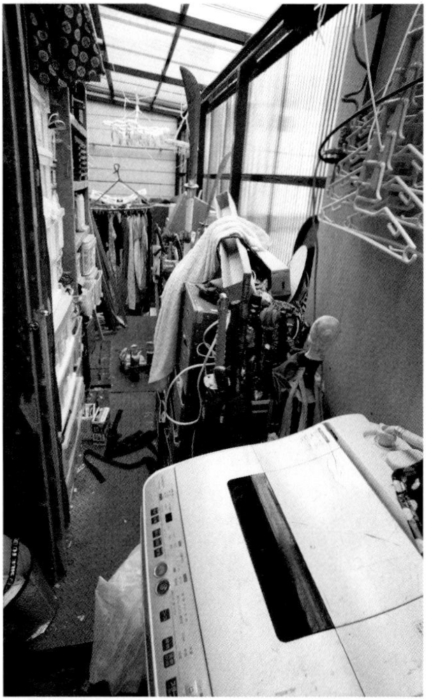

楽屋入口脇は生活空間。小道具と洗濯物が一緒になっている

しも舞台に出ることになったんです。で、その前に家で稽古されるんですけど、もう、ちんぷんかんぷん。叩かれるばっかりですよ、足とか。座長は、なるべく自分の女房は舞台に出したくなかったみたいですが、座員さんって、やめるでしょう。やっぱり女房をそういうふうにしとかないけんって、師匠がおっしゃったんだと思いますよ、山戸師匠が。

だけど、ふつうの生活と違うということが、すっごい辛かった。いいことしたら当たり前。悪いことしたら「座長の女房なのに」。君はなんだって、いっつも怒られてました。旗揚げのときには、座長の師匠の山戸先生も劇団にいらしたんで、お姑さんのところにいるみたいでしたね。箸の上げ下げまで注意されて、ずうっと怒られましたから。でも、だからいまがあるんだなって、ほんとうに思うんですよ。あんなに人のことを口うるさく、言えないもんです。そう言ってもらったから、自分の中で物事の善し悪しがわかったのかな、と。

でも、あのときは悲しかった。日々、泣きよったですね。なんであたしばっかし、こんな言われないけんのかなあって。いまの姫京之助劇団では考えられないですけれど、その当時、娘着が2枚しかなかったんです。それを毎日、弟の春之助の嫁ととっかえひっかえ着るんです。それで白地に赤い井げたのほうが可愛いから着たいけれど、弟の嫁が赤いのがいいって言えば、座長の妻の私は「君はゆずるべきだ」って師匠に言われて、黄色いどこにでもある黄八丈のほうで我慢しなくちゃならない。着たいんですよね、可愛いほうを……。新しいのが買えるお金もないし。そんなもんわかってます。でも、師匠のあれはキツかったですねえ。

でも、そのころは義母（京之助座長の母・橘まどか）がいたんで、ほんとに助けられたと思います。辛いことは嫁しゅうとめのあいだですからありましたけど、それでも助けられたと思います。お母さんおったけえ、子供のことだけでよかったというのがありますもの。

ただね、そのときにあたしも、主人のことがしたかった。着せるとか、世話焼くとか。なにかあったら「京母」って呼ばれたかった。でもそれは、（したくても）せんのが大物の役者、と義母に言われて。座長のことは私がするけん、アンタ子育てしとったらええやんと言われて。それで楽やったんかもしれないですよ。でもあの当時は、あたしがしたかった。私が子供みと

劇団花車名物、太鼓ショウ

知られざる東京のグラウンド・ゼロ 【墨田区・横網】横網町公園

相撲と花火の町、両国。駅を出てすぐ北側には隅田川沿いに巨大な国技館と、さらに巨大な江戸東京博物館。あいだに挟まるNTTドコモの高層ビル。ぜんぜん下町っぽくない一角の先に、横網町公園がぽっかりあいた空間をつくっている。

ベンチがあって、遊具があって、鳩がいて。一見ふつうの公園だが、ここはかつて被服廠《ひふくしよう》跡と呼ばれ、関東大震災で3万8000人の死者を出した悲劇の地だった。

いま、横網町公園には「東京都慰霊堂」と「復興記念館」というふたつの建物がある。関東大震災と太平洋戦争の東京大空襲の犠牲者、あわせておよそ16万3000体のお骨が、この場所に安置されていることを知るひとは多くないだろう。

犠牲者のお骨を収めた慰霊堂と、大震災・大空襲の記録を収めた記念館。近代日本の大建築家・伊東忠太によるふたつの建造物に込められた、悲劇と慰霊と復興への意志を探ってみる。

東京都慰霊堂

横網町公園の南側に建つ三重塔が、東京都慰霊堂だ。昭和5（1930）年竣工。一般公募（つまりコンペ）によって選ばれた伊藤忠太の設計による、新日本方式としか言いようのない、不思議な和様折衷建造物である。

大正12（1923）年9月1日、午前11時58分に相模湾で発生した関東大震災が東京を襲った。ちょうど昼時のことだった。着のみ着のまま、あるいは荷車に家財道具を積んで人々は逃げまどったが、この地域の多くの被災者が逃げ込んだのがここ、横網町公園のある場所。当時は軍服を製造する工場である被服廠の巨大な工場が移転したあと空き地になっていて、東京市が買収して公園にする計画を進めていたところだった。

被服廠跡には約4万人が避難したが、人間と家財道具でぎっしりだった空き地の、どこからか火が出て（調理の火が燃え移ったとも、襲いかかった火災旋風のためともいわれている）、逃げ場のない人々を炎に巻き込んだのだった。焼死者数およそ3万8000人。関東大震災で亡くなった犠牲者が、東京全体で10万人あまりだったというから、その4割近

東京都慰霊堂の全景。手前の講堂と背後の三重塔が一体になった建築。うしろにそびえ、景観を台無しにしている高層建築はNTTドコモ墨田ビル（しかし1階のドコモ歴史展示スクエア――観覧無料・要予約――では初代からのアナログ携帯など、懐かしい機種がたくさん見られる）

くがこの地で、火災によって亡くなったことになる。翌日から始まった遺体・遺骨収集作業では、積み上げられた焼死体の山が3メートルを越したという。

黒焦げの遺体となって身元もわからない5万8000人のお骨を収め、慰霊のために建てられたのがこの納骨堂。「官民協力して、広く浄財を募り、伊東忠太氏等の設計監督のもとに昭和五年九月この堂を竣工し、東京震災記念事業協会より東京市に一切を寄付された」と園内の由来記にある。

二度とこのような災害に見舞われぬよう、祈願を込めて建てられた慰霊堂だったが、ご

今回、特別に撮影を許された納骨堂内部。ここに16万3000体の遺骨が安置されている。高い天井近くまで並ぶ大きな骨壺には、それぞれ200体ほどのお骨が収められているという。もう半世紀以上も、そのほとんどはいちども蓋が開けられないまま、この場所に眠っていることになる

それぞれの棚と骨壺には番号がふられ、どこで見つかったものかが記されている

慰霊堂内部の独特な動物装飾

いかにも重厚なディテールや、伊東忠太の作品に特有の怪奇な動物のモチーフなど、建築的にも見るべきところが多い

「第一震　十二階の崩壊」浅草公園六区の北に凌雲閣と称えた十二層の煉瓦造りの高塔が聳えていた。 観覧者が眺望のために登っていたがこの塔は第一震で上部の三分の一が切断崩壊して塔下の民家の屋上に墜落した（作品に添えられた解説、以下同）

「被服廠跡」この慰霊堂の敷地附近は元陸軍被服廠であって空地となっていたので絶好の避難処となり各方面から集った為立錐の余地もなかった。午後三時頃延焼してきた猛火はここを襲い火に包まれ煙に巻かれ一瞬にして38000の人々が悲惨な犠牲となった。 遺体は十数日かかって露天火葬し焼骨は山と積上げてあったのでただ合掌するより言葉はなかった

「旋風」第一震によって130ヶ所から発した火災は延焼して隅田川近くに集り大旋風を各所に生じ人も家も品物も火炎と共に天高く巻上げては火の中に叩き落した。この旋風によってまだ焼けておらぬ家の屋根を吹き飛ばし石塀など打倒し喬木はたち切られ屋根の鉄板などは紙片の様に舞いあがった

「避難者の混乱」百数十ヶ所から火を発して延焼をはじめ風の方向が縷々変わるので何処を目当に避難してよいか判らぬ群衆で道は一ぱいになりただ右往左往するうちに煙に巻かれ躓づいて倒れ押しよせる避難者はそれを踏越え踏越えている間に親は子を失い夫は妻と離れ落伍して命を失った人々は莫大な数であった。脇に添えられているのが徳永柳州の自画像

進駐軍の圧力に屈することなく守り抜かれた大空襲の記録。石川光陽は昭和２年に警視庁に入庁し、昭和38年に退職するまで、警察官という特別な立場をいかして、昭和という時代の記録を撮影しつづけた。戦時中の写真は、いま東京都の生活文化局にかなりの原版が残されているそうで、たまにこの場所でも展覧会が催されている。左／墨田区本所。上／台東区浅草橋付近（石川光陽・撮影）

復興記念館

横網町公園の清澄通り側に建つ復興記念館は、関東大震災の被災者を慰霊する東京都慰霊堂の付帯施設として、慰霊堂が建った翌年の1931（昭和6）年に完成、一般公開された。設計は慰霊堂と同じく伊東忠太。鉄筋コンクリート造2階建ての、どっしりと重厚な建築である。

横網町公園とこの施設が誕生した経緯については、慰霊堂の項で詳しく述べたが、復興記念館は東京に未曾有の打撃を与えた関東大震災の記録を集め、将来の天災に対する備えをうながす目的でつくられた。ところが大震災から20年もたたないうちに、今度は第2次世界大戦が勃発。東京大空襲によって、下町一帯はふたたび壊滅的な被害を受けてしまう。そこで戦後、復興記念館には大震災に加え、大空襲関連の資料もあわせて展示されることになったのだった。

2階建ての記念館の1階には、大震災当時の記録写真と絵画、焼け出された日用品などの資料が、2階には海外からの援助資料や、東京大空襲関連の資料、それに戦後発生した地震災害等の写真も展示されている。

展示の核となっているのは、慰霊堂・復興記念館完成の以前、1929（昭和4）年秋に開催された帝都復興展覧会で展示された資料の数々。最初は慰霊堂の一部を陳列室として使用したが、とてもそれでは収まりきらなくなり、新たな展示空間として、記念館が急遽建てられたようである。

広々とした１階展示場

真っ黒な炭のオブジェと化した日用品や、建物の残骸。アメリカ、イタリアなど、各国で作られた「日本を救おう！」と呼びかけるポスター。復興展覧会のために制作された「新しい東京」の街路模型など、見るべきものが多い記念館。

なかでも大震災の模様を伝える大画面の油彩絵画の数々は、まだ絵画が美術作品である前に「記録」であった時代の、対象と向き合う画家の姿勢が滲み出るようで、ひじょうに興味深い。考えてみれば、こうした大震災から第2次大戦時にかけての戦争画が、日本における記録絵画の、最後の時代だったのかもしれない。

ひっそりと静まりかえり、慰霊堂よりもさらに訪れるひとの少ない記念館。もっともっと知られるべき、ユニークなコレクション空間である。

⊙**復興記念館**
東京都墨田区横網2-3-25　横網町公園内

公園の一角にある『震災遭難児弔魂像』。添えられた解説によれば——この記念像は、大正十二年九月一日午前十一時五十八分、関東地方に発生した大地震により不幸にして災害に遭い死亡した小学校児童約五千人の死を悼み、この不遇の霊を慰めかつ、弔わしむることと、永く当時を追憶し、その冥福を祈るため、当時の学校長等が中心となり、弔魂碑建立を企画し、第五回忌辰に際しこれを発表した。それに共鳴する者が、十八万二千二十七名に及び、その醵金は、一万四千六十六円四十七銭にも達した。

その基金で、彫刻家小倉右一郎氏に製作を委託し、完成後当時の財団法人東京震災記念事業協会に寄付し、その後東京都に引き継がれたものである。なお、この悲しみの群像は、昭和十九年第二次世界大戦たけなわのころ、戦力増強の一助として、金属回収の禍を受け撤去され、台座だけがむなしく残されていたが、昭和三十六年に当初の作者、小倉右一郎氏の高弟である、津上昌平、山畑阿利一の両氏によって、往時の群像を模して、再建されたものである

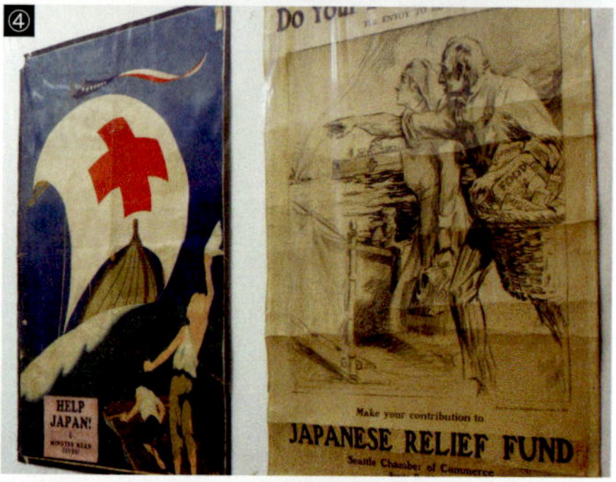

①第二号幹線九段坂付近（靖国神社前） 昭和４年開催 帝都復興展覧会 ②石膏胸像 麹町区上六番町（現在の千代田区）の或る家の焼け跡から発見されたもので、表面が火災によって、はげている ③洋菓子の焼焦品 ④大震災によせる海外の援助ポスター ⑤溶解した英文タイプライター ⑥自転車の焼骸（東京科学博物館出品） 震火に全く焼骸となり旋風と共に飛来し本所区安田邸内樹木に懸ったもので旋風の如何に猛烈であったかが想像できる

 ※写真説明は館内の解説より

左／関東大震災の猛火と風のため焼き飛ばされて壊された樹木と巻トタン（大正十二年九月一日関東大震災の焼跡）
右／金銭登録器（岡村栄次郎氏寄贈）　本機は神田区の焼跡から発見されたものである

大正12年9月1日の関東大震災の時に、猛火と熱風にて熔解した、丸善ビル・鉄柱溶塊

勃起する書棚

【新宿区・揚場町】**風俗資料館**

大英博物館やメトロポリタン博物館など、世界の名だたるミュージアムには、ポルノグラフィに分類される、一般に公開しにくい文献資料を集めたシークレット・ルームがあると言われている（その最大のものはバチカンであるとも）。しかしながら東京の国会図書館には、そのような秘密室は残念ながら存在しない。そのかわりになるのが、日本最大級のセクシュアルな文献資料コレクションを、飯田橋の雑居ビルの一室に集めたプライベート・ライブラリーであるといったら、驚かれるだろうか。

『風俗資料館』とシンプルな名前がつけられたそれは、1984年にスタートした会員制図書館だ。入会金1万円と月会費3500円を支払えば（なおかつ未成年でなければ）、だれでも会員となって、コレクションのすべてを閲覧できる（一日だけのビジター制度や女性限定、研究者用などのコースも設けられている）。世にある私設図書館や資料館のほとんどがボランティア活動であったり、企業、団体のバックアップがあって成り立っているなかで、風俗資料館は会員からの会費収入だけで、もう27年間も運営されてきた希有な施設なのだ。

2万冊あまりにおよび、いまだ増えつづける蔵書は、風俗と言っても一般的なポルノグラフィではなく、SM、フェティシズムに特化したコレクションである。壁全面を覆う書棚に整然と並ぶ、国会図書館すら集めようとしなかった“悪書”の数々。物音ひとつしない室内で会員たちが読書に耽る姿を眺めているうちに、ここここそが「存在するはずのない国会図書館の秘密室」ではないかと錯覚した

受付を飾る緊縛フィギュア

くなってくる。

資料館のウェブサイトによれば、コレクションの内容は以下のとおり——

当館では、SMつまりサディズム、マゾヒズム、フェティシズムに関する雑誌・資料のみを専門的に蒐集しています。一般的なポルノに関する資料は殆どありません。（中略）その代わりSMに関するものはいろいろなものがあります。国内で発行された主なSM雑誌を筆頭に、伊藤晴雨氏や秋吉巒氏、中川彩子氏、椋陽児氏、喜多玲子（美濃村晃）氏、観世一則氏、四条綾氏の数々の原画、或るマニアの注文によりプライベートに描かれた四馬孝氏のオリジナルの原画、知る人ぞ知る孤高の画家臼井静洋氏の膨大な原画コレクション、粋古堂（本屋には流通しない会員頒布という方法をとって、伊藤晴雨氏の和綴じ本などを発行された伊藤敬次郎＝竹酔氏）から頒布された膨大な緊縛写真（古い密着写真）、国外で発行された雑誌や画集も所蔵しています。また女性切腹の会「桐の会」の頒布作品、ビデオテープが生まれる前に制作された貴重な8ミリフィルム、戦後SM誌の歴史を敷衍する「濡木痴夢男（＝「裏窓」編集長）の自筆仕事メモ」なども所蔵しております。ことに風俗資料館のメンバーでもある平牙人氏に寄贈していただいたスパンキングものの雑誌やビデオの資料は、おそらく日本で一番充実し

ているのではないでしょうか。その他にSM関係のビデオも2000本以上所蔵しています。

これだけのコレクションが、一般にはほとんど知られていない場所で大切に保管され、汚れや傷みは修復されたうえで、30年近くも図書室として機能しつづけてきたというのは奇跡的というほかない。いまこの資料館をほとんどひとりで維持運営している館長の中原るつさんに、その成り立ちからうかがってみた――。

入口からライブラリーを見渡したところ。ゆったりした配置のライブラリー。会員たちは、なるべく他の利用者から離れた椅子を選んで、自分だけの時間を過ごすそうだ

ここは1984年開館ですから、もう四半世紀経ってるわけですが、私は3代目になります。最初は神楽坂の、いまの不二家があるあたりでしばらくやっていて、手狭になったので坂上の毘沙門天のあたりに引っ越して、そこで10年以上。それから1年半くらい門前仲町へ移転したんですが、やっぱりアクセスがよくないと、みなさん行きたい気持ちがあってもなかなか来れないので。それでここに移って4年くらいになります。

私は長いこと学生だったんですが（笑）、社会学系でセクシュァリティのことをずいぶんやってまして。そのころにこの資料館を知って、「スタッフ募集してませんか」って訪ねたんです。新卒で入ったので、ここ以外に働いたことないんですよ。初代館長は90歳で亡くなったんですけれど、体が弱くて月に1回しかいらっしゃらなくなっていたころでした。2代目館長が、まだ館長にはなっていなかったけれど、ほとんどやってました。10年前くらいですかね。

初代の館長は『風俗奇譚』の編集長だった高倉一《はじめ》さんですが、その前にここにはオーナーという方がいるんです。オモテの顔がまあまあ大きいひとなので、それは出せないんですが、こちらの分野で作家活動もしていて、「平牙人《たいらきばと》」という名前で、スパンキングの小説を発表しているんです。スパンキングの、昔のエロティックアートで、ヘーゲマンという人がいるんですが、（筆名は）それをもじっているらしいです。

戦後のアブノーマル・エロの代表雑誌『奇譚クラブ』『裏窓』『風俗奇譚』がこれだけ揃うのは、日本でもここだけでは

平さんは10代のころから『風俗奇譚』に投稿していて、毎号作品が載るほどだったんです。それで、自分のコレクションがすごく多かったので、自宅ではなくマンションの一室を書庫にしていたんですね。そこに（『風俗奇譚』が）廃刊するころの高倉編集長を案内して、「せっかくだから小さな図書館とか、好きなものを安心して見られる場所をつくってみないか」とふたりで話し合って、じゃあやってみようかということになったようです。こういう資料を、人前でゆっくり見られる時代ではなかったですから。

それで、これも珍しいと思うんですが、平先生は親子2代にわたってのコレクターなんですね。ふつう親と息子でそういう話は、しないと思うんです。平先生がいま70代ですが、その父親でいらっしゃいますから、いま資料館にある伊藤晴雨の原画などはぜんぶ、そのお父様のコレクションなんです。晴雨から直接もらった原画ですから。

平先生は紙に関係のある、歴史ある大きな会社の方なんですが、お父様もそうだったんです。とくに戦前、戦中、戦後の混乱期なので、晴雨とか、絵描きさんに紙を届けたりするのを、自分が好きでしていたんですよね。なので、描きたくても紙がなくては描けないので、紙を絵描きさんに届ける、そのときに好きな絵を描いてもらう、みたいな（笑）。それで息子がふつうだったら……父親のそんな趣味を見たら引くと思うんですが、そのまま引き継いでいるというのは、すっごく珍しい親子だと思います。

ですからコレクションのもともとは平先生のお父様なので、まず原画とカストリ雑誌ですね。カストリの紙とかも供給していたひとらしいので、その時代のカストリはかなり揃ってます。それ以前のものは、『人間探究』のような大正時代の変態資料。それに平先生も引き継いだ、戦後のちょっとアブノーマル・エロティックな娯楽雑誌になったころの『奇譚クラブ』『裏窓』『風俗奇譚』。あとのものは、風俗資料館ができたときに、高倉館長が当時あった出版社の方々にお手紙を書いたんですね。自分たちがつくりあげてきたものを、ここに残しましょうということで、協力を募ったんです。高倉館長は、やっぱりそういう時代のパイオニアでしたから、70年代のSM黄金期に本を作っていたひとたちにとっては、いま自分たちがこういうものを作りましたというのを見てもらいたいという意味での、献本もあったと思います。

国会図書館に「E指定」というのがあるそうなんですが、本とは認めてなくて、番号もつけずに地下に積んどくだけの本たち。いま考えるとそれ、とっておいたほうがいいんじゃないのって思いますよね。新聞記事で、国会図書館がそれまで本と認めていなかった本たちを、集めるプロジェクトを始めているというのを読んだことがありますが、私は無理だろうなあと思っていて（笑）。マニアの力にはかなわない。好きじゃない人はたどり着けない、想像力が及ばないだろうと思います。

そういう献本があるほかに、個人の方からの寄贈もずいぶんあるんですよ。たとえばあそこにうずたかく積んである段ボールは、今回の（地震の）臨時休館中に届いたものなんですが、中味は全部、刺青、ピアス、女装。この3つを御

『薔薇族』などゲイ雑誌も各種取りそろえ。82年創刊の『ＳＭ秘小説』をはじめ、もう廃刊になったマニア雑誌がコンプリート

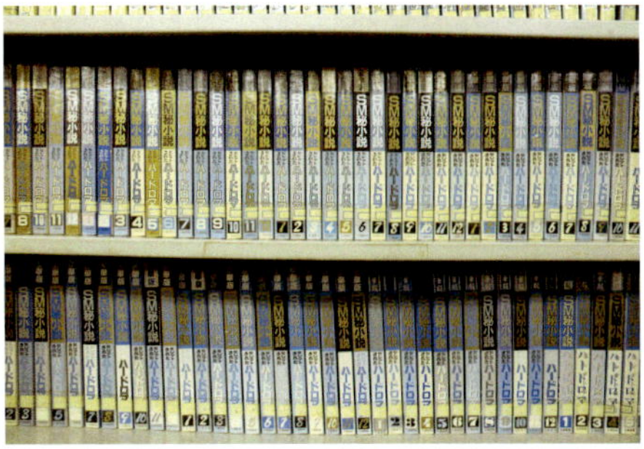

自身の嗜好の要にされている方なんですが、専門誌が日本にないようなころから、ご自分でアメリカからこっそり持ち帰ったものだったり、いまだったらピアスとかもいっぱいありますけれど、ああいうのも自分で作るしかなかった世代の方なので、けっこうおもしろいんですが、7箱……みたいな（笑）。でもその方によれば、これは3分の1で、あと3分の2は泣く泣く捨てたっていうんです。

みなさん、長くマニアをしているといちどは「やめなきゃいけないんじゃないか」と思われるんです、かならず。奥さんにバレそうになったから急いで処分しなくちゃならなくなったとか、結婚するときに、やめられるわけないのに「よし、ここでやめるぞ」と思いこんだとか、50〜60代で大病をされたときに、見つかって捨てられるよりは、安全な場所に置いておこう、大切に残してくれて、好きな人が見てくれる場所にっていう、避難場所としてここに送ってこられる方が、たくさんいらっしゃいます。

いちども（コレクションを）捨てたことがないというひとは、まず聞いたことがない。ある日いきなり電話がかかってきて、「いまから持って行ってもいいですか？　タクシーで何往復かします。いま、いまじゃないとだめなんです！」って、切羽詰まったケースもありました。こっちも、中味も量も聞かないで「わかりました、とにかく持ってきてください！」って（笑）。雑誌はまあ、お金出せばまた探せるかもしれませんが、ここの本棚にあるような個人的なファイル、アルバムの類は、そういうわけにいきませんしね。

会員さんもいろいろいらっしゃいますから。人数も、実はよくわからない。たとえば亡くなる方がいても、絶対に連絡は来ませんし、しばらく見えないなあと思ったら、転勤していて東京に出てこれなかったとか。入会当初に1年くらい、通いつめて好きなものをものすごい枚数コピーする方もいれば、のんびり書庫がわりに使われる方もいるし。

番号だけ通してみれば、百という単位じゃあないですね、千何百人にはなります。大きな寄付があるわけでもないので、この姿勢、この場所に賛同してくれる方たちが払ってくれるお金で、ここは成り立っているわけです。月の会費を払ってるのに、来られない人もいらっしゃいますから。ここが続いていけるようにと、来られなくても払ってくれるんです。

ここは混むときだと一日、20人くらいは来ます。平日とか週末とかは関係ない、雪の日だろうが、行くと決めたら行く、という感じで、混むときは混みます（笑）。最近は、ブックサロン的な場所がけっこう多くなって、お洒落なところあるでしょ。展覧会のときとかに来るひとたちから、「もっとお洒落にしたらいいのに」みたいなことを言われたりもするんですけれど、私は形からして図書館というふうにしていたい、お洒落空間にはしたくないんですよね。お爺ちゃんでものんびり、明るいところで、静かにちゃんと読めるように（笑）。

最初に平先生が作ったときは、いまのそういうサロンとは年代も違うので意味が異なると思いますが、本好きの人たちが集まるゆるやかなコミュニティという意味合いは、持っていたと思います。文学サロンっていうんですかね、紳

士たちが集い、そこでは文学の話をするような。いまでもよく顔を合わせる方は一言二言、ご挨拶ぐらいはしますが、それくらいですね、ほとんどは。ここに来るからには、自分と同じように、このドアの外では言えないなにかが好きなんだろう、ぐらいな、ゆるやかな一体感（笑）で結ばれているというか。

みなさん、ご自分も立ち入ってほしくないでしょうから、ほかのひとの世界にも立ち入らない。来ている方ひとりひとりに、そのひとだけのこだわりがありますし。コピーを注文してきますよね。ふつうはお茶くみとコピー取りみたいなイメージですけれど、私は得難い経験させてもらっていると思うんです。たとえば、男性が責め手のものもあれば女性が責め手のものもあって、女装ものもあるし、このひとなんだろうなって思いながらコピーしていて、何年かして、ようやくちょっとしゃべるようになってきたら、「夫婦ものの、寝室でやるイメージが好きで」とかね（笑）。

いわゆる緊縛ですとか、女王さまですっていうくくりの、さらに上位の階層のこだわりがあるので、すごく勉強になるんです。数十年間、マニアを続けて来た方が、「20年くらい忘れられない作品があって、ここで見つけたのでコピー取って帰りたい」というふうにピックアップされた作品って、それは名作でしょ。そういう厳選された作品は、自分もあとで読もうって思いながら、コピー取るんですよ（笑）。おひとりずつの、特別なアンソロジーを作ってるようなものですよね。

⊙風俗資料館
東京都新宿区揚場町2-17 川島第二ビル5F
http://pl-fs.kir.jp/pc/

マニア諸氏から、さまざまな事情で寄贈されてくるお宝コレクション

自宅に置いておけなくなったマニアからの寄贈ファイル群。背に手書きされたタイトルを読むだけでも、そのピンポイントな趣味が察せられる

過去数十年間に発行されたSM雑誌バックナンバーにとどまらず、資料館には伊藤晴雨、喜多玲子をはじめとする「責め絵」の大家たちの原画類、個人コレクターの写真、アルバムなど、プライベートなかたちで現在まで大切に保管され、伝えられてきた資料が多数収集されている。アーティストに直接依頼して描かれた作品から、家庭内に置いておくことが不可能になって寄贈されてきた資料まで、そうしたコレクションのひとつひとつには、作り手と守り手の尽きせぬ思いが込められている。

この資料館でしか見ることのできない、珠玉のライブラリー・コレクションの、ほんの一端をここにご紹介する。興味を持たれた方は、公式ウェブサイトでシステムを確認のうえ、ぜひ実際に資料館を訪ね、自分の眼と手で、コレクションに込められた思いをすくい取っていただきたい。

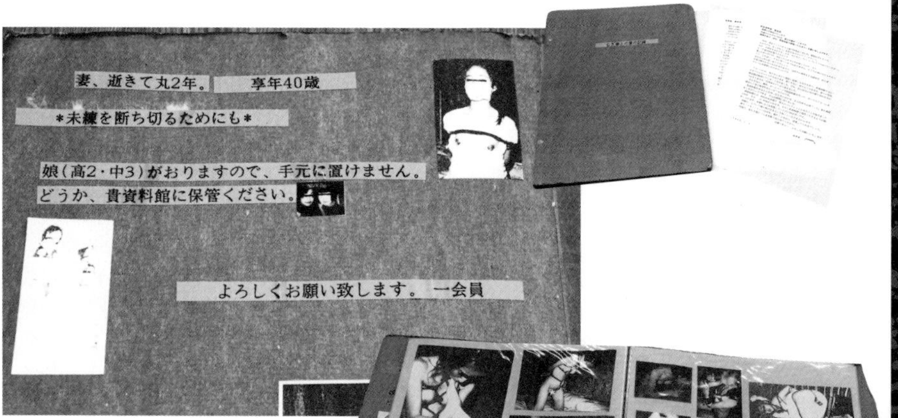

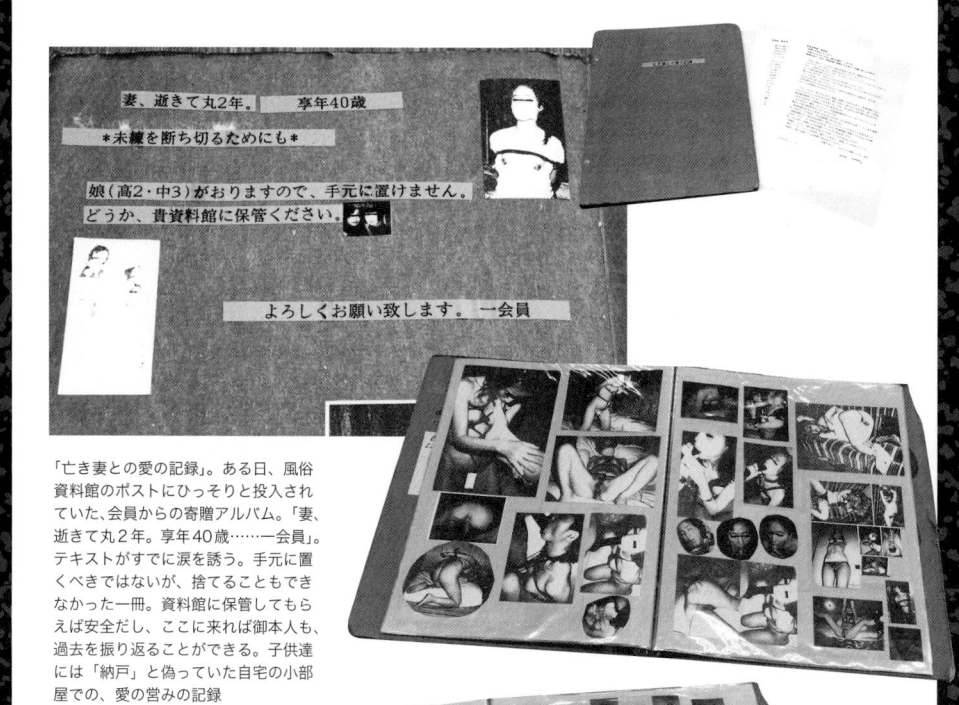

「亡き妻との愛の記録」。ある日、風俗資料館のポストにひっそりと投入されていた、会員からの寄贈アルバム。「妻、逝きて丸2年。享年40歳……一会員」。テキストがすでに涙を誘う。手元に置くべきではないが、捨てることもできなかった一冊。資料館に保管してもらえば安全だし、ここに来れば御本人も、過去を振り返ることができる。子供達には「納戸」と偽っていた自宅の小部屋での、愛の営みの記録

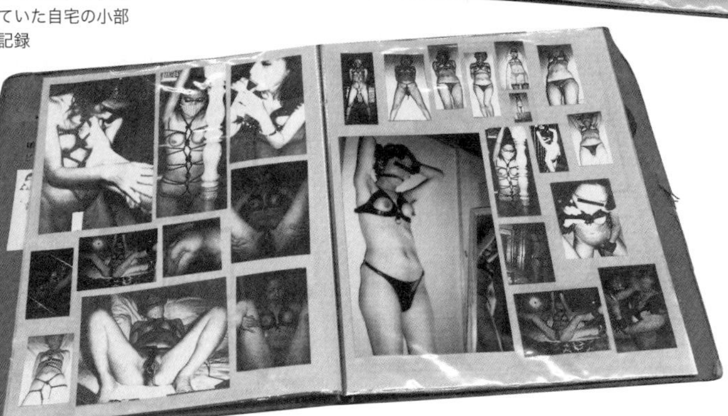

孤高の責め絵画家だった臼井静洋が、ある愛好家から個人的な注文を受けて制作した、きわめてプライベートな連作。ここにあげたのは『歌姫残酷物語』、『砂漠の国の女奴隷』と題された２巻だが、資料館にはこのような画帖が100冊以上、所蔵されている。

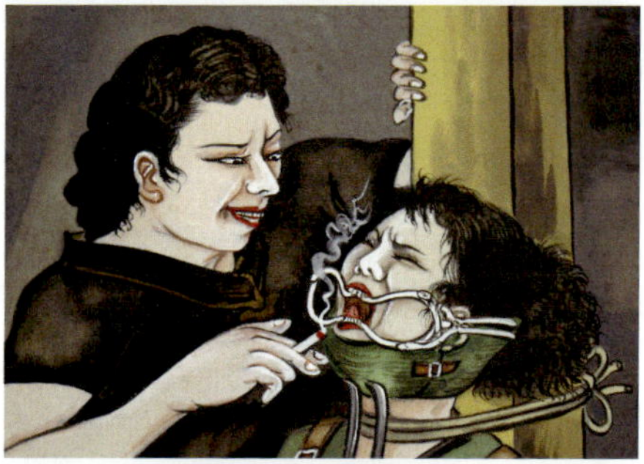

画中に描かれている拘束具は、その時代実際にそういうものがあったわけではなく、すべて架空、妄想で描かれているもの。ロマン・スロコンブなど現代のフェティッシュ・アーティストを思わせる、驚くほどモダンな画風である

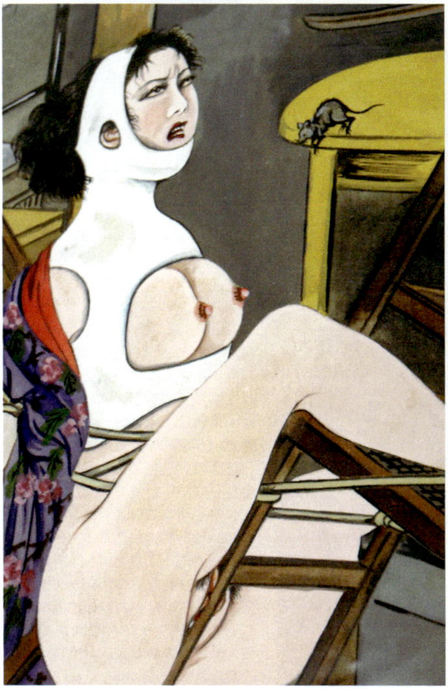
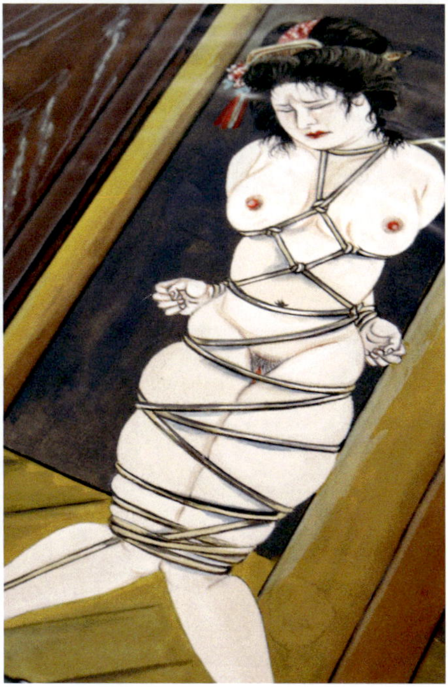

戦後のいわゆる「カストリ雑誌」と言われたものにも、美しくエロティックな挿画が多かった。これは「りべらる」昭和24年7月号掲載の岩田専太郎の挿画「笠森おせん」

カストリ雑誌の数々。5号までしか出なかった「猟奇」など、これだけのコレクションが一ヶ所に揃う図書館は、まずない

「日本唯一の異色探偵雑誌」と表紙にうたわれた『妖奇』の、その誌名に恥じない毒々しいグラフィック

「探偵もの」というくくりで、江戸川乱歩によるシリーズも多数所蔵されている。探偵、SFとアブノーマル・エロは、暗いムードとサスペンスという意味で、近親関係にあったと言える。現在のようなSM雑誌が存在しなかった（できなかった）時代、不条理なエロスや猟奇的なドラマといった要素が詰まっていたミステリーや幻想小説は、SM愛好家にとって欠かせないコレクションの一部をなしていた。資料館には、そうしたコレクターから寄贈された探偵・猟奇もののカストリ雑誌が多数収蔵されている

洋物ビデオ全盛時代のパッケージ。ストレートな性交ものがほとんどのなかで、フェティッシュ系を探すのは当時困難だった。パッケージだけを別個にファイリングしてあり閲覧、検索が容易にできるようになっている

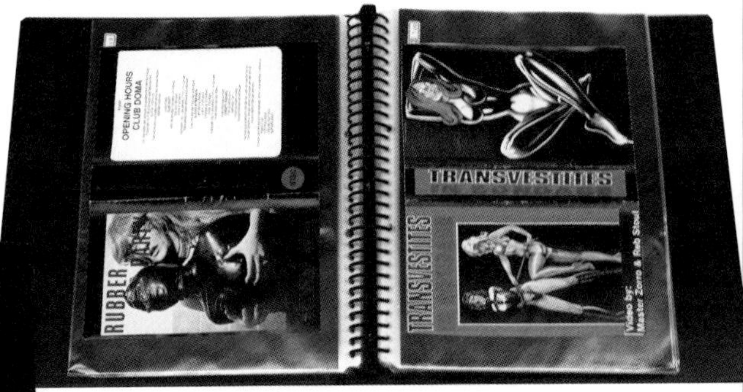

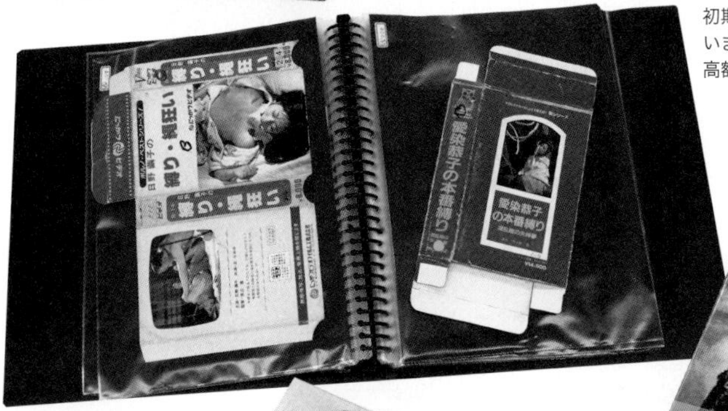

初期の和物ＳＭビデオ。いまでは考えられない高額商品だった

幻想画家・秋吉巒の画集など、いま活躍中の作家の作品集も、風俗資料館では販売している

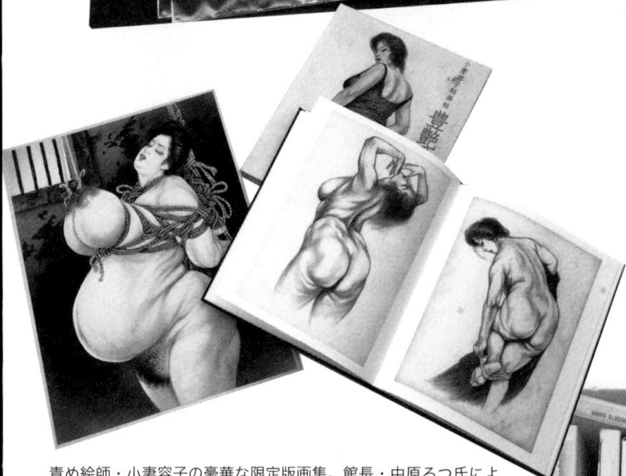

イギリス製のスパンキング８ミリ・フィルム。個人のコレクションだったのが、資料館に寄贈されてきた

責め絵師・小妻容子の豪華な限定版画集。館長・中原るつ氏による詳細な解説が巻末につけられている。添えられているのはその原画。 小妻は刺青緊縛美人画の第一人者として世に知られているが、そのような緊縛美人画が「表の顔」だとすれば、非常にプライベートな裏の顔として、こうした豊満熟女緊縛画をひっそり描きつづけてきた。資料館には画集に収められた作品の原画や、「世に出したくない」という画家の願いによって、この画集にさえ収録されることのなかった門外不出のデッサンまで、小妻容子の豊満熟女緊縛画シリーズのほぼすべてが秘蔵されている。

館長が「名品！」と太鼓判を押す、やはり個人寄贈ファイルの「A氏コレクション」。アルバム全16冊にわたる、すばらしきスクラップ・ワーク。雑誌から好みの図版を切りぬき、丁寧にアルバムに貼りつけられている。そのセレクト、切りぬきの精妙さ、レイアウト、すべてに愛が満ちあふれている

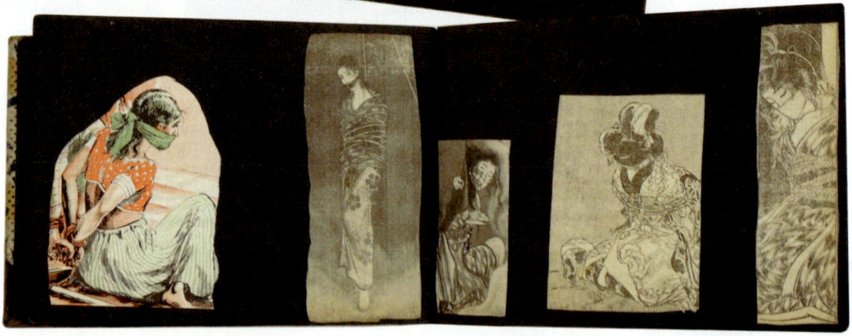

オーナーである平牙人さんのお父さんの個人コレクションには、貴重な原画が少なくない。これは責め絵で有名な伊藤晴雨のデッサン。晴雨に紙を提供していたことから、個人的に描いてもらったものがここに残されている

ポートフォリオに収められた伊藤晴雨の本画。
江戸時代の拷問シリーズ

左下／中原館長の解説によれば、それは「なにかしらのコミュニティのしきたりに背いた、刑罰のシーンが描かれた一連の屏風絵の中の一枚。小さな村の掟か、あるいは姦通の刑罰と思われる。女のひたいに刺青された文字は『犬』になる。晒されながら一画づつ入れられ、最後の一画の点が打たれてゆき、『犬』の文字が完成したときに首を斬られる残酷な刑罰」である

右下／「かどわかし」と「なんらかの咎を負って責められる罪人」を描いた晴雨の屏風絵２点。「かどわかし」という危機的な状況に陥った女性は、恐怖と苦悩の表情を浮かべているが、みずから犯した罪によって責めを受けるほうからは、むしろ諦めと悲しみが見てとれる。晴雨による「責め絵」のうちでも、背景のドラマによって責められる表情に差が出てくる、そのおもしろさがこうした対比から浮かび上がってくる。

永遠に眠れる森の美女

【台東区・上野】オリエント工業

昭和通りに面した、上野の小さな雑居ビル。2階に上がってドアを開けると、そこにはおだやかな灯りに照らされて、数十人の美女が寛いでいた。小学生にしか見えない少女から、アイドル系、微熟女まで。あるものは普段着を身につけ、あるものはほとんどなにも身につけず。こちらを向いて、微笑んで。ひっそり黙ったまま……そう、彼女たちは人間ではなく、もっとも精巧に作られた人形＝「ラブドール」だ。

台東区上野に本社を置くオリエント工業は、日本でもっとも大手の、もっとも精巧なラブドールの製造販売元である。そしてここは、上野に設けられたオリエント工業のショールームなのだ（上野のほかに大阪にも設けられている）。

オリエント工業は1977年創業。来年（2012）で35周年を迎える、業界の老舗メーカーだ。創業者であり、いまも第一線で指揮を執る土屋日出夫さんは1944（昭和19）年、横浜生まれ。もともと会社勤めから、オトナのおもちゃ屋経営に転じたという異色の経歴の持主である——

僕は横浜の麦田っていうところの生まれで、元町のすぐ近く。元町はオシャレでしょ、麦田はあんまりオシャレじゃないけどね（笑）。それで、最初は会社勤めのサラリーマンだったんですけど、新宿でオトナのおもちゃ屋をやってるひとと知りあったんですね。いまはもうないけど、歌舞伎町の区役所通りで。まあ、自分でもああいう柔らかい商売っていうか、そういうのが好きで、ちょっとやってみようかなっていう感じになって。で、横浜をやめて、

初めて東京に来たわけです。

そこは新宿のほかに上野にも店を持ってたので、僕も新宿と上野を行ったり来たりしながら2、3年働いて、それから独立して浅草で自分の店を持つことになったんですね。

昭和40年代後半から50年ごろの話ですが、そのころがオトナのおもちゃ屋の全盛期でした。でも、（お上が）うるさい時代でもあって。いまはふつうに週刊誌にも出てるけど、当時はアンダーヘアすらとんでもないという時代だから。

サラリーマンからオトナのおもちゃ屋経営に転身した土屋さんは、まもなく浅草で店を2軒持つまでになる。そのころ店でよく売れていたのが「ダッチワイフ」。空気を入れて膨らませる、まさにおもちゃのような性具だった。

当時は女性用に、まだバイブレーターがな

さまざまなタイプのドールたちが並ぶさまは、圧巻！

い時代ですから、肥後ズイキだとか、電動のないコケシ、それにちょっとしたリングだとか、つける薬だとか。男性用には空気袋のダッチワイフと、あとスポンジでできたものぐらいがメインだったんです。それから電動ものが出始めて。最初はいまでいうローターみたいなもの、それからコケシ型になったんだけど、ひとの顔をつけて民芸品という形で売ってました。そうじゃないと許可が下りなかったので。いまは秋葉原のアダルトショップとかでも、男性器そのままのモノが売ってるでしょ、びっくりしますよね。昔はそんなの、とんでもないことでした。

毎日店に出て、接客をしていた土屋さんは、そのうちにあることに気がついた。ビニール風船のような胴体に、漫画チックな顔がついただけ、それでも当時の値段で1～2万円はしたダッチワイフが、よく売れる。売れるけれど、粗悪品が多く、体重がかかるとすぐに空気が漏れたり、破裂したりする。しかもそんなダッチワイフを真剣な顔で求めに来るのは、エロマニアというより、からだに障害を負ったり、伴侶を失ってこころに傷を負ったりして、女性とまともに接することの難しい男性が、思いのほか多かった。そこから、ただの性処理用具ではなく、「かたわらに寄り添い、こころの安らぎを与えてくれるような存在」をつくりだそうという、土屋さんの探求がスタートする。

浅草でおもちゃやっているときですが、ビニールのダッチワイフ、箱に直接女性の絵が描いてあるだけのようなものが、1万円、2万円なんです。それをぼくはきれいなクラフト用紙に包んだり、自分で『南極』って書いたり、ちょっと違う感じにして高くして売ったら、売れるんですよね、これが。

でも、そういう1万、2万円の空気人形だけど、それを何回も直しに来るんですね。破裂しちゃうんですよ。もう、のっさわっさ乗っかるから。浮き袋とおんなじように接着するんだけれど、一回破れると接着が弱くなるし……それもあるんだけど、見てくれからが、あまりにひどかったもんで、これはちょっとやってみたいなと思ってね。

1977（昭和52）年、オリエント工業を興した土屋さんは、顔と胸にソフトビニールを使用し、腰の部分をウレタンで補強、顔、胸、腰以外をビニール製の空気式にした、初めてのオリジナル商品『微笑《ほほえみ》』を発売する。そしてその同じころ、ひとりの研究者との出会いが、土屋さんとオリエント工業のありかたを決定づけることになった。

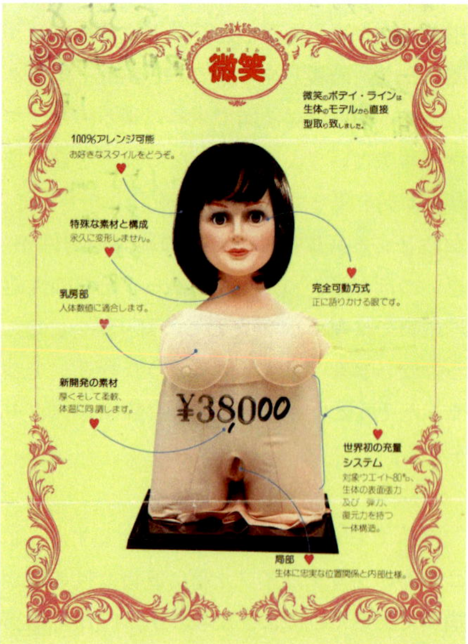

オリエント工業第一号作品「微笑」（1977年）発売当時のカタログ。「耐久性と適度な弾力を持たせるために、顔と胸にはソフトビニルを使用し、腰の部分を軟質ウレタンで補強された。しかし、顔、胸、腰以外はビニール製の空気式であったために、空気漏れは否めず、耐久性の向上が後の課題点となった」（オリエント工業サイトより）

そのころ、僕を助けてくれたひとがいたんですね。佐々木という、10歳ぐらい年上で、あまり過去は聞かなかったんですが、京都のほうの生まれで、お医者さんだったんです。彼はいろんな海外で、障害者の性を扱ってたんですね。僕のほうはそれまでおもちゃ的な扱いでいたわけですが、彼はビニールのそういうものでも、違う扱い方をしていたんです。やはり障害者に対する思いっていうのがあって。そのひとにだいぶ影響されましたねえ。

だから、このショールームも、場所はいまと違いますが、ずいぶん初期から、ショールームではなくて「上野相談室」という名前で開いたんです。僕では相談に乗れないけど、そのひとなら1時間でも2時間でも、性の相談に付き合ってるんですよ。初期のビニール製のものですから、いまのシリコン製と較べれば問題にならないけど、それでもいまのシリコン製を売るのとまったく同じ思いで。

オリエント工業の上野相談室をさまざまなひとが訪れるようになって、土屋さんはドールを必要とする人間にも、さまざまな動機があることを知るようになった。

お客さんは、なにも障害者だけじゃないんですよ。性の悩みもいろいろで。あのころはね、奥さんが蒸発……今はもう蒸発なんて言わないけれど、男つくって逃げちゃう。そうするとね、女性不信になっちゃうらしいんです。女性のモノが汚く見えちゃう。それなら風俗行って遊べばいいじゃないかと、我々は簡単に思うけれど、そのひとにしてみれば、女性のモノが汚く見えちゃうんだから。あるいは奥さんが病気で、だんだんセックスが苦手になってきたとか。そうすると、真面目な男性はなかなか発散もできない。あと、障害者の

オリエント工業社長・土屋日出夫氏。このドールたち全員が、パイオニアである社長の作品といえる。「いちおう、ひととおり、抱いてるからね」

息子を持つお母さんが、やむをえず手で処理してあげていたのが、性欲が強くなってきて、このままでは最後の一線を越えてしまいかねないということで悩み抜いた挙げ句、うちのことを知って駆け込んでくるとか。ほんとに十人十色、いろんなケースがあるので、コンサルティングの過程がすごく大事なんですね。だから、佐々木という人間に出会ってなかったら、僕はいまごろただの、アダルトショップのオヤジでいたかもしれない。

『微笑』に続いて1982（昭和57）年には手足を取り外せる全身タイプの『面影《おもかげ》』、87年には『影身《かげみ》』、92年『影華《えいか》』と、オリエント工業はラテックス製の全身人形を次々と発表していくが、それまで「影」という字が象徴するように、ひっそりと扱われるべき存在で、表情も憂い顔だったり、無表情だったりしたのが、イメージを一新することになるのが97年発表の『華　三姉妹』。素材こそラテックスのままだが、「華」の文字に象徴されるように、それは日常生活のかたわらにあるものとしての明るさ、艶やかさを前面に押し出した新シリーズだった。

そうした路線変更の背景には、新たな造形師の起用と、96年にアメリカで発表され、世界中で話題になった高級ドール『RealDoll』の存在がある。カリフォルニア州サンマルコスに本拠を置くアビス・クリエイション社が発売した「リアルドール」は、「ハリウッドの特撮技術を最大限に活かした」と銘打ち、皮膚にシリコンを使用した、従来の製品とは次元の異なる触感と完成度を持つドールであり、6000〜7000ドルという値段とともに、日本でも大きく報じられることになった。当然ながら、オリエント工業を含めた日本の各社も、シリコン製の新製品を出そうと競って開発を進めることになる。

アメリカからシリコン製のものが入ってきて、びっくりしたんですが、当時はなかなか良質のシリコンが入手できずに、うちもシリコン製の『ジュエル』を2001年に出せるまで、2年ほど開発期間をかけることになりました。最初のシリコンが出る前は、顔が全然違うんですね。もともとはマネキンを作っているひとが描いてたんです。シリコンが出る前はソフトビニールですから、素材も全然違いますけど。それがいまの造形師さんになってから、まったく顔の造形、メイクも変わってきたんですね、現代ふうに。

そして2001年にシリコン第1号が出るわけなんですが、そのちょっと前の1999年に、ソフビで『アリス』というシリーズを出しまして、これが爆発的に売れたんです。ちょうどインターネットが世に出てきたときで、それまでオトナっぽいのがメインだったんですけれど、はじめて身長136センチというロリ系、小さいかわいい感じのアリスっていうのを作って、これが月に100から150くらい、2、3年は売れてた。

最初はロリ系というのは、ちょっとこわごわというか、抑えてたんですけど、インターネットとリンクした時期というのもあって、いままで（ドールを）必要としていたひとたちとは違う、若い層のお客さんが、性具というより「癒し」みたいなものを求めて買ってくれるようになったんですね。だからお客さん同士のファンクラブとかできたりして。そういうのって、それまでは考えられませんでしたから。

ラブドールを持つことを恥とも秘密とも思わない、そういう新しい層が出てきたことによって、オリエント工業のラインナップは格段に広がることになった。もちろん、お客さんのバラエティも。

僕自身も数年前、ドール見本市の取材で、ラブドールのファンクラブと出会い、彼らの「オフ会」の記録を見せたもらったことがあるが、高速のサービスエリアでみんなのドールを並べて記念撮影したり、旅館を借り切って、ドールを侍らせて宴会したり、それは堂々というか、あっけらかんとしたものだった。

お客さんの中には長いあいだ、1体のドールを大切に使ってくれるひともいるし、新しい子が出てくるのが楽しみで、もう10体以上持ってらっしゃる方とか、家中がドールだらけというカリスマ・コレクターもいらっしゃいます。部屋丸ごとを、巨大なドールハウスみたいにしてるひととか。顔と体が取り外せて、顔だけ取り替えられるタイプもあるので、顔だけいくつか持って、使い分けてる方もいるし。でも、特別きれいな顔だから売れるというわけでもないし、外国人のタイプは売れないし。少女のシリーズのなかには、性器部分に穴のあるなしを選べるタイプもあって、性器なしのものを買うひともけっこういますから。そういうのは子供のいない女性や、年配の方たちの「癒し」になってるんでしょうし。ほんとにいろいろなんです。

ラテックスやソフビやシリコンの肌を持つ人形たちは、もう30年以上にわたってさまざまな思いを、妄想を受け止めてきた。ちなみにオリエント工業では注文を受け、出荷することを「お嫁入り」と呼んでいる。修理や、どうしても持っていられなくなって返品されたものは「里帰り」。そうやって里帰りした人形でも、大事に扱われていたドールと、そうではないドールでは、表情が違って見えるらしい。本家アメリカの「リアルドール」ではありえない、そうした細やかな心遣い、ドールと所有者のコミュニケーション。こんなに日本的な心情が、こんなところで見え隠れしているとは。

オリエント工業は本社・ショールームを上野に置いているが、製品を作る工場は葛飾区にある。葛飾といえば人形が地場産業。すでに大正時代にはセルロイド工場が、玩具を海外向けに生産輸出していたという。タカラトミー（もともとはタカラ、トミーと葛飾に本社を置く別会社だった）、モンチッチで有名なセキグチなど、名だたるおもちゃメーカーが葛飾区には昔もいまも本拠を置いている。今回は特別に、葛飾区内にあるオリエント工業の工場内も見せてもらうことができた。

映画『空気人形』でも、この工場がロケ地に使用され、映画の中ではオダギリジョー扮する孤独な人形師が作業していたが、実際には明るく広々とした空間で、若いスタッフを中心に活気あふれる下町のファクトリーである。広報担当の林拓郎さんに、お話をうかがった――

もともと葛飾はおもちゃメーカーがたくさんあって、ソフビの工場とかもみんなこのへんだったんですね。うちも、もともとはドールの製作自体はマネキン工場のほうに外注してまして。ただ、そういうマネキン屋さんもだんだん高齢化して、廃業ということになっちゃうので、自社で工場を持って生産するようになったんですね。

前はこの近くに工場があったんですが、手狭になったので2004年にこちらに引っ越しました。というのは、2003〜2004年あたりに『ドール風俗』というのが流行って、テレビ番組とかでもずいぶん紹介されたんですよ。ようするに生身の女の子の代わりにドールを置けば、人件費をかけずにお客さんが来るということで。それが風俗関係に一気に広がって、いままでとはちがう、業者の方々が注文してくるようになって、生産が拡大したんです。ま、それはけっきょく1年ぐらいで淘汰されて、いまではほとんど残ってませんが。いざやってみると、ドールのほうがメンテナンスが大変とわかったんですね（笑）。当時、年間製造体数が1000体ぐらい行ってましたから。商品数が増えた現在でも、10万円から70万円まで、ボディタイプにして6種類、ぜんぶひっくるめて1000体前後は売れてますが。

工場見学に同席してくれた造形師さんによれば、美人をそっくり真似しても、魅力的なドールにはならないという。「人体をそっくり型どりしても、死体になっちゃう。人間の造形美をいいほうにデフォルメしていかないと、欲しいって感じにならないんです。顔の大きさ、肌の色から胸の大きさ、乳首の色まで！ほんとはこんなピンクじゃないけど、『夢の女』ですからね」と笑いながら話してくれたが、それはまったくそのとおりだろう。

ファッションモデルのようなバランスの人間が、舞台ではまったく映えないように、からだをつけていっしょに座るソファや、ベッドの上でこそ最高に映える顔が、体がある。そういう、人間のいちばん深い欲望にとことんつきあい、寄り添い、ほかのどこにもない“伴侶”を黙々とつくるひとたちがいた。それも葛飾という場所に。

⊙オリエント工業
東京都台東区上野5-23-11 スグルビル2F
http://www.orient-doll.com/top.html

葛飾区にあるオリエント工業の工場。ここはシリコン製の胴体をつくるコーナー

上・下／頭部の着色＋メイク部門。さまざまなタイプに型抜きされた頭部がずらり並ぶ。頭部のメイクは、芸大出身者、映画の特殊メイクを担当していた人、創作人形を作っている人が３人で担当。眉は描き、まつ毛を植え、眼球はアクリル製の、人間の実際の目より少し大きめのものを入れる

左／広報担当林さん。工場には、淫靡な感じは一切なく、気持ちのいいものづくりの現場感　**下**／少女タイプから、20歳くらいのお姉さんタイプの顔まで、顔の種類は、多い時で40種類くらい。歯も、シリコン。どうですか、この表情！

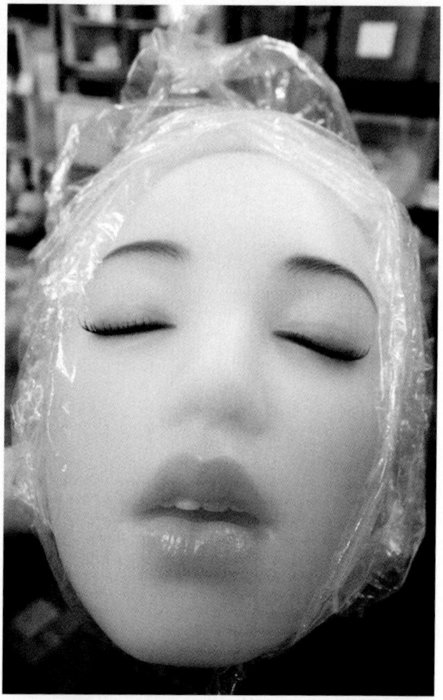

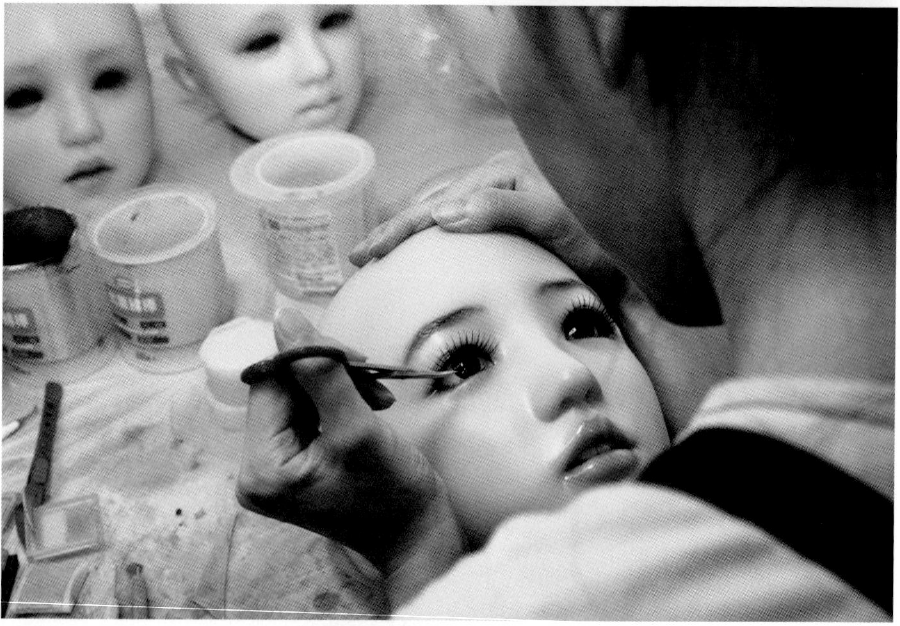

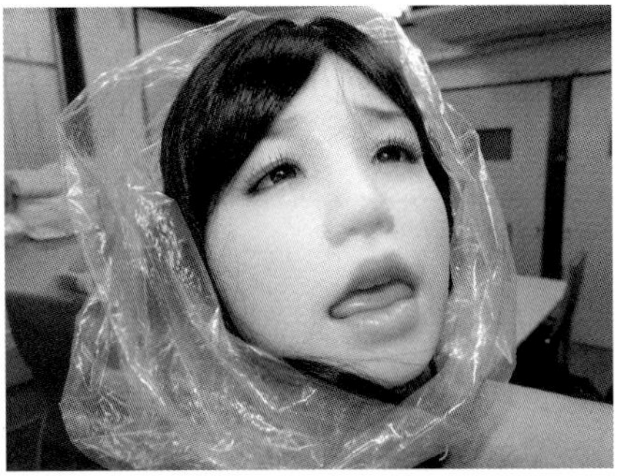

「表情はあいまいにしているんです。能面のような要素があるんだよね。持ち主の人がイヤな気分なのに、人形があまり笑っていたりすると、イヤでしょ？　明るい気分なのに泣いているような顔はイヤだったり。だから、見る側の気分によって、変わるように、表情をあいまいにしてあるんです」と、頭部の造形師さんの言。ホクロは仕様。頬や唇はやわらか触感が出るように、中の芯に工夫がほどこされている　**右**／数年前から着手した、「困り顔」

左／シリコン製のボディが並ぶ。身長は、126センチから157センチまで5種類、バストは大と小とで選べる。肌色も、ナチュラルと美白から選べる。また、指の関節を入れるタイプと入れないタイプとが選べるなど、セミオーダーシステムになっている。触ってみると、いかにもやわらかい肌という感じ。バストの中には柔らかいゲルが入っており、鎖骨部分は硬くしてある。お腹は柔らかく。人の体に近づけるさまざまな工夫が内部にほどこされている　**右**／出来上がったボディが並ぶ。アンダーヘアも、あり・なし、色（茶・黒）、量（多い・少ない）を選べる。好みのボディに、好みの頭部をワンタッチでジョイントするシステム。一体のボディにつき、複数の頭部を買って、替えることもできる

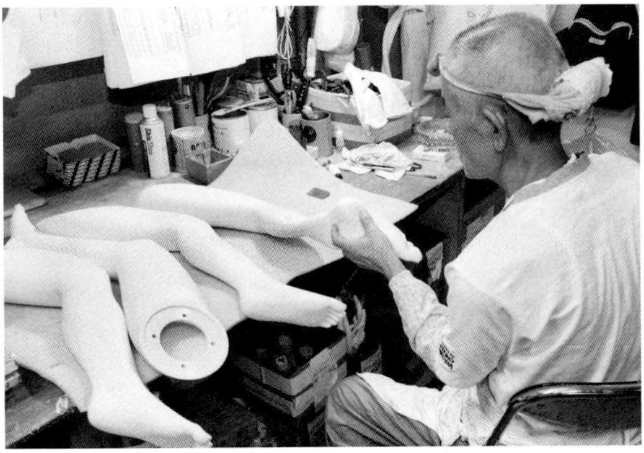

ソフトビニール製のボディの製造コーナー。職人技が光る

局部のホール部分は、洗えるように、また数十回の使用ごとに替えられるように、ボディに装着する仕組みになっている。中の形状などから4種類から選べるようになっている

フネカンよ安らかに眠れ

【品川区・東八潮】船の科学館

お台場をぐるりとめぐる「ゆりかもめ」の車窓に広がる、巨大な船型建築。見るたびに「ムム」と唸りたくなる、美醜を超えた、なんとも言えない存在感。ご存じ『船の科学館』、通称「フネカン」だ。

こういう、なにかのかたちを模した建物を「象形建築」(programmatic architecture)と呼び、ハイセンスな建築家さんたちからは「キッチュ」「俗悪」と見下されているわけだが、僕は好きですねえ。高速道路脇のクイーンエリザベスも好きだけど、お台場の「フネカン」は、その巨大さといい、定規をカクカクやりながら描いたような無骨きわまるデザインといい、もっと好きだ。

その『船の科学館』が2011年9月30日で、一部の施設を除いて実質的に閉館してしまうという。1974(昭和49)年7月20日(海の記念日)に開館して以来、37年間の歴史にいま、いささか唐突に幕が下りてしまうのだ。いま急速に姿を消しつつある右半分の昭和遺産と同じく、この記事を読んで駆けつけてくれても、時すでに遅しなので、せめてここでじっくりリポートしておこう。

なお今回の実質閉館は、正式には「ひとまず展示休止」ということになる。船型の本館はリニューアル準備のため展示休止。青函連絡船・羊蹄丸は「保存展示を終了、無償譲渡先を公募中」(8/31にて公募終了)。しかし南極観測船・宗谷を中心とした屋外展示物や、プールを活用した各種体験教室は今後も公開・実施するということで、博物館活動が全面的に終了してしまうわけではないことを、念のために書き添えておく。

『船の科学館』の開設・運営母体は日本財団。ご存じかと思うが昭和の怪物と言われた笹川良一によって、1962(昭和37)年に日本船舶振興会として設立された財団である(今年4月に正式に名称変更)。笹川氏みずからが登場して「一日一善!」と呼びかけるテレビCMを、覚えているひとも多いだろう。ちなみに日本財団は2代目会長として曾野綾子を迎え、現在は笹川良一の3男である笹川陽平が3代目の会長を引き継いでいる。

モーターボート競走、つまり競艇の収益をもとに設立された日本船舶振興会が、『船の科学館』のもとになる海事博物館構想を立ち上げたのは、設立間もない1963(昭和38)年のこと。一時は当時世界最大の豪華客船だったクイーンエリザベスを取得して、東京湾に浮かべて博物館にするという豪快なアイデアが進められたが、クイーンエリザベスを買い取ることができず、計画断念。結局、現在のデザインに落ち着いて1974(昭和49)年の開館を迎えることになった。

1978(昭和53)年から翌年にかけては、『宇宙科学博覧会』を2期に分けて開催。総計1100万人もの見学者が押し寄せる。その80年には南極観測船・宗谷の一般公開が始まり、93(平成5)年にはレインボーブリッジが、95(平成7)年にはゆりかもめ、97年には東京湾アクアラインが開通し、交通の便が格段によくなって、96年には青函連絡船・羊蹄丸も一般公開開始。このあたりが『船の科学館』の最盛期だったのだろう(2003年には北朝鮮工作船の展示も話題になった)。

学芸部の山田寛さんによれば、「当時は年間50万人ほどの来場者がありました」といゆりかもめが通っていない時代からここにある、「船の科学館」

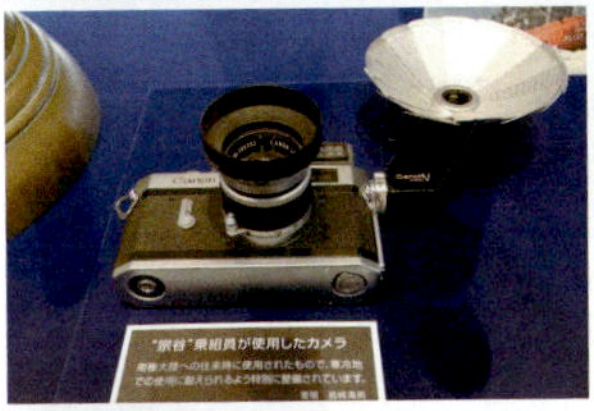

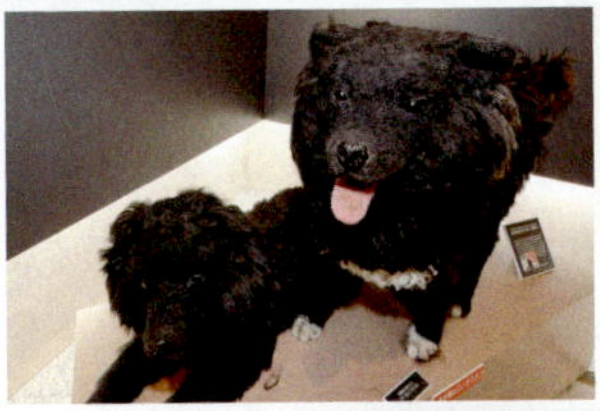

左上／3階のマリンサロンには、初代南極観測船宗谷の乗組員が使用したカメラや、帽子などが　**上中**／第1次南極観測隊とともに宗谷に乗船し、南極に取り残されたが奇跡的に生きていた、カラフト犬、タロとジロの像も　**右上**／タイムカプセルには、子どもたちのメッセージが入れられる　**左下**／ラジコン船コーナー。100円で操船できる　**下中**／宗谷と羊蹄丸の間の海は、潮干狩りができるような海だったんですね　**右下**／戦艦大和の1/50模型の横では、解説しつつ、戦争の愚かさを説く解説員さんが

応接室から、宗谷・羊蹄丸方向を眺める。リゾートな感じがする風景

う。それが年を追うごとに減ってきて、最近では「下げ止まって年間20万人を切るぐらい」。ほとんどの展示が常設で、新規の大型企画展があまりなかったことから、「いちど行ったからもういいや」というひとが多かったのと、展示スタイルが昔ながらの博物館形式で、現在主流になっているハンズオン・スタイルからは時代遅れになってきたこと、そして3月11日の地震ではまったく問題なかったものの、さすがに建物が老朽化してきたことなどから、休止やむなしという判断に至ったのだという。お話を、もう少しうかがってみよう――。

『船の科学館』は、お台場でも最初期の大規模施設なんですよね。もともと文部科学省や通産省のほうで、お台場をパリ郊外のラヴィレットのような文教地区にしたいという方針があったようで、このあたりにもかなりミュージアムが増えたわけですが、やはりバブル崩壊とともに難しくなってしまって、いまは商業施設を基本に区画割をやり直している段階です。

私たちがスタートしたころは、ゆりかもめもレインボーブリッジもありませんでしたから、お客さんも大変でしたし、スタッフも残業すらできない状態でした。京急バスと都バスが門前仲町まで行ってたんですが、その最終がたしか18時50何分とかでしたからねえ。

もともとこの施設は青少年への海事思想の啓蒙というのが主眼でしたので、来場者も小学校の社会科見学や、修学旅行生が多かったんです。東京タワー、サンシャイン、船の科学館というコースで、全国から修学旅行の団体がたくさんやってきたんですよ。ここは東京駅にも、羽田にも30分ほどで行けますし。でも、最近は修学旅行も団体でなく班別行動が一般的になってますから、ひとつの学校でも数グループしか来ない。そういう、社会的な変化もありますね。

最初に書いたように、『船の科学館』の主な施設は本館、宗谷、羊蹄丸である。そのうち宗谷は継続公開が決まっているが、本館がどうリニューアルされるか、羊蹄丸がどこに行くのかは、まだ具体的なプランが出ていない段階だそうだ。

かなり年数の経った施設なので、もともとリニューアルのプランはありまして、平成30年ごろには新しい建物でスタートする予定の青写真も実はあったんです。それが今回の震災で、日本財団の資金が被災地のほうにかなり投入されるようになったこともあり、計画がストップしてしまって。せっかく建て直すなら、日本を代表するような海事博物館にしたいですし。なので、いちど施設を閉めて、じっくり計画を練り直しながら、ほかの博物館業務、たとえばコレクションを貸したり、保全したりということは続けていこうというのが現状なんです。

ただ羊蹄丸のほうは、リニューアル構想からは外れてまして、残念ながらお役御免ということで、テレビや新聞の報道でご存じかもしれませんが、無償譲渡先を公募している状態です（公募はすでに終了）。いまのところ35件ほどの仮申込をいただいているので、これからその選定に入るところ。こちらとしては、もちろん現在のようなかたちで、どこか別の場所で公開してもらえたらいちばんいいんですが。もしそれがダメでも船として、浮かんでいる状態で、それもできれば日本国内で再利用していただけたらうれしいですけど、先方の都合もありますから。数年間だけ船と

宗谷は2011年10月以降も見られるが、青函連絡船羊蹄丸は、9月30日で展示終了

して使って、鉄クズとしてスクラップにされちゃう可能性もありますしねえ。最悪、こちらで解体しなくてはならなくなるかもしれないし……。

「科学館と名がついてますけど、展示方法はむしろ昔ながらの博物館ですから」と山田さんも言っていたが、たしかに『船の科学館』のスタイルは、現代的なミュージアム・ディスプレーのトレンドからは外れた、古典的な展示方法である。ガラスのケースに収められた重厚な船舶模型、制服を着せられた無表情なマネキン、タッチスクリーンではなくボードに貼られただけの、長い説明文……。でも、そのクラシカルな展示空間が、むやみに明るく、ポップで騒々しい“現代的”なミュージアムに慣らされた眼には、かえって新鮮に映ったりもする。静かに、落ち着いて想像や妄想の世界に遊べたりもする。

“お役御免”になる羊蹄丸の船内には、昭和30年ごろの青森の街角や駅の様子が等身大ジオラマで再現されていた。「担ぎ屋さん」と呼ばれていた、巨大な風呂敷包みを担いだり、ひと休みしたりしているおばさんたち。1杯100円のカレーライスと清酒で酔っぱらっちゃったおじさん。車窓に小さな顔をひっつけて泣きそうな子供。リンゴはどうかね、と声を嗄らすおばさんや、新巻鮭を引きずってるおばさん。ぐったり寝ている犬。夫婦喧嘩してる魚屋の夫婦……。「昭和なつかし」系の街角風景再現施設は、いまやどこにでもあるけれど、これほど凝りに凝った再現空間は、なかなか見つからない。

それほどまでのディテールへのこだわりの原動力として、ひしひしと伝わってくるのが時代への、場所への、あふれんばかりの愛情だ。そうしてもちろん、いまの時代のハイ・テクノロジーに支えられた、現代的なミュージアム空間にいちばん欠けているのが、予算だの費用対効果だの小賢しい計算を超えたところにある、そうした愛情であることは言うまでもない。

前述したとおり、奇特な引き取り手が現れないかぎり、羊蹄丸の再現空間はこのあと破壊されて、二度と見ることができなくなってしまう。そうして僕らはまたしても、失ってしまってから、その損失の大きさに気づくことになるのだ。

⊙**船の科学館**　東京都品川区東八潮3-1
http://www.funenokagakukan.or.jp/

精巧につくられた大きな模型がズラリ並んだ光景は壮観！

1階に、日本の商船「弁才船」の大きな模型が展示してあるのを見下ろす

エンジンコーナー

船の抵抗実験のコーナー

海洋レジャー開発のジオラマ

左上／調理室　**右上**／治療室　**左中**／第四准士官室。宗谷に乗ったのはカラフト犬のみではなく、猫やカナリアもいた。「オスの三毛猫は航海安全の縁起物」という言い伝えがあり、タケシと名付けられたオスの三毛猫が、第一次南極観測隊とともに乗船し、隊員たちに愛された。防寒衣類をつけたマネキンは、「タケシ」を受け取った、越冬隊犬係の菊池徹さんですか？　**右中**／タロ・ジロなど犬たちの寝起きした犬小屋スペース。実際にはこの場所の地下だった。バテないようにクーラーがついていた

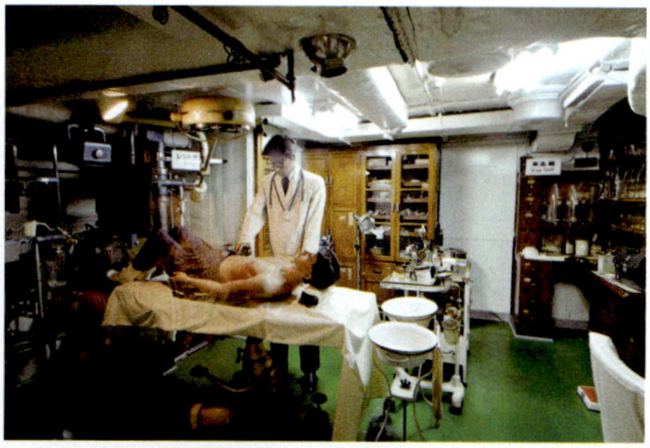

第１科員室。船の男はやっぱりヒゲですか

①

②

③

④

羊蹄丸の展示のメインは圧巻の「青函ワールド」。タイムスリップして、昭和30年頃の青森駅にまぎれこんだような気分になる。①待合室の様子　②おにぎりを豪快にほおばる女性　③子どもを背負って、駅員にいろいろ尋ねる母の姿　④疲れて眠ってしまったかつぎ屋のお母さん　⑤構内のレストランでは、泥酔した客を迷惑そうに見る店員が　⑥出港が遅れる連絡をしている駅員、構内の駅員　⑦〜⑨列車とホームには、さまざまな人間模様が

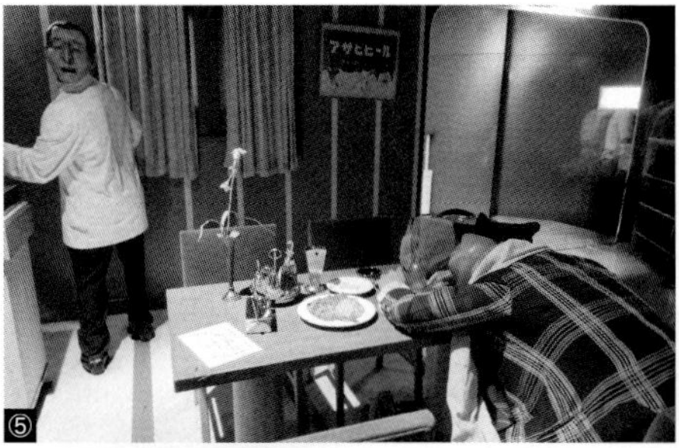

⑤

⑥

⑦

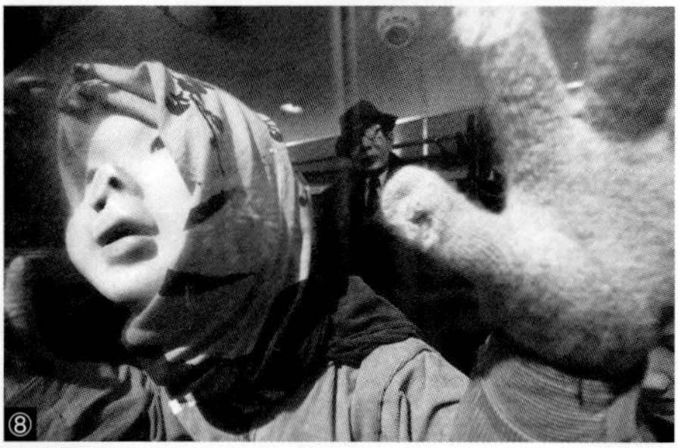
⑧

⑨

こちらは、「青森公益魚菜市場」のジオラマ。人形が動いたり、もの売りの声や、津軽民謡が流れていたりで、かなりリアル　①魚屋には北海のイキのいい魚が並ぶ。どうやらご夫婦は喧嘩中か。ご主人が握っているのはスケソウダラに見える　②野菜、卵を売っていたり。卵1個15円は高い？　③古屋洋品店。「お客さん、その袢纏どうです、上物ですよ。値段まけてやるから」　④焼き芋売りのおじいさん　⑤市場には箱詰めされたりんごがいっぱい。「日本一の青森りんご！　青森にきたら、これしかねえ！　一個食べれば医者知らず！　買って買って、買っていかなきゃ一損だよお！」　⑥大きな荷物を運ぶ母子

③

④

⑤

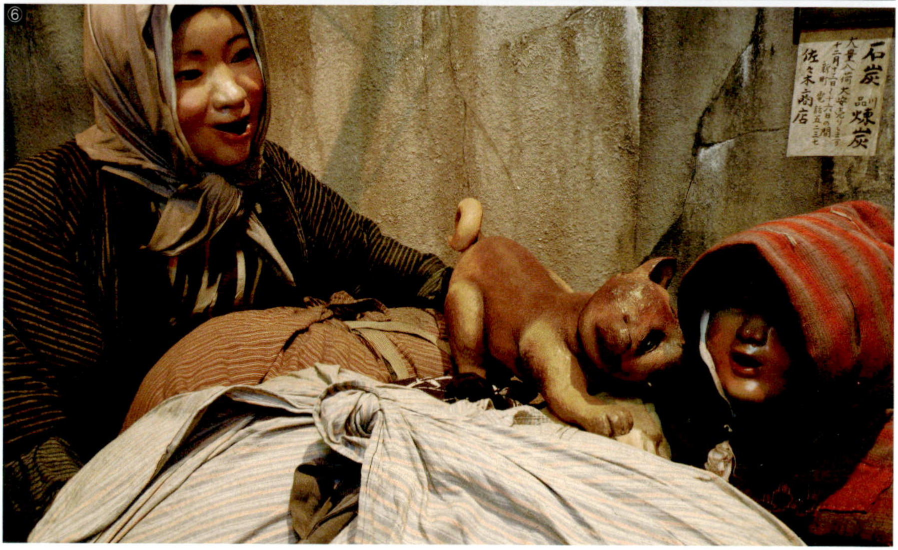

⑥

あとがきにかえて

冬風よ塔まで運べ一揆の声

しかしここ1、2年で右半分はもちろん、東京でいちばん話題になった場所はといえば、これはもう東京スカイツリーに間違いない。まだ開業までずいぶんあるってのに、お膝元の押上近辺は毎日、記念撮影に熱中する観光客で大混雑。いざ完成したあかつきには、いったいどうなっちゃうんでしょう……。

しかし隅田川を挟んだ向かいの台東区には浅草も、上野もあるのに、歴史はあれどイマイチ地味だった墨田区にとって、スカイツリー建設は千載一遇のチャンスである。すでに下町らしからぬ高層マンションや、おしゃれなカフェなんかがツリー完成後のイメージアップを見越して続々出現中。区の役人さんもディベロッパーも、日ごとにちょっとずつ高くなっていくスカイツリーが、ひと束ずつ積み上がっていく札束に見えているにちがいない。

ニューヨークのソーホーやロンドンのイーストエンドに象徴されるように、貧困地域からもともとの居住者を追い出して、高級住宅地や商業地域へと再開発する「ジェントリフィケーション」と呼ばれる現象が、1980年代あたりから世界中の大都市で起きているのはご存じのとおり。ここ墨田区でも官民一体となった「ジェントリフィケーション友の会」が、今年はさらに活動を活発化させんと虎視眈々なわけだが、そういうアッパー志向の方々にとって、なにより目障りなのが隅田川流域にブルーテント村を形成している（いた）野宿者＝ホームレスたちであることは想像に難くない。

そこで墨田区はアルミ缶や古紙などを、集積所から持ち去ることを禁止し、違反者には20万円以下の罰金を課す条例を制定し2010年10月から施行。ホームレスの資金源を断って追い出し（絶滅？）を図ろうという、大胆なアクションに出たのであった。

正式には『墨田区廃棄物の減量及び処理に関する条例』と名づけられたこの条例は——

●区長が指定する事業者以外の者は、資源・ごみ集積所に排出された特定資源物（資源物のうち規則で定めるものをいう。以下同じ。）を収集し、又は運搬してはならない。（第44条の2）

●命令に違反した者は、20万円以下の罰金に処する。（第81条）

というもの。同様の条例はすでに墨田以外の都内14区でも制定されているほか（条例がないのは千代田区、台東区、渋谷区、荒川区、江戸川区、罰則規定はあっても科料がないのが目黒区、中野区、板橋区）、京都市など全国各地に広まりつつあるようだ。

ホームレス対策というよりも、トラックなどで乗りつけ、ごっそり回収していく悪質業者を取り締まる目的で条例を制定する自治体が多い中で、墨田区はホームレスをターゲットに、すでに区の

吾妻橋より少し上流の、ここ山谷掘公園のテラスには、ブルーシートが若干

新仲見世通りも、ブルーシート天国だったが、現在は、まったくいない

吾妻橋のたもとのあたりの隅田川テラスには、ホームレスの影も形もない

職員による定期的な「持ち去り防止」パトロールや、回収者の顔写真撮影、名簿作りを始めているという。

ちなみに東京都は大阪府に次いで、日本で2番目にホームレスの多い都道府県だが、東京23区を見てみると、トップの台東区が615人、墨田区が533人で、3位の新宿区346人を大きく引き離して第2位になっている（平成19年度・東京都による概数調査）。

少々古いデータだが、平成17年には墨田区もホームレスの実態調査を行っていて、その一部を引用してみると——

路上生活の場所は、一般的には、公園、河川敷、道路に分けられるが、大半が隅田川や荒川などの川沿いのエリアである。ホームレスの起居する場所を大まかに分類し、全国と比較すると、墨田区において河川敷が際立っている状況が目立つ。全国では河川敷に起居しているホームレスが約17.5%であるのに対して、墨田区ではほぼ7割（69.8%）である。また墨田区では、道路や駅舎にいないのに比べて、全国ではこの両者をあわせて約2割（20.1%）になっている。表には示していないが、新宿区においては、起居する場所のうち大半が公園である。これと比べると、墨田区の場合、公園を起居する場所とするホームレスは3割程度である。しかも、墨田区の場合、公園のうち多くのホームレスが起居する場所としている隅田公園は、隅田川沿いの部分を含んでいる。こうした点から、墨田区の路上生活と川との関係はとりわけ密接であることがわかる。（中略）

墨田区のホームレスの多くは移動の経験をもち、近隣のエリアから移動してきた人も少なくない。しかしその一方で、墨田区を路上生活のスタートとしている人が多いこともわかった。こうした中で現在、墨田区内での路上生活期間が長期化している人が多くなった。ホームレスが小屋の形態（常設型）をとっている割合が非常に高い墨田区では、仕事要因以外の多様な理由で定着する可能性をもっている。日本全体のホームレス問題が深刻化する中で、ホームレスの数が急激に増加した代表的な地域であるといえる。（墨田区ホームレス実態調査・平成17年3月）

つまり隅田川沿いに立ち並ぶブルーテントで生活してきたホームレスを排除することが、墨田区（と台東区）にとっては、イメージアップ作戦において必要不可欠の案件であることがよくわかる。実際、久しぶりに浅草雷門から吾妻橋へと歩いてみると、かつては岸辺の花のように咲き誇っていたブルーテントが激減し、おしゃれな水上フェリー乗り場やプロムナードが整備されているのに唖然とする。あそこに暮らしていたひとたちは、みんなどこへ行ったんだろうか。どこに追いやられたのだろうか。

左／空き缶を集めて現金化するのは、ホームレスの貴重な収入源。台東区、墨田区の多くのホームレスが、それによって生活を支えている。公園のそこここに、ムシロに書かれた旗が掲げられている
右／この日は寒く、湯気をたてる豚汁は御馳走

⊙山谷労働者福祉会館活動委員会
東京都台東区日本堤1-25-11
http://www.jca.apc.org/nojukusha/san-ya/

ホームレスにとって最大の生活手段を奪うことになる条例に対しては、全国で反対運動が盛り上がりつつあるが、ここ隅田川沿いの墨田区・台東区では、浅草に隣りあう全国最大規模のドヤ街・山谷に生きる底辺労働者、ホームレスへの支援のために結成された山谷労働者福祉会館が中心になって、去年から墨田区の条例への反対運動が続けられてきた。そのファースト・ステージをまとめるかたちで企画されたのが、2010年12月12日に浅草・山谷堀公園で開催された『渋さ知らズ大オーケストラ山谷堀広場コンサート』。なんでも「渋さ」のメンバーに山谷とかかわりのあるひとがいるそうで、今回の出演が実現したとか。しかも入場料は「カンパ＆投げ銭で」という、浅草らしいスタイルだ。

12月の寒空の下、公園には昼前から豚汁やカレーを売るコーナーが出て、三々五々観客が集まってくる。1時からのミニ・シンポジウムに続いて、2時から「渋さ」の演奏がスタート。日本が世界に誇る彼らのパフォーマンスを知らない方はいらっしゃらないと思うが、舞踏チームを入れて二十数名のフル・メンバー、それも大ホールや大規模野外コンサートではなく、小さな公園で、こんな至近距離で満喫できる機会はなかなかない。

ステージの向こうに建設途中のスカイツリーがそびえるという最高の（？）ロケーションに、あの分厚い音と、白塗りの舞踏家たちの肉体が重なり合って、会場は異様な興奮に包まれる。そしてフィナーレともなれば、ステージの左右から「スカイツリー再開発で貧乏人を殺すな！」とか「アルミ缶、新聞集め、仲間の仕事」とか黒々と大書されたムシロ（！）をかかげたスタッフが乱入し、拳を上げる観客と一体になり……それは艦褸の旗を担いだお祭り騒ぎというか、現代の一揆と呼びたいグルーヴだった。

禁止条例のことも、再開発の陰でなにが起こっているかも知らないまま、「渋さ」の名前に惹かれてやってきた若いファンたちが、会場で配られるプリントを読みふけり、事の次第を初めて知って、その場で携帯からツイッターで友人たちに教えたり、家に帰ってブログに書いたりする。2時間近くに及んだ演奏の、後半から急激に増えてきた観客数からすると、もしかしたらだれかのツイートを読んで、途中から会場に駆けつけたひともたくさんいたのではないか。

だれに指示されたわけでもないし、指導者に従ったわけでもない。こういう直感的な反応と伝達のスピードが、なにかと堅くなりがちな社会運動に、新しい動きかたのスタイルを教えてくれているような気もする。テレビや雑誌が「スカイツリーと下町おしゃれグルメ・スポット」なんて話を飽きもせず繰りかえしているうちに、ほんとうに知るべき情報はこんなふうにひとからひとへ、手から手へと伝えられているのかもしれない。

都築響一

渋を知らズ

シンポジウムの前に、人寄せのために、山谷掘公園で演奏しながらお練りをする「渋さ」メンバー。ライブが最高潮に達した頃、ムシロの旗を掲げたスタッフたちが輪の中に！　旗を掲げるのは、山谷などで暮らすホームレスの人たち。「渋さ」のメンバーたちが、ステージを降りて来て、旗とともに演奏しながら練り歩く

ツイッター効果か、いつしか若者たちが山谷掘公園を埋め尽くし、ライブは最高潮に！

Index（初出）

足立区	綾瀬	ラーメン・ロッジ（2011年3月11日） **p.130**
	江北	nakamura（2011年5月13日） **p.164**
	千住	コズミックソウル（2009年12月4日） **p.54**
		萠蔵（2009年12月11日） **p.60**
		わかば堂（2009年12月11日） **p.61**
		あさり食堂（2009年12月11日） **p.62**
		南蛮渡来（2009年12月11日） **p.63**
		でんでら亭（2009年12月11日） **p.64**
		ハリウッド 北千住店（2009年11月20日） **p.428**
	竹ノ塚	竹ノ塚の昼と夜（2010年10月1日～8日） **p.33**
	東和	マツダ映画社と『蛙の会』（2011年4月15日） **p.478**
	中川	ロデオブロス（2011年8月19日） **p.384**
	西竹ノ塚	スナックエルザ（2010年10月15日） **p.45**
	花畑	デザイン・アンダーグラウンド（2010年8月27日～9月3日） **p.493**
	六木	JWP 女子プロレス（2010年2月12日） **p.354**
荒川区	荒川	タンマガーイ寺院 東京別院（2010年12月17日～24日） **p.338**
	西日暮里	タカ・ダンスファッション 西日暮里店（2010年5月28日） **p.140**
		ダンシングプラザ・クロサワ（2010年6月4日） **p.146**
		フリーバーズ（2010年2月19日） **p.362**
	東尾久	三味線かとう（2010年3月26日） **p.120**
	南千住	神田ぱんさんと南千住めぐり（2010年5月7日～14日） **p.226**
江戸川区	西葛西	ディワリフェスタ（2010年12月3日） **p.276**
	西小岩	木の実（2011年7月1日） **p.415**
	東小松川	江戸川競艇場（2010年11月5日） **p.314**
	南小岩	小岩 BUSH BASH（2010年4月2日） **p.26**
		音曲堂（2010年4月9日） **p.78**
		喫茶　白鳥（2011年7月8日） **p.421**
		珈琲　らむぷ（2011年7月8日） **p.423**
		珈琲紅茶　モルダウ（2011年7月8日） **p.426**
		湯宴ランド（2010年11月19日） **p.464**
葛飾区	奥戸	古代の湯（2010年11月26日） **p.470**
	東堀切	たかどの装舎（2011年9月2日） **p.199**
	水元公園	東京都立水元公園（2011年9月16日） **p.282**
北区	赤羽	ハリウッド赤羽店（2009年11月27日） **p.428**
江東区	亀戸	天盛堂（2010年4月9日） **p.74**
		民謡酒場 斉太郎（2011年1月21日） **p.104**
	新木場	新木場ファーストリング（2010年10月22日） **p.366**
	富岡	岡大介（2010年3月19日） **p.189**
	有明	東京臨海広域防災公園（2011年8月5日） **p.290**
品川区	東八潮	船の科学館（2011年9月30日） **p.556**
新宿区	揚場町	風俗資料館（2011年4月1日～8日） **p.530**
墨田区	錦糸	YAOSHO（2011年7月22日） **p.267**
		タイランドショップ（2011年7月22日） **p.268**
	江東橋	セキネ楽器店（2010年4月9日） **p.76**
		タイ教育・文化センター（2011年7月15日） **p.263**
		パアナオストアー（2011年7月22日） **p.269**
		パパーウィン（2011年7月22日） **p.270**
		ゲウチャイ・ビアタイ・チャーンタイ（2011年7月22日） **p.271**
		プアンタイ・キンパイ（2011年7月22日） **p.272**
		タイパブ TODAY（2011年7月22日） **p.273**
		カラオケ居酒屋 サンゴ（2011年7月22日） **p.274**

空き缶で造られた塔

	立花	ビリー・ザ・キッド（2010年6月11日） **p.409**
	千歳	眺花亭（2011年3月18日） **p.474**
	向島	民謡の店　栄翠（2011年1月21日） **p.102**
	横網	東京都水辺ライン（2011年6月18日） **p.348**
		東京都慰霊堂（2010年1月8日） **p.520**
		復興記念館（2010年1月15日） **p.526**
台東区	浅草	禪スナック潜入記（2010年1月29日） **p.10**
		梵字バー（2011年6月11日） **p.12**
		ヨーロー堂（2010年4月16日） **p.80**
		イサミ堂（2010年4月16日） **p.84**
		民謡の店 みどり（2011年1月21日） **p.100**
		染の安坊（2009年9月25日） **p.110**
		PARADISE COVE（2009年10月2日） **p.114**
		夜の浅草ダンス・フィーバー！（2011年5月6日） **p.150**
		浅草まねきねこ館（2010年12月10日） **p.158**
		東京蛍堂（2010年3月5日） **p.176**
		弥姫乎（2010年2月26日） **p.194**
		アミューズ・ミュージアム（2009年12月18日） **p.221**
		ORANGE-ROOM（2009年10月16日） **p.234**
		CafeRest'CUZN（2009年10月23日） **p.237**
		Bar FOS（2010年2月5日） **p.240**
		銀幕ロック（2009年11月13日） **p.243**
		ソンポーン・タイ移動野菜販売（2010年8月6日） **p.258**
		初音小路（2010年6月18日） **p.323**
		和様ギャングスタとしての極道ジャージ（2010年6月25日） **p.372**
		メンズショップいしやま（2010年7月2日） **p.378**
		鬼海弘雄（2011年8月12日） **p.486**
		浅草木馬館（2010年7月16日～23日） **p.506**
	上野	アメ横リズム（2010年4月23日） **p.88**
		Cap collector one（2010年8月20日） **p.392**
		Castle Records（2010年8月20日） **p.395**
		F.I.V.E. RECORDS（2010年9月24日） **p.398**
		グリルズジュエルズ（2011年1月28日） **p.404**
		上野オークラ劇場（2011年6月24日） **p.458**
		オリエント工業（2011年10月7日） **p.542**
	上野公園	国立科学博物館（2011年3月11日） **p.126**
		上野松竹デパート（2011年6月3日） **p.305**
		下町風俗資料館（2010年1月22日） **p.331**
	上野公園・池之端	上野恩賜公園（2011年5月27日） **p.298**
	雷門	シービーズ（2011年4月22日） **p.18**
	台東	佐竹商店街（2010年11月12日） **p.208**
	鳥越	女装図書館（2011年3月25日） **p.482**
	西浅草	浅草追分（2011年1月14日～21日） **p.98**
		トライバルビレッジ浅草（2009年11月6日） **p.248**
		かいば屋展 in トライバルビレッジ浅草（2010年7月9日） **p.251**
	日本堤	冬風よ塔まで運べ一揆の声（2011年1月7日） **p.566**
	根岸	ダンスホール新世紀（2010年5月21日） **p.134**
	花川戸	城東職業能力開発センター　製くつ科（2010年5月20日） **p.170**
	東上野	ガレリア・デ・ムエルテ（2009年12月25日） **p.22**
	松が谷	キワヤ商会（2009年9月18日） **p.106**
		WASABI（2011年12月6日） **p.213**
	谷中	ながれのかばんや　えいえもん（2010年3月12日） **p.184**
文京区	根津	ATELIER 山雲海月（2009年10月9日） **p.116**
	湯島	MUSIC BAR 道（2010年9月10日） **p.65**
		プチシャンソンパブ　セ・ラ・ヴィ（2010年9月17日） **p.68**
		手話ラウンジ　きみのて（2011年9月9日） **p.444**
		若衆 bar 化粧男子（2011年2月4日） **p.450**

東《とう》京《きよう》右《みぎ》半《はん》分《ぶん》

2012年3月25日　初版第一刷発行

著　者　都《つ》築《づき》響《きよう》一《いち》

デザイン　倉地亜紀子

発行者　熊沢敏之

発行所　株式会社筑摩書房
〒111-8755　東京都台東区蔵前 2-5-3
振替　00160-8-4123

印刷・製本　凸版印刷株式会社

乱丁・落丁本の場合は下記あてにご送付ください。送料小社負担でお取り替えいたします。
また、ご注文・お問合せも下記へお願いいたします。
〒331-8507　埼玉県さいたま市北区櫛引町2-604　筑摩書房サービスセンター　TEL 048-651-0053

ISBN 978-4-480-87851-9　C0095